Mike Bickle

Im Gebet wachsen

Mike Bickle

Im Gebet wachsen

Ein praktisches Handbuch für das Reden mit Gott

1. Auflage 2015

Titel der amerikanischen Originalausgabe: *Growing in Prayer*
Originalverlag: Passio, Charisma Media/Charisma House Book Group,
600 Rinehart Road, Lake Mary, Florida 32746, USA, www.charismahouse.com

Aus dem Englischen übersetzt von Dorothea Appel

Bibelzitate wurden im Allgemeinen folgender Übersetzung entnommen:
NeueLuther Bibel © 2011 La Buona Novella Inc. CH-8832 Wollerau,
ansonsten den folgendermaßen gekennzeichneten Übersetzungen:
REÜ: Revidierte Elberfelder Bibel (Rev. 26) © 1985/1991/2008 SCM R. Brockhaus, Witten
S: Schlachter © 2000 Genfer Bibelgesellschaft
EhÜ: Einheitsübersetzung der Heiligen Schrift © 1980 Katholische Bibelanstalt, Stuttgart
L: Luther 1984 © 1984 Deutsche Bibelgesellschaft, Stuttgart
Hervorhebungen durch Kursivstellung in den Bibelzitaten sind vom Autor.

Umschlaggestaltung: Justin Evans, bearbeitet von Asaph
Satz/DTP: Jens Wirth
Druck: cpibooks
Printed in the EU

ISBN 978-3-940188-93-9
Bestellnummer 147493

Für kostenlose Informationen über unser umfangreiches Lieferprogramm
an christlicher Literatur, Musik und vielem mehr wenden Sie sich bitte an:
Asaph, Postfach 2889, D-58478 Lüdenscheid
asaph@asaph.de – www.asaph.de

Stimmen zum Buch

Mike hat von Gott eine kraftvolle Offenbarung zum Thema Gebet empfangen, und daran lässt er den Leser in *Im Gebet wachsen* teilhaben. Dieses Buch kann Ihr Wissen über die Wichtigkeit des Gebets erweitern und Ihre Leidenschaft für wahre Gemeinschaft mit Gott entfachen.

Joyce Meyer
Bibellehrerin und Bestsellerautorin

Mike Bickle verfügt über die einzigartige Gabe, so über Gebet zu schreiben, dass es im Gläubigen ein Verlangen auslöst, mit Gott, dem Vater, zu wandeln und zu reden. *Im Gebet wachsen* wird, so wie die Bücher großer Gottesmänner wie etwa E. M. Bounds, von vielen kommenden Generationen gelesen werden. Während ich las, verspürte ich ein brennendes Verlangen nach einem tieferen Leben als Fürbitter.

Cindy Jacobs
Generals International

Ich glaube, ich habe wohl alle Klassiker zum Thema Gebet gelesen, doch dies ist das Beste von allen. Es strotzt vor Einsicht und Offenbarung, doch, was noch wichtiger ist: Es nötigt einen förmlich zu beten. Lassen Sie sich nicht vom Umfang abschrecken. Einmal mit Lesen angefangen, möchten Sie nicht mehr aufhören.

Rick Joyner
Pastor und Gründer von *MorningStar Ministries*

Mike Bickles Leiterschaft war immer dadurch gekennzeichnet, dass er das Oberflächliche durchtrennt und durchdringt zum Wesen prophetischer Einsicht. Mit gottgegebener Liebe vermittelt er den Menschen Wahrheit, die Herzen verändert. Ich schätze seinen Charakter und habe Achtung vor seinem von Gebet geprägten Dienst – als Mitdiener der Gnade und Güte Gottes.

Jack W. Hayford
Pastor und Gründer *The King's University*, Dallas

Gott genießen und in Partnerschaft mit ihm die Dinge dieser Welt regeln zu dürfen, ist das größte Privileg und das höchste anzustrebende Ziel. Seit vierzig Jahren jagt Mike Bickle dieser Freude kompromisslos nach, indem er den gängigen Lebensstil, den so viele gutheißen, verwirft. Wenn Sie bereits ein Gebetsleben führen, werden die Erkenntnisse in diesem Buch Sie auf neue Höhen führen und gleichzeitig tiefer verwurzeln. Und wenn Sie gerade erst damit begonnen haben, wird es Sie vor Jahren mit „Versuch und Irrtum" bewahren. *Wachsen im Gebet* ist ein herausragendes Werk!

Dutch Sheets
Dutch Sheets Ministries

Es ist, als würde Ihnen Mike Bickle den Schlüssel zur innersten Kammer seines Herzens übergeben, wo er seine wertvollsten Schätze aufbewahrt. Durch Gottesnähe und Fürbitte hat Mike die Welt beeinflusst. Was er über die Jahre durch Erfahrung und Studium angesammelt hat, dürfen wir uns nehmen. Das Buch bringt Mikes Wunsch zum Ausdruck, diese Schätze durch uns vervielfältigt zu sehen.

Asher Intrater
Revive Israel Ministries

Welch ein Geschenk an unsere Generation! Dieses umfassende Handbuch wird mich auf meinen Reisen begleiten. Es stellt eine ganz wesentliche Hilfe für all die dar, die andere Menschen schulen, und doch kann es auch häppchenweise in der persönlichen Andacht verwendet werden, um die Seele zu nähren. Ich las meiner siebzehnjährigen Tochter einige Auszüge vor. Ähnlich wie sie, mögen Sie Fragen haben, nach Gottes Wegen suchen. Hier ist das perfekte Material für Menschen, die Gott in intimer Weise kennenlernen möchten. Julie, meine Frau, und ich erfreuen uns jeden Tag an einem Kapitel, das uns dann als Inspiration und Anleitung für unsere gemeinsamen Gebetszeiten dient. Hier ist der Schlüssel für beides: eine weltverändernde Bewegung und ein mit Freude erfülltes Herz.

John Dawson
Ehemaliger Präsident von *Jugend mit einer Mission*

Ich widme dieses Buch den treuen
Fürbitte-Missionaren, die seit fünfzehn Jahren
meine Mitarbeiter im *International House
of Prayer of Kansas City* sind.

Inhalt

Dank

Dem Team, das mir geholfen hat, dieses Buch zu schreiben, bin ich für seine ausgezeichnete Arbeit zu Dank verpflichtet. Meine besondere Anerkennung gilt Anne House, Kathi DeCanio, Maggie Syrett und Barb Dycus, die das Manuskript so vorbereitet haben, dass Maureen Eha sich darin vertiefen und es zu einem Buch machen konnte. Danke, Maureen. Dein Beitrag war unschätzbar wertvoll. Ich bin dankbar für die viele Arbeit, die ihr alle in das Projekt investiert habt. Ohne eure Hilfe würde es dieses Buch nicht geben. Jono Hall danke ich für die umfassenden Recherchearbeiten. Danke, Team.

Vorwort

Es ist mir eine Ehre und eine Freude, dieses Buch zu empfehlen. In Mike Bickles neuem Werk, *Im Gebet wachsen*, finde ich einen Praxisbezug wie in keinem anderen mir bekannten Buch zu dem Thema. Es wird sich zum Klassiker entwickeln und seinen Platz neben den großen Werken der Kirchengeschichte finden.

Das ist jedoch keine Überraschung. Ich kenne niemanden, der mehr Recht hätte, über dieses Thema zu sprechen, als Mike Bickle. Mikes Dienst und das Thema Gebet sind praktisch austauschbar. Er ist Gründer des bekannten *International House of Prayer* in Kansas City, Missouri, in dem Tag und Nacht nonstop Fürbitte geleistet wird. Mike zielt auf eine Million vollzeitlicher Fürbitter ab, die für die große Erweckung beten – die Endzeiternte, die Bekehrung der Verlorenen, für Gottes Segen auf Israel, sein Eingreifen in Krisengebieten der Welt, für soziale Gerechtigkeit – und die Gott anbeten.

Ich bin Mike Bickle 1992 zum ersten Mal begegnet, als John Wimber meine Frau Louise und mich zur Vineyard-Konferenz im kalifornischen Anaheim einlud. Mike gehörte zu den ersten, die ich dort kennenlernte. Wir hatten sofort einen guten Draht zueinander. Er hat für mich in der Westminster Chapel gepredigt und mich John Paul Jackson vorgestellt, er gründete IHOPKC und wirkt heute weltweit.

Was mich an Mike am meisten beeindruckt, ist seine deutlich erkennbare Liebe zu Jesus. Aus jedem Satz in diesem wunderbaren Buch strömt seine Liebe zu Gott und seinem Sohn.

Mikes entschiedene Hingabe an das Gebet und seine absolute Überzeugung von der Macht anhaltenden Gebets wird Sie beeindrucken. Dies ist ein Buch, das Ihnen den Wunsch zu beten vermitteln wird. Gebet beginnt als Disziplin und endet als Freude. Hier ist ein Buch, das für die frischesten und jüngsten Christen geschrieben wurde, aber auch ältere Veteranen wie mich begeistern und inspirieren wird. Es ist klar und schlicht und hat Gottes Ehre und Herrlichkeit im Blick. Mike hat sich dem gott- und bibelzentrierten Gebet verschrieben.

Mike inspiriert uns nicht nur, überhaupt beten zu *wollen*, sondern erklärt uns auch, *wie* wir beten sollen. Er erinnert uns an die Notwendigkeit einer Gebetsliste, die Bedeutung einer regelmäßigen Gebetszeit (wobei er von mindestens einer Stunde ausgeht) und deren Zusammenstellung – Fürbitte, persönliche Bitten und Andacht. Ebenso viel Bedeutung schreibt er dem gemeinsamen Gebet zu – dass das Volk Gottes sich versammelt, um nach seinem Willen Fürbitte zu tun. Mike legt Wert auf Dank, Anbetung, Ausdauer und das Aussprechen von Bibeltexten vor Gott. Schon Johannes Calvin betonte, die beste Art zu beten sei, Gott an sein eigenes Wort zu erinnern! Ich freue mich, dass Mike auf „die Jonathan Edwards" und „die Martyn Lloyd-Jones" dieser Welt Bezug nimmt. Alle Christen – reformierte, charismatische, pfingstlerische und andere – werden dieses Buch wertschätzen.

Die Auswirkungen auf Sie selbst, auf Ihr eigenes, persönliches Leben, gehören zu den wichtigsten positiven Nebenwirkungen Ihrer Lektüre von *Im Gebet wachsen*. Vorsicht: Es ist nicht möglich, dass Sie Mikes Gebetsprinzipien befolgen und nur dem Namen nach Christ bleiben. Ein authentischer, gottgefälliger Lebensstil wird den kennzeichnen, der Mikes Anregungen aufnimmt. *Im Gebet wachsen* ist ein passender Titel. Mit Sicherheit werden Sie durch die Lektüre dieses Buches wachsen.

Welch ein unermessliches Privileg – wir dürfen wissen, dass der große Gott des Himmels und der Erde sich zu unserer Schwachheit herabbeugt und von unseren kleinen Gebeten bewegen lässt. Ja, das ist das Wunderbare: Sie werden zu dem sprechen, dem keiner gleich ist – und entdecken, dass er Ihnen zuhört, als gäbe es niemand anderen in der Welt!

Lesen Sie nun dieses Buch. Vielleicht möchten Sie es auf den Knien lesen, wenn auch die Haltung nicht das Wichtigste ist. Lesen Sie einfach. Und fangen Sie an zu beten, wie Sie noch nie im Leben gebetet haben. Sie werden nie mehr derselbe sein.

R. T. Kendall
Pastor der Westminster Chapel (1977–2002)
London, England

Einleitung

Dieses Buch deckt viele wichtige Themen zum Gebet ab: biblische Grundlagen, praktische Anwendung, historische Ausdrucksformen in den verschiedenen Generationen und die prophetische Bedeutung von Gebet für die Generation, in welcher der Herr wiederkommt.

Warum ein Buch zu diesem Thema? – Weltweit erweckt der Herr derzeit in vielen Christen den Wunsch, im Gebet zu wachsen. Viele haben einen ganz neuen Hunger, tiefer zu gehen mit Gott, sind sich aber nicht sicher, wo sie anfangen oder wie sie vorgehen sollen. Sie möchten biblische Antworten, die praktisch und erprobt sind. Für ihren Wunsch, im Gebet zu wachsen, suchen sie Lösungen, die wirklich funktionieren.

Viele Gläubige möchten wissen, was sie während ihrer Gebetszeit tun sollen. Sie wollen wissen, wie sie Ablenkungen und Hindernisse überwinden, was sie tun sollen, wenn ihnen nicht nach Beten zumute ist, wie viel Zeit sie für Gebet einräumen sollten. Sie wollen wissen, ob es auch vielbeschäftigten Menschen möglich ist, ein tiefes und starkes Gebetsleben zu führen.

In diesem Buch werde ich solche und viele weitere Fragen ansprechen. Dabei beabsichtige ich dreierlei zu vermitteln. Erstens: praktische Anleitung zum Entwickeln eines Gebetslebens, zweitens: ein biblisches Verständnis der verschiedenen Gebetsarten und der damit im Zusammenhang stehenden Prinzipien – d. h. eine praktische biblische Gebetstheologie – und drittens: das große Bild, einen Überblick über das, was der Heilige Geist zur Stunde diesbezüglich auf der ganzen Erde wirkt.

Vielleicht gehören Sie zu denen, die gerne tiefer gehen möchten im Gebet und an Gottes Plan teilhaben wollen. Wenn das so ist, sind Sie hier gerade richtig.

Damit wir, wenn es nun losgeht, auch wirklich von dem Gleichen reden, möchte ich den Begriff „beten" definieren. Vielleicht erinnern Sie sich an diese Begriffsbestimmung aus der Sonntagsschule: *Beten ist mit Gott reden* – ganz einfach.

Als junger Christ hatte ich die Vorstellung, Gebet wäre kompliziert, mysteriös und schwierig, aber im Lauf der Zeit fand ich heraus, dass es vielmehr einfach, ausgesprochen praktisch und geradezu unterhaltsam ist. Es gibt viele Formen dafür, aber immer ist Gebet eine Kommunikation mit Gott, die hin- und hergeht und lebensverändernde Auswirkungen hat.

Führen Sie sich das einmal vor Augen: Wir können mit dem Gott des Universums sprechen! Und wir können wissen, dass er nicht nur aufmerksam und mit großer Zuneigung *zuhört*, sondern auch in unterschiedlicher Weise *erhört* – indem er sein Herz erkennen lässt, uns leitet, unsere Umstände segnet, unsere Gefühle verändert, die Menschen, die wir lieben, anrührt, die Kirche zu neuem Leben erweckt, die Verlorenen rettet, Gerechtigkeit wirkt, gesellschaftliche Veränderungen einleitet usw. Gebet ist ein großes Vorrecht und hat bedeutende Auswirkungen auf unser eigenes Leben und auf die Welt um uns herum. Koste es, was es wolle – ein starkes Gebetsleben zu kultivieren lohnt in jedem Fall.

In den vierzig Jahren, in denen ich mich nun mit diesem Thema befasse, habe ich viel Wichtiges gelernt. Es bleibt mir noch immer viel zu lernen, aber die Dinge, die ich über hilfreiche Prinzipien und Praxis schon weiß, möchte ich gerne weitergeben. Hierbei handelt es sich nicht um eine gründliche Abhandlung zum Thema – ein solches Buch wird hoffentlich später einmal kommen –, sondern um eine Einführung, die Ihnen auf Ihrem Weg zu einem lebendigen und fruchtbringenden Gebetsleben helfen soll.

Beten ist eine hohe Berufung und ein überwältigendes Vorrecht, dennoch empfinden es viele als belastende Pflicht. Warum? Es kann ein heftiger Kampf sein. Ich kenne diesen Kampf und habe ihn oft erlebt. In den ersten Jahren war es besonders schwierig für mich zu beten.

Mein Freund Larry Lea ermutigte mich mit folgender Erklärung: *Wenn wir am Gebet festhalten, dann entwickelt sich unser Gebetsleben von Pflicht zu Disziplin und von Disziplin zu Freude.* Das liegt schon lange zurück. Damals beschloss ich, unbedingt die Erfahrung machen zu wollen, dass mir Beten Freude macht. Wie das gehen sollte, wusste ich nicht, ich war aber entschieden, es herauszufinden.

Durch Gottes Gnade „hat es geklappt". Seit vielen Jahren bete ich nun mit großer Freude und erlebe ich unzählige Gebetserhörungen. Ich sage nicht, dass es mir heute nie schwerfällt, aber jetzt weiß ich, wie ich durch Zeiten von Widerstand und Schwierigkeiten hindurchkomme, sodass das Beten in aller Regel unterhaltsam ist und wirkliche Veränderungen bewirkt.

Jesaja prophezeite, dass der Herr seine Diener in seinem Bethaus erfreuen würde (Jes. 56,7). Hier nennt Jesaja ein neues Paradigma für Gebet: Gebet, das von Genuss gekennzeichnet ist. Das ist es, was ich gerne „Beten mit Freude" nenne. Es ist der Wunsch des Herrn, dass die Kirche in der Kommunikation mit ihm von Freude überrascht ist.

Beten mit Freude erfrischt die Seele und stärkt den Geist. Stellen Sie sich vor, wie es ist, wenn Beten Spaß macht! Dann wollen wir es ständig tun. Andererseits, wenn es keinen Spaß macht, werden wir nur hin und wieder beten – wenn überhaupt.

Viele Gläubige wissen genau, dass der Herr sie ruft, in ihrem Gebetsleben zu wachsen, aber anscheinend stellt sich dem immer irgendetwas in den Weg. Die gute Nachricht ist, dass der Heilige Geist allen, die effektiver beten wollen, helfen wird (das ist seine Aufgabe!) und wir mit Freude beten werden. Unsere Aufgabe ist, ihn um Hilfe zu bitten, die biblischen Prinzipien zum Thema Gebet in die Praxis umzusetzen und dranzubleiben, auch wenn wir das Gefühl haben, es funktioniere nicht.

Es reicht nicht, beten zu wollen; wir müssen entschieden dranbleiben. Wir müssen um unser Gebetsleben kämpfen, denn von allein wird es sich nicht entwickeln.

Glücklicherweise möchte Gott uns im Entwickeln eines beständigen und inhaltsvollen Gebetslebens stärken. Wir alle sind schwache, gewöhnliche Menschen, doch seine Gnade genügt für die Motivation, treu zu bleiben und nicht aufzugeben.

Beter zu sein ist die wichtigste Berufung auf dem Leben eines Menschen. Es ist eine höhere Berufung als die, Ehepartner, Vater oder Mutter, Pastor oder Prediger zu sein oder im Berufsleben eine leitende Position zu bekleiden. Wir werden alle bessere Ehepartner, Eltern und Vorgesetzte sein, wenn wir uns Zeit nehmen, im Gebet zu wachsen.

Nicht jeder Christ ist berufen zu predigen, doch *jeder* Christ ist berufen zu beten. Gebet ist grundlegend wichtig für unser geistliches Wohlergehen. Es ist nicht etwas, was man tun oder auch lassen könnte.

Sind Sie vor diesem Hintergrund bereit, sich den vielen anzuschließen, die derzeit vom Herrn aufgerüttelt werden, im Gebet zu wachsen, und ein neues Kapitel in Ihrem geistlichen Leben zu beginnen? Dann los!

Teil I

Grundlage für Gebet

Die wichtigste Lehre über das Gebet ist schlicht:
Tue es! Tue es! Tue es![1]

John Laidlaw

Kapitel 1

Zum Beten berufen

Wie ein Schuster einen Schuh macht und ein Schneider einen Rock, also soll ein Christ beten. Eines Christen Handwerk ist Beten.[1]

Martin Luther

Im Gebet wachsen – am Anfang dieses Weges steht die Erkenntnis: Beten ist nicht nur etwas für Anfänger im Glauben, sondern auch für reife Christen. Sonst wäre es sinnlos, darin wachsen zu wollen! Der Herr beruft *jeden* Christen, ein Leben des Gebets zu führen – egal wie lang er errettet und wie erfahren er in dieser Disziplin ist. Wir alle können für uns, unser Leben und unsere Beziehungen nichts Besseres tun, als im Gebet zu wachsen.

Gebet ist ein Instrument der Verbindung mit dem Heiligen Geist, der uns befähigt, Gott zu lieben. Die Liebe zu Gott lässt in uns dann die Liebe zu anderen Menschen überfließen. Jesus macht eine absolute Aussage über die Unmöglichkeit, ohne Gebet die eigene Bestimmung in Gott ganz auszuleben. Er sagte, wir könnten nichts tun, was Frucht bringt, und im geistlichen Leben nicht wachsen, wenn wir nicht in ihm blieben:

> Wer in mir bleibt und ich in ihm, der bringt viel Frucht, denn ohne mich könnt ihr nichts tun.
>
> Johannes 15,5

Da das geistliche Leben nicht aus uns selbst entspringt, können wir es, wenn wir nicht in Christus bleiben, weder erzeugen noch empfangen. Auch mit größter Anstrengung kann ein Mensch nicht dreißig Meter weit springen, und genauso unmöglich kann er geistliches Leben erzeugen. Es ist keine Frage der Übung; für Dreißigmetersprünge wurden wir nun einmal nicht geschaffen! Ebenso wenig wurden wir geschaffen, unabhängig vom Geist ein geisterfülltes Leben zu haben. Wir müssen in Christus bleiben und im Gebet wachsen, damit unser Leben funktioniert. (Mehr zum Thema „Bleiben in Christus“ in Kapitel 4.)

Der Heilige Geist wird in neuer und mächtiger Weise in Ihrem Herzen und Leben wirken, wenn Sie sich Zeit nehmen, im Gebet zu wachsen. Ganz sicher wird sich der Wandel vollziehen, wenn auch nicht unbedingt über Nacht. Aus der Disziplin wird irgendwann Freude am Beten werden. Trockenheit wird nach und nach einem dynamischen Zwiegespräch mit Gott weichen, das Ihr Leben verändern und in vielen Gebetserhörungen resultieren wird.

Ich lade Sie ein, die nächste Stufe Ihres Weges im Gebet jetzt zu nehmen. Es gibt keinen besseren Zeitpunkt. Warten Sie nicht auf eine besondere geistliche Erfahrung. Wir wachsen im Gebet, indem wir beten. Gebetsanfänger reifen, indem sie mehr beten. Es ist dasselbe Prinzip wie beim Erlernen eines Musikinstruments – wir werden besser, je mehr wir üben.

Von der Pflicht zur Freude

Früher liebte ich Jesus, aber Gebetszeiten fand ich furchtbar. Beten war in meinen Augen eine notwendige Pflicht, die ich hinzunehmen hatte, wenn ich mehr Segen empfangen wollte. Nie hätte ich mir erträumt, dass ich eines Tages zu den Leitern eines Rund-um-die-Uhr-Gebetsdienstes gehören würde, wie es das *International House of Prayer of Kansas City* ist.

Mein Wunsch, ein starkes Gebetsleben zu entwickeln, entstand vor etwa vierzig Jahren, als ich um die achtzehn Jahre alt war. Meine Jugendgruppenleiter sagten mir, ich müsse ein Gebetsleben entwickeln, wenn ich die tieferen Dinge Gottes erfahren und in die Fülle meiner Berufung kommen wolle. Ich wollte radikal für Gott leben, deshalb hörte ich ihnen gut zu. Doch die Vorstellung, tatsächlich Zeit zum Beten zu nehmen, erschien mir furchtbar.

Ich las auch einige Bücher zum Thema. Besonders erinnere ich mich an die von Leonard Ravenhill und E. M. Bounds, aus deren Feder einige der Klassiker zum Thema Gebet und Erweckung stammen. Die Lektüre ihrer Bücher überzeugte mich noch mehr, dass ich im Gebet wachsen müsse, trotzdem war der Gedanke eher abschreckend. Diese Bücher inspirierten mich zwar, aber sie erzeugten in mir auch ein Schuldgefühl über den Mangel an Gebet in meinem Leben. Ich fühlte mich geistlich in einer Sackgasse und sehnte mich verzweifelt nach einem Durchbruch.

Im Sommer 1974 ermunterte mich einer meiner Jugendleiter, jeden Tag eine Stunde für Gebet einzuplanen, und ich nahm mir vor, es zu versuchen. Ich studierte im ersten Semester an der Universität von Missouri und wohnte mit drei anderen Christen in einer Studentenbude. Meinen Mitbewohnern sagte ich: „Eine Stunde am Tag werde ich beten, und wenn es mich umbringt." In dieser Ankündigung lag eine gewisse Verpflichtung, denn ich wusste, dass sie mich ja jeden Abend beobachten und mitbekommen würden, ob ich meinen Vorsatz tatsächlich umsetzte. Ich legte mich also auf eine Gebetszeit von neun bis zehn Uhr abends fest. Weil sie so sterbenslangweilig war, nannte ich sie „die Stunde meines Todes".

Um 9 Uhr abends begann ich meine Gebetsstunde, indem ich Gott alles sagte, was mir einfiel. In ungefähr zwei Minuten hatte ich meine gesamte Liste abgehandelt: „Danke, Jesus, für meine Gesundheit, für Essen, für meine Freunde. Bitte hilf mir, für das Uni-Footballteam Touchdowns zu machen, hilf mir, eine gute Frau zu finden, und hilf mir, gute Noten zu bekommen …" Ich sah auf die Uhr. Immer noch achtundfünfzig Minuten! Manche dieser Gebete wurden nie erhört. Ich schaffte es zwar ins Footballteam, machte aber nie ein Touchdown, und meine Zensuren waren nur durchschnittlich. Aber, hey, das Mädchen habe ich gekriegt – und noch dazu ein richtig gutes! Diane und ich sind jetzt siebenunddreißig Jahre verheiratet. Sie ist eine tolle Ehefrau und Mutter und eine echte Frau Gottes, in all den gemeinsamen Jahren erlebe ich sie als jemand, der leidenschaftlich und treu Gott sucht.

Abend für Abend quälte ich mich durch diese furchtbare Stunde. Sie gefiel mir überhaupt nicht. Gottesdienste und Bibelgruppen zum Beispiel, in denen man Lehre hörte, konnte ich wirklich genießen. Ich engagierte mich gerne in Aktionen und Missionsreisen. Aber wenn ich allein betete oder die Bibel las, fand ich das irritierend und langweilig. Dennoch wollte ich wirklich in Gott wachsen, und mir war klar, dafür musste ich dranbleiben, bis ich ein Gebetsleben entwickelt hätte, das diesen Namen verdiente. Ich war entschlossen, wenn auch nicht sehr hoffnungsvoll, dass es in meinem Fall klappen würde.

Eine neue Sicht von Gebet

Um Erfolg zu haben, musste ich Gebet neu bewerten: Ich musste wissen, was Gebet ist, und warum der Herr darauf besteht. Als ich auf diese Fragen Antworten fand, veränderte sich mein Bild davon – nun erkannte ich, dass Gebet viel mehr ist als eine religiöse Pflicht, die man durchzustehen hat. Ich erkannte, dass Gebet ein Ort der Begegnung ist, eine Möglichkeit, Segen zu empfangen, ein Akt der Partnerschaft mit Gott und noch viel mehr.

Gebet ist ein Ort der Begegnung.

Anfangs wirkte Beten auf mich wie eine notwendige Pflichtübung, die in erster Linie ergebnisorientiert war. Nach meiner Vorstellung wollte der Herr, dass ich das Reden zu ihm „auf mich nahm“, um meine entschiedene Hingabe zu beweisen. Ich sah es als den Preis an, den ich zu zahlen hatte, und wenn ich es lang genug aushielt, dann würde er mir bestimmt den erbetenen Segen geben.

Zum Glück war es nie Gottes Absicht, dass Gebet etwas sein sollte, was wir nur aus Pflichtgefühl tun oder um bestimmte Ergebnisse zu erzielen. Zuerst und hauptsächlich geht es beim Beten um die Begegnung mit Gott und das Wachsen in der Beziehung zu ihm. Es ist das Mittel, durch welches wir seine Gegenwart am meisten spüren und seine Liebe empfangen, denn es lässt uns mehr und mehr verstehen, wie er ist. Beim Beten bekommen wir ganz neue Einblicke in sein Herz und es entstehen in uns neue Wünsche, sodass wir auf tiefer Ebene Gemeinschaft mit Gott haben. Gebet kann uns die Kraft geben, Gott und Menschen zu lieben. Das ist sein fundamentales Prinzip. Ja, es ist biblisch, zu beten, um erhört zu werden und Gottes Macht zu erleben. Aber zuallererst ist Beten eine Gelegenheit zur Gemeinschaft mit Gott.

Der Ruf zu beten ist ein Ruf, an der Liebe teilzuhaben, die schon ewig in Gottes Herzen brennt. Von Ewigkeit her liebt der Vater den Sohn von ganzem Herzen und liebt der Sohn den Vater ebenso stark. Der erste Faktor in den Beziehungen des Vaters, sowohl innerhalb der Gottheit als auch zu seinem Volk, ist Liebe von ganzem Herzen. Die Familiendynamik unter Vater, Sohn und Geist beruht auf dieser Liebe und wird von ihr bestimmt. Diese Liebe ist die dem Reich Gottes zugrunde liegende Realität. Es ist genau diese Realität, an der wir teilhaben, wenn wir im Gebet wachsen, und darum geht es beim Beten zuallererst – teilzuhaben an der Familiendynamik der Gottheit. Wir tun das, indem wir Gottes Liebe empfangen und auf den Herrn und auf Menschen in Gottes Liebe reagieren.

Wir wurden geschaffen, die große Liebe, die in Gottes Herzen brennt, zu empfangen und zum Ausdruck zu bringen. Gott schuf den Menschen, um seine Liebe zu teilen. Warum? Einfach deshalb, weil Gott Liebe ist (1. Joh. 4,16). Nicht irgendein Mangel in der Gemeinschaft der Dreieinigkeit veranlasste Gott, den Menschen zu schaffen. Der Vater war nicht einsam und er hatte keine Nöte. Vater, Sohn und Heiliger Geist sind vollständig befriedigt in der Freude der Liebe, die sie seit Ewigkeiten teilen. Dennoch schuf uns der Herr, um die Freude seiner Liebe mit uns zu teilen. Er schuf uns in seinem Bild, um der Liebe willen – damit wir seine Liebe empfangen, sie ihm zurückgeben und mit anderen teilen. Liebe ist im Zentrum unserer Beziehung zu Gott, Liebe ist die Essenz der Errettung und die Grundlage für das Verständnis vom Beten.

Gottes Herz brennt vor Liebe, und er ruft uns, seine brennende Liebe zu erfahren – einzutreten in das, was ich „die Gemeinschaft des brennenden Herzens" nenne. Die Errettung ist eine Einladung, der Zugang zu dieser Gemeinschaft. Im nächsten Kapitel werden wir mehr darüber hören.

Gebet ist eine Möglichkeit, Segen zu empfangen.

Wir beten nicht nur, damit nun einmal gebetet wird. Schon richtig: In erster Linie geht es um den Kontakt mit Gott. Wir beten aber auch, damit sich Dinge ändern und Gottes Segen in und durch uns freigesetzt wird. Unser Beten ist zielgerichtet. Der Apostel Jakobus lehrt über die Macht des Gebets: „Das Gebet des Gerechten vermag viel, wenn es ernsthaft ist" (Jak. 5,16). Effektives Gebet erreicht viel und hat tatsächlich Auswirkung. Jesus sagte seinen Jüngern: „Wenn ihr etwas bitten werdet in meinem Namen, dann werde ich es tun" (Joh. 14,14). Wir sollen im Glauben erwarten, dass unsere Gebete tatsächlich Ergebnisse hervorbringen, zuversichtlich sein, dass Gott sie erhören wird, indem er seinen Segen und seine Macht noch mehr erweist. In der Lektion vom verdorrten Feigenbaum im Markusevangelium unterstreicht Jesus die Bedeutung des Glaubens beim Beten:

> Jesus antwortete ihnen: „Habt den Glauben Gottes! Wahrlich, ich sage euch: Wer zu diesem Berg sagt: ‚Heb dich hoch und wirf dich ins Meer!' und zweifelt nicht in seinem Herzen, sondern glaubt, dass geschieht, was er sagt, dann wird ihm geschehen, was immer er sagt. Darum sage ich euch: Alles, was ihr bittet in eurem Gebet, glaubt nur, dass ihr es bekommt, dann werdet ihr es erhalten."
>
> Markus 11,22–24

Oft bestätigte Jesus Bittende, die in der Erwartung an ihn herantraten, etwas von ihm zu empfangen. Ein Beispiel ist seine Reaktion auf den römischen Hauptmann, der sich nicht für würdig hielt, Jesus in seinem Haus zu empfangen, sondern wusste: Spräche Jesus nur ein

Wort, würde sein Diener gesund. Die Bibel berichtet: Als Jesus hörte, wie der Hauptmann auf sein Angebot, zu kommen und den Diener zu heilen, reagierte, da „wunderte er sich und sagte zu denen, die ihm nachfolgten: ‚Wahrlich, ich sage euch: Solchen Glauben habe ich selbst in Israel nicht gefunden!'" (Mt. 8,10). Ebenso empfingen zwei Blinde ihr Augenlicht auf ihren Glauben hin. Nachdem er sie gefragt hatte, ob sie glaubten, dass er sie heilen könne, sagte Jesus zu ihnen: „Euch geschehe nach eurem Glauben" (Mt. 9,29).

Auf der anderen Seite tadelte Jesus die, die nicht empfangen konnten, weil sie nicht an ihn glaubten. Matthäus 17,14–21 erzählt die Geschichte des Mannes, der seinen epileptischen Sohn zu den Jüngern brachte, damit er geheilt würde, aber enttäuscht war, denn „sie konnten ihn nicht heilen". Öffentlich gab Jesus seinem Schmerz über das „ungläubige und verkehrte Geschlecht" Ausdruck und heilte den Jungen dann auf der Stelle. Später, als sie unter sich waren und die Jünger ihn fragten, warum sie den Dämon nicht aus dem Jungen hatten austreiben können, nennt Jesus den Grund einfach und kategorisch: „wegen eures Unglaubens". Er fügte hinzu, dass denen, die mit Glauben beten, nichts unmöglich sein würde. Andere Berichte zeigen, dass Jesus an Orten, wo der Unglaube vorherrschte, keine mächtigen Werke tun konnte (Mt. 13,58, Mk. 6,5–6).

Kurz bevor er in den Himmel fuhr, „schalt er ihren [der elf Jünger] Unglauben und ihre Herzenshärte, weil sie denen nicht geglaubt hatten, die ihn nach seiner Auferstehung gesehen hatten" (Mk. 16,14). Dass er an dieser Stelle einen Tadel aussprach, überrascht, denn die Jünger hatten doch die gesamten drei Jahre seines Dienstes mit ihm erlebt. Aber schon im nächsten Atemzug, direkt nachdem er sie getadelt hatte, beauftragte Jesus sie, in alle Welt zu gehen und das Evangelium zu predigen, und versicherte ihnen, dass die, „die glauben", in seinem Namen Dämonen austreiben und Kranke durch Handauflegung heilen würden (V. 17–18).

Wir sind berufen, Kanäle seines Segens und seiner Heilung für andere Menschen zu sein. Die letzten Verse des Markusevangeliums berichten, dass die Elf hinausgingen und predigten, nachdem Jesus sich zur Rechten Gottes gesetzt hatte, und dass „der Herr mitwirkte und das Wort durch die mitfolgenden Zeichen bestätigte" (V. 20). Die Jünger lernten viel von Jesus: Wenn sie in Glauben und Gehorsam beteten, veränderten sich die Dinge.

Manche Leute halten Gebet einzig und allein für Gemeinschaft mit Gott, und andere sehen darin nur die Möglichkeit, mehr Segen in ihren Umständen zu erwirken. Aber wir brauchen nicht das eine dem anderen vorzuziehen, wir können Ergebnisse von unseren Gebeten erwarten, während wir in der Gemeinschaft mit Gott wachsen. Im Glauben zu beten ist ein gottgegebener Weg, sowohl im inneren Leben als auch in den äußeren Umständen seinen Segen zu empfangen.

Ich kenne Christen, die eine passive, gleichgültige Einstellung gegenüber dem Empfangen von Gottes Segnungen haben. Sie scheinen sich nicht darum zu kümmern, ob ihre Gebete in ihrem persönlichen Leben viel erreichen, und sie meinen, ihre Einstellung wäre ein Ausdruck von Demut: Gebetserhörungen empfangen zu wollen halten sie für selbstsüchtig.

Jesus hat eine passive, gleichgültige Einstellung gegenüber seinen Gaben nie gutgeheißen. Das ist nicht wahre, sondern falsche Demut, die die Segnungen, die Jesus für sein Volk bestimmt hat, ignoriert. Wir brauchen nicht zwischen den beiden Perspektiven zu wählen; erhörtes Gebet führt sowohl zu größerer Intimität mit Gott als auch zu mehr Segen in unseren Umständen.

Gott hat sich entschieden, manche Segnungen nur dann zu geben, wenn sein Volk vertrauensvoll darum bittet. Gebet ist eins der wichtigsten Instrumente, den vollen Segen, den Gott für uns bestimmt hat, zu sichern. Gott öffnet Türen des Segens und schließt Türen der Bedrückung in direkter Erhörung unserer Gebete. Ja, sein Wort erklärt: „Darum wartet der Herr darauf, euch gnädig zu sein, und hat sich aufgemacht, um sich über euch zu erbarmen. … Er wird dir gewiss gnädig sein, wenn du rufst, er wird dir antworten, sobald er es hört“ (Jes. 30,18–19).

Der Herr sehnt sich danach, gnädig zu sein, ein größeres Maß seiner Gnade und seines Segens in uns wirksam werden zu lassen. Er wird dies gewiss tun, wenn wir rufen – sobald er es hört, wird er antworten. Es ist nicht so, dass wir Gott, um mehr von ihm zu empfangen, überzeugen müssten, uns mehr geben zu wollen. Vielmehr muss Gott sein Volk bewegen, vertrauensvoll um mehr zu bitten.

Es ist im Reich Gottes so geregelt, dass Gott als Reaktion auf Gebet mehr gibt, weil er eine tiefe Beziehung mit uns wünscht. Im Gebet bringen wir uns in die richtige Stellung, um überfließende Gnade und Segen zu empfangen. Denken Sie nie, dass wir Gottes Segen mit Beten verdienen oder erarbeiten. Nein, Segen wird als Folge der Interaktion mit Gott empfangen. Dadurch, dass wir beten und er unser Gebet erhört, wird die Beziehung zu ihm gestärkt.

Wo Gott mehr Segen verheißt, handelt es sich manchmal nicht um eine Garantie, sondern um die Einladung, sein Partner zu sein im heiligen, glaubensvollen und anhaltenden Gebet. Wenn wir die Bedingungen erfüllen – und Gebet gehört zu den Bedingungen –, dann sind die Verheißungen garantiert. Manche Verheißungen beinhalten das Bedingungswort „wenn" – wenn wir zu ihm rufen, dann, so verheißt Gott, wird er uns in bestimmter Weise antworten. Hier nur einige Beispiele:

> Wenn du aber dort den Herrn, deinen Gott, suchen wirst, so wirst du ihn finden, wenn du ihn von ganzem Herzen und von ganzer Seele suchen wirst.
>
> 5. Mose 4,29

> Wenn … mein Volk, das nach meinem Namen genannt ist, sich demütigt, indem sie beten und mein Angesicht suchen …: dann will ich vom Himmel her hören und ihre Sünde vergeben und ihr Land heilen.
>
> 2. Chronik 7,14

> … wie viel mehr wird der Vater im Himmel den Heiligen Geist denen geben, die ihn bitten!
>
> Lukas 11,13

Denen, die zu Gott kommen und bitten, ist Segen versprochen. Deshalb wird sich die Qualität unseres natürlichen und geistlichen Lebens verbessern, wenn wir beten. Zum Beispiel werden wir in größerem Maß Einsicht vom Heiligen Geist bekommen, und unser sehnsüchtiges Herz wird Gott auf tieferer Ebene begegnen.

Indem wir beten, können wir sowohl Gottes Segen in größerem Maß freisetzen als auch das Werk des Satans stoppen, der unsere Finanzen verschlingen, unseren Körper brechen, unsere Beziehungen ruinieren, unser Herz bedrücken und unsere Familien kaputtmachen will. Durch Gebet können wir sein zerstörerisches Wirken in unserem Leben verhindern. Gott öffnet Türen des Segens und schließt Türen der Bedrängnis als Antwort auf Gebet. Wenn wir beten, können Türen dämonischer Bedrückung geschlossen werden. In Jesu Namen sind wir befugt, dämonischen Aktivitäten Einhalt zu gebieten und im eigenen und dem Leben anderer Engel auf den Plan zu rufen.

Gott wird unseren Part nicht übernehmen, und wir können nicht den seinen tun. Gott fordert, dass wir entsprechend seiner übernatürlichen Gnade mit ihm zusammenarbeiten. Dies ist ein Ausdruck seines Wunsches nach enger Partnerschaft mit uns. Nur durch einen Lebensstil des Gebets können wir die Fülle dessen empfangen, was Gott verheißen hat.

Gebet ist ein Akt der Partnerschaft mit Gott.

Der Herr möchte viel mehr von den Seinen, als dass sie seine Arbeitstruppe sind. Er sehnt sich danach, eine Beziehung mit denen zu haben, die ihn lieben, und in Partnerschaft mit ihnen seine Absichten zu erreichen.

Gott regiert die Welt in Partnerschaft mit seinem Volk, das mit ihm herrscht durch Gebet. Wir wissen aus dem Buch der Offenbarung, dass wir bestimmt sind, mit Jesus zu regieren: „Wer überwindet, dem werde ich [Jesus] das Recht geben, mit mir auf meinem Thron zu sitzen" (Offb. 3,21). Die vierundzwanzig Ältesten singen über die Erlösten: Jesus hat „uns für unseren Gott zu Königen und Priestern gemacht, und wir werden herrschen auf der Erde" (Offb. 5,10). Mit Gebet, Gehorsam, Glauben und Demut lässt Gott uns die Lebensqualität in unserer Zeit entscheidend mitbestimmen.

Als meine Jungen klein waren, nutzte Gott eine kleine Episode aus dem Familienleben, um mir etwas beizubringen. Wie bin ich im Gebet Gottes Partner, sodass wir gemeinsam seine Absichten verfolgen? – Als ich eines Tages nach Hause kam, war meine Frau Diane mit unserem Sohn Luke, damals etwa fünf, in der Küche. Sie hatten gerade gemeinsam Geschirr gespült. Das Hemd meines Sohnes war klitschnass. Meiner Frau standen die Haare wirr in sämtliche Richtungen ab und auf dem Boden lagen Scherben. Es sah alles ein wenig chaotisch aus … Ich fragte: „Was ist passiert?"

Luke strahlte voller Stolz: „Hey, Dad, ich habe gespült!"

„Na, dann erzählt mal!"

Diane berichtete: „Also, ich habe einen schmutzigen Teller genommen und Luke gegeben. Er hat ihn gewissermaßen gespült, dann habe ich ihn noch einmal gespült. Dann gab ich ihm den Teller zurück, damit er ihn wegräumen konnte. Einen hat er fallen gelassen, der ist zu Bruch gegangen. Außerdem hat er beim ‚Helfen' überall Wasser verplempert."

Das heißt, Luke hat ein großes Chaos veranstaltet, einen Teller zerbrochen und alles unter Wasser gesetzt, doch für sein eigenes Empfinden hat er „Geschirr gespült". Er war glücklich, und sein strahlendes Lächeln verkündete: „Guck mal, Dad, was ich geschafft habe – ich habe abgewaschen."

In dem Moment kam mir eine neue Einsicht darüber, wie Gebet funktioniert. Diane hätte den Abwasch viel schneller ohne Lukes Hilfe machen können, aber sie wollte ihn daran beteiligen. Der Herr kann sein Reich leicht bauen, ohne uns dabei einzusetzen, aber er möchte uns beteiligen, weil er eine partnerschaftliche Beziehung mit uns anstrebt. Jesus ist nicht nur ein mächtiger König, er ist auch ein Bräutigam mit dem Wunsch nach Beziehung. Er hat Freude an unserer Freundschaft und am gemeinsamen Verfolgen seiner Absichten im Werk des Gottesreiches.

Wie Sie in Kapitel 3 lesen werden, ist die Essenz effektiven Gebets, dass wir es in Übereinstimmung mit Gott sprechen. Deshalb ist ein wichtiger Aspekt des Gebets, *Gott zu sagen, was er uns aufträgt, ihm zu sagen*. Das Wort Gottes zeigt uns, was er in seinem Volk freizusetzen verspricht, und wir beten diese Dinge einfach zurück zu ihm. Es ist so, als reiche er uns einen Teller zum Spülen, und dann geben wir ihn ihm zurück. Er erfüllt seine Reich-Gottes-Absichten, während wir mit ihm sprechen.

Bedeutung des Bittens

Ein grundlegendes Prinzip des Reichs Gottes ist, dass Gott mehr Segen gibt, wenn wir darum bitten. Er könnte leicht all seine Segnungen auf uns ausschütten, ohne dass wir darum bitten, aber er möchte uns an dem Prozess beteiligen. Die meisten von uns kennen den Bibelvers, der lehrt, dass wir nicht haben, weil wir nicht bitten (Jak. 4,2). Gott möchte, dass wir mehr tun, als nur einfach über unsere Bedürfnisse *nachzudenken*; er möchte, dass wir ihn *bitten*. Viele beschweren sich über ihr Leben oder ihre Umstände und reden sogar mit anderen Menschen darüber, aber dem Herrn tragen sie ihre Not nicht vor.

Es fällt uns leicht, über unsere Bedürfnisse nachzudenken, ohne sie in Worte zu fassen. Warum besteht Gott darauf, dass wir bitten? – Weil das Bitten zu einer festeren Herzensverbindung mit ihm führt. Deshalb lässt er uns in unserem gebetslosen Leben quasi Hunger leiden, indem er gewisse Segnungen zurückhält, bis wir ihn darum bitten – bis wir tatsächlich mit ihm darüber *sprechen*. Wenn der Druck, den der Mangel seines Segens verursacht, größer ist als unsere Geschäftigkeit, dann beten wir mehr. Und im Prozess des Betens treten wir in Beziehung zu ihm.

In Philipper 4,6 weist Paulus uns an: „In allen Anliegen lasst eure Bitten im Gebet und Flehen … vor Gott kundwerden." Der Herr kennt unsere Bedürfnisse, ohne dass wir darum bitten, dennoch wartet er in vielen Fällen mit dem Geben, bis wir ihn darum bitten.

Jesus hat uns aufgerufen, ausdauernd um Gottes Hilfe und Segen zu beten:

> Bittet, so wird euch gegeben; sucht, so werdet ihr finden; klopft an, so wird euch geöffnet. Denn wer bittet, der empfängt; und wer sucht, der findet; und wer anklopft, dem wird geöffnet.
>
> Matthäus 7,7–8

Jesus hat uns aufgerufen, zu bitten und immer weiter zu bitten, zu suchen und immer weiter zu suchen, zu klopfen und immer weiter zu klopfen. Im Griechischen stehen diese Verben in der Verlaufsform der Gegenwart, das heißt, dass wir dies beständig und ausdauernd tun sollen. Bitten ist wichtig.

Zusätzlich zu einer tieferen Beziehung mit Gott und Segnungen in unseren Umständen wartet auch ein größeres Maß an Gnade auf die, die den Herrn suchen, um mehr zu empfangen. Wir stellen also fest, dass es ein Zeichen unserer Demut und Abhängigkeit von ihm ist, Gott für unsere Nöte zu bitten. Jakobus zitiert aus den Sprüchen: „… den Demütigen gibt er Gnade" (Jak. 4,6). Wiedergeborene Christen sind eingeladen, zum Thron der Gnade zu kommen und mehr von Gottes Gnade zu erfahren, welche ihnen in Christus zusteht. Hebräer 4,16 fordert auf: „Darum lasst uns mit frohem Vertrauen vor den Thron der Gnade treten, damit wir Barmherzigkeit empfangen und Gnade finden zu der Zeit, wenn wir Hilfe nötig haben." Gottes Gnade steht allen zur Verfügung, die mit frohem Vertrauen und ausdauernd zu ihm kommen. Ein Teil des Durchbruchs auch in unserem Leben geschieht, wenn wir dafür beten. Wir empfangen ein größeres Maß an Gottes Gnade, welche unser Denken und unsere Emotionen erneuert.

Es besteht ein Unterschied zwischen unserer *Rechtsposition* in Christus – was uns durch sein Heilswirken einfach zusteht – und unseren *Lebensbedingungen* (den Umständen) – was wir tatsächlich im Alltag erleben. Wir suchen danach, im Alltag mehr Gnade zu erleben, weil wir zuversichtlich wissen, dass Gottes Gnade uns aufgrund unserer Rechtsposition in Christus frei und ohne Verdienst gegeben wurde.

Unsere *Rechtsposition* ist, wie Gott uns in Christus sieht und was uns einfach zusteht. Unsere *Lebensbedingungen* sind, wie viel wir tatsächlich von diesem zur Verfügung Stehenden erleben. In unserer Rechtsposition vor Gott haben wir als Christen die Fülle der Gnade empfangen, und zwar als Geschenk aufgrund dessen, was Jesus am Kreuz für uns getan hat. Das ist frei, vollständig, endgültig.

In 2. Korinther 5,21 heißt es, wir seien „Gottes Gerechtigkeit" geworden. Wenn Gott unseren wiedergeborenen Geist ansieht, sieht er eben dies in uns: die Gerechtigkeit Christi. Das ist unsere Rechtsposition vor Gott. Wir werden nie mehr Gnade zur Verfügung haben als an dem Tag, an dem wir wiedergeboren wurden. Aber im Bezug auf unsere Lebensbedingungen möchten wir mehr von dem erfahren, was uns zusteht. Diese Umstände hatte Jakobus im Blick, als er lehrte, dass Gott den Gläubigen „umso reichlicher Gnade" gibt (Jak. 4,6).

Unsere Gebete brauchen nicht perfekt zu sein

Gebet gehört zu Gottes brillanten Strategien, es ist die genialste Weise, das Universum zu regieren. Warum? Aus diesem Grund: Wenn wir Gottes Wort zu Gott „zurücksprechen", dann zieht uns das in die Nähe seines Herzens und vereint uns mit anderen, die dasselbe beten. Und es demütigt uns und verändert uns zur gleichen Zeit. Mit anderen Worten: Dass der Vater das Universum gemeinsam mit den Seinen (durch ihr Gebet um Veränderung) regiert, führt dazu, dass sie in der innigen Beziehung zu ihm, in Gemeinschaft und Demut, gefestigt werden.

Die gute Nachricht ist, dass unsere Gebete nicht perfekt sein müssen, um Gottes Ziele zu erreichen. Sie sind effektiv aufgrund der Autorität Jesu, welche auf seinem vollendeten Werk am Kreuz gründet. Deshalb sind unsere Gebete sogar dann gültig, wenn sie kurz, wenn sie schwach und wenn sie armselig formuliert sind.

Der Wert von Neunzig-Sekunden-Gebeten

Kurze Gebete sind effektiv. Selbst Neunzig-Sekunden-Gebete haben Bedeutung und können unser Herz mit Gott verbinden und seinen Segen auf uns herabrufen. Verzichten Sie nicht auf das Beten, bis Sie eine volle Stunde dafür freimachen können. Auch auf dem eiligen Weg zu einem Termin, an der roten Ampel oder in der Schlange an der Supermarktkasse können Sie sich mit Neunzig-Sekunden-Gebeten an Gott wenden, die in Ihrem Leben und im Leben anderer etwas bewirken.

Der Wert „schwacher" Gebete

Aus der Tatsache, dass sie selber beim Beten keine Gefühle haben, folgern manche Leute, dass auch Gott nichts fühle. Deshalb halten sie ihre schwachen Gebete für ineffektiv und schätzen sie vielleicht sogar gering. Die Wahrheit ist, dass unsere Gebete in Stärke zu Gott aufsteigen, obwohl wir sie in menschlicher Schwäche sprechen, weil das Blut Jesu genügt, um sie mit Gottes Herz in Übereinstimmung zu bringen. Andere Leute glauben, dass sie nur dann im Gebet wachsen, wenn sie sich während ihrer Gebetszeiten gut fühlen. Fälschlicherweise ziehen sie den Schluss, ihre Gebete wären bedeutungslos, wenn sie sich innerlich ausgetrocknet fühlen oder abgelenkt sind.

Was sollten wir tun, wenn uns unsere Gebete schwach oder nutzlos vorkommen? Statt ihre Effektivität an den Emotionen zu messen, die wir während einer Gebetszeit haben, müssen wir sie an dem messen, was Gott in seinem Wort sagt. Jesus beteuerte, dass jeder, der bittet und darin nicht nachlässt, empfangen wird, und jeder, der intensiv sucht, finden wird (Mt. 7,7–8).

Unsere Gebete – alle unsere Gebete – werden gehört, selbst wenn wir beim Beten nichts fühlen. Messen Sie Ihre Gebete nicht an Ihren Gefühlen während des Betens, sondern an dem Ausmaß ihrer Übereinstimmung mit Gottes Willen und Gottes Wort. Unsere schwachen Gebetszeiten mögen *uns* nicht bewegen, aber sie bewegen das Herz Gottes. Der Apostel Johannes betonte die Zuversichtlichkeit, die unserem Beten zugrunde liegen soll, die Gewissheit, dass wir Gehör finden, unabhängig davon, wie wir uns beim Beten fühlen.

> Und das ist das zuversichtliche Vertrauen, das wir zu ihm haben, dass er uns hört, wenn wir etwas nach seinem Willen bitten.
>
> 1. Johannes 5,14

Warum? Weil Gott unsere schwachen Gebete vor dem Hintergrund des Blutes Jesu und des Reichtums seiner Herrlichkeit sieht. Der Ausdruck „Reichtum seiner Herrlichkeit" wird vom Apostel Paulus in seinen Briefen oft erwähnt. Epheser 1,18 ist ein gutes Beispiel.[2]

> … damit ihr wisst, was die Hoffnung seiner Berufung und was der Reichtum der Herrlichkeit seines Erbes in den Heiligen ist.

Gott bewertet die Aktivität in unserem Leben ganz anders, als wir es nach unserem natürlichen Denken tun. Die Fülle der Herrlichkeit unseres Lebens in Christus ist vor unseren eigenen Augen verborgen, ebenso vor den Augen unserer Zeitgenossen. Doch sie wird allen offenbar werden, wenn Jesus wiederkommt.

> Denn ihr seid gestorben, und euer Leben ist verborgen mit Christus in Gott. Wenn aber Christus, unser Leben, offenbar werden wird, dann werdet ihr auch offenbar werden mit ihm in Herrlichkeit.
>
> Kolosser 3,3–4

Unsere Herausforderung besteht darin, dass wir die Herrlichkeit Gottes in unserem Leben oft nicht fühlen oder sehen. Weil sie nicht offensichtlich und unseren Emotionen und unseren fünf Sinnen verborgen ist, können wir sie nicht messen. Wir sehen auf unser Leben und meinen, es sei unbedeutend, schwach und langweilig, doch Jesus sieht es vor dem Hintergrund des Reichtums der Herrlichkeit. Er sieht, was wir nicht sehen, und das schließt auch unser Beten ein.

Unsere vielen kleinen Gehorsamsakte, einschließlich unserer Gebete, sind herrlich in Gottes Augen. Verstehen wir den Wert unserer schwachen Gebete, dann können wir sie als relevant und kraftvoll ansehen. Mag es auch schwach wirken vor dem Fleisch, so hat doch jedes Gebet nach seinem Willen für Gott Bedeutung.

Der Wert armselig formulierter Gebete

Vor Gott hat Beten auch dann Wert, wenn es nicht mit den „richtigen“ Worten daherkommt. Man ist versucht zu denken, ein Gebet müsse unbedingt perfekt formuliert sein. Aber wir kommen voller Zuversicht zum „Thron *der Gnade*“ (Hebr. 4,6), nicht zum „Thron rhetorischer Perfektion“. Der Herr hört das Seufzen des Gefangenen (Ps. 79,11, Ps. 102,21) ebenso wie die eloquenten Äußerungen von Bibelgelehrten und mächtigen Predigern. Vergessen wir nicht: Gott kennt unser Herz – und er hat uns seinen Geist gegeben, um mit uns und für uns Fürbitte zu tun.

Jedes Gebet bewegt Gottes Herz

Im Sommer 1988 machte ich bei einem Gebetstreffen eine lebensverändernde Erfahrung. Ich hatte dieses Gebetstreffen seit fast vier Jahren jeden Samstagvormittag geleitet. Ungefähr zwanzig Leute nahmen regelmäßig teil.

Als ich eine Viertelstunde vor Beginn zum Versammlungsort kam, standen erst zwei Autos auf dem Parkplatz. Sie gehörten den beiden jungen Männern, die für die Lautsprecheranlage zuständig waren.

Auf meinem Weg zum Gebäude hörte ich unglaublich laute Musik. Sie klang so ähnlich wie das „Halleluja" aus Händels *Messias*. Es war herrlich und wunderschön – und sehr laut. Ich dachte: „O nein, die Jungs spielen mit der Anlage herum – sicher machen sie mit dieser Lautstärke die Boxen kaputt!" Ich lief schneller, um ihnen zu sagen, dass sie die Anlage leiser stellen sollten, aber als ich die Tür öffnete, war alles still. „Was ist denn hier los?", wunderte ich mich.

Ich ging in den Gottesdienstraum, aber die beiden einzig dort Anwesenden waren nicht an der Anlage, sondern vorne am Altar und beteten miteinander. Verwirrt fragte ich mich: „Was war dieses Halleluja-Chor-Ähnliche, was ich eben so ungeheuer laut gehört habe?" Dann dämmerte es mir – ehrfürchtig staunend begriff ich, dass ich soeben Engelschöre gehört hatte.

Was Gott damit wohl deutlich machen wollte? Natürlich, dass das heutige Meeting das mächtigste Samstag-früh-Gebetstreffen werden würde, an dem ich je teilgenommen hatte, dass etwas Besonderes passieren würde! Meine Erwartung war sehr hoch. Dass ich die Stimmen der Engel gehört hatte, war mit Sicherheit ein Zeichen: Wir würden einen gewaltigen Durchbruch der Gegenwart Gottes erleben!

Das Gebetstreffen begann und ich erwartete jeden Moment, dass sich die Herrlichkeit Gottes auf ungewöhnliche Weise zeigen würde. Aber nichts dergleichen geschah. Es lief so routiniert ab wie an vielen anderen Samstagen. Dann ging ich ans Mikrofon, um zu beten, wie ich es jeden Samstagmorgen tat, in der Vorstellung, dass etwas Gewaltiges geschehen könnte, aber ich betete eher träge. „Was ist mit den Engelschören?", dachte ich. „Warum habe ich sie gehört?" Ich war etwas irritiert.

Nach dem Ende des Gebetstreffens, als alle anderen schon gegangen waren, saß ich allein noch etwa zwanzig Minuten still da und dachte: „Ich habe kaum je etwas Merkwürdigeres erlebt als diesen Engelschor. Was sollte das bedeuten?" „Herr, ich bin durcheinander", betete ich. „Warum ist beim Gebetstreffen heute nichts Außergewöhnliches geschehen?"

Ich versuchte, dieser Frage auf den Grund zu kommen, fand aber keine Antwort. Dann gab mir der Herr plötzlich ein sehr eindeutiges Wort. Es kam in Form eines Eindrucks. Der Heilige Geist sagte: „Genau das passiert immer, wenn sich die Meinen zum Beten treffen." In jenem Moment verstand ich, dass jedes Mal Engelschöre jubeln, wenn sich Gottes Kinder zum Beten treffen, und sei es zu einem kleinen, scheinbar nicht inspirierten oder nicht „gesalbten" Gebetstreffen am Samstagmorgen.

Uns mögen unsere privaten und öffentlichen Gebetszeiten vielleicht nicht bewegen, aber sie bewegen die Engel und, wichtiger noch, sie bewegen das Herz Gottes. Messen Sie Ihre Gebete niemals an Ihren Gefühlen; wenn wir gemäß Gottes Willen beten, bewegen unsere „schwachen Gebete" Gottes Herz selbst dann, wenn unser eigenes Herz unberührt bleibt.

Ein Beleg dafür ist Gottes Handeln mit dem römischen Soldaten Kornelius, wie es in der Apostelgeschichte berichtet wird. Während Kornelius betete, erschien ihm plötzlich ein Engel mit einer Botschaft von Gott. Seine Gebete würden nie vergessen werden (Apg. 10,3–4): „Der Engel sagte zu ihm: ‚Deine Gebete und deine Almosen sind hinaufgekommen zum Gedächtnis vor Gott'" (V. 4).

Vielleicht empfand Kornelius – wie die meisten – seine Gebete als schwach und nicht sehr effektiv. Er muss ziemlich erschrocken sein, als er hörte, dass Gott seiner Gebete gedachte. Ich stelle mir gern vor, wie Kornelius mit seinen Soldaten betete. Ich denke mir, dass sich vielleicht drei oder vier Soldaten zum Beten trafen, ohne Anbetungsmusik und ohne Bibeln. Weil sie nicht wiedergeboren waren, wohnte der Heilige Geist nicht in ihnen. Deshalb gehe ich davon aus, dass ihre Gebetsversammlungen ziemlich schlicht waren, und ich kann mir nicht vorstellen, dass ich sie besonders ansprechend gefunden hätte. Stellen Sie sich vor: keine Bibel, kein innewohnender Geist und keine Anbetungsmusik! Doch Kornelius' Gebet bewegte Gottes Herz so sehr, dass er ihm durch einen Engel die Botschaft überbringen ließ, er würde seiner immer gedenken.

Wenn Gott die Gebete eines Mannes, der noch nicht einmal wiedergeboren war, ewig im Gedächtnis hält, wie viel mehr wird er die Gebete von Christen wertschätzen, die ihrem Vater sein eigenes Wort vorhalten? Es ist wirklich so: Unsere Gebete bewegen das Herz des Herrn und sie geraten nie in Vergessenheit. Gott hat im Blick auf unsere kurzen, schwachen, armselig formulierten Gebete auch das Kreuz Jesu vor Augen. Er nimmt die Dinge ganz anders wahr, als wir es aus unserer menschlichen Perspektive tun.

Unsere Gebete sind Gott wichtig, egal, wie wir uns beim Beten fühlen. Achten wir „schwache" Gebete nicht gering! Ich habe schließlich den Schlüssel gefunden, wie das Gebetsleben eher Freude als Pflichterfüllung wird: Wir müssen verstehen, was Gebet alles ist. Wir müssen verstehen, dass wir durch unser Beten Teil der „Gemeinschaft des brennenden Herzens" des dreieinigen Gottes werden.

Kapitel 2

Die „Gemeinschaft des brennenden Herzens"

Gebet sollte nicht als eine zu erfüllende Pflicht angesehen werden, sondern vielmehr als ein zu genießendes Vorrecht, eine außergewöhnliche Freude, die immer wieder neue Schönheiten offenbart.[1]

E. M. Bounds

Im Gegensatz zu einer verbreiteten Vorstellung ist unsere Erlösung viel mehr als die Chance, der Hölle zu entgehen. Wie wir in 1. Korinther lesen, handelt es sich um eine Einladung zur Gemeinschaft mit Gott: „Gott ist treu, durch den ihr berufen seid zur Gemeinschaft seines Sohnes Jesus Christus, unseres Herrn" (1. Kor. 1,9). Ein Echo dieser hohen Berufung findet sich im ersten Brief des Apostels Johannes, der schrieb: „... unsere Gemeinschaft ist mit dem Vater und mit seinem Sohn Jesus Christus" (1. Joh. 1,3). Diese Wahrheit hat gewaltige Auswirkungen, weit mehr, als wir ahnen.

Die Erlösung ist auch mehr als ein Mittel, um mithilfe von Gottes Segen irdisches Glück in den eigenen Lebensumständen zu erfahren. Wer Erlösung so versteht, betet nur für das, was sein Leben bequemer macht – finanzielle Versorgung, gesegnete Beziehungen, körperliche Gesundheit und Salbung für den Dienst –, aber das ist nicht der eigentliche Sinn der Erlösung.

Wie schon im vorigen Kapitel angedeutet, handelt es sich bei unserer Erlösung um eine Einladung in die „Gemeinschaft des brennenden Herzens". Gott wirkt sie durch seinen Sohn und eröffnet uns mit ihr die Möglichkeit, in diese Gemeinschaft einzutreten. Gott will unser Herz, er sucht unsere Liebe, er hält Ausschau nach denen, die aus freien Stücken in die Liebe eintreten, die innerhalb der Dreieinigkeit herrscht, und daran teilhaben wollen. Dies ist die herrliche Bestimmung derer, die zu Gottes Erlösung Ja sagen.

Wie Johannes in seinem Evangelium herausstellte, ist es die Essenz des ewigen Lebens, Gott zu kennen – ihn *aus Erfahrung* zu kennen.

> Das ist aber das ewige Leben, dass sie dich, der du allein wahrer Gott bist, und den du gesandt hast, Jesus Christus, erkennen.
>
> Johannes 17,3

Das bedeutet viel mehr als Informationen über Gott zu haben, über seine Wege und Absichten. Gott möchte, dass wir ihn ganz intim kennenlernen, indem wir mit ihm sprechen und ständig seine Liebe erfahren – hier und jetzt und in dem Zeitalter, das noch kommen wird.

Mit seiner Menschwerdung und seinem Tod am Kreuz beabsichtigte Jesus sehr viel mehr, als uns zu einem einfachen und bequemen Leben zu verhelfen. Etwas viel Größeres geschieht und Gottes Absicht übersteigt unser zeitliches, irdisches Glück bei Weitem. Wir bekommen das Angebot des großen Privilegs, Gott zu kennen, und der Ruf, im Gebet zu wachsen, ist ein Ruf, an der „Gemeinschaft seines brennenden Herzens" – am göttlichen Familienleben – teilzuhaben.

Fünffacher Ausdruck der Liebe Gottes

Wenn wir im Gebet wachsen, erfahren wir mehr von der Liebe, die seit Ewigkeiten in Gottes Herzen brennt. Die ultimative Realität des Gottesreichs ist die brennende Liebe, die innerhalb der Gemeinschaft der drei Personen der Trinität seit vor Erschaffung der Welt existiert.

Gott ist Liebe. Tief empfundene Liebe ist sein Wesen (1. Joh. 4,16). Mit anderen Worten, die Essenz dessen, wie Gott denkt und fühlt, fließt von seinem Herzen der unerschütterlichen, leidenschaftlichen, unendlichen, tief empfundenen Liebe. Unter den drei Personen der Dreieinigkeit herrscht ständig eine intensive Liebe, vergleichbar mit den Eruptionen eines Vulkans. Seit Ewigkeiten liebt der Vater den Sohn mit ganzer Kraft, ganzer Seele und ganzem Verstand, und Jesus liebt den Vater und den Geist mit derselben Intensität. Jede Person der Trinität liebt die anderen beiden Personen mit tiefer, ewiger, gewaltiger Liebe. Wir wurden geschaffen, um diese alles verzehrende Liebe, die in Gottes Herzen wohnt und die der Dreh- und Angelpunkt des Gottesreichs ist, in einem gewissen Ausmaß zu empfangen *und* auszudrücken.

Vater, Sohn und Geist sind völlig befriedigt in der Gemeinschaft der Dreieinigkeit. Aber die Freude der Liebe drängte den dreieinigen Gott, Wesen zu erschaffen, die seine Liebe teilen können. Liebe verlangt nach Ausdruck; sie will geteilt und vervielfältigt werden. Gott wollte die Erfahrung der Freude in der vollkommenen Liebe der Dreieinigkeit weitergeben.

Liebe ist Grundlage unserer Beziehung mit Gott, Essenz der Erlösung und der Schlüssel zum Verständnis von Gebet. Der Ruf zu Teilhabe an der „Gemeinschaft des brennenden Herzens“, die in der Beziehung der göttlichen Personen untereinander existiert, ist der Eckpfeiler des Rufs zum Gebet.

Gott liebt den Menschen mit derselben Intensität, mit der Gott Gott liebt: Das ist eine biblische Grundprämisse. So unmöglich es uns schwachen und sündigen Sterblichen erscheint, ist es doch wahr. Jesus erklärte seinen Jüngern (und in der Erweiterung auch uns): „Wie mich der Vater geliebt hat, so habe ich euch auch geliebt. Bleibt in meiner Liebe!“ (Joh. 15,9). Später betete Jesus, dass „die Welt erkennt, dass du … sie geliebt hast, wie du mich geliebt hast“ (Joh. 17,23). Jesus sagte damit, dass er uns so sehr liebt, wie er den Vater liebt, und dass der Vater uns so sehr liebt, wie er Jesus liebt.

Denken Sie mal darüber nach. Der Vater liebt Jesus und uns mit gleicher Intensität! Das ist schwer zu begreifen, wenn wir uns mit Jesus vergleichen, der ohne Sünde war. Aber es ist ein Konzept, das zu bedenken ich nie müde werden. Manchmal frage ich mich: „Was empfindet Jesus dabei? Macht es ihm etwas aus, dass Gott mich genauso liebt wie ihn?“ Natürlich freut sich Jesus, weil auch er mich genauso sehr liebt, wie es der Vater tut.

Wie wir in Kapitel 1 bemerkten, äußert sich die Liebe, die in Gottes Herzen brennt, in mindestens fünffacher Weise. Zunächst einmal liebt Gott Gott – Vater, Sohn und Geist lieben einander leidenschaftlich. Zweitens liebt Gott sein Volk mit ganzem Herzen und ganzer Kraft. Drittens entspringt unsere Liebe zu Gott aus seiner Liebe, an der wir Anteil haben. Viertens lieben sich die Menschen, die zu Gott gehören, selbst in Gottes Liebe und um Gottes willen. Schließlich lieben die Menschen, die zu Gott gehören, einander, weil die Liebe, die wir von Gott empfangen, überströmt. Gemeinsam bilden diese fünf Ausdrücke von Liebe das, was ich „Gemeinschaft des brennenden Herzens“ nenne. Wir sind eingeladen, in die Beziehung der brennenden Liebe einzutreten, die innerhalb der Gemeinschaft der Dreieinigkeit herrscht. Welch ein herrliches Los! Dies bewirkt eine radikale Veränderung in dem, wie wir unser Leben sehen und wie wir Erlösung verstehen.

Gottes Liebe zu Gott

Der erste Ausdruck der vollkommenen Liebe findet sich in den Beziehungen innerhalb der Dreieinigkeit. Der Sohn liebt den Vater (Joh. 14,31) und der Vater liebt den Sohn (Joh. 3,35, 5,20, 15,9, 17,23). Jede Person der Dreieinigkeit liebt die anderen mit ganzem Herzen, ganzem Verstand und ganzer Kraft.

Ich stimme der Wahrheit über die Dreieinigkeit, wie sie durch die Kirchengeschichte hindurch üblicherweise gelehrt wurde, vollkommen zu: Es gibt den einen Gott, der ewig in drei unterscheidbaren, göttlichen Personen wohnt. Sie sind gleich insofern, als sowohl Vater als auch Sohn und Geist sämtliche Attribute Gottes besitzen, während sie sich in Funktion und Autorität im Wirken unterscheiden.

Wie Gott innerhalb der Trinität liebt, genau so liebt er uns. Er kann nicht teilweise lieben; er liebt immer total und von ganzem Herzen. Seine Liebe nimmt nicht ab und wächst nicht, weil sie unendlich ist im Ausmaß und ewig in der Dauer. Er liebt uns nie mit nur einem Teil seiner Liebe – damit würde er seinen eigenen Charakter verleugnen.

Gottes Liebe zu seinem Volk

Es ist Grund zu großer Freude, dass sich Gottes Liebe nicht auf ihn selbst beschränkt, sondern auf menschliche Wesen ausgegossen und ihnen gewährt wird. Jesus liebt die Erlösten mit derselben Intensität, mit der der Vater ihn liebt: „Wie mich der Vater geliebt hat, so habe ich euch auch geliebt. Bleibt in meiner Liebe!“ (Joh. 15,9). Der Vater liebt die Erlösten mit derselben intensiven Liebe, wie wir aus Jesu Gebet zum Vater entnehmen: „… dass die Welt erkennt, dass du … sie geliebt hast, wie du mich geliebt hast“ (Joh. 17,23).

Unsere Liebe zu Gott

Die Pharisäer versuchten Jesus mit einer Frage zu überlisten und erkundigten sich eines Tages bei Jesus, was das größte Gebot sei. Er antwortete, dass die rückhaltlose Liebe zu Gott die erste Stelle in ihrem Leben einnehmen sollte: „Du sollst den Herrn, deinen Gott, lieben von ganzem Herzen, von ganzer Seele und von ganzem Gemüt. Dies ist das erste und größte Gebot“ (Mt. 22,37–38). Aus diesem Vers sehen wir, dass es das vorrangige Ziel des Heiligen Geistes ist, in uns das erste Gebot an erster Stelle zu etablieren. Dies ist die höchste Priorität der Aktivität Gottes in seinem Reich. Es ist die erste Berufung für jeden Christen.

Der Herr liebt uns von ganzem Herzen und möchte, dass wir mit all unserer Liebe auf ihn antworten. Er möchte, dass wir uns „ganz und gar“ in die Beziehung einbringen, nicht, weil er sich sonst einsam und abgelehnt fühlte, sondern weil er rückhaltlose Liebe *ist*. Entsprechend ist er unserer rückhaltlosen Liebe wert.

Es steht ihm zu, unsere ganze Liebe zu empfangen. Beachten Sie, dass das Gebot, Gott von ganzem Herzen zu lieben, nicht mit uns anfängt. Es ist ein Ausdruck der ultimativen Realität des Gottesreichs, die schon lange vor Erschaffung der Welt existierte – nämlich, dass Gottes Herz innerhalb der Dreieinigkeit in Liebe brannte. Wir müssen das erste und größte Gebot in seinem ewigen Kontext der dreieinigen Gottheit sehen. Gott schuf Menschen nicht als nur passive Empfänger seiner heiligen Liebe, sondern als solche, die ihn aktiv wieder lieben sollen.

Unsere Liebe zu uns selbst

Erlöste sollen sich selbst in Gottes Liebe und um Gottes willen lieben. Wir lieben uns selbst vor dem Hintergrund der Offenbarung von Jesus, seinem Kreuz und unserem großen Wert für ihn.

In seiner Antwort auf die Frage der Pharisäer nach dem größten Gebot sagte Jesus, das zweite Gebot sei wie das erste: „Das Zweite aber ist ihm gleich: Du sollst deinen Nächsten lieben wie dich selbst“ (Mt. 22,39). Es ist eindeutig, dass wir uns selbst lieben müssen, um diesem Gebot zu gehorchen. Tatsächlich werden wir andere nie mehr lieben, als wir uns selbst in der Gnade Gottes lieben. Wenn wir uns selbst sehen können, wie Gott uns sieht, erleichtert uns das die Aufgabe.

Wir haben unbeschreiblich großen Wert für Jesus. So sehr verlangte ihn nach uns, dass er sein Leben für uns gab und uns mit Herrlichkeit und Ehre krönte (Hebr. 2,7–8). Gottes eigene Gerechtigkeit wurde uns geschenkt (2. Kor. 5,21). Wenn wir das verstehen, empfinden wir anders gegenüber Gott, unserem Leben, anderen Menschen. Indem wir uns, unsere neue Identität, unsere Bestimmung und unseren neuen Wert im Licht der Liebe Gottes sehen, können wir uns selbst in Gott lieben.

Die Bibel fordert uns sowohl auf, uns selbst zu lieben (Mt. 22,39), als auch, unser Leben zu hassen (Lk. 14,26). Diese zwei Gebote scheinen sich gegenseitig auszuschließen. Was bedeuten sie? – Wir sollen lieben, wer wir in Christus sind – unsere neue Identität in ihm – und was wir nach Gottes

Willen tun; wir sollen hingegen hassen, wer wir außerhalb von Christus sind und was wir außerhalb von Gottes Willen tun.

Bernard von Clairvaux (1090–1153) schrieb über die Liebe zu sich selbst um Gottes willen.[2] Dazu gehört auch das Streben nach allem, was zu sein Gott uns berufen hat. Jesus möchte nicht, dass wir in falscher Demut leben, die gering macht, wie sehr er sich an seiner Liebe zu uns freut oder wie sehr er möchte, dass wir uns daran freuen, von ihm geliebt zu sein. Wir erheben Jesus und ehren seine „Investition“ in uns, wenn wir uns, in Übereinstimmung mit seiner Liebe zu uns, selbst lieben. Der Herr möchte, dass wir seine tiefen Empfindungen für uns in Christus teilen.

Wenn wir uns hassen, weil wir nicht erkennen, wer wir in Christus sind, widerfährt uns Ablehnung, die unserer Fähigkeit, zu lieben und Liebe zu empfangen, Schaden zufügt. Gott möchte unser Herz vom Selbsthass befreien. Er weiß: Wenn wir uns selbst lieben, werden wir aufhören zu wünschen, dass wir ein anderer wären, und ehrlich dankbar sein, der wunderbare Mensch zu sein, zu dem er uns gemacht hat, mit unseren spezifischen Berufungen. Dann werden wir in der Lage sein, uns zu akzeptieren, wie wir in Christus sind, weil er uns akzeptiert und liebt, wie wir in seiner Gnade sind.

Wir sollen uns selber lieben in Christus und weder unser Erscheinungsbild noch unsere Gaben oder Aufgaben verachten. Wir sollen Jesus ebenso dafür danken, wer wir in ihm sind, wie für die unveränderlichen Aspekte des Lebens – Erscheinungsbild, Begabungen, Persönlichkeit, Familie, Eltern, Nationalität usw. Sie sind von Gott gegeben und wir sollen ihm dafür danken.

Wenn Sie sich heimlich wünschen, wie jemand anderer zu sein oder die Berufung, Begabung oder den Familienhintergrund eines anderen zu haben, sollten Sie Buße darüber tun, dass Sie die Person ablehnen, als die Gott Sie geschaffen hat, und ihm lieber für jene Aspekte Ihres Lebens danken. Stimmen Sie mit Gott überein: Danken Sie ihm dafür, wie er Sie geschaffen hat und Sie in Christus sieht, und preisen Sie ihn, dass Sie genau so kostbar und wertvoll sind für ihn. Mit der Zeit werden Sie beginnen, anders über sich selbst zu denken. Die Wahrheit wird Sie freimachen!

Unsere Liebe zu anderen

Wenn wir Gottes Liebe empfangen und ihn wiederlieben, dann ist es nur eine Frage der Zeit, bis wir auch unsere Mitmenschen tiefer lieben. Genau die Liebe, die innerhalb der Gemeinschaft der Trinität brennt, wird von uns zu anderen hin fließen. Wir sollen andere Menschen in dem Überfluss der Liebe lieben, die uns von Gott selbst zuströmt. Jesus persönlich gab uns das Gebot, „dass ihr einander liebt, wie ich euch geliebt habe“ (Joh. 15,12). Dass wir andere lieben, wie Jesus uns liebt, ist ein dynamischer Ausdruck der Gemeinschaft des brennenden Herzens.

Der Herr möchte, dass wir an seinen Empfindungen gegenüber unseren Mitmenschen Anteil nehmen, denn er weiß, dass das unsere Sicht und unsere Reaktion auf sie verändern wird. Selbst solche, die uns schlecht behandeln, können wir dann lieben, weil Gott sie ebenso liebt wie uns (Joh. 15,9). Wir werden auf dieselbe Weise aneinander Freude haben, wie Gott alle liebt und an allen Freude hat, die zu ihm gehören. Mehr noch, wir werden über die Grenzen von Sympathie, Ansehen und Nützlichkeit hinaus lieben können. Alle, die zu Gott gehören, werden wir mit seiner Liebe lieben.

Das Verständnis der fünf Ausdrucksformen der Liebe Gottes verändert unsere Sicht von Gott, uns selbst und anderen Menschen und hilft uns, effektiver zu beten. Wie wir im nächsten Kapitel sehen, ist das unser Ziel – effektiv zu beten und damit, als Gottes Partner, auf Erden sein Reich zu bauen.

Wie wichtig es ist, Gottes Schönheit zu betrachten

Bevor wir aber fortfahren, möchte ich betonen, warum es so wichtig ist, an der „Gemeinschaft des brennenden Herzens“ Anteil zu haben. Es hat damit zu tun, wie Gott uns Menschen geschaffen hat: nämlich so, dass wir uns nach Faszination, Staunen und Bewunderung sehnen. Diese Sehnsucht des Menschen wird am besten erfüllt, indem wir Gottes Schönheit betrachten – die Schönheit, die er in sich besitzt und in der Schöpfung zum Ausdruck bringt.

König David verstand diese Wahrheit so gut, dass er das Betrachten der Schönheit Gottes zum einzigen Ziel seines Gebetslebens erklärte:

> Eins bitte ich vom Herrn, das hätte ich gern: dass ich mein Leben lang im Haus des Herrn bleiben möge, um die Freundlichkeit des Herrn zu schauen und seinen Tempel zu betrachten.
>
> Psalm 27,4

[A. d. Ü.: Englische Bibelübersetzungen verwenden an den relevanten Stellen das Wort „beauty", die deutschen aber „Freundlichkeit", „Lieblichkeit" oder auch „die schönen Gottesdienste des Herrn". Dennoch übersetze ich „beauty" hier im Text mit „Schönheit" im Sinn von: alles, was gut und schön, lieblich, freundlich, angenehm ist.]

Da die Bibel ihn als „Mann nach Gottes Herzen" beschreibt (1. Sam. 13,14), sollten wir uns Davids Gebetsverständnis, in dem das Betrachten der Schönheit Gottes eine große Rolle spielt, genau ansehen. Gottes Schönheit ist ein umfassendes Thema, das den Rahmen dieses Buches sprengen würde, aber lassen Sie mich ein paar kurze Anmerkungen dazu machen.

Jesus ist erfüllt von Liebe, Schönheit, Weisheit, Freude und vollendeter Güte. Gottes Schönheit bestaunen wir z. B. im häufigen Nachdenken über die Details von Jesu Leben, Dienst, Tod, Auferstehung, Himmelfahrt und seiner ewigen Herrschaft als König der Könige über die ganze Erde. Wir können fasziniert von Jesus leben, wenn wir all das, was wir über ihn wissen, und unsere Beziehung zu ihm innerlich bewegen.

Indem wir mit Jesus Gemeinschaft pflegen, verbinden wir uns mit dem, der die vollendete Schönheit ist. Deshalb können wir, je mehr wir im Gebet wachsen, diese auch besser genießen. Betrachten wir Jesu Schönheit in seiner Person, erkennen wir sie auch besser in der Schöpfung, der Erlösung und seinem Wirken in der Geschichte. Andersherum gilt das Gleiche: Jesu Schönheit durch die Heilige Schrift, die Natur und seine souveräne Leiterschaft über die Kirche, die Nationen und die Geschichte zu sehen hilft uns, die Schönheit seiner Person zu erkennen.

Das beste Buch, das ich je zu diesem Thema gelesen habe, ist *The Evidential Power of Beauty* von Thomas Dubay[3] – eine echte Empfehlung. Dubay lehrt, man solle sein Denken und Fühlen aus Gottes „Büchern" der Schöpfung und der Erlösung mit Gottes Schönheit füllen. Er regt an, sich mit der spektakulären Größe des Universums zu beschäftigen und über Gottes Schöpfung im Detail nachzudenken. Ein Tropfen Wasser, der Ozean, ein Stern, eine Blume, ein Atom, ein Blatt und ein Vogel – ihnen allen wohnt grandiose Schönheit inne, von der wir aber gar nicht viel bemerken, wenn wir sie nur kurz im Vorübergehen oder mit abgestumpftem Herzen ansehen. Langeweile entsteht nicht aus dem Erkennen des Wirklichen, sondern aus dem Sehen mit abgestumpftem Herzen. Unsere Gemeinschaft mit Gott bzw. der Mangel daran hat enorme Auswirkungen auf unsere Einstellung zum Leben. Gebet ist Eintauchen in Schönheit – Gottes Schönheit. Regelmäßig mit ihm zu sprechen, erlaubt uns, seine Schönheit an vielen Stellen zu erkennen.

Dubay lehrt, dass Gebet die höchste, von Gott gegebene Möglichkeit ist, Jesus zu begegnen, der Liebe, Wirklichkeit und Schönheit in sich vereinigt. Jesus ist alles! Er muss unser allem übergeordnetes Ziel sein, denn weniger als alles ist nicht genug.

Die vielen Facetten der Schönheit Gottes sind in einer Wirklichkeit zusammengefasst – *Liebe* aus ganzem Herzen. Unsere lebenslange Suche ist eigentlich die Suche nach tiefer Beziehung, bleibendem Sinn, Freude und Schönheit. Unsere Suche endet nicht in Dingen, sondern in einer Person – in Gottes Gegenwart. Der russische Schriftsteller Dostojewski schrieb, ohne Gott zu leben sei eine einzige Qual.[4]

Unser Herz dürstet nach dem Ewigen, nach Transzendenz, und nur die Teilhabe an der Gemeinschaft des brennenden Herzens mit dem Vater, dem Sohn und dem Heiligen Geist kann ihm Erfüllung bringen. Viele Menschen suchen ihren ewigen Durst mit zeitlich begrenzten Erfahrungen, Vergnügen und Leistungen zu stillen. Der aufmerksame Beobachter entdeckt schließlich, dass alles „Neue und Spannende" – neue Orte, neue Beziehungen, neue Erlebnisse – immer das Bedürfnis nach mehr hinterlässt. Der Schreiber des Buches Prediger bemerkte: „Das Auge sieht sich niemals satt, und das Ohr hört sich niemals satt. … Geschieht denn etwas, wovon man sagen könnte: ‚Sieh, das ist neu'?" (Pred. 1,8–10.)

Die größte Tragödie ist ein durchweg ödes Leben ohne Austausch mit Gott. Gelangweilte Menschen sind gezwungen, verschiedene Vergnügen zu suchen, um ihre geistliche Leere und Einsamkeit auszugleichen. Wenn wir nicht in unserem Verständnis der Schönheit Jesu und seiner Absichten wachsen, dann werden wir unsere Freizeit und unsere Mittel unausweichlich in Ruhm, Reichtum, Vergnügen, Unterhaltung und Anerkennung investieren, was alles nicht befriedigt. Eine Zeitlang mögen diese Dinge den Schmerz der Leere und Einsamkeit betäuben, der aus dem Mangel an einer wachsenden Beziehung mit Gott herrührt, aber die einzige wirkliche und bleibende Lösung zur Überwindung von Langeweile ist die Begegnung mit Schönheit

Leistungen, Fähigkeiten, Wohlstand, Ruhm, Vergnügen oder Besitz ausschließlich werden uns niemals völlig befriedigen. Warum nicht? Weil das menschliche Herz geschaffen wurde, mehr zu brauchen, als was uns im Natürlichen zur Verfügung steht. Nur der ewige, übernatürliche Gott kann unser Sehnen erfüllen. Gott hat uns so gemacht, dass wir eine enge Verbindung mit ihm brauchen, um unsere tiefsten Sehnsüchte befriedigt zu bekommen. Der heilige Augustinus betete: „Für dich erschufst du uns, und unruhig ist unser Herz, bis es ruht in dir, o Herr."[5] Menschen sind insofern einzigartig in der ganzen Schöpfung, als sie nur im Hinauswachsen über ihre menschliche Natur Frieden finden. Wir sind geistliche Wesen, und als solche brauchen wir etwas, was über unsere natürliche Beschaffenheit hinausgeht. Dieses „Etwas" findet sich am besten in unserer Interaktion mit Gott, der die reine Schönheit ist – das heißt also, im Gebet. Je mehr wir im Gebet wachsen, desto mehr können wir Gottes Schönheit genießen: Dazu wurden wir geschaffen.

Kapitel 3

Was macht effektives Gebet aus?

Es reicht nicht, mit Beten anzufangen ..., vielmehr dürfen wir nicht nachlassen, geduldig und gläubig zu beten, bis wir eine Antwort bekommen.[1]

Georg Müller

In den folgenden Kapiteln werden wir verschiedene Gebetsweisen kennenlernen, aber zunächst müssen wir uns ansehen, wie die Art von Gebet, in dem wir wachsen wollen, aussieht: Gebet, das wirklich etwas bewirkt und sein Ziel erreicht. Dabei geht es in erster Linie um Beziehung, aber auch Resultate sind wichtig – durch unser Beten soll Gottes Wille auf der Erde mehr erfüllt werden.

Der Apostel Jakobus, der in der jungen Kirche als großer Beter bekannt war, gab der Gemeinde unschätzbare Einsichten in dieses Thema. In seinem Brief im Neuen Testament lehrt er über effektives Gebet und was es erreicht.

> Und das Gebet des Glaubens wird den Kranken retten, und der Herr wird ihn aufrichten, und wenn er Sünden begangen hat, wird ihm vergeben werden. Bekennt einander eure Sünden und betet füreinander, damit ihr gesund werdet. Das Gebet des Gerechten vermag viel, wenn es ernsthaft ist. Elia war ein Mensch mit gleichen Gemütsbewegungen wie wir; und er betete ein Gebet, dass es nicht regnen sollte, und es regnete drei Jahre und sechs Monate nicht auf Erden. Und er betete wieder, und der Himmel gab den Regen, und die Erde brachte ihre Frucht.
>
> Jakobus 5,15–18

Gemäß diesem Abschnitt ruft uns Gott, heiliges, glaubensvolles, nicht nachlassendes Gebet darzubringen, das aus der Beziehung in seiner Familie fließt – so sieht Gebet aus, das viel erreicht.

Jeder Christ ist dazu bestimmt, durch seine einfachen Gebete Gottes Kraft zur Wirkung kommen zu lassen. Jakobus 5,15–16 sagt aus, dass das Gebet des Glaubens die Kranken rettet und dass unsere Gebete „viel" vermögen. Durch Beten erreicht man viel mehr, als wir mit unseren fünf Sinnen erfassen können, und die Tatsache, dass es Veränderung bewirkt, gibt unserem Leben und Beten großen Wert. Unsere Sicht auf das Leben verändert sich drastisch, wenn wir glauben, dass unsere Gebete wirklich etwas ausmachen. Sehen wir uns die vier Eigenschaften effektiven Gebets an, über die Jakobus schrieb: Gebet, das in Glauben wurzelt, Gebet im Kontext guter Beziehungen, Gebet des Gerechten und ernstes Gebet.

Gebet, das in Glauben wurzelt

Das Gebet des Glaubens, das in Jakobus 5,15 erwähnt wird, wurzelt in dreifacher Weise im Vertrauen auf Gott. Zunächst ist es Gebet mit dem Vertrauen auf die Macht Jesu über Krankheit und die Werke der Finsternis. Jesus bestärkte einen römischen Hauptmann, weil dieser großen Glauben an seine Autorität über Krankheit hatte (Mt. 8,5–13). Jesus erklärte auch: „Mir ist alle Gewalt im Himmel und auf Erden gegeben" (Mt. 28,18). Unser Glauben muss in dem Wissen verankert sein, dass Jesus Autorität über alle anderen Mächte hat.

Zweitens ist es Gebet voll Vertrauen in das Blut Jesu, das schwache Menschen wie uns qualifiziert, seine Kraft freizusetzen und seine Segnungen zu empfangen. Im Hebräerbrief erfahren wir, dass wir „durch das Blut Jesu das zuversichtliche Vertrauen zum Eintritt ins Heiligtum haben" (Hebr. 10,19). Wir sollen nicht aus Scham oder Schuldgefühl zurückschrecken, denn er hat uns seine eigene Gerechtigkeit geschenkt (2. Kor. 5,21). Deshalb dürfen wir unsere Anfragen zuversichtlich vor Gottes Thron äußern und wissen, dass er uns berechtigt, dort zu sein.

Drittens ist es ein Gebet voll Vertrauen auf den Wunsch Jesu, zu segnen. Er hat das tiefe Verlangen zu heilen, zu befreien und sein Volk zu segnen. Gott ist unser Vater, gerne hört er die Gebete seiner Kinder. Jesus beschloss seine Lehre über Gebet in Lukas 11 folgendermaßen: „Wo ist unter euch ein Vater, der seinem Sohn, wenn er ihn um Brot bittet, einen Stein gäbe? Und wenn er um einen Fisch bittet, ihm eine Schlange gäbe statt dem Fisch? ... Wenn nun ihr, die ihr böse seid, dennoch euren Kindern gute Gaben geben könnt, wie viel mehr wird der Vater im Himmel den heiligen Geist denen geben, die ihn bitten!" (V. 11–13). Wir beten im Glauben und Wissen, dass Gott, der uns leidenschaftlich liebt, uns wirklich, wirklich segnen möchte.

Gebet im Kontext guter Beziehungen

In seiner Lehre über effektives Beten ermahnt uns Jakobus zum gegenseitigen Sündenbekenntnis: „Bekennt einander eure Sünden und betet füreinander, damit ihr gesund werdet" (Jak. 5,16). Wir sind geneigt, diesen Rat nur dann zu befolgen, wenn wir in einer tiefen Beziehung zueinander stehen.

Manchen Christen ist es wichtig, die Beziehungen zu ihren Mitchristen zu stärken, aber sie geben sich mit einem schwachen Gebetsleben zufrieden. Andere setzen sich für ein besseres Gebetsleben ein, belassen es aber bei oberflächlichen Beziehungen. In der Bibel stehen diese beiden Werte ergänzend nebeneinander, nicht konkurrierend. Sie sollten nicht getrennt werden, denn am besten und effektivsten beten die, die in starken Reichgottes-Beziehungen stehen – die mit Mitchristen tiefen Austausch haben und gemeinsam für das Reich Gottes arbeiten und deren Umgang miteinander von Demut, Achtung und Vergebung in der Gnade Gottes bestimmt ist. Paulus mahnt im Kolosserbrief: „So zieht nun an ... herzliches Erbarmen, Freundlichkeit, Demut, Sanftmut, Geduld, ertragt einander und vergebt euch gegenseitig", und fügt hinzu: „Über dies alles aber zieht die Liebe an, die das Band der Vollkommenheit ist" (Kol. 3,12–14).

Ein starkes Gebetsleben wird letztlich zu starken Beziehungen mit Menschen führen. Die, die ihre Beziehung zu Jesus wirklich wertschätzen, bekommen Kraft, Menschen tiefer zu lieben. Bei Gebet handelt es sich nicht um etwas, was sich gegen Beziehungen oder gegen die menschliche Gemeinschaft ausspielen ließe. Echtes Gebet hat den gegenteiligen Effekt. Es geht dabei immer um Liebe – Liebe zu Gott und zu Menschen. Beter sollten die am stärksten Liebenden sein.

Dem Herrn sind Beziehungen so wichtig, dass die Heilige Schrift Ehemänner anhält, ihre Frauen zu ehren, damit ihre Gebete nicht gehindert werden.

Ebenso, ihr Männer, wohnt bei ihnen mit Einsicht, und gebt dem weiblichen als dem schwächeren Gefäß seine Ehre, als solchen, die auch Miterben der Gnade des Lebens sind, damit eure Gebete nicht gehindert werden.

1. Petrus 3,7

Die Gebete eines Mannes werden gehindert, wenn er seine Frau nicht respektvoll behandelt, und zwar öffentlich oder im Verborgenen. Die Schrift macht klar, dass die Effektivität der Gebete eines Ehemanns in Zusammenhang steht mit dem Maß, in dem er seine Frau ehrt. Er mag öffentlich dynamisch und eloquent beten, aber wenn er im Privaten unfreundlich mit seiner Frau spricht und sie dafür nicht um Vergebung bittet, dann sind seine Gebete „gehindert". Der Herr besteht darauf, dass Männer ihre Frauen mit Verständnis und Achtung behandeln. Ehemänner müssen in ihrer Ehe in Demut vorangehen.

Ich kenne Männer, die zwar treu beten, die aber weniger treu darin sind, ihre Frauen zu ehren. Sie jammern, dass sie ihre Ehefrau nicht mehr „leiden mögen" und eine neue haben wollen. Aber Gott legt großen Wert auf den Ehebund. Deshalb muss ein christlicher Mann, der seine Frau nicht mehr „leiden mag", ihr dennoch dienen und sie ehren, wenn er Gott gefallen und ein effektives Gebetsleben haben möchte. Am besten ist es natürlich, wenn ein Mann seine Frau mag, aber es geht noch um etwas Größeres. Es geht um Achtung vor dem Ehebund, weil Gott ein Gott des Bundes ist.

Der Herr kann in einer Ehe positive Emotionen wiederherstellen, egal wie schlecht die Dinge aussehen mögen. Ich habe erlebt, wie der Herr Männer segnete, die sich entschieden, ihrer Frau auch in einer Phase zu dienen und sie zu achten, in der sie keine romantischen Gefühle mehr für sie hegten. Der Herr segnete diese Männer, sodass sich ihr Herz schließlich wieder ihrer Frau zuwandte. So sehr ehrt Gott den Ehebund, dass er diesen Männern die Emotionen wiedererweckte, die sie einst für ihre Frau gehabt hatten.

Das Gebot in 1. Petrus 3,7 ist von großer Bedeutung für die weltweite Gebetsbewegung, die der Heilige Geist derzeit entstehen lässt, womit wir uns in späteren Kapiteln näher befassen werden. So, wie die Gebetsbewegung rund um die Erde an Reife zunimmt, so auch der Schwerpunkt des Respekts in der Ehe, besonders der Achtung gegenüber der Frau. So wie der Heilige Geist die Gebetsbewegung zu einem Höhepunkt hinführt, wird er es auch führen, dass Frauen in ihrer Familie geehrt werden.

Gebet des Gerechten

Eine sehr wichtige Bedingung für wirkungsvolles Beten ist ein Lebensstil der Gerechtigkeit, der Integrität vor Gott und vor Menschen, wie es in Jakobus 5,16 heißt: „Das Gebet des *Gerechten* vermag viel ….“ Diese biblische Bedingung wird oft vernachlässigt oder völlig ignoriert, sogar von Leuten, die stark in der derzeitigen Gebetsbewegung eingebunden sind.

Ein „Gerechter“ ist jeder Christ, der sich entschließt, Jesus zu gehorchen, indem er gottesfürchtig lebt und die Wahrheit tut (1. Joh. 1,6). Es ist sehr wichtig, dass wir uns entscheiden zu gehorchen, selbst wenn wir das nicht immer ganz und in aller Reife schaffen. Es gibt keinen, der so reif in der Gerechtigkeit ist, dass er über alle Versuchung erhaben wäre und in seinem Leben mit Gott nie Fehler machen würde. Mit anderen Worten, die Gebete eines „Gerechten“ schließen auch die Gebete unvollkommener, schwacher Menschen ein, wie Sie und ich es sind, denen es mit ihrem Wunsch nach Integrität ernst ist, die aber dennoch immer wieder straucheln. Ich bin so dankbar, dass Gott gnädig ist! Welch eine herrliche Wahrheit!

Der Apostel Johannes erklärte, dass der Herr uns hört und erhört, weil wir seine Gebote halten und tun, was ihm gefällt: „Was wir erbitten, das empfangen wir von ihm, denn wir halten seine Gebote und tun, was vor ihm wohlgefällig ist“ (1. Joh. 3,22). Beten ist kein Ersatz für Gehorchen. Ich kenne Menschen, die meinen, wenn sie mehr beten und fasten würden, könnten sie es sich leisten, ein bisschen unmoralisch zu leben, mit Geld nicht ganz ehrlich zu sein, ab und zu über unangenehme Mitmenschen zu lästern. Sie denken, besonderer Eifer in geistlichen Disziplinen würde das Festhalten an Treulosigkeit in anderen Lebensbereichen ausgleichen. Aber viel Beten ist keine Kompensation für Sünden, die wir nicht bereuen und die wir bewusst nicht lassen, wie dieser Vers aus Jesaja deutlich macht: „Eure Sünden verbergen sein Angesicht vor euch, sodass ihr nicht gehört werdet“ (Jes. 59,2).

Gebet ist viel langweiliger und schwieriger, wenn wir versuchen, einen Teil unseres Lebens so zu führen, als gehöre er Gott, und einen anderen Teil, als gehöre er uns. Lebenswandel und die Fähigkeit, das Beten zu genießen, stehen in einer Wechselbeziehung. Unser geistliches Vermögen, Gott zu erfahren und uns an ihm zu freuen, nimmt zu, wenn wir „sauber“ leben. Jesus betont diese Wahrheit in der Bergpredigt: „Glückselig sind, die reinen Herzens sind; denn sie werden Gott schauen“ (Mt. 5,8).

Kontinuierliches und bewusstes Nicht-Einhalten von Gottes Gebot steht dem geistlichen Wachstum und der Möglichkeit, mit Gott im Gebet übereinzustimmen, sehr im Weg. Sünde hindert unsere Liebe zu Gott. Wir müssen wirklich gehorsam leben wollen, denn dazu gibt es im Reich Gottes keine Alternative.

Waren wir ungehorsam, müssen wir das zugeben und bekennen, statt es schönzureden. Wir nennen Sünde beim Namen, tun Buße darüber und empfangen die Vergebung, die Gott uns gerne schenkt. Dann drücken wir den „Löschen"-Knopf und stehen sofort wieder voller Zuversicht in Gottes Gegenwart. Im Gehorsam zu leben heißt nicht, Gebetserhörungen verdienen zu wollen, sondern in Übereinstimmung mit der Liebe Gottes zu leben.

Mancher, der über Gebet lehrt, übersieht, wie wichtig das Halten von Gottes Geboten ist. Lieber betont er unsere Autorität in Christus. Die ist zwar auch richtig und wichtig, doch der Lebensstil des Beters hat tatsächlich eine herausragende Bedeutung. Was wir Negatives tun und Positives unterlassen, wirkt sich erheblich auf unser Gebetsleben aus.

Ernstliches Gebet

Am Beispiel des Propheten Elia lehrte der Apostel Jakobus, dass *Ernst* ein Kennzeichen effektiven Gebets ist: „Elia ... betete inständig, dass es nicht regnen möge, und es regnete nicht" (Jak. 5,17 REÜ). Was bedeutet es, inständig oder ernstlich zu beten? Es ist wichtig, die Bedeutung dieser Eigenschaft zu verstehen, denn nach Darstellung der Heiligen Schrift handelt es sich dabei um eine der Hauptbedingungen für effektives Beten.

Zwei Aspekte inständigen Betens

Erstens: Inständiges Gebet entspringt aus einem Herzen, das sich mit Gott befasst. Ernstlich zu sein heißt z. B., dass wir nicht routinemäßig oder pro forma beten. Ernstlich sein ist das Gegenteil vom gedankenlosen Daherplappern. Wir sollen unser Denken, Fühlen und unsere Aufmerksamkeit auf den Herrn richten, wenn wir beten.

Zweitens: Inständiges Gebet ist beharrlich (Mt. 7,7–8, Lk. 11,5–10, 18,1.7). Das griechische Wort *proseuche*, das in Jakobus 5 mit „inständig beten" übersetzt ist, bedeutet wörtlich „er betete mit Gebet". Das ist ein idiomatischer Ausdruck für Beharrlichkeit. Mit anderen Worten, die Übersetzer sagten von Elia, dass er „ernstlich betete".

Wir dürfen uns nicht zufriedengeben, bevor Gebete, die mit Gottes Willen übereinstimmen, erhört sind. Wir dürfen nicht aufhören zu bitten und Gott für die Erhörungen zu danken, bis wir sie mit eigenen Augen sehen. Wir sollen nicht lässig sein mit unseren Bitten, sondern beharrlich und inständig.

Jesus lehrte ein Beispiel über die Bereitschaft des Vaters, Gebet zu erhören. Es ist im Lukas-Evangelium aufgezeichnet. Seine Botschaft war, dass uns der Vater aufgrund unserer Beharrlichkeit erhört. Er nutzte das Gleichnis, um uns zum Bitten anzuhalten in dem Wissen, dass die Bitte erfüllt werden wird, zum Suchen in dem Wissen, dass wir finden werden, und zum Anklopfen in dem Wissen, dass die Tür sich öffnen wird (Vers 9). Die griechischen Verben für „bitten", „suchen" und „anklopfen" stehen in der Verlaufsform der Gegenwart. Mit anderen Worten, wir sollen bitten und weiter bitten, suchen und weiter suchen, anklopfen und weiter anklopfen. Die Botschaft dahinter ist die Aufforderung, nicht nachzulassen.

> ... so wird er doch um seines unverschämten Beharrens willen aufstehen und ihm geben, so viel er braucht. Und ich sage euch auch: Bittet, so wird euch gegeben; sucht, so werdet ihr finden; klopft an, so wird euch geöffnet. Denn jeder, der bittet, der empfängt; und wer sucht, der findet; und wer anklopft, dem wird geöffnet.
>
> Lukas 11,8–10

Der Apostel Paulus rief dazu auf, mit Ausdauer zu beten (Eph. 6,18) und im Gebet zu ringen (Kol. 4,12). Wenn wir nur lässig und quasi nebenbei bitten, ohne uns wirklich auf den Herrn auszurichten, oder wenn wir aufhören, für etwas zu beten, was Gottes Willen entspricht, zeigen wir, dass wir nicht wertschätzen, wofür wir beten. Wie es in Jeremias Prophetie heißt, werden wir den Herrn mit ganzem Herzen suchen, wenn wir etwas hochschätzen: „Ihr werdet mich suchen und finden. Denn wenn ihr mich von ganzem Herzen suchen werdet, dann werde ich mich von euch finden lassen" (Jer. 29,13–14).

Inständiges Gebet muss nicht laut sein

Wie ernstlich wir beten, lässt sich nicht an der Lautstärke unserer Gebete messen. Man sollte meinen, das wäre eigentlich klar, aber anscheinend hält der eine oder andere es doch für einen Beweis dafür, wie ernst es ihm mit seinem Anliegen ist, dass er sein Gebet herausschreit. Manche Leute zeigen, dass sie die Gebetserhörung „wirklich" wollen, indem sie lautstark beten.

Erlauben Sie mir eine Beobachtung, die ich als Pastor beisteuern kann. Während der vielen Jahre, in denen ich Gebetsversammlungen leite, sind mir häufig Menschen begegnet, die ihr eigenes Beten abwerten, weil sie meinen, es nicht mit genügend Emotion und Energie getan zu haben. Sie verstehen nicht richtig, was leidenschaftliches oder inständiges Beten ausmacht: Dabei geht es hauptsächlich darum, sich beharrlich und mit ganzem Herzen an Gott zu wenden. Es geht nicht um unseren Gebetsstil in einem öffentlichen Treffen. Aber manch einer geht davon aus, dass ihm die für eine Erhörung nötige „Leidenschaft" fehlt, weil er seine Art zu beten mit der Art jener vergleicht, die im öffentlichen Treffen laut beten und sich sehr emotional oder mit großer Lautstärke einbringen.

Die meisten von uns sprechen ihre Gebete in der Öffentlichkeit nicht emotional und lautstark, doch daraus sollten wir nicht schließen, dass unser Beten ineffektiv oder zweitklassig wäre. Wenn sich inständiges Beten über Lautstärke definieren würde, dann müssten etwa 99 Prozent von uns ihr Gebetsleben als nicht leidenschaftlich und nicht ernstlich einstufen. Warum? Weil die meisten unserer Gebete den Tag über vom Herzen geflüstert werden. Selbst der energiegeladenste Gebetsstreiter spricht wahrscheinlich weniger als ein Prozent seiner Gebete in einer öffentlichen Versammlung mit lauter Stimme. Doch auch die Gebete im Stillen, Privaten, oft nichts weiter als ein „Herzensflüstern", sind ernstliche Gebete.

In der Bibelübersetzung der *New King James Version* verwendeten die Übersetzer in Jakobus 5,16 das Wort *fervent* („ernstlich/eifrig/inbrünstig"), um das Konzept „ernstliches Beten" zu vermitteln. Dieses Wort steht nicht in den griechischen Manuskripten. Es wurde eingefügt, weil die Übersetzer betonen wollten, wie stark das Wort „inständig" in dem folgenden Vers, Jakobus 5,17, gemeint ist.

> Das Gebet eines Gerechten vermag viel, wenn es *ernstlich* ist. Elia war ein Mensch von gleicher Art wie wir, und er betete *inständig*, dass es nicht regnen solle, und es regnete drei Jahre und sechs Monate nicht im Land.
>
> Jakobus 5,16–17 S

Beachten Sie, dass weder *ernstlich* noch *inständig* etwas über die Lautstärke aussagen. Stille Gebete können leidenschaftlich und ernstlich sein. Im ersten Buch Samuel lesen wir von Hanna, die Gott um ein Kind bat und deren Seele tief betrübt war über ihre Unfruchtbarkeit. Sie weinte und sprach so leise und vom Herzen, dass der Priester Eli sie nicht verstehen konnte. Der Herr erhörte ihr Gebet und sie wurde Mutter des Propheten Samuel (1. Sam. 1,13.27) und von noch fünf weiteren Kindern.

Beim Einkaufen sah ich einmal, wie sich eine Frau niederbeugte und ihrem Söhnchen zuflüsterte: „Billy, wenn du jetzt nicht aufhörst, dann kriegst du Ärger. Ich warne dich!" Sie war sehr engagiert und leidenschaftlich, wie sie so ihren kleinen Billy zur Ordnung rief, doch sie hatte ihre Stimme nicht erhoben, und nur Billy und ich hörten sie.

Der Punkt ist: Wir sollten nicht denken, dass unsere Gebete uneffektiv wären oder dass es uns an Ernstlichkeit mangelte, wenn unser Stil nicht laut und aggressiv ist. Leidenschaft hat nichts mit Energie und Lautstärke zu tun, es hat damit zu tun, sich beim Beten von ganzem Herzen auf den Herrn einzulassen und im Glauben dranzubleiben und nicht aufzugeben. Deshalb: Halten Sie durch und verzagen Sie nicht, selbst wenn Sie zurückhaltender beten als andere. Vergleichen Sie Ihren Stil nicht mit dem anderer und denken Sie nicht, Ihr Gebet wäre ungenügend, nur weil Sie es nicht herausschreien.

Ernstliches Gebet ist nicht davon abhängig, was wir fühlen.

Manche Menschen lassen in ihrem Gebetsleben nach, weil sie eine falsche Vorstellung von ernstlichem Beten haben: Sie glauben, sie müssten Gottes Gegenwart dabei *fühlen*. Sind sie entmutigt oder müde, gehen sie folglich davon aus, dass ihre Gebete nichts ausrichteten, und hören auf zu beten. Ich habe eine gute Nachricht – unsere Gebete sind selbst dann wirkungsvoll, wenn wir müde, entmutigt oder schlecht gelaunt sind. Vergessen Sie nicht, dass wir unsere Gebete zu dem Herrn sprechen, der „gut gelaunt" und nicht müde ist. Wir brauchen nicht glücklich und energiegeladen zu sein, damit unsere Gebete ernstlich sind und viel bewirken.

Das Gottesreich funktioniert auf Basis dessen, wer Jesus ist und was er am Kreuz tat, nicht aufgrund dessen, wie wir fühlen. Gott erhört unsere Gebete, weil Jesus sein Blut vergossen hat und weil er mit seinem Volk Hand in Hand wirken will. Wenn wir unser Beten an einer falschen Vorstellung von Leidenschaft oder Ernstlichkeit messen, dann werden wir schnell versucht sein, viel weniger zu beten.

Beten heißt nicht, Gott über etwas zu informieren oder von etwas zu überzeugen, sondern in Verbindung mit ihm zu treten, die Beziehung zu ihm auszuleben. Er sucht nach Gespräch und Dialog mit uns. Manche

Christen denken, sie würden Erhörungen *verdienen*, wenn sie viel beteten. Gott möchte, dass wir mehr mit ihm sprechen, weil er es liebt, die Beziehung mit uns zu leben. Wir *verdienen* unsere Gebetserhörungen nicht durch Beharrlichkeit oder Gehorsam.

Gott kennt unsere Bedürfnisse, bevor wir sie kennen, wir erzählen ihm also nichts Neues, wenn wir beten. Vielmehr nutzt er unsere Bedürfnisse, um uns in einen Dialog zu ziehen, damit wir mit ihm in Verbindung treten. Warum? So sehr schätzt er die Beziehung mit uns, dass er manche seiner Segnungen mit unseren Gebeten, unseren Gesprächen mit ihm, verknüpft. Wenn er dann unsere Gebete erhört, dann schließen wir zurecht, dass er uns hört und dass wir sein Herz bewegen. Das ist einer der Hauptgründe, weshalb der Herr sein Volk auffordert, ständig zu beten. Es sagt etwas über sein Herz für uns aus.

Der Herr möchte viel mehr mit uns im Gespräch sein, als wir mit ihm reden wollen. Ich wundere mich darüber. Er ist so interessant, wir hingegen nicht so sehr. Warum ist es ihm so wichtig, dass wir mehr beten? – Weil er im Kern seines Wesens unendliche Liebe ist und das Gespräch mit seinen Kindern liebt

Schwache Menschen können ernstlich beten.

Elia war ein schwacher Mensch wie wir. Er neigte zu Furcht und Entmutigung, und er hatte dieselben Schwächen und Versuchungen, denen wir auch ausgesetzt sind; dennoch führte er ein sehr effektives Gebetsleben (1. Kön. 17–19). Jakobus betont diesen Punkt, um uns zum Beten auch angesichts unserer Schwächen Mut zu machen.

> Elia war ein Mensch von gleicher Art wie wir, und er betete *inständig*, dass es nicht regnen solle, und es regnete drei Jahre und sechs Monate nicht …; und er betete wiederum; da gab der Himmel Regen …
>
> Jakobus 5,17–18 S

Die Geschichte Elias ist nicht die Geschichte von einem großen Propheten Gottes, sondern die von dem großen Gott eines Propheten. Wir sind vielleicht überrascht, wenn wir Elia im kommenden Zeitalter begegnen werden. Vielleicht stellen wir ihn uns als körperlich stark vor, als eine dynamische Persönlichkeit, so ähnlich, wie Charlton Heston in dem berühmten Film „Die Zehn Gebote" Mose darstellte. Aber es kann ganz gut sein, dass er körperlich schwach und nach menschlichen Maßstäben unbeeindruckend war. Wenn wir den großen Männern und Frauen der Bibel von Angesicht zu Angesicht gegenüberstehen, werden wir vielleicht überrascht sein zu entdecken, wie sehr sie uns ähnlich sind. Es ist der Glaube an einen großen Gott, der einen großen Mann oder eine große Frau Gottes ausmacht.

Während der Herrschaft des Königs Ahab rief Elia das Volk Israel zur Buße über ihren Abfall von Gott auf. Seine Gebete führten zur Heilung der Nation, als Israel sich Gott wieder zuwandte. Elia betete für eine Trockenheit, und eine Trockenheit kam. Dreieinhalb Jahre später betete er dann, dass Regen fallen und die Trockenheit beenden möge. Er betete ernstlich, beharrlich. Sieben Mal betete er, dass die Trockenheit aufhören und es regnen solle. Obwohl der Herr Elia gesagt hatte, dass er es regnen lassen würde, obwohl er ihn angewiesen hatte, Ahab den Regen anzukündigen, erwartete Gott, dass Elia betete, bis der Regen tatsächlich fiel.

> Und Elia sagte zu Ahab: „Zieh hinauf, iss und trink; denn es rauscht, als wollte es sehr regnen." Und als Ahab hinaufzog …, ging Elia auf den Gipfel des Karmel, beugte sich zur Erde, tat seinen Kopf zwischen die Knie und sagte zu seinem Diener: „Geh hinauf und schau zum Meer hin!" Und er ging hinauf und schaute und sagte: „Es ist nichts da." Er sagte: „Geh wieder hin!", sieben Mal. Und beim siebten Mal sagte er: „Sieh, es steigt eine kleine Wolke auf aus dem Meer wie die Hand eines Mannes." … Und ehe man sich versah, wurde der Himmel schwarz von Wolken und Wind, und es kam ein großer Regen.
>
> 1. Könige 18,41–45

Jakobus will herausstellen, dass Gott Elia, einen Menschen, nicht anders als wir, gebrauchte, um das Volk Israel zur Umkehr zu bewegen, indem er übernatürliche Wunder wirkte – Feuer, Trockenheit und Regen (1. Kön. 17,1, 18,1, 38). Mit anderen Worten: Wenn Gott die Gebete eines schwachen Mannes wie Elia erhörte, Gebete, die die Heilung eines Volkes bewirkten, wie viel mehr wird er dann die Gebete von schwachen Menschen wie uns erhören, die die Heilung Einzelner bewirken? Vergessen wir nicht: Der Kontext des Abschnitts im Jakobusbrief, von dem wir hier reden, ist Gebet um körperliche Heilung (Jak. 5,15–17). Der Punkt ist, dass Gott Herzen, Körper und Nationen gerne heilen möchte, indem er die Gebete schwacher Menschen gebraucht, und diese schwachen Menschen erreichen viel durch ihre Gebete, wenn sie mit Gott im Einklang sind.

Gott erhört unsere Gebete

Der Apostel Johannes versichert uns, dass Gott uns hören und erhören wird, wenn wir nach seinem Willen beten, und sei es noch so schwierig: „Und das ist das zuversichtliche Vertrauen, das wir zu ihm haben, dass er uns hört, wenn wir etwas nach seinem Willen bitten" (1. Joh. 5,14). Wenn Gott unsere Gebete „hört", heißt das, dass er sie billigt. Egal wie unmöglich etwas aussieht, der Herr wird Gebete erhören, die seinem Willen entsprechen.

Effektives Gebet ist erhörtes Gebet. Wir dürfen jedoch nicht meinen, ein bestimmtes Gebet sei nur deshalb nicht nach Gottes Willen, weil es nicht unmittelbar erhört wird. Auch bei Gebeten, die Gottes Willen entsprechen, gibt es Unterschiede. Es kann zum Beispiel sein, dass Gottes Antwort anders aussieht oder zu einer anderen Zeit erfolgt, als wir erwarten. Manchmal verzögert sich die Erhörung eines Gebets, das durchaus nach Gottes Willen ist, bis der Fürbitter sein Leben in Ordnung gebracht hat – etwa bis er über seine Untreue Buße getan hat. Wie gesagt, wir können die Erhörung eines Gebets nicht mit gutem Benehmen „verdienen", aber um mit der Gebetserhörung so umgehen zu können, dass sie uns und anderen Nutzen bringt, ist ein gottgefälliger Charakter erforderlich. Viele Christen übersehen die biblische Verbindung von effektivem Gebet mit der Lebensführung des Beters. Die Schrift jedoch betont diesen Punkt immer und immer wieder.

Es ist wichtig nicht zu vergessen, dass Gott auf seine Weise und nach seinem Zeitplan erhört – was oft anders ist als die Weise, die wir uns aussuchen würden. Seine Wege sind so anders als unsere (Jes. 55,8–9)! Wir müssen darauf achten, dass wir es Gott nicht übel nehmen, wenn er unser Gebet nicht unmittelbar erhört. Wer das tut, wird sein Gebet dann auch für wirkungs- und somit wertlos halten. Aber wir müssen Gott für das Wie und Wann vertrauen. Eine Verzögerung der Gebetserhörungen soll dazu führen, dass wir „ernstlich" beten.

Manche Leser dieses Buches werden sich in Schwierigkeiten befinden, für die es nach menschlichem Ermessen keine Lösung gibt. Jesus hat Macht über jedes Problem, das sich gegen uns erheben mag. Der Herr wird das Unmögliche durch die tun, die es wagen, ihm in anhaltendem Gebet Glauben zu schenken, denn „bei Gott sind alle Dinge möglich" (Mt. 19,26, Mk. 10,27).

Die Bibel stellt wichtige Bedingungen für effektives Gebet auf. Zu diesen Bedingungen gehören die in diesem Kapitel aufgeführten – Glaube, gute Beziehungen, integre Lebensführung und Ernstlichkeit – ebenso wie das Wissen um unsere Autorität in Christus sowie Beharrlichkeit. In der heutigen Zeit legt man den Schwerpunkt häufig eher auf die Bedingungen „Glaube" und „Autorität in Christus". Die biblischen Bedingungen, die zurzeit am wenigsten Aufmerksamkeit bekommen, sind die Liebe zu Gott, wie sie sich in Reichgottes-Beziehungen darstellt, eine gottgefällige Lebensführung und Beharrlichkeit im Gebet.

Wir müssen uns vor Augen halten, dass der Zweck der Erlösung das Leben in einer tiefen Beziehung mit Gott ist. Obwohl Gott die Partnerschaft mit uns wünscht, sind wir viel mehr für ihn als nur sein Reichgottes-Arbeitstrupp! Wie in Kapitel 1 festgestellt, ist unsere Erlösung ein Aufruf zur Beziehung mit Gott, zu der gehorsame Liebe gehört; sie ist nicht nur die Aufforderung, für ihn zu arbeiten und in den eigenen Lebensumständen Segen zu empfangen.

Weder mit Beharrlichkeit noch durch Gehorsam *verdienen* wir uns Gebetserhörungen. Aber Gehorsam bringt uns in Übereinstimmung mit Gottes Herzen und somit in eine engere Beziehung mit ihm, wodurch unser Leben gesegnet wird. Jesus wünscht die Beziehung mit uns so sehr, dass er uns aufruft, der Untreue zu widerstehen, die unser Herz und unsere Fähigkeit, ihn zu lieben, beeinträchtigt. Letztlich geht es beim Beten nicht darum, etwas vom Herrn zu „bekommen", sondern darum, so nah an ihm zu leben wie möglich. Jesus stellte eine Verbindung zwischen unseren Gebeten und unserer Gottesliebe und unserem Gehorsam her, als er sagte: „Und was ihr bitten werdet in meinem Namen, das werde ich tun, damit der Vater verherrlicht wird im Sohn. Wenn ihr etwas bitten werdet in meinem Namen, dann werde ich es tun. Wenn ihr mich liebt, dann haltet meine Gebote!" (Joh. 14,13–15).

Mit anderen Worten, Gott zu lieben, Gott zu gehorchen und ein effektives Gebetsleben zu haben, sind unterschiedliche Aspekte des einen Themas: eine Lebensführung, die Gottes Herrlichkeit in unserem Leben sichtbar werden lässt. Wenn wir ihn lieben, werden wir seine Gebote halten. Keiner der ernsthaften Christen, von denen die Bibel berichtet, hat seine Sünde auf die leichte Schulter genommen. Jesus wird nur zu seinen Bedingungen mit uns in Beziehung stehen, nicht zu unseren. Er ist voller Gnade, aber seine Bedingungen sind klar, und sie fußen auf seiner Definition von Liebe, Gerechtigkeit und Gottesfurcht.

Der menschliche und der göttliche Aspekt von effektivem Gebet

Der menschliche Aspekt von effektivem Gebet, ist, wie eben gesehen, dass wir mit Gott ins Einvernehmen kommen – dass unser Leben und Beten sich mit seinem Willen, seinem Herzen und seinen Prioritäten deckt. Gott sucht diese Übereinstimmung, weil sie die Beziehung mit ihm stärkt. Mit Glauben beten heißt, in Würdigung der Autorität Gottes und des am Kreuz vollendeten Werkes Jesu beten. Eine integre Lebensführung basiert auf der Würdigung von Gottes Eigenschaften, seinem Charakter. Ernstlich und beharrlich beten ist die Übereinstimmung mit Gottes Prioritäten: Bestimmte Dinge sind dem Herrn sehr wichtig, und er möchte nicht, dass wir sie auf die leichte Schulter nehmen und einfach nicht für sie beten.

Der göttliche Aspekt ist Jesu Werk am Kreuz und sein Wirken durch uns. In Jesus ist uns Gottes Gunst geschenkt worden, und zusammen mit unserem Einvernehmen mit Gott, wie es sich im glaubensvollen, integren, ernstlichen Gebet darstellt, werden wir mehr von dem erfahren, was Jesus uns ermöglicht. Gott liebt uns nicht mehr, wenn wir mehr mit ihm übereinstimmen, aber er kann uns mehr gebrauchen und wir können mehr Segen erfahren.

Zusammenfassend lässt sich sagen: Effektives Gebet ist ernstliches Gebet entsprechend dem Willen Gottes, glaubensvoll dargebracht im Kontext unserer Verpflichtung, tragfähige Reichgottes-Beziehungen zu bauen und integer zu leben. Es ist Gebet unter den folgenden zehn Bedingungen, von denen ich manche in diesem Kapitel nur kurz angerissen habe. Befassen Sie sich eingehender mit ihnen allen! Die angegebenen Schriftstellen können Ihnen dabei helfen.

- Glauben (Mt. 21,21–22, Mk. 11,23–24, 1. Joh. 5,14–15)
- Integre Beziehungen, besonders dass Ehemänner ihre Frauen ehren (1. Pt. 3,7)
- Gerechtes (heiliges) Leben (Ps. 66,18, Jes. 59,2, 1. Joh. 3,19–22)
- Ernstlichkeit (Beharrlichkeit) (Jes. 30,18–19, 62,6–7, Mt. 7,7–11, Lk. 11,5–13, 18,1–8, Jak. 5,17)
- Übereinstimmung mit dem Willen Gottes (1. Joh. 5,14–15)
- Im Namen Jesu (Joh. 14,13–14.26, 16,23–24)
- Reine Motive (Jak. 4,2–3)

- Zuversicht (Hebr. 4,16)
- Vergebung (Mt. 6,15, 5,23–24)
- Einvernehmliches Gebet in Einheit (Mt. 18,19–20)

Unsere Gebete bleiben in Ewigkeit effektiv

Jakobus versichert, dass unsere Gebete viel bewirken, dass sich durch die Gebete eines Gerechten viel erreichen lässt (Jak. 5,16). In der Tat bewirken unsere Gebet viel, und zwar *sowohl* in dieser Zeit *als auch* in der Zukunft. Die Herausforderung ist, dass wir jetzt nicht wirklich ermessen können, in welchem Umfang unsere Gebete sich auf uns, andere Menschen und die Völker auswirken.

In Offenbarung 5 lesen wir, dass alle je in Gottes Willen vorgebrachten Gebete in goldenen Schalen vor seinem Thron aufbewahrt werden: „Und als es das Buch nahm, fielen die vier Tiere und die vierundzwanzig Ältesten vor dem Lamm nieder, und jeder hatte Harfen und goldene Schalen voll Räucherwerk, das sind die Gebete der Heiligen“ (Offb. 5,8, siehe auch Offb. 8,1–6). Beachten Sie, dass die Schalen eines Tages „voll“ sein werden. Aus der Tatsache, dass sich die Schalen der Gebete im Himmel füllen, ist zu schließen, dass Gott unsere Gebete nicht vergisst. Er erinnert sich heute noch an unsere Gebete von vor fünf oder sogar von vor zwanzig Jahren. Wir mögen sie vergessen haben, Gott aber vergisst sie nicht. Sie sind in einer goldenen Schale vor seinem Thron und vor seinem Herzen.

In der Vision, die im Buch der Offenbarung aufgezeichnet ist, sah der Apostel Johannes die Gebete aller Heiligen, nicht nur der Heiligen der Endzeit. Einem Engel wurde Räucherwerk gegeben, das er mit den Gebeten aller Heiligen auf dem goldenen Altar vor Gottes Thron darbringen sollte (Offb. 8,3).

Unsere Gebete bewirken so viel, dass sie lange nach diesem Leben effektiv, „lebendig“ bleiben in Gottes Augen, und ich nehme an, dass sie für immer in Gottes Herzen „leben“. Selbst die Gebete aus lange vergangener Zeit – von vor dreihundert Jahren oder vor dreitausend Jahren – haben in Gottes Gegenwart immer noch Wirkung. Ich glaube, dass die Gebete, die wir heute beten, auch in ferner Zukunft noch effektiv sein werden – in fünfhundert oder fünftausend Jahren. Was wir im Gebet erreichen, beeinflusst Ereignisse auf der Erde heute ebenso wie in ferner Zukunft. Unsere

Gebete, die wir jetzt für Städte und Nationen sprechen, werden auch im kommenden Zeitalter Auswirkungen haben.

Alle Gebete für Erweckung und Gerechtigkeit *sämtlicher Christen* aus der gesamten Geschichte werden am Ende der Zeit zusammen vollständig erhört sein. Diese Gebete sind nicht „ad acta gelegt", nachdem sie durch die Erweckungen in der Geschichte teilweise erhört wurden (mehr darüber in einem späteren Kapitel). Unsere Gebete erfahren eine teilweise Erfüllung in unserer Generation – und später eine größere, vollständige Erfüllung, und sei es erst in der Ewigkeit.

Verstehen wir besser, dass unsere schwachen, einfachen Gebete nicht verloren gehen, sind wir auch dann motiviert, dranzubleiben, wenn wir uns entmutigt fühlen. Das Wort Gottes erinnert uns, dass der Herr nicht *einen* Akt des Gehorsams vergisst, der aus Liebe zu ihm getan wird: „Denn Gott ist nicht ungerecht, dass er euer Tun und eure Liebeswerke vergäße, die ihr für seinen Namen bewiesen habt, indem ihr den Heiligen dientet und noch dient" (Hebr. 6,10).

Solange wir auf der Erde leben, ist unsere Liebe schwach, dennoch wird Gott durch sie bewegt. Er wird die Liebe, die wir ihm mit Gebet oder anderen Liebesdiensten erweisen, nie vergessen. Wir selbst mögen unsere kleinen Liebesdienste wieder vergessen, aber Gott vergisst sie nicht. Keines der Gebete, keine der Taten, die wir im Willen Gottes tun, ist verschwendet. Der Herr würde es für „ungerecht" erachten, wenn er irgendetwas vergäße, was wir aus Liebe zu ihm tun.

Erinnern Sie sich an Kornelius? Wie in Apostelgeschichte 10,4 berichtet, erschien diesem Heiden, einem römischen Soldaten, ein Engel, um ihn wissen zu lassen, dass seine Gebete und Gaben ewig als ein Gedächtnis vor Gott in Erinnerung bleiben würden. Nun, wenn der Herr in Ewigkeit der Gebete eines römischen Soldaten gedenkt, der noch nicht den Heiligen Geist hatte, weil er noch nicht wiedergeboren war, wie viel mehr wird er die Gebete von wiedergeborenen Christen in Erinnerung behalten? Dieser Vers hilft uns zu verstehen, dass zwischen dem, was wir jetzt tun, und dem, was in der zukünftigen Welt geschieht, ein Zusammenhang besteht.

Ein Verständnis von den Merkmalen effektiven Gebets hilft zu begreifen, was nötig ist, um im Einvernehmen mit Gottes Willen und mit Auswirkung auf die Ewigkeit zu beten. Um jedoch so beten zu können, müssen wir einen Lebensstil des „In-Christus-Bleibens" entwickeln.

Kapitel 4

In Christus bleiben

Die Schlacht des Gebets richtet sich gegen zwei Dinge auf der Erde: abschweifende Gedanken und mangelnde Nähe zu Gott. ... Beides lässt sich nicht sofort heilen, aber es lässt sich heilen durch Disziplin.[1]

Oswald Chambers

Als Jesus auf Erden lebte, lehrte er uns, wie wir in dynamischer Einheit mit Gott leben sollen. Er sagte: „Ich bin der Weinstock, ihr seid die Reben. Wer in mir bleibt und ich in ihm, der bringt viel Frucht … Ich habe euch erwählt und eingesetzt, dass ihr hingeht und Frucht bringt und eure Frucht bleibt“ (Joh. 15,5.16). Diese Verse sind die Essenz seiner Lehre über Gebet.

Jesus stellt sich als den Weinstock dar – Quelle des Lebens – und uns als die Reben – Ausdruck seines Lebens. Mit dieser Aussage gibt uns Jesus eine seiner wichtigsten Anweisungen im Blick auf einen Reichgottes-Lebensstil: „in Christus zu bleiben“, auf dass wir ewige Frucht tragen.

Wer sein Leben so führt, dass er in Christus bleibt, trägt solche bleibende Frucht. Gott gedenkt unserer Frucht für alle Zeit, denn sie ist ewig. In seinem ersten Brief an die Korinther stellt Paulus eine Verbindung her zwischen dem Thema bleibende Frucht – Werke von Dauer – und ewiger Belohnung (1. Kor. 2,9–15). Im kommenden Zeitalter wird Jesus seinen Gefühlen über unsere Liebe zu ihm in dieser Zeit mit ewigen Belohnungen Ausdruck verleihen. Es ist herrlich, dass er an unsere kleinen Gehorsamsakte denkt und sie würdigt! Andere mögen sie nicht bemerken oder anerkennen, aber Gott sieht und schätzt sie.

Wir tragen auf zweierlei Weise Frucht: nach innen an unserem Charakter und nach außen in unserem Dienst und dem, was wir für andere tun. Und so besteht unsere Frucht ebenso in gottgefälligem Charakter[2] wie in Dienst und Wirken.[3] Sie besteht meistens aus kleinen Dingen – zum Beispiel Demut in Ehe und Familie oder kleinen Gehorsamsakten wie jemandem ein Glas Wasser zu geben. Die Entscheidung für Demut, Reinheit und Güte bringt Frucht, die ewig bleibt.

Durch die Aktivität des Geistes in uns und durch uns können wir Dinge tun, die bleibende Frucht tragen und die Gott in Ewigkeit wertschätzt. Unser Leben wird grandios, wenn wir die Auswirkungen dieser Tatsache begreifen.

Jeder, der das Bleiben in Christus kultiviert, wird ewige Frucht tragen. Vielleicht haben Sie keine Bildung, kein Geld, keine Begabung, von der Sie wüssten, und keine Freunde. Vielleicht fühlen Sie sich ungeliebt und halten sich für hässlich. Egal wie Ihre Umstände oder Ihr Stand sind, Sie können dennoch bleibende Frucht bringen, wenn Sie in Christus bleiben. Eigentlich hat Jesus gesagt: „Jeder, der in mir bleibt, kann Frucht bringen" (s. Joh. 15,5).

Bleiben in Christus – drei Aspekte

Um im Gebet zu wachsen, können wir nichts Wichtigeres tun als in Christus zu bleiben. Weniges wird im Reich Gottes ärger vernachlässigt, dabei umfasst es nur drei einfache Aspekte: mit Jesus sprechen, seine Verheißungen in Anspruch nehmen und seiner Leitung folgen. Diese drei überschneiden sich, aber sie sind nicht dasselbe.

1. Mit Jesus sprechen

Die Kernaufgabe, um in Christus zu bleiben, ist das Reden mit Jesus. Es ist so einfach, dass jeder es tun kann. Andererseits gilt auch: Es ist so einfach, dass viele es nicht tun. Ich ersetze die Aufforderung „Bleibt in mir" gern mit der Bitte „Sprecht zu mir" – diese beiden verwende ich als austauschbar.

Das Leben eines Christen ist ein ständiger Dialog mit einer realen Person. Tatsächlich geht es beim Christsein im Kern darum, in einem ständigen Zwiegespräch mit dem herrlichsten Menschen zu leben, der je auf Erden gewandelt ist. Er ist ganz Gott und ganz Mensch, und wir dürfen mit ihm reden!

Jesus hat uns viel zu sagen, aber er lässt uns das Tempo für unser Gespräch mit ihm vorgeben. Wenn wir beginnen, wird er sich so lange mit uns unterhalten, wie wir es tun. Wenn wir aufhören, hört er auch auf und wartet, bis wir wieder beginnen. Er antwortet in dem Maß, in dem wir mit ihm kommunizieren.

Oft sagen Leute, sie beten „immer so zwischendurch". Ich habe herausgefunden: Jemand, der regelmäßige, zielgerichtete Gebetszeiten einhält, betet auch viel häufiger und beständiger „zwischendurch". Wir bleiben beständiger in Christus, wenn wir uns jeden Tag, zusätzlich zu längeren Gebetszeiten, immer wieder mal zehn, zwanzig Sekunden lang mit dem Herrn austauschen.

2. Seine Verheißungen in Anspruch nehmen

Der zweite Aspekt des In-Christus-Bleibens ist, dass wir die Verheißungen aus seinem Wort zu Herzen nehmen. Oft kommen in uns Gefühle auf wie Scham, Schuldgefühl, Angst oder Ablehnung und wir stellen infrage, was Gott in seinem Wort sagt: dass er uns liebt, uns vergibt, für uns sorgt. Der Feind stellt diese Wahrheiten im Wort Gottes in Abrede und klagt Gott ständig an (Offb. 12,10).

Wir nehmen die Verheißungen in seinem Wort zu Herzen, indem wir die Wahrheit bekennen und den Lügen des Teufels widerstehen (Röm. 10,8–10). Wir stellen uns dazu, dass das, was Gottes Wort als Wahrheit sagt, auch stimmt, wenn wir es über unsere negativen Emotionen aussprechen. Die Lügen werden nicht von allein verschwinden, sie müssen aktiv zurückgewiesen werden, und zwar mit dem Bekennen der Wahrheit des Wortes Gottes.

Wenn wir das Gefühl haben, Gott ließe uns Scham, Schuldgefühle, Angst oder Ablehnung empfinden, sollen wir die Wahrheit aus Römer 8,1 anwenden: „So gibt es nun keine Verdammnis für die, die in Christus Jesus sind." Wir können mit Zuversicht vor Gott stehen, weil Jesus den Preis für unsere Sünde gezahlt und unsere Verdammung auf sich genommen hat. So bekennen wir: „Denn er hat den, der von keiner Sünde wusste, für uns zur Sünde gemacht, damit wir in ihm Gottes Gerechtigkeit würden" (2. Kor. 5,21). Oder, angesichts von Sorgen: „Mein Gott aber wird allein unseren Mangel ausfüllen nach seinem Reichtum in Herrlichkeit in Christus Jesus" (s. Phil. 4,19).

Viele Christen leben auch noch zwanzig oder dreißig Jahre nach ihrer Wiedergeburt unter der Tyrannei der Lügen Satans und glauben, ihr Leben wäre wertlos, Gott hätte sie vergessen, Gott würde sie ablehnen. Andere beißen die Zähne zusammen und halten den Sturm der negativen Emotionen in ihrem Inneren aus. Aber Gottes Wort birgt große Kraft und angesichts von Angst, Verdammnisgefühlen oder anderen negativen Emotionen dürfen wir nicht darauf verzichten, seine Verheißungen in Anspruch zu nehmen.

3. Seiner Leitung folgen

Der dritte Aspekt des In-Christus-Bleibens besteht im Gehorsam gegenüber seiner Führung. Diesen lebenswichtigen Gesichtspunkt dürfen wir nicht unterschätzen. Jesus hat deutlich gesagt, dass unser Gehorsam und unsere Liebe zu ihm in engem Zusammenhang stehen:

> Wer meine Gebote hat und sie hält, der ist es, der mich liebt. ... Ich werde ihn lieben und mich ihm offenbaren. ... Wer mich liebt, der wird mein Wort halten; und mein Vater wird ihn lieben, und wir werden zu ihm kommen und Wohnung bei ihm machen.
>
> Johannes 14,21–23

Aus diesen Worten wird klar, dass nur der Jesus wirklich liebt, der von Herzen seine Gebote halten will. Gehorsam ist ein Ausdruck unserer Liebe zu Jesus, und wir sollen unser Herz darauf ausrichten, ihn mit einer gehorsamen Haltung zu lieben.

Jesus hat versprochen, denen, die ihm gehorchen, seine Gegenwart zu offenbaren: „Wer mich aber liebt, der wird von meinem Vater geliebt werden, und ich werde ihn lieben und mich ihm offenbaren" (Joh. 14,21). Er sagt damit, dass er unserem Fühlen und Denken die Gnade seiner Gegenwart so schenken möchte, dass wir sie wahrnehmen. Nur im Kontext gehorsamer Liebe offenbart er, was tief in seinem Herzen ist.

In der Absicht, die Gnade Gottes hervorzuheben, ist es derzeit populär, den Aspekt des Gehorsams unter den Teppich zu kehren. Manche predigen eine verzerrte Gnadenbotschaft, in der das Geschenk der Vergebung betont, aber die Notwendigkeit, Jesus folgsam zu lieben, nicht deutlich dargestellt wird. In der biblischen Gnadenbotschaft spielt Gehorsam jedoch keine untergeordnete Rolle. Gottes tiefe Liebe zu uns verlangt nach dem Bemühen um ein Leben im Gehorsam gegenüber Gott.

Sollten wir mit diesem Bemühen nicht erfolgreich sein, genügt Gottes Gnade, aber es ist wichtig, Sünde Sünde zu nennen und ihr den Krieg zu erklären. Wer Gott wirklich liebt, wird sein Herz darauf ausrichten, in jedem Bereich gehorsam gegenüber Gott zu leben – auch in dem, wie er seine Zeit, sein Geld, seine Worte einsetzt und was er seine Augen sehen lässt.

Heutzutage glauben viele Christen, es sei akzeptabel, Gottes Gebote zu missachten. Das ist ein gravierender Irrtum. Wir stehen in einer Bundesbeziehung, in der wir Gottes Liebe empfangen, und nur eine Reaktion ist Jesu würdig: dass wir ihn auch lieben. Er liebt uns mit all seiner Kraft. Er möchte, dass wir ihn mit all unserer Kraft lieben. Ja, „all unsere Kraft" ist klein im Vergleich zu „all seiner Kraft", aber es handelt sich hier um eine Bundesbeziehung der Liebe, in der beide Seiten ihr alles geben.

Nach Aussage der Bibel wird derjenige Gott sehen, der gehorsam oder rein im Herzen ist (Mt. 5,8). Das bedeutet, dass er Gott mehr erfahren wird. Ein Leben in Reinheit vergrößert unsere geistliche Kapazität, Gottes Liebe zu empfinden und zu erfahren. Mit dem Befolgen seiner Gebote verdienen wir uns nicht Gottes Liebe, sondern geben unserer Liebe zu ihm Ausdruck. Gott liebt uns auch nicht mehr, wenn wir ihm gehorchen; er liebt uns immer ganz und gar und vollständig, weil er ist, wer er ist – er ist Liebe. Doch wir erfahren seine Liebe mehr. Wir fühlen sie. Wir werden mehr von ihr inspiriert.

Insgesamt umfasst das *Bleiben in Christus* drei Aspekte – Gespräch mit Gott, Inanspruchnahme seiner Verheißungen sowie Gehorsam gegenüber seiner Leitung. Manche sprechen regelmäßig mit Jesus, wenden aber sein Wort nicht auf ihr Herz an, bei anderen ist es genau umgekehrt. Manche mühen sich sehr um Gehorsam vor Gott, lassen seine Verheißungen aber links liegen. Andere beanspruchen die Verheißungen, ohne Gott unbedingt gehorchen zu wollen. Zum Bleiben in Christus gehören jedoch alle drei Aspekte. Im Ergebnis bekommen wir Kraft, sodass wir bleibende Frucht tragen und anders leben als zuvor.

Christus bleibt in uns

Jesus sprach detailliert über unsere Einheit mit Gott (siehe Johannes 15), die in uns eine Veränderung bewirkt. Einheit mit Gott zu kultivieren führt zur Veränderung unseres Denkens und Empfindens, weil wir damit an der inneren Dynamik der Dreieinigkeit teilhaben; es macht unsere kleinen, unbedeutenden Tätigkeiten zu solchen, die in Ewigkeit vor Gott nicht vergessen werden.

In Johannes 15,1–11 erkennen wir zwei Elemente dieser verändernden Einheit: Wir bleiben in Christus, und Christus bleibt in uns. Mit dem ersten Gedanken – wir in Christus – sind die meisten von uns vertraut, und eben haben wir gesehen, was nötig ist, um ihn Realität werden zu lassen. Aber dass Christus in uns lebt, wird oft nicht weiter beachtet, und nur wenige halten es für nötig, auf die Auswirkungen dieses Umstands hinzuweisen. Es ist wichtig, im Licht dieser beiden Elemente zu leben, denn dann können wir bleibende Frucht für das Reich Gottes tragen. Jesus hat gesagt: „Wer in mir bleibt und ich in ihm, der bringt viel Frucht“ (Joh. 15,5).

Dass Christus in uns bleibt, hat zwei Aspekte. Zunächst bleibt – lebt – er seit unserer Wiedergeburt unmittelbar in unserem Geist. Zweitens lebt er dadurch beständig mehr in unserem Herzen, dass sich seine Gegenwart in unserem Denken und unseren Emotionen niederschlägt. Von diesem zweiten Aspekt spricht Jesus in Johannes 15.

Wo der Apostel Paulus schreibt, dass Jesus „im Herzen der Gläubigen wohnt“, bezieht er sich auf Jesu manifeste Gegenwart in uns: Er bete, „dass er [Jesus] euch [den Gläubigen in Ephesus] gebe nach dem Reichtum seiner Herrlichkeit, stark zu werden durch seinen Geist am inwendigen Menschen, dass Christus durch den Glauben in euren Herzen wohne“ (Eph. 3,16–17).

Paulus betete, dass Jesus im Herzen der Epheser bleiben oder leben würde. In unserem Geist wohnt Jesus seit unserer Wiedergeburt, aber in diesem Vers im Epheserbrief bezieht sich Paulus auf die Seele oder das Herz – unser Denken, Wollen, Fühlen.

Paulus schrieb auch davon, dass Christus in unserem Herzen (unserer Seele) gestaltet, herausgebildet werde: „Meine Kinder, die ich wieder mit Ängsten gebäre, bis Christus in euch Gestalt gewinnt“ (Gal. 4,19). In unserem Herzen – mit anderen Worten: in unserer Persönlichkeit – möchte der Heilige Geist Jesus ausformen.

Viele kennen den Vers: „Sieh, ich stehe vor der Tür und klopfe an“ (Offb. 3,20). Jesus wird als an unsere Herzenstür klopfend dargestellt, und wir sollen die Tür öffnen und ihn einlassen. Oft verwenden wir diesen Vers im Gespräch mit Nichtchristen. Wir fragen sie: „Möchtest du Jesus in dein Herz einladen? Er steht vor der Tür und klopft an.“ Dieser Vers kann im Gespräch mit Nichtchristen Anwendung finden, geschrieben wurde er jedoch an die Gemeinde zu Laodizea, also in erster Linie an Gläubige, nicht an Ungläubige. Jesus wollte tiefere Gemeinschaft mit ihnen und wünschte in ihrem Leben mehr zu bewirken, indem sie ihre Herzenstüren für ihn öffneten. Während seines Dienstes hier auf Erden versprach Jesus, der Heilige Geist würde aus den Seinen fließen, sie inspirieren, leiten, ihr Denken und Fühlen verwandeln und durch sie in Kraft dienen:

Wer an mich glaubt, aus dessen Innerem werden Ströme lebendigen Wassers fließen.

Johannes 7,38 EhÜ

Christus bleibt in uns – drei Ergebnisse

Dass Christus in uns bleibt, ist eine herrliche Verheißung. Sie zeitigt mindestens drei Resultate. Erstens *lehrt* uns der innewohnende Geist über Jesu Herz, sein Wort und seinen Willen. Zweitens *inspiriert* er uns mit Mut und Zuversicht, sodass wir nicht nachlassen, uns nach Gott auszustrecken. Und drittens *befähigt* er uns durch Erneuerung unseres Denkens, Wollens und Fühlens zu einem Leben in gehorsamer Liebe, und dann setzt er seine Kraft durch uns frei, um andere anzurühren.

1. Der Geist lehrt uns.

Der Vater sandte den Heiligen Geist, damit er uns alles lehre (Joh. 14,26). Der Geist ist ein großartiger Lehrer. Er möchte uns vieles über Jesu Wesen, sein Wort und seinen Willen beibringen. Es ist ein echtes Vorrecht, diesen Lehrer in sich wohnen zu haben. Wenn wir den Geist fragen, belehrt er uns über Gottes Wort, seinen Willen und sein Wesen: Für jeden Bereich unseres Lebens schenkt er uns Weisheit und kreative Ideen, z. B., wie wir unser Geld verwalten, unsere Zeit einteilen, erfolgreich Beziehungen pflegen, wie wir dienen und körperlich und emotional gesund und „sauber“ leben.

2. Der Geist inspiriert uns.

Der Heilige Geist inspiriert uns, indem er uns immer wieder neu ermutigt. Er „lockt“ und motiviert uns, uns nicht zurückzuziehen und aufzugeben. Christen brauchen ständig Motivation durch den Heiligen Geist. Warum? Weil eine der verbreitetsten Versuchungen die ist, im Streben nach Gott nachzulassen. Ich meine nicht die Versuchung, den Glauben aufzugeben, sondern die Versuchung, nicht mehr mit aller Kraft hinter Gott her zu sein und geistlich einfach vor sich hinzudümpeln. Der Geist inspiriert uns immer wieder zu neuer Hingabe, von ganzem Herzen für Gott zu leben und nie von der Vision eines Lebens in der Fülle Gottes abzulassen.

3. Der Geist befähigt uns.

Der Heilige Geist befähigt Herz und Hände. Er erneuert unseren Sinn, unser Denken, Wollen und Fühlen, sodass wir in gehorsamer Liebe leben können, und er gibt uns die Kraft, andere Menschen anzurühren. Die Essenz des Neuen Bundes ist, dass der Geist uns Gottes Wort in Herz und Sinn schreibt.

> Das ist der Bund, den ich mit ihnen … schließen will, sagt der Herr: Ich werde meine Gesetze [mein Wort] in ihr Herz geben, ich werde sie in ihren Sinn schreiben.
>
> Hebräer 10,16

Gott schreibt uns sein Wort ins Herz: Dazu gehört, dass der Geist uns mit neuen, heiligen Wünschen ausstattet, sodass wir lieben, was Gott liebt, und hassen, was er hasst. Gott schreibt uns sein Wort ins Herz. Dazu gehört auch, dass der Geist uns Einblick in sein Herz gewährt. Das ist der Geist der Offenbarung (Epheser 1,17), und er entzündet unsere kalten und tauben Herzen und macht sie lebendig.

Wie herrlich, dass der Geist unser Herz und Sinn erneuert, sodass wir mehr von Gottes Herz sehen und fühlen! Das Gebet, das ich am häufigsten spreche, ist die Bitte an den Geist, mich im Blick auf mein Leben, meine Familie und andere Menschen sehen zu lassen, was er sieht, und fühlen zu lassen, was er fühlt – und auch, was er über Jesus, die Gemeinde, die Seelenernte, die Nationen, die Endzeit usw. sieht und fühlt. Dieses Lieblingsgebet von mir passt zu tausend unterschiedlichen Themen.

Zusammengefasst bedeutet unser Bleiben in Christus, dass wir täglich mit Gott im Gespräch sind, die Verheißungen seines Wortes zu Herzen nehmen und seine Gebote befolgen. Dass Christus in uns bleibt, hat zum Ergebnis, dass uns der Heilige Geist mehr über Jesu Herz offenbart, uns Entschiedenheit gibt, in unserem Streben nach Gott nicht nachzulassen, dass er unser Herz stark macht für ein Leben in gehorsamer Liebe und unsere Hände, Segen weiterzugeben.

In Christus zu bleiben ist die Grundlage für unser Gebetsleben und den Lebensstil, der nötig ist, um viel Frucht zu bringen, die in Ewigkeit bleibt. Wir haben es ja schon gelesen: „Wer in mir bleibt und ich in ihm, der bringt viel Frucht“ (Joh. 15,5).

Kapitel 5

Im Gebet wachsen – praktisch

Bete nicht, wenn dir danach zumute ist. Triff eine Verabredung mit dem König und halte sie ein.[1]

Corrie ten Boom

Es gehört mehr dazu, ein beständiges Gebetsleben zu entwickeln, als die Liebe zu Gott, das Wissen, woraus effektives Gebet besteht, und das Bleiben in Christus; auch praktische Dinge gehören dazu, z. B. das Einrichten bestimmter Gebetszeiten und Ausarbeiten von Gebetslisten, die helfen, das Ziel nicht aus den Augen zu verlieren. Ich verstehe Ihre eventuellen Schwierigkeiten beim Entwickeln eines beständigen Gebetslebens; durch viele solcher Schwierigkeiten habe auch ich mich hindurchgekämpft. Aber dank der Gnade Gottes kann ich seit über fünfunddreißig Jahren ein konsequentes Gebetsleben führen. In diesem Kapitel will ich über einen einfachen, aber praktischen Plan schreiben, der Sie beim Wachsen im Gebet unterstützen kann, einen Plan, der mir seit vielen Jahren hilft. Ich nutze diesen dreiteiligen Plan noch heute:

1. Machen Sie einen Zeitplan für regelmäßige Gebetszeiten. Ein Zeitplan legt fest, *wann* Sie beten.
2. Erstellen Sie eine Gebetsliste. Eine Gebetsliste hilft Ihnen, sich auf das zu konzentrieren, *was* zu beten ist.
3. Kultivieren Sie eine richtige Sicht von Gott. Eine richtige Sicht von Gott veranlasst Sie, beten zu *wollen*.

Wenn Sie diese drei einfachen Schritte gehen, sage ich Ihnen klipp und klar, dass Sie entschieden viel beständiger und lieber beten werden. Als ich im College darum rang, mein Gebetsleben aufzubauen, schlug mir ein Leiter vor, jeden Tag eine bestimmte Zeit festzulegen und eine Gebetsliste anzufertigen. Er versicherte mir, dass sich mein Gebetsleben durch diese zwei Maßnahmen mit der Zeit verändern würde. Er hatte recht! Trotz meiner anfänglichen Bedenken funktionierte, was er mir geraten hatte.

Wer für sich eine Zeit zum Beten festlegt und eine Gebetsliste anlegt, wird zehnmal mehr beten als zuvor. Dieses Behauptung stelle ich seit über dreißig Jahren auf. Normalerweise glaubt man mir nicht, und manche Leute argumentieren sogar dagegen. Ich halte dennoch daran fest, weil ich diese Wahrheit in meinem eigenen Leben und im Leben anderer Menschen bewiesen sehe. Es wird auch für Sie funktionieren, und dann werden Sie sich fragen, warum sie nicht viel früher damit angefangen haben.

Einen Gebets-Zeitplan machen

Es gibt viel zu tun, und unsere Zeit wird von vielem beansprucht. Deshalb müssen wir die Entwicklung eines konsequenten Gebetslebens zielstrebig angehen. Wenn wir es nicht selber tun, werden andere unsere Zeit für uns verplanen – und dann wird sehr wenig für Gebet übrigbleiben. Es ist äußerst wichtig, dass wir Zeit zum Beten einplanen. Das hört sich simpel an, doch die Festlegung einer regelmäßigen Zeit dafür hat großen Einfluss auf unser Gebetsleben.

Natürlich wird man einen Zeitplan nicht hundertprozentig immer einhalten, aber doch öfter, als dass man es nicht tut. Ich bin ganz zufrieden, wenn ich meine festgelegten Gebetszeiten zu 85 Prozent einhalte. Mein Ziel sind jedoch 100 Prozent, und ich behandele meine Gebetszeit als eine heilige Verabredung, die ich höchstens im Notfall verpassen möchte. Ich ermutige Sie, es genauso zu handhaben.

Beim Beten beschränke ich mich nicht auf die eingeplanten Zeiten; ich bete während des Tages häufig „zwischendrin“. Das gehört zum In-Christus-Bleiben und wird auch Ihnen helfen, in ihm zu bleiben, wie wir im vorigen Kapitel gesehen haben. Aber Sie werden viel beständiger beten und in Christus bleiben, wenn Ihr Wochenplan regelmäßige Zeiten für das Gespräch mit Gott enthält. Wenn Sie nicht bewusst Zeit zum Beten einplanen, werden Sie nicht annähernd so viel beten.

Man kann nicht Woche für Woche Stunden verschwenden und gleichzeitig ein starkes Gebetsleben haben. Im Gebet zu wachsen erfordert Zeit. Dass Unerwartetes und Notfälle unseren Zeitplan durcheinanderwerfen, ist normal. Aber es sollte Ziel sein, den Gebetsplan zu mindestens 85 Prozent einzuhalten.

Vielleicht müssen Sie von Zeit zu Zeit Ihre festgelegten oder geplanten Gebetszeiten neu überdenken. Vielleicht ist es nötig, den Zeitplan zu justieren, damit er weiterhin zu dem passt, was in Ihrem Leben sonst noch so passiert.

Jedem von uns stehen jede Woche einhundertachtundsechzig Stunden zur Verfügung. Wenn wir zehn Stunden pro Tag für Schlafen, Essen und Anziehen rechnen (siebzig Stunden die Woche), dann bleiben uns etwa hundert Wochenstunden für Arbeit und andere Dinge. Mit einer kreativen Zeiteinteilung und bei hundert Stunden pro Woche können die meisten Leute mindestens eine Stunde täglich zum Beten finden – wenn sie wirklich wollen. Für das, was uns wirklich wichtig ist, haben wir Zeit.

Planen wir Gebet nicht als eine unserer regelmäßigen Aktivitäten ein, dann mögen wir zwar die ernsthafte Absicht haben, eine Stunde am Tag zu beten, werden es aber oft nicht schaffen. Wenn wir Gebet zu einem Teil unseres Alltags machen, werden wir viel konsequenter beten.

Eine Gebetsliste erstellen

Ich empfehle jedem Christen, zusätzlich zum Einplanen täglicher Gebetszeiten eine oder mehrere Gebetslisten zu erstellen. Eine Gebetsliste ist ein einfaches Handwerkszeug, das Ihnen helfen kann, während Ihrer Gebetszeiten zielgerichtet zu bleiben.

Oft ist mein Kopf leer, wenn ich mich zum Beten hinsetze. Ich brauche eine kleine Starthilfe, um mich zu konzentrieren, besonders, wenn ich müde oder abgelenkt bin, deshalb verwende ich Gebetslisten. Ich finde sie unschätzbar wertvoll. Mit achtzehn erstellte ich meine erste Gebetsliste, und vierzig Jahre später verwende ich immer noch Listen, weil ich sie immer noch brauche.

Auf keinen Fall beschränke ich das Gebet auf das, was auf meinen Listen steht. Ich nehme sie nur als Leitlinie und bin frei, jederzeit davon abzuweichen. Oft empfinde ich den Wunsch, in eine andere Richtung zu beten, und ich bete sehr gerne vom Heiligen Geist geführt und inspiriert. Wenn ich seinem Drängen und seiner Leitung folge, dann kann es sein, dass ich meine Listen nicht schaffe. Aber als „Anschubser“ sind die Listen immer da, wenn ich sie brauche.

Je mehr wir beten, desto mehr werden unsere Gebetslisten im Lauf der Zeit wachsen und sich verändern. Der Herr wird uns führen, dass wir den Fokus unserer Gebete in unterschiedlichen Lebensphasen verändern. So füge ich meinen Gebetslisten immer dann Anliegen und Menschen hinzu, wenn das nötig ist.

Paulus ruft uns auf, immer „mit allem Gebet“ zu beten – mit allen Arten von Gebet und mit „Flehen im Geist für alle Heiligen“ (Eph. 6,18). „Flehen“ bedeutet einfach „um etwas bitten“. Flehen kann Beten für viele verschiedene Menschen und Orte umfassen.

Ich habe drei Gebetslisten: eine für mein persönliches Leben, eine für andere Menschen und Orte (Dienste, Unternehmen, Städte, Länder) und eine für „Gerechtigkeitsthemen“, wozu das Gebet für Regierung und Gesellschaft gehört. Ich bete um die Freisetzung von Gaben, Frucht und Weisheit des Geistes in allen diesen Bereichen, wie Sie in den nächsten Kapiteln sehen werden. Nachfolgend ein kurzer Abriss über das, was auf meinen Listen steht.

Für mein persönliches Leben

Diese Liste umfasst mehrere Kategorien, z. B. das Beten für meinen inneren Menschen, meinen Dienst und meine Umstände (in Bezug auf Körper, Finanzen und Beziehungen). Vor einigen Jahren entwickelte ich eine Liste von zehn Gebeten für die Stärkung meines Inneren, für die ich das Akronym FELLOWSHIP („Gemeinschaft“) verwendete. Darüber berichte ich ausführlicher in Kapitel 14. Ich verwende auch das Akronym TRUST („Vertrauen“), um mich an die fünf Schlagworte zu erinnern, die mir helfen, mit dem in mir wohnenden Heiligen Geist zu kommunizieren (siehe Kapitel 15).

Für Menschen und Orte

Ich führe eine aktuelle Liste von Einzelnen, Diensten und Städten, für die ich regelmäßig bete. Ich bete für Einzelne (Familie und Freunde), Dienste (u. a. für meine Ortsgemeinde), Missionare und missionarische Arbeiten in bestimmten Teilen der Welt usw. Ich bete auch für bestimmte Städte – Jerusalem z. B. und Kairo, weil der Herr sie mir aufs Herz gelegt hat – und für Länder in großer Not wie Ägypten, Syrien, Haiti, Russland, Nordkorea, Israel usw. Ich nehme mir bewusst Zeit, um für die Stadt Jerusalem und Israel zu beten, weil uns die Schrift dazu auffordert (Psalm 122,6, Jesaja 62,6–7) und weil sie einen besonderen Platz im Herzen des Herrn und in seinen Endzeitplänen haben.[2]

Schließlich bete ich für die Menschen, die in meiner Stadt und Nation leitende Positionen innehaben, entsprechend Paulus' Aufforderung in seinem ersten Brief an Timotheus:

> So ermahne ich nun, dass man zuerst vor allem mit Bitten, Gebeten, Fürbitten und Dankgebeten für alle Menschen eintritt, für die Könige und für alle Obrigkeit, damit wir ein ruhiges und zufriedenes Leben führen können in aller Gottesfurcht und Ehrbarkeit.
>
> 1. Timotheus 2,1–2

Für Gerechtigkeit

Das ist ein weites Feld, zu dem gesellschaftliche und politische Themen gehören wie z. B. Abtreibung, Menschenhandel und die Chancenungleichheit im Bildungssystem. Manchmal stehen Situationen auf meiner Liste, die z. B. mit wirtschaftlicher Ungerechtigkeit zu tun haben, mit Wasserrechten, inneren Unruhen (Terrorismus, Ausschreitungen usw.), Naturkatastrophen (Hurrikans, Tsunamis, Tornados, Dürre), Krankheiten (AIDS, Tuberkulose usw.).

Wie schon erwähnt, glaube ich, dass die meisten von uns zehnmal mehr beten würden, wenn sie diese beiden nützlichen Instrumente nutzten: einen Zeitplan für tägliche Gebetszeiten und Gebetslisten. Diese praktischen Hilfsmittel werden Sie besser ausrüsten, in den kommenden Jahren zielgerichtet und konsequent zu beten. Warum stellen Sie das im nächsten Jahr nicht einmal auf die Probe und sehen, wie viel mehr Sie beten, wenn Sie eine bestimmte Zeit für Gebet festsetzen und Gebetslisten verwenden?

Disziplin beim Beten ist nicht Gesetzlichkeit

Manche wenden ein, es sei gesetzlich, feste Zeiten für Gebet einzuplanen oder eine Gebetsliste zu verwenden. Das sehe ich anders. Wir werden gesetzlich, wenn wir Gottes Liebe durch Beten oder Gehorchen *verdienen* wollen. Die gute Nachricht des Evangeliums ist, dass wir sie nicht zu verdienen brauchen; Gott bietet uns seine Gnade und seine Liebe umsonst an. Beständigkeit im Gebet – regelmäßig und zielgerichtet mit dem Herrn zu reden – versetzt uns einfach nur in die Lage, dass wir öfter vor ihm sitzen und so täglich mehr von seiner freien Gnade empfangen und erfahren können.

Eine regelmäßige Zeit zum Beten festzulegen ist nicht der Versuch, Gottes Liebe zu verdienen; es spiegelt nur wider, dass wir unsere Zeit selber unter Kontrolle haben wollen, damit wir Gebet zu einer Priorität machen können. Fallen Sie bloß nicht auf die uralte Lüge herein, die jegliche Disziplin automatisch für „gesetzlich" erklärt. Diese Lüge hat viele um den Segen eines konsequenten Gebetslebens gebracht. Ziellos oder passiv zu sein und über den gegenwärtigen Moment nicht hinauszudenken hat nichts mit der Freiheit in Gnade zu tun.

> Ihr aber, Brüder, seid zur Freiheit berufen! Nur betrachtet nicht die Freiheit als Gelegenheit für das Fleisch …
>
> Galater 5,13

Gottes Gnade gibt uns die Fähigkeit, dass wir Zeit, Geld und Appetit nach seinem Willen für unser Leben disziplinieren können, versetzt uns in die Lage, mehr von seiner Gnade zu erfahren, und befähigt uns, ihm in großartigerer Weise zu begegnen. Die Gnade, die Jesus umsonst anbietet, und unsere tatsächliche Erfahrung sind oft zwei ganz unterschiedliche Dinge. Ich möchte alles, was er mir anbietet, in meinem Alltag praktisch erfahren! Das geht am besten, wenn ich das Gespräch mit ihm zur Priorität erhebe. Zeit für ihn einzuplanen ist ein Ausdruck sowohl meiner Liebe zu ihm als auch meines Hungers nach mehr. Es ist keineswegs der Versuch, die Liebe dessen zu verdienen, der seine Liebe umsonst und in verschwenderischer Fülle schenkt.

Eine richtige Sicht von Gott kultivieren

Eine richtige Sicht von Gott zu kultivieren, der dritte Schritt in meinem praktischen Aktionsplan, ist ein weiterer grundlegend wichtiger Aspekt des Wachsens im Gebet. Viele Christen haben eine falsche Sicht von Gott. Sie leben zum Beispiel mit der allzu verbreiteten und vollkommen falschen Annahme, dass Gott entweder ein zorniger Arbeitgeber wäre, der uns zwingt, zu beten und das Gespräch mit ihm als Beweis unserer Hingabe über uns ergehen zu lassen, oder ein stoischer Gott, der kein Interesse an unserem Leben hat. Nichts könnte weiter von der Wahrheit entfernt sein! Gott ist ein zärtlicher Vater, der seine Kinder innig liebt, und Jesus ist ein Bräutigam-König voll Verlangen nach seinem Volk.

Auf unserem Weg ist es wichtig, dass wir in uns eine starke biblische Grundlage der richtigen Sicht von Gott legen. Das Wort Gottes sagt uns die Wahrheit darüber, wer Gott ist. Ohne diese Grundlage ist es schwierig, ein Gebetsleben aufrechtzuerhalten.

Wenn wir Gott als unseren zärtlichen Vater und Jesus als den königlichen Bräutigam kennenlernen, gibt uns das Energie, Gott mit all unserer Kraft zu suchen und neue Freude in unserer Beziehung mit ihm zu erleben, während wir im Gebet wachsen. Unser Gebetsleben ist ganz anders, wenn wir zuversichtlich zu Gott kommen mit der Gewissheit, dass er sich an uns erfreut und tatsächlich froh ist in seiner Beziehung mit den Seinen.

Mein irdischer Vater und ich waren gute Freunde. Er war der Erste, der mich anfeuerte, und während meiner Kindheit bestätigte er mich immerzu. Aus diesem Grund wollte ich mit niemanden lieber zusammen sein als mit meinem Vater. Ich mochte seine Gesellschaft, weil ich spürte und wusste, dass er sehr gerne mit mir zusammen war.

Ich erinnere mich daran, wie ich entdeckte, dass der Herr mich sogar noch mehr mag, als mein Dad es tat. Als ich diese Wahrheit erkannte, wollte ich viel mehr als zuvor mit dem Herrn zusammen sein und mit ihm reden. Es ist eine Freude, mit jemandem zu sprechen, der einen wirklich mag!

Vor einigen Jahren schrieb ich ein Buch zu diesem Thema mit dem Titel „Leidenschaft für Jesus“.[3] Oft höre ich die Frage: *„Wie bekommt man Leidenschaft für Jesus?“* Das kann ich Ihnen sagen, es ist einfach: Je mehr wir in unserem Verständnis *seiner* Leidenschaft für *uns* wachsen, desto mehr erwacht in *unserem* Herzen Leidenschaft für *ihn*. Die Begegnung mit dem Vaterherzen Gottes ist von grundlegender Bedeutung für Fortschritte im Gebetsleben.

Kurz vor seinem Tod richtete Jesus eine erstaunliche Bitte an seinen Vater. Er bat, dass „die Welt erkennt, dass du [der Vater] mich gesandt hast und sie [Gottes Leute] geliebt hast, wie du mich [Jesus] geliebt hast“ (Joh. 17,23). Jesus möchte uns wissen lassen, dass sein Vater uns ebenso liebt, wie er Jesus liebt! Jesu Gebet für uns gibt uns Einblick in den großen Wert, den wir in Gottes Augen haben. Die Offenbarung, dass der Vater uns so liebt, wie er Jesus liebt, ist eine bedeutende Aussage über unseren Wert für ihn.

Paulus sagt: „Ihr habt den Geist der Sohnschaft empfangen, durch den wir rufen: ‚Abba, Vater!‘“ (Röm. 8,15). Im Hebräischen ist *Abba* ein Kosewort für einen Vater, sehr ähnlich unserem „Papa“, es bringt Respekt, aber auch Zuneigung und Intimität zum Ausdruck. Gott als „Abba“ zu verstehen und unsere Identität als seine angenommenen Kinder zu kennen, rüstet uns aus, dass wir den Anschuldigungen Satans, der uns als hoffnungslose Versager darstellt, widerstehen können.

Diese Wahrheit, dass der „Abba"-Gott sich an uns erfreut, selbst in unserer Schwäche, ist ein stabilisierender Anker, der uns mit Zuversicht beten lässt. Als Gottes Söhne und Töchter können wir uns seinem Thron mit Zuversicht und ohne Scham oder Zögern nähern. Unser Gebetsleben wird nicht richtig wachsen, wenn wir nicht an den Ort des zuversichtlichen Vertrauens auf Gott kommen, an dem wir wissen, dass er sich an uns erfreut und uns liebt, selbst in unserer Schwäche.

Im Kontext der Aufforderung an Ehemänner, ihre Frauen zu lieben, beschreibt Paulus das große Geheimnis der Erlösung als eine Ehe zwischen Christus und der Gemeinde (Epheser 5,29–32). Bevor der Herr zurückkommt, wird die Kirche sich als eine Braut sehen, die ihren Bräutigam-König zu sich ruft, wie Johannes im Buch der Offenbarung schreibt: „Und der Geist und die Braut sagen: ‚Komm!'" (Offb. 22,17). Auch heute noch betont der Heilige Geist die Identität der Gemeinde als seine geliebte Braut.

Als Söhne Gottes sind wir in der Lage, Gottes *Thron* zu erleben – wir sind die Erben seiner Macht (Offenbarung 3,21, Römer 8,17). Als Braut Christi sind wir in der Lage, Gottes *Herz* zu erleben. Die Bräutigam-Botschaft hat die intensiven Gefühle Jesu für die Seinen zum Inhalt, ebenso seine Entschiedenheit, Herz, Heim, Thron, Geheimnisse und seine Schönheit mit ihnen zu teilen.[4]

Im November 1995 hatte ich einen prophetischen Traum über diese biblische Wahrheit. In dem Traum sprach der Herr mit hörbarer Stimme zu mir, als ich gerade auf der Bühne in einer großen Versammlung voller junger Erwachsener stand. Er sagte: „Nenne die Menschen ‚Hefziba'." Dieses Wort erinnert an eine Stelle in Jesaja:

> Du sollst „Meine Lust an ihr" [„Hefziba"] … heißen, denn der Herr hat Lust an dir …, und wie sich ein Bräutigam über die Braut freut, so wird sich dein Gott über dich freuen.
>
> Jesaja 62,4–5

Mit hörbarer Stimme gab mir der Herr in diesem Traum weitere Anweisungen: „Sage den Leuten, dass ich mich an ihnen erfreue und über sie glücklich bin, wie ein Bräutigam über seine Braut glücklich ist." In dem Traum wurden die Menschen, die zu Gott gehörten, von der Kraft Gottes angerührt, sobald ich sie „Hefziba" genannt und verkündet hatte: „Und der Herr hat Lust an ihnen“, und ihr Leben veränderte sich dramatisch. Ich wachte auf und nahm mir die Schriftstelle in Jesaja 62,4 vor.

Dieser hebräische Name Hefziba bedeutet „Lust des Herrn“. Wir können uns der Liebe Gottes sicher sein, weil wir wissen, dass Gott Lust hat an seinem Volk und seiner Beziehung mit ihm, so wie ein Bräutigam Lust hat an seiner Braut (Jes. 62,4–5).

Der Herr erweckt auf der ganzen Welt eine große Schar von Männern und Frauen – Sänger, Prediger, Evangelisten, Autoren, Fürbitter, Arbeiter –, die verkündigen, dass Gott Lust an seinem Volk hat. Dann wird es normal werden, dass Gottes Kinder sich seiner Liebe gewiss sind, statt sich beschämt zurückzuziehen, wie es zur Zeit viele tun.

Wie wir Gott sehen, bestimmt, wie wir uns ihm im Gebet nähern. Wenn wir meinen, er wäre weit weg oder zornig, werden wir nicht viel beten wollen. Wenn wir ihn als einen zärtlichen Vater und leidenschaftlichen Bräutigam sehen, den es danach verlangt, dass wir zu ihm kommen, dann werden wir viel mehr beten.

Viele Christen haben nicht das Bild von Gott, dass er sich mit einem frohen Herzen an seinem Volk erfreut. Tatsächlich glaube ich, dass viele Gott für meistens ärgerlich oder traurig halten. Die Wahrheit ist aber, dass sein Herz erfüllt ist von Freude über uns (Zef. 3,17), und diese mächtige Wahrheit zu erleben, wird uns helfen, mehr und mehr mit großer Zuversicht zu beten.

Zu beschäftigt zum Beten?

Eine Herausforderung, vor der wir auf unserem Gebetsweg alle stehen, ist die Notwendigkeit, unsere Zeit so einzuteilen, dass wir unseren Verantwortlichkeiten in Leben und Arbeit nachkommen. Die meisten von uns haben das Gefühl, zu viel zu tun zu haben, um beten zu können; die Wahrheit ist aber, dass wir zu viel zu tun haben, um *nicht* zu beten. Wir können es uns nicht leisten, zu tun, wofür wir verantwortlich sind, wenn wir geistlich ausgebrannt leben.

Wie ich schon sagte, gilt der Ruf zum Gebet für *jeden* Christen. Der Herr ruft jedes einzelne seiner Kinder, unabhängig von Beruf und Beschäftigung – den Rechtsanwalt wie den Arzt, den Hausmeister, Zimmermann, Buchhalter, Profisportler, Musiker, Lehrer wie die Mutter, die ihre Kinder zu Hause unterrichtet, – ein wirkliches Gebetsleben zu führen.

Manche Christen haben die Sorge, sie würden wertvolle Zeit für Liebe und Einsatz für ihre Familie, Freunde, Gemeinde oder Geschäfte verlieren, wenn sie Zeit zum Beten nehmen. Ich versichere Ihnen, dass Menschen, die regelmäßig beten, ihre Familien, Freunde, Nachbarn und selbst ihre Feinde mehr lieben werden, weil sie vom Heiligen Geist Kraft empfangen und emotional negativer Austausch weniger wird.

Das Beste, was Ehemänner und -frauen, Väter und Mütter für ihre Ehen und Familien tun können, ist, im Gebet Fortschritte zu machen. Dasselbe gilt für Pastoren und gläubige Führungspersönlichkeiten im Geschäftsleben. Es ist nicht eine Frage der Wahl zwischen *entweder* Arbeit *oder* Gebet; wir sollen uns in beidem engagieren, wohlausgewogen und in der richtigen Reihenfolge. Jesus ist unser Beispiel: Er ließ weder zu, dass sein Dienst an Menschen sein Beten hinderte, noch dass sein Gebetsleben dem Dienst an Menschen im Weg stand.

Die Evangelien zeigen uns, wie sehr Jesus Gebet wertschätzte: Selbst nachdem er lange Stunden mit Predigen und Heilungen gedient hatte, ging er an einen einsamen Ort, um zu beten – um mit seinem Vater Gemeinschaft zu haben und gestärkt zu werden.[5]

> Nachdem er sie verabschiedet hatte, ging er auf einen Berg, um zu beten.
>
> Markus 6,46

Jesus hob die Bedeutung von Gebet sowohl in dieser Zeit als auch in der Zukunft in seiner Lehre und in seinem persönlichen Leben hervor. Ja, er wird ewig Fürbitte tun zur Rechten des Vaters (Röm. 8,34, Hebr. 7,25). Während seines Dienstes hier auf der Erde verbrachte Jesus oft lange Stunden im Gebet.[6]

> Er aber zog sich in die Wüste zurück und betete.
>
> Lukas 5,16

> Es geschah aber in diesen Tagen, dass er auf einen Berg ging, um zu beten; und er blieb über Nacht im Gebet zu Gott.
>
> Lukas 6,12

Wenn regelmäßiges Beten für Jesus wichtig war, wie viel wichtiger sollte es dann für uns sein? Wenn Jesus oft betete, wie viel mehr müssen wir das tun? Mit anderen Worten: Gebet ist nicht nur einfach eine unter vielen anderen guten geistlichen Aktivitäten. Es ist die *Kern*aktivität für ein tiefes und erfülltes Leben, das Gott verherrlicht und uns in der Fülle unserer Bestimmung in Gott leben lässt.

Zeit sowohl für Gott als auch für Menschen

Wir haben wirklich genügend Zeit, um uns sowohl in Gott zu versenken als auch gute Beziehungen zu Menschen zu pflegen. Wir brauchen unsere Gebetszeiten mit Gott nicht aufzugeben, um unserer Verantwortung in Beruf und Familie nach seinem Willen nachzukommen. Ich habe festgestellt, dass die meisten von uns von den Stunden, die sie der Erholung und Unterhaltung vorbehalten, Zeit für das Reich Gottes erübrigen können, sodass immer noch Zeit für Beruf und Familie bleibt. Es gibt Ausnahmen, das ist mir klar, aber die Ausnahmen sind eher selten.

Wir müssen wild entschlossen sein, im Gebetsleben zu wachsen und Gott näher zu kommen, weil unsere Kultur immer geschäftiger und lauter geworden ist und unsere Möglichkeiten verdrängt, „heiligen Raum" für den Austausch mit Gott zu schaffen. Dennoch: Trotz voller Terminpläne für Arbeit oder Schule haben die meisten von uns mehr Zeit, als ihnen klar ist. Es ist dringend geboten, dass wir uns um eine gute Neueinteilung unserer Zeit bemühen, statt zuzulassen, dass sie, und mit ihr auch unsere Bestimmung, für Unterhaltung und materielle Dinge verschwendet wird.

Es ist weise, sein Lebenstempo zu drosseln, um Zeit zu schaffen, in der wir mit Gott in Verbindung treten und in seinem Wort wachsen. Unnötige Aktivitäten zu lassen oder einzuschränken ist weit besser, als sein Leben mit Gott herunterzufahren. Das scheint selbstverständlich zu sein, dennoch treffen viele ernsthafte Christen Tag für Tag dieselben falschen Entscheidungen.

Ich finde es herausfordernd, meine Zeit für Arbeit, Erholung, Familie und Beziehungen gut auszubalancieren. Deshalb bitte ich den Heiligen Geist, mir zu helfen, dass ich erkenne, wie ich meine Zeit in jeder Phase meines Lebens am besten zubringen soll. Er hat die Antwort für jeden von uns.

Paulus gab uns einen sehr guten Rat, wie wir das meiste aus unserer Zeit machen, indem wir bewusst planen:

> Wache auf, der du schläfst, und steh auf von den Toten, dann wird dich Christus erleuchten. So achtet nun sorgfältig darauf, wie ihr lebt, nicht als Unweise, sondern als Weise, indem ihr die Zeit gut nutzt …
>
> Epheser 5,14–16

Diesen Rat gab Paulus in seinem Brief an die lethargischen Gläubigen in der Gemeinde zu Ephesus, die geistlich schliefen. Paulus ermahnte sie zuerst, aufzuwachen und ihre geistliche Lethargie und Passivität abzuschütteln, sodass Christus auf sie scheinen, sie „erleuchten“ würde. Damit meinte Paulus, dass der Herr ihr Herz mit seiner Gegenwart berühren wollte.

Als Nächstes forderte Paulus die Epheser heraus, ihre Zeit weise einzusetzen. Statt „bestmöglichen Gebrauch von seiner Zeit machen“ sagen manche Bibelübersetzungen „seine Zeit auskaufen“ oder „seine Zeit nutzen“. Seine Zeit auszukaufen heißt, sie mit äußerster Bedachtsamkeit einzusetzen, um in Gott zu wachsen und sein Reich auszubreiten. Dazu gehören auch gottgefällige und kluge Prioritäten bei der Zeiteinteilung.

Wie schon gesagt: Wenn wir unsere Zeit nicht planen, werden andere sie sich nehmen, und am Ende werden wir unter der Tyrannei des Dringenden leben und uns für alles einsetzen, was uns gerade vor die Nase kommt, jede Gelegenheit, jedes gesellschaftliche Ereignis, jedes Bedürfnis, jede Krise. Ich kenne Menschen, die immer auf alles und jeden, der ihnen über den Weg lief, eingegangen sind, Jahre später aber im Rückblick mit Bedauern erkennen mussten, dass dieses Drängende, Dringende, diese „Gelegenheiten“ oft nichts mit ihrer Bestimmung in Gott oder Gottes Aufgabe für ihr Leben zu tun gehabt hatte. *Leben Sie für das Wichtige, nicht unter der Knute des Dringenden.*

Indem wir eine bestimmte Zeit für unser Gebetsleben festlegen, können wir unsere Zeit gut auskaufen – unsere Zeit kann Ewiges „erwerben“, was für immer Bestand hat. Wir können unsere Zeit in einer Weise investieren, dass unser Herz aus der Passivität erweckt und ins Licht der Gegenwart Gottes kommt. Dann werden wir gerüstet sein, Gott und Menschen viel konsequenter zu lieben. Zielgerichtete Zeiteinteilung ist entscheidend für jeden, der ein starkes Gebetsleben anstrebt.

Der Schriftsteller und Philosoph Henry David Thoreau erkannte die Bedeutung einer klugen Zeiteinteilung. Er schrieb: „Als ob man Zeit totschlagen könnte, ohne der Ewigkeit weh zu tun.“[7]

In einer Geschichtsperiode, in der uns so viel Zeit zur Verfügung steht, müssen wir den Entschluss fassen, jeden Moment weise zu investieren.

Der göttliche, gesunde, biblische Ruf zur „heiligen Alleinigkeit“ erlaubt uns, in Liebe zu wachsen. Er gibt uns die Energie, Gott und Menschen auf lange Sicht zu lieben. Durch Gebet mit Jesus auf Herzensebene verbunden zu sein, ist die Lebensader, mit deren Hilfe wir über Jahrzehnte Kranke heilen und uns für Gerechtigkeit und in Barmherzigkeitsdiensten engagieren können, ohne auszubrennen.

Gebet sollte sich nie darauf beschränken, Gott um Dinge zu bitten. Es ist vielmehr ein Ort der Begegnung mit Gott, wo unser Geist Kraft bekommt, während wir in der Liebe zu ihm wachsen. Es versetzt uns in die Lage, Gott und Menschen zu lieben, indem wir Gottes Liebe als Vater und Bräutigam aufnehmen.

Wir können Zeit zum Beten finden, indem wir der Neigung widerstehen, Zeit mit unnützem Reden zu verschwenden, mit zu viel Fernsehen, sozialen Netzwerken oder Erholung und einem Übermaß an Kontaktpflege (die dem Wachsen unseres Dienstes oder unseres Geschäfts dienen soll). Wir müssen zu bestimmten Dingen Nein sagen, selbst zu manchen guten Dingen, um Zeit zu haben, zum Wachsen im Gebet Ja zu sagen.

Gebetszeit wird nicht einfach von selbst in unserem Tagesablauf auftauchen. Wir müssen sie uns nehmen, indem wir manche durchaus legitime Aktivitäten und Vergnügen ablehnen. Das gilt sogar für manches Wichtige, weil Beten das Wichtigste ist, ja, sogar das Beste. Lesen Sie, was Jesus Martha sagte, die erreichen wollte, dass ihre jüngere Schwester Maria nicht länger Jesus zu Füßen saß, sondern ihr lieber beim Kochen half: „... eins aber ist nötig. Maria hat das gute Teil erwählt, das ihr nicht genommen werden wird“ (Lk. 10,42).

In unseren Gebetszeiten ist es wichtig, sowohl das Telefon als auch E-Mail, Facebook, Twitter und andere Ablenkungen auszuschalten. Wer übermäßig von Informationen und Kommunikation stimuliert ist, wird nicht so mit Gott in Verbindung treten können wie der, der seine elektronischen Geräte für eine Weile abstellt und ignoriert.

Unsere Kultur ist von der Reizüberflutung durch Information und Bilder geprägt. Das laugt uns emotional und mental aus. Ebenso wie unsere körperliche Energie ist auch unsere emotionale und mentale Energie begrenzt, und so, wie wir nach einer körperlichen Leistung ausruhen müssen, müssen wir auch nach emotionaler Überstimulierung wieder zur Ruhe kommen.

Gebet baut starke Beziehungen.

Gebet hat viel mit Beziehungen zu tun. Ein starkes und dynamisches Gebetsleben wird immer zu starken und gesunden Beziehungen führen. Die Menschen, die ihre Beziehung zu Gott und Mitmenschen am meisten wertschätzen, die tiefer und konsequenter lieben wollen, sind Beter.

Gebet gibt uns Kraft, unsere natürliche Neigung zu Faulheit, Nörgelei, Eitelkeit und übermäßigem Essen und Trinken ebenso zu überwinden wie unsere Neigung, Anerkennung von Menschen zu suchen. Thomas Dubay schrieb, Selbstverleugnung in der Gnade Gottes sei das Leerwerden von sich selbst mit dem Ziel, erfüllt und heil zu werden und somit gut lieben zu können.[8]

Richtige Beter sind keine zurückgezogenen Eremiten, ganz im Gegenteil. Beim Beten geht es nur um Liebe. Wir müssen der Überaktivität wehren, die uns hindert, Gott und Menschen lieben zu können. Ja, das ist ein Paradox, weil es Zeit mit Gott erfordert, um in Beziehung zu Gott und Menschen zu wachsen. Nur emotional „aufgeräumte", innerlich nicht überladene Menschen können tiefe Beziehungen entwickeln und pflegen.

Manche schieben ihre mangelhaften sozialen Kontakte auf das viele Beten, aber das ist ein gefährlicher Vorwand. Ein gesundes Gebetsleben wird schließlich und endlich zu gesunden Beziehungen führen. Ich sage nicht, dass Sie auf jedes gesellschaftliche Ereignis, das Ihnen über den Weg läuft, eingehen werden. Manchmal müssen Sie Nein sagen. Aber Ihre übrigen Beziehungen werden gesund sein.

Wenn es uns an Qualitätszeit mit Gott mangelt, resultiert unser starkes Verlangen nach tiefen Beziehungen mit Menschen oft in Enttäuschung, Frustration und dem Gefühl der Einsamkeit, selbst trotz zahlreicher sozialer Aktivitäten. Um wirklich gute Beziehungen zu haben, müssen wir Zeit nehmen für die Verbindung mit Gott, denn wir haben einfach nicht die emotionalen Ressourcen, gute Beziehungen zu pflegen, wenn nicht unser Herz mit Kraft und Frieden vom Heiligen Geist erfüllt wird. Nicht Gebet, sondern Furcht, Scham und andere Emotionen führen manch einen in eine ungesunde Isolierung und Beziehungsvermeidung.

Wenn Sie sich die Zeit nehmen, die für Gebet nötig ist, und die drei praktischen Schritte gehen, die in diesem Kapitel behandelt wurden, um ihr Gebetsleben zu entwickeln – einen Zeitplan für regelmäßige Gebetszeiten aufstellen, eine Gebetsliste notieren und die richtige Sicht von Gott kultivieren –, werden Sie merken, dass Sie nicht nur im Gebet wachsen, sondern auch in der Liebe zu Gott und Menschen. Der Zeitplan legt fest, *wann* Sie beten. Die Gebetsliste hilft Ihnen, sich auf das zu konzentrieren, *was* zu beten ist. Und eine richtige Sicht von Gott gibt Ihnen den *Wunsch* zu beten. Sehen wir uns jetzt kurz die Gebetsarten und -themen an, die Ihnen helfen werden, Ihre Gebetszeiten zu organisieren.

Kapitel 6

Der Gebetszeit eine Struktur geben

Deshalb geh, egal ob du den Wunsch zu beten verspürst oder nicht, zur festgelegten Zeit in dein Kämmerlein, schließ dich mit Gott ein, warte auf ihn und suche sein Angesicht.[1]

R. F. Horton

Meine eigene Gebetszeit strukturiere ich mithilfe von drei Gebets*arten* und drei Gebets*themen*. Die Gebetsarten sind Fürbitte, persönliche Bitten und Andacht. Dies sind sehr allgemeine Kategorien und sie können viele verschiedene Ausdrucksformen annehmen. Andere verwenden andere Ausdrücke für diese selben allgemeinen Kategorien oder Gebetsarten, die wir uns in den folgenden Kapiteln genauer ansehen werden.

Die drei Gebetsthemen sind: in Bezug auf Vollmacht *die Gaben des Heiligen Geistes*, in Bezug auf persönlichen Charakter *die Frucht des Heiligen Geistes* und in Bezug auf Erkenntnis *die Weisheit des Heiligen Geistes*. Mir hilft es, alle drei Themen mit jeder der drei Gebetsarten zu verwenden. Statt dass ich zufällige Bitten äußere, finde ich es praktisch, diese drei Themenbereiche sozusagen als Vorgabe zu verwenden. Sie helfen, meine Bitten und Gebetslisten zu fokussieren.

Drei Gebetsarten

Generell werden Sie sich mit allen drei Gebetsarten befassen. Alle sind wichtig, und wenn Sie wissen, wie sie sich unterscheiden, hilft Ihnen das, jeder die angemessene Aufmerksamkeit zukommen lassen, wenn Sie im Gebet vor den Herrn treten.

Fürbitte

Fürbitte nennt man das Gebet für andere – Menschen, Orte und Organisationen. Gott hat bestimmt, dass Fürbitte getan werden soll, damit er Einzelnen, Familien, Betrieben, Diensten, Gemeinden und den unterschiedlichen Gesellschaftsbereichen vermehrt seine Kraft und seinen Segen gebe. Fürbitte kommt in unterschiedlichen Weisen vor: Wir beten für Kranke, für Freunde in Schwierigkeiten und Familien in der Krise, für Erweckung in der Kirche, für Gerechtigkeit, die Erlösung derer, die den Herrn nicht kennen, für gesellschaftliche Veränderungen usw.

Manche sprechen von Fürbitte als von „Gebetskampf". Das Wort *Kampf* trägt die Bedeutung der glaubensvollen Zusammenarbeit mit Gott, um große Veränderungen zustande zu bringen. Wir streiten im Gebet für die Fülle der Absichten Gottes und das, was er Menschen, Orten und Organisationen zugedacht hat.

In der Fürbitte beten wir, dass Menschen mehr von Gottes Macht, Versorgung, Schutz und Leitung in ihrem Leben erfahren mögen. Wir beten für strategische Themen in der Gesellschaft, u. a. für Politiker und die Regierung, für Wahlen, Bildungswesen, Militär, Wirtschaftskrisen usw. Wir beten für Befreiung und Versorgung für die, die aufgrund von Menschenhandel, Abtreibung, Verfolgung, Armut und anderen Arten der Ungerechtigkeit unter Unterdrückung leiden. Wir erbitten Gottes Hilfe in Zeiten einer von Naturkatastrophen wie Orkanen, Dürren, Epidemien ausgelösten Not. Dies sind nur einige Beispiele für Bereiche, in denen wir Fürbitte tun können.

Fürbitte im Sinne von Gebet für Kranke ist nicht optional. Die Heilige Schrift gebietet uns, für Kranke und Bedrückte zu beten (Mt. 10,8, Mk. 16,17, Jak. 5,14–15). Der Herr möchte, dass sein Volk selbstverständlich – als Ausdruck eines Lebensstils – im übernatürlichen Dienst des Heiligen Geistes tätig ist. Es ist wirklich von Bedeutung, dass wir uns die Zeit nehmen, für Kranke zu beten, sei es im „Gebetskämmerlein" oder in Versammlungen.

Wenn in einem Gebetstreffen niemand für die Kranken betet, werden weniger geheilt. Wird hingegen über ihnen gebetet, werden mehr Heilungen im Leib Christi geschehen. Der Geist wirkt mehr, wenn wir Zeit nehmen, Gottes Wort über kranken Menschen auszusprechen.

Nehmen Sie sich vor, für den Rest Ihres Lebens jeden Tag für einen Kranken zu beten. Täglich können wir Reich-Gottes-Werke tun. Wir sind zu einem Lebensstil gerufen, zu dem das Gebet für Kranke gehört, sei es im Gottesdienst, im Einkaufzentrum, auf dem Campus, im Schlafsaal, zu Hause, auf der Arbeit oder im Urlaub – wo auch immer wir sein mögen.

Persönliche Bitten

Persönliche Bitten sind solche um Gottes Segen und Gnade für unser persönliches Leben –Familie, Finanzen, Dienst, Beziehungen, Gesundheit und Lebensumstände. In diese Art von Gebet fallen die Bitten um die eigene körperliche Gesundheit und Schutz, Bitten für den eigenen Dienst ebenso wie für Aufbesserung der Finanzen und Segen, Gnade in Beziehungen, neue Einflussmöglichkeiten usw. Wir beten, dass Gottes Kraft und Segen auf uns, und durch uns auf andere, ausgegossen wird.

Andacht – „Devotional prayer"

Wenn ich in diesem Zusammenhang von „Andacht" spreche, geht es um unsere eigene geistliche Erneuerung, Reife und Gemeinschaft mit Gott. Ihre Ausrichtung ist die Anbetung Gottes und Bitte um Stärkung durch den Heiligen Geist, damit wir Gott mehr lieben, ihm besser gehorchen und tiefere Gemeinschaft mit ihm haben können. Wir bitten um mehr Gnade für Kopf und Herz bei der Entwicklung einer innigen Beziehung zu Gott. Bei dieser Art Gebet geht es um die Verbindung mit Gott in Anbetung, Meditation des Wortes Gottes (betendes Lesen) und Gemeinschaft mit dem Heiligen Geist (manchmal auch „kontemplatives Gebet" genannt).

Ziel der Andacht ist zunehmende Intimität mit Gott durch eine Herzensverbindung, geprägt von Liebe, Dank und Gehorsam. Wir bitten um mehr Erkenntnis über Gott, sein Wort und seinen Willen für unser Leben. Diese Erkenntnis umfasst auch das Empfangen seiner Liebe und die Befähigung, Liebe zu Gott und Menschen zum Ausdruck zu bringen. Andächtiges Gebet stärkt unsere Intimität mit Gott, und unsere tiefe Beziehung mit ihm schützt uns, wie gesagt, vor Burn-out im jahrelangen Dienst an Menschen. Eine Herzensbeziehung zu Jesus zu behalten ist der Rettungsanker, der uns ein jahrzehntelanges Engagement im Dienst möglich macht: Verlorene zu gewinnen, Kranke zu heilen und Werke der Gerechtigkeit und Barmherzigkeit zu tun.

Drei Themengebiete im Gebet

Bei allen Gebetsarten unterscheide ich drei Gebetsthemen, und zwar ganz allgemein die Freisetzung der *Gaben*, der *Frucht* und der *Weisheit* des Heiligen Geistes. Die große Mehrheit der Gebete und Verheißungen in der Bibel fallen unter eines dieser drei generellen Gebetsthemen.

Die Gaben des Geistes

Das Gebet um eine größere Fülle der Gaben des Geistes umfasst auch das Gebet für die Manifestation von Gottes Macht, einschließlich seiner übernatürlichen Gnade, Versorgung und Schutz. Wir bitten, dass sich Gottes Kraft in unserem Leben und in den Menschen oder Orten, für die wir beten, stärker auswirken möge. In seinem ersten Brief an die Korinther schrieb Paulus den Christen dort, dass die Gaben des Geistes in unserem Leben „zum Nutzen für alle" wirken:

> Jedem wird aber die Offenbarung des Geistes zum Nutzen für alle gegeben. Dem einen wird durch den Geist das Wort der Weisheit gegeben; dem andern aber das Wort der Erkenntnis durch denselben Geist; einem andern, Wunder zu wirken; einem andern Weissagung; einem andern Unterscheidung der Geister; einem andern Arten von Zungenreden; einem andern die Auslegung der Zungen.
>
> 1. Korinther 12,7–10

Die Frucht des Geistes

Das Gebet um mehr Frucht des Geistes bezieht sich auf die Bitte, dass sich Gottes Charakter in unserem Leben und dem Leben anderer zeigen möge. Wir bitten, dass sich in uns und in denen, für die wir beten, die Fülle der Geistesfrucht zeigt (Gottes Liebe, Freude, Frieden, Geduld usw., wie in Galater 5,22–23 dargestellt). Wenn ich für jemanden um mehr charakterliche Frucht und Gottwohlgefälligkeit bete, dann meistens so, dass ich den Herrn darum bitte, ihn zu überführen und ihm Weisheit und Erkenntnis zu schenken. Ich weiß, dass das Überführtsein von Sünde und Erkennen der Wahrheit über das Wesen Gottes in tieferer Furcht des Herrn und einem gottgefälligen Charakter resultiert.

> Und wenn er [der Heilige Geist] gekommen ist, wird er die Welt überführen von Sünde und von Gerechtigkeit und von Gericht.
>
> Johannes 16,8

> … damit … der Vater der Herrlichkeit euch den Geist der Weisheit und der Offenbarung zur Erkenntnis seiner selbst gebe.
>
> Epheser 1,17

Die Weisheit des Geistes

Hierzu gehört die Bitte um mehr Offenbarung und Einsicht in Gottes Pläne, Willen und Gottes Wort für uns oder für andere. Wir folgen Paulus' Beispiel im Gebet für geistliche Weisheit und Offenbarung für Gläubige, damit sie auf einem Weg gehen können, der zum Herrn passt und ihm gefällt:

> Deshalb hören wir auch nicht auf, … für euch zu beten und zu bitten, dass ihr erfüllt werdet mit der Erkenntnis seines Willens in aller Weisheit und geistlichen Einsicht, damit ihr des Herrn würdig lebt, ihm in jeder Hinsicht gefallt …
>
> Kolosser 1,9–10

Zum Gebet um geistliche Weisheit gehört auch, den Heiligen Geist um Träume und Visionen zu bitten, die Einblick in seinen Willen für unser Leben geben und ebenso in seine Pläne für eine Stadt, Nation, Firma, Gemeinde oder andere Organisation.

> Und es soll geschehen in den letzten Tagen, sagt Gott, da will ich von meinem Geist ausgießen auf alle Menschen; und eure Söhne und eure Töchter werden weissagen, und eure jungen Männer werden Visionen haben, und eure Ältesten werden Träume haben.
>
> Apostelgeschichte 2,17

Praktische Umsetzung

Diese drei Gebetsthemen decken alle Verheißungen in der Schrift ab, die mit dem Gebet für Menschen oder Orte zu tun haben. Im Laufe der Jahre habe ich meine Gebetslisten so weiterentwickelt, dass diese drei Themen für alle drei Gebetsarten Anwendung finden. Mit anderen Worten, ich bete um eine vermehrte Freisetzung der Gaben, Früchte und Weisheit des Geistes sowohl in der Fürbitte für andere Menschen oder Orte als auch in meinen persönlichen Bitten als auch in der Andacht, wo ich den Heiligen Geist bitte mir zu helfen, dass ich Jesus mehr liebe, ihm mehr gehorche und ihn mehr anbete.

Seit über dreißig Jahren nutze ich diese drei Themen als Raster. Das hilft mir, meine Gebete für mich selbst und andere zielgerichtet zu halten. Ich habe bemerkt, dass sich fast jedes Bittgebet einem dieser drei Themen zuordnen lässt.

Ich bitte darum, dass sich die Frucht oder der Charakter Gottes in Menschen herausbildet, indem der Geist sie von Sünde und Gerechtigkeit überführt, ihnen Gotteserkenntnis schenkt und dann eine große Furcht des Herrn in ihnen bewirkt. Ich bitte darum, dass ihnen die Weisheit Gottes gegeben werde, damit sie gemäß Gottes Willen und Plan leben. Und ich bitte darum, dass sich die Gaben – Gottes übernatürliche Kraft, Gnade und Schutz – in ihrem Leben und Dienst und durch ihr Leben und ihren Dienst auswirken mögen.

Ich möchte Sie ermutigen, Ihre Gebetsliste schriftlich zu fixieren, entweder in einem Notizbuch oder auf Ihrem Laptop, und sie während der Gebetszeiten zu verwenden. Wie in Kapitel 5 bemerkt, werden wir öfter und zielgerichteter beten, wenn wir Gebetslisten aufstellen und sie in unsere Gebetszeit mitbringen.

Ich orientiere mich beim Beten normalerweise an Gebeten, die in der Bibel aufgeschrieben sind. Die Gebete von Jesus, Paulus, Petrus und anderen sind zu unserem Nutzen schriftlich festgehalten. Ich nenne sie *apostolische* Gebete, weil sie von Jesus und den Aposteln gesprochen wurden. Da Gott sich nie ändert, wissen wir, dass diese Gebete Gottes Willen entsprechen. In Kapitel 9 werde ich darüber sprechen, wie wertvoll es ist, auf Gebete der Bibel zurückzugreifen.

Nachfolgend werfen wir einen kleinen Blick in mein eigenes Gebetsjournal. Es zeigt die Namen von Menschen und Orten auf meiner Gebetsliste und Beispiele dafür, wie ich für sie bete. Ich führe nur ein paar kleine Beispiele an, damit Sie ein Gespür dafür bekommen können, wie eine weiterentwickelte und vollständigere Gebetsliste aussehen mag. Die meisten der unten aufgeführten Gebete spreche ich für jeden Einzelnen auf meiner längeren Liste. Mit anderen Worten, wenn Sie die folgende Gebetsliste lesen, müssen Sie verstehen, dass Sie all diese Mustergebete für jeden Einzelnen, der auf Ihrer Liste steht, beten können.

Meine Familie

Für meine Frau Diane, unsere zwei Söhne und deren Frauen und Kinder:

Frucht:

Vater, überführe sie zunehmend (Joh. 16,8) *und gieße deine Liebe in ihr Herz aus durch den Heiligen Geist* (Röm. 5,5). *Erfülle sie mit der Liebe zu Jesus und ihren Mitmenschen und mit der Furcht des Herrn* (Phil. 1,9).

Weisheit:

Vater, gewähre meinen Söhnen Weisheit, dass sie deinen spezifischen Willen für jeden Lebensbereich erkennen – ihren Dienst, ihre Finanzen, Beziehungen, unternehmerischen Vorhaben, Ehen und Kindererziehung (Kol. 1,9–11). *Erfülle Diane mit Erkenntnis deines Willens für ihren Dienst und ihre Firma und als Großmutter* (Kol. 4,12) …

Gaben:

Vater, gib Diane, meinen Söhnen, ihren Frauen und ihren Kindern prophetische Träume und Visionen (Apg. 2,17). *Gib ihnen für ihr Leben und ihr Reden den Geist deiner Herrlichkeit und Kraft. Ich bitte um körperliche Gesundheit für sie. Gewähre ihnen Gnade in Beziehungen und in der Arbeitswelt und schütze sie vor Attacken des Feindes, vor aller Krankheit und Angriffen im Bereich der Finanzen …*

Leitungsteam des *International House of Prayer of Kansas City*

Für Allen Hood (und andere in meinem Leitungsteam):

Frucht:

Vater, gib Allen und seiner Familie ein verzehrendes Feuer für Jesus ins Herz (Joh. 2,17). *Gib ihm die Kraft und Vollmacht, Jesu Herrlichkeit bekannt zu machen. Suche seine Frau und Familie mit der Offenbarung deiner Liebe, dem Geist der Überführung und der Furcht Gottes heim und schenke ihnen Freude in Heiligkeit und Gerechtigkeit. Führe sie nicht in Versuchung* (Mt. 6,13) …

Weisheit:

Vater, erfülle Allen und seine Familie mit deiner Weisheit und schütze sie vor der List des Satans. Halte den Bösen davon ab, sie in irgendeiner Weise in die Falle zu locken (2. Thes. 3,3). *Gib ihnen Erkenntnis deines Willens für ihre Dienstbereiche und für ihre familiären Beziehungen, Finanzen und Lebensumstände …*

Gaben:

Vater, gib Allen und seiner Familie prophetische Träume und Visionen, die ihnen deine Liebe und Herrlichkeit offenbaren (Apg. 2,17–18). *Lass jeden in allen neun Gaben des Heiligen Geistes dienen. Gieße den Geist des Gebets aus über sie* (Sach. 12,10). *Gewähre ihnen körperliche Gesundheit und Schutz. Gib ihnen Vollmacht, wenn sie dein Wort vor Menschen sprechen oder singen. Lass sie dieselbe Erfahrung machen wie Paulus, von dem das Wort Gottes ausging in Kraft* (1. Thes. 1,5). *Ich bitte um Einheit in ihrer Familie und Verwandtschaft und dass du sie mit Frieden erfüllst und allen Streit und jede Trennung unterbindest, mit der der Feind sie möglicherweise angreifen will. Gib Gnade, wenn du für sie strategische Verbindungen herstellst und ihnen neue Einflussmöglichkeiten eröffnest. Schalte aus, was der Feind tut, und unterbinde all sein Wirken …*

Leiter im Leib Christi

IHOPKC betet verbindlich für *Jugend mit einer Mission* (Youth With A Mission/YWAM), eine der größten Missionsorganisationen der Welt. Deshalb stehen auf meiner persönlichen Gebetsliste einige YWAM-Leiter. Ich nenne hier nur ein Beispiel, nämlich das der Gründer und Leiter Loren und Darlene Cunningham. In derselben Weise bete ich für andere YWAM-Leiter, z. B. John Dawson und Mark Anderson und ihre Familien.

Für Loren und Darlene Cunningham (YWAM-Leitung):

Frucht:

Vater, stärke Loren und Darlene durch deine Gegenwart innerlich mit deiner Kraft (Eph. 3,16–17). *Gib ihnen viel Kraft in Geduld und Ausdauer und Hoffnung durch den Heiligen Geist* (Kol. 1,11) …

Weisheit:

Vater, gib Loren und Darlene Weisheit in Bezug auf deine Absichten für YWAM weltweit (Kol. 1,9). *Schenke ihnen Weisheit, deinen spezifischen Willen für jeden ihrer Lebensbereiche zu erkennen – ihren Dienst, ihre Finanzen und Beziehungen –, und gib ihnen Weisheit in der strategischen Zusammenarbeit mit Leitern der verschiedenen Gesellschaftskreise in den Nationen …*

Gaben:

Vater, gib Loren und Darlene Vollmacht, sodass sie mehr denn je in deiner Kraft und allen Gaben des Heiligen Geistes dienen können (1. Kor. 12,7–10). *Gib ihnen Gnade in ihren Lebensumständen und Finanzen* (Ps. 91, 5. Mo. 28,1–14). *Schenke ihnen körperliche Gesundheit und Schutz vor Attacken des Feindes, vor aller Krankheit und Angriffen im Bereich der Finanzen … Erhebe dich, Gott, und lass deine Feinde sich in alle Richtungen zerstreuen* (Ps. 68,2). *Schenke ihrer Familie und ihrem Leitungsteam*

Führung, Versorgung, Schutz, Stärke und Einheit (Ps. 91,1–13). *Ich bitte um Einheit im weltweiten YWAM-Leitungsteam. Verhindere allen Streit, mit dem der Feind sie möglicherweise beeinträchtigen möchte. Bring alle anklagenden Stimmen zum Schweigen und unterbinde alle Werke des Feindes in ihrer Mitte.*

Vater, ich bitte, dass du auf alle YWAM-Einsätze den Heiligen Geist ausgießt, damit viele Menschen gerettet, geheilt, durch deinen Geist erfrischt, von deiner Kraft berührt und befreit werden. Lass einen prophetischen Geist auf ihren Anbetungsleitern und Musikern ruhen. Öffne Türen für Finanzen und Gunst, sodass der Reichtum der Völker dem Dienst von YWAM zukommen kann (Hag. 2,7–9, 5. Mo. 8,18). *Öffne die Fenster des Himmels in Bezug auf Finanzen, bis jeder Bedarf gedeckt ist* (Mal. 3,10–11) …

Regierungsmitglieder

Für den Präsidenten der Vereinigten Staaten, den Gouverneur meines Bundesstaates und den Bürgermeister meiner Stadt:

Frucht:

Vater, erfülle den Präsidenten, den Gouverneur und den Bürgermeister mit dem Geist der Weisheit und richte ihr Herz darauf aus, dass sie deinen Namen fürchten (Ps. 86,11). *Sende ihnen den Geist der Überführung* (Joh. 16,8). *Hilf ihnen, redlich, wahrhaftig und gerecht zu leben. Schaffe in ihnen, Gott, ein reines Herz, und gib ihnen einen neuen, beständigen Geist* (Ps. 51,12) …

Weisheit:

Vater, erfülle sie mit der Erkenntnis deines Willens in aller Weisheit und geistlichen Einsicht, damit sie sich für das Richtige entscheiden und deinen Willen tun (Kol. 19,9–10). *Gib ihnen deine Strategien und kreative Ideen und hilf ihnen so, den Menschen ihrer Einflusssphäre deinen Segen und Gerechtigkeit zu bringen.* …

Gaben:

Vater, schenke deine Gnade und Kraft, dass durch sie dein Wille geschehe. Gib ihnen prophetische Träume, damit sie dich fürchten und kennen. Bring die Stimme des Feindes zum Schweigen und unterbinde, was Dämonen gegen sie wirken wollen. Gewähre ihnen Eintracht in ihren Familien und Leitungsteams, indem du allen Streit verhinderst (Röm. 15,6).

Städte und Nationen

Für die Gemeinde in meiner Heimatstadt, Kansas City, und in Grandview:

Frucht:

Vater, schenke dem Leib Christi in meiner Stadt mehr Offenbarung deiner Liebe und Herrlichkeit (Eph. 1,17–19). *Gieße den Geist der Liebe und die Furcht Gottes auf eintausend Versammlungen in unserer Gegend aus. Lass sie die Breite und Länge und Höhe und Tiefe deiner Liebe für sie erfahren* (Eph. 3,17–19). *Ich bitte um deinen Segen für jede Konfession und jede Gemeinde und dass du durch alle, die dein Wort verkünden, den Geist der Kraft und Überführung schenkst, damit dein Volk in Gerechtigkeit, Frieden und Freude im Heiligen Geist lebe* (Röm. 14,17). *Offenbare allen Christen in meiner Stadt die königliche Schönheit Jesu und die Realität der Ewigkeit* (Ps. 39,4–6, 90,12). …

Weisheit:

Vater, erfülle die Verantwortlichen in Gemeinden und Firmen meiner Stadt mit Erkenntnis deines Willens und spezifischer Anleitung, wie sie das, was du ihnen anvertraut hast, verwalten sollen. Gib ihnen kreative Ideen und Strategien, sodass dein Reich sich durch jede Ortsgemeinde und jeden geistlichen Dienst in meiner Stadt in dieser Region und darüber hinaus ausbreitet. …

Gaben:

Vater, mögen die Christen in unserer Stadt vermehrt deine Kraft in ihrem Leben und Dienst erfahren, sodass mehr Menschen gerettet, geheilt und befreit werden können. Lass in eintausend Gemeinden und Gruppen in unserer ganzen Region alle neun Gaben des Heiligen Geistes zum Einsatz kommen. Sende den Geist des Gebets auf jedes Gebetstreffen in jeder Gemeinde (Sach. 12,10). *Lass dein Wort in Kraft ausgehen und sich schnell verbreiten* (1. Thes. 1,5, 2. Thes. 3,1–2). *Wende die Pläne des Feindes in jeder Gemeinde ab. Ich bitte für deine Boten unter den Geschäftsleuten, die, wie Hiob, wirtschaftlich gesegnet sind, damit sie in deinem Namen den Armen Gutes tun können. …*

Bei IHOP beten wir verbindlich für Jerusalem, Israel und messianische Juden in leitenden Positionen. Auf meiner persönlichen Gebetsliste stehen mehrere messianisch-jüdische Leiter und ihre Familien – u. a. Asher Intrater, Dan Juster, Eitan Shishkoff, Avner Boskey.

Für Jerusalem und das Volk Israel:

Frucht:

Vater, sende den Geist der Überführung auf die Stadt Jerusalem, wie du es in neutestamentlichen Zeiten getan hast, als dreitausend Menschen an einem einzigen Tag Buße taten. Offenbare dem ganzen Volk Israel die Schönheit deines Sohnes. Erhebe die Gemeinde in Jerusalem und in ganz

Israel, in der Liebe Gottes und in kompromissloser Reinheit zu wandeln (Phil. 1,9), *erfülle sie mit Eifer für dein Haus* (Joh. 2,17). …

Weisheit:

Erfülle dein Volk in Israel mit der Erkenntnis deines Willens für jeden Bereich ihres Lebens und für ihre nationale Aufgabe (Kol. 1,9–10). *Schenke prophetische Strategien und kreative Ideen für die Gemeinde, die Geschäftswelt, nationale Probleme und internationale Beziehungen, sodass dein Wille und deine Absichten in ihrem Leben, ihren Familien und Diensten geschehe. …*

Gaben:

Vater, schenke den Christen in Jerusalem und im ganzen Land Israel mehr Kraft (1. Kor. 12,7–9). *Schenke mehr von deiner Kraft, wenn sie unerschrocken dein Wort verkünden und Kranken die Hände auflegen* (Apg. 19,11–12). *Schenke deinen Geist in allen Gemeinden Israels, sodass Menschen gerettet, geheilt, durch deinen Geist erfrischt, von deiner Macht angerührt und befreit werden, auch während der Anbetung. Lass auf Anbetungsleitern und Musikern im ganzen Land und in allen Gebetshäusern in Israel einen prophetischen Geist ruhen. Für deine Boten unter den israelischen Geschäftsleuten bitte ich um einen Durchbruch in Weisheit, Finanzen und Wohlwollen. Öffne Türen in den Bereichen Finanzen und Wohlwollen – setze den „Reichtum der Nationen" frei* (Hag. 2,7–9, 5. Mo. 8,18). …

Für Kairo, Ägypten:

Frucht:

Vater, lass die Bewohner Kairos deine Liebe zu ihnen begreifen. Schenke ihnen eine verzehrende Liebe zum Vater und zum Sohn. Sende der ganzen Gemeinde in Kairo den Geist der Offenbarung der Herrlichkeit Jesu und der Überführung (Joh. 16,8). *Gib allen Ägyptern den Geist der Gottesfurcht. Gib, dass sich eine mächtige Kirche erhebt, die in Gerechtigkeit und Demut lebt. Schenke einen Geist der Einheit in der Kirche und bring allen Streit zum Ende, damit dein ganzes Volk einmütig sei in Christus in aller Demut* (Röm. 15,6).

Weisheit:

Vater, gib den Leitern in deiner Kirche überall in Kairo und Verantwortlichen in Politik und Wirtschaft Erkenntnis über deine Reich-Gottes-Ziele und -Wege. Gib prophetische Strategien und kreative Ideen für den Dienst und für alle Gesellschaftskreise sowie für nationale Probleme. Gewähre der Kirche in Kairo und in ganz Ägypten Weisheit und Stärke, dass sie für dich einstehen inmitten der Verfolgung. …

Gaben:

Vater, lass die Worte der Christen in Kairo und ganz Ägypten durch deine Kraft überzeugend sein, damit durch sie, durch dein Wort, viele, viele Menschen von Sünde, Gerechtigkeit und Gericht überführt werden (Joh. 16,8). *Ich bitte um die gemeinschaftliche Freisetzung der Kraft des Heiligen Geistes auf eintausend Gemeinden und Gruppen in Kairo, sodass Menschen gerettet, geheilt, durch den Heiligen Geist erfrischt und von der Kraft Gottes angerührt werden. Lass einen prophetischen Geist auf Anbetungsleitern und Musikern in allen Gemeinden und Gruppen und in jedem Gebetsdienst ruhen, sodass das Haus des Gebets in ganz Ägypten mächtig sei* (Jes. 19). …

Alle diese Mustergebete können Sie auf jeden Einzelnen oder jede Stadt, für die Sie beten, übertragen. Aber lassen Sie sich nicht davon einschränken! In dieser Weise bete ich für jeden Menschen und jede Stadt auf meiner Liste, zusätzlich zu den spezifischen Anliegen, die der Heilige Geist jeweils besonders herausstellt. Wenn Sie eine Liste mit den Namen der Menschen und Orte, für die Sie regelmäßig beten, erstellen und Ihre Gebete auf die in diesem Kapitel besprochenen Themen gründen, wird es Ihnen leichter fallen, sich zu erinnern, was Sie beten sollen, wenn Sie diese Anliegen vor den Thron der Gnade bringen. (Zusätzliche Anleitung finden Sie in Anhang B.)

Kapitel 7

Ein biblisches Paradigma für Gebet

Bevor wir auch nur ein bittendes Wort äußern, sollten wir uns klar und deutlich bewusst machen, dass wir zu Gott sprechen, und glauben, dass er unsere Bitte hört und geben wird, was wir von ihm erbitten.[1]

R. A. Torrey

Nun, da wir wissen, was Gebet ist, warum wir beten, wie wir die Effektivität unserer Gebete sicherstellen, und die drei Hauptarten von Gebet kennen – Fürbitte, persönliche Bitten und Andacht –, wollen wir die fünf „Schritte" betrachten, die wir nehmen müssen, wenn wir tatsächlich *beten*. Mit diesen Schritten stellen wir sicher, dass wir einem biblischen Paradigma oder einer biblischen Perspektive für Gebet folgen.

Zwar findet sich in der Heiligen Schrift keine einfache Formel für Gebet, dennoch glaube ich, dass mit diesen fünf Schritten die biblische Lehre zum Großteil abgedeckt ist. Sie werden uns im Gebet wachsen helfen und aufzeigen, welche Beziehung zwischen Beharrlichkeit und Gebetserhörung besteht.

In unserem gesamten Leben als Christen werden wir für unterschiedliche Aspekte unserer persönlichen Umstände beten – Dinge, die nicht besonders verheißen sind in der Heiligen Schrift, aber dem Wort Gottes auch nicht entgegenstehen. Zum Beispiel mag jemand beten, dass es am Tag seiner Hochzeit nicht regnet, dass er einen Studienplatz an einer bestimmten Universität bekommt, dass er in die Fußballmannschaft aufgenommen wird oder dass er den Job bekommt, für den er sich beworben hat. Zu derartigen Bitten, die unsere Lebensumstände betreffen, gibt es keine Verheißungen in der Heiligen Schrift, aber sie widersprechen dem Wort Gottes auch nicht. Der Heilige Geist mag Ihnen ins Herz geben, dass er eine bestimmte Bitte erhören will. Vergessen Sie aber nicht, dass Eindrücke subjektiv sind, und seien Sie zurückhaltend mit der Annahme, nur weil Sie etwas wünschen, habe der Heilige Geist es Ihnen versprochen.

Schritt eins: Bitten an den Vater in Worte fassen

Der erste Schritt ist, zu wissen, was man will, und das vor Gott in Worte zu fassen. Oft denken Leute über all die Dinge, die sie brauchen oder wollen, nach, ohne je wirklich dafür zu *beten*. Für solche Leute sind die Worte des Apostels Jakobus treffend: „Ihr … habt nichts, weil ihr nicht bittet" (Jak. 4,2).

Ein weiteres Grundprinzip im Reich Gottes ist, dass wir spezifisch sein müssen, wenn wir Gott unsere Bitten nennen. Gott kennt alle unsere Bedürfnisse – „Euer himmlischer Vater weiß, dass ihr das alles braucht" (Mt. 6,32) –, aber er will, dass wir spezifische Bitten äußern, denn dadurch treten wir in Austausch mit seinem Herzen und wachsen in der Beziehung zu ihm.

Manchmal antwortet Gott auf unsere vagen Gedanken, ohne dass wir bitten, aber die Heilige Schrift lehrt uns, unserem Vater spezifische Bitten vorzulegen.

> Sorgt euch um nichts, sondern in allen Anliegen lasst eure Bitten im Gebet und Flehen mit Danksagung vor Gott kundwerden.
>
> Philipper 4,6

Ein Anliegen klar in Worte zu fassen hat u. a. den Vorteil, dass wir unsere Bedürfnisse deutlich identifizieren, unseren Glauben und das Gefühl, Gottes Partner zu sein, stärken, unsere Gedanken bei der Sache halten und in unseren Gebetszeiten zielgerichtet bleiben.

Schritt zwei: In der geistlichen Welt das Erbetene empfangen

Wenn die Heilige Schrift sagt, Gott „höre" unsere Gebete, bedeutet das, dass er sie gutheißt.

Und das ist das zuversichtliche Vertrauen, das wir zu ihm haben, dass er uns hört, wenn wir etwas nach seinem Willen bitten.

1. Johannes 5,14

Wenn wir gemäß dem Willen Gottes beten, wissen wir, dass er die Bitte hört und gutheißt, deshalb sollen wir sie voller Zuversicht *in der geistlichen Welt empfangen*. Das geschieht auf zwei Weisen: zuerst im Geistlichen und später im Natürlichen, wenn wir die Erhörung mit eigenen Augen sehen. Bevor wir sie jedoch im Geist empfangen können, muss Gott unsere Gebete hören und gutheißen. Vergessen Sie nicht, für viele Bitten, die sich auf unsere Lebensumstände beziehen, gibt es keine Verheißung in der Heiligen Schrift, deshalb können wir manchmal nicht sicher sein, dass der Herr unsere Bitte billigt, bis er sie erhört hat.

Schritt drei: Glauben, dass man bekommt, worum man bittet

Jesus erwähnt die Notwendigkeit, zuerst (im geistlichen Bereich) an die Erhörung unserer Bitten zu glauben, als Bedingung dafür, dass wir sie im natürlichen, irdischen Bereich bekommen. „Darum sage ich euch: Alles was ihr bittet in eurem Gebet, glaubt nur, dass ihr es bekommt [im Geist], dann werdet ihr es erhalten [im Natürlichen]" (Mk. 11,24).

Wenn wir etwas nach Gottes Willen erbitten, müssen wir glauben, dass wir die „Besitzurkunde" für unsere Erhörung in Händen halten (wir empfangen es im geistlichen Bereich) und dass die Erhörung sich zur rechten Zeit im natürlichen Bereich erkennen lassen wird. Aufgrund von Jesu Werk am Kreuz hat uns der Vater schon allen geistlichen Segen gegeben, der in der himmlischen Welt existiert (Eph. 1,3).

Die geistlichen Segnungen schließen den innewohnenden Geist ein, das Recht, Jesu Autorität anzuwenden, die Verheißung, dass Gott versorgt, schützt und zum Tun seines Willens anleitet, und noch mehr. In der geistlichen Welt hat Gott uns bereits alles geschenkt, was zum Leben und zur Gottesfurcht nötig ist (2. Pt. 1,3).

Wir müssen uns des Unterschieds zwischen dem geistlichen und dem natürlichen Bereich bewusst sein, um zu verstehen, wie Gebet funktioniert. Wie gelangen unsere Bitten vom geistlichen in den natürlichen Bereich? Durch heiliges, beharrliches, glaubensvolles Beten. Noch einmal, wir erkennen, dass wir bei manchem, was wir in Bezug auf unsere persönlichen

Umstände erbitten, einer Erhörung des Gebets nicht gewiss sein können, bevor wir sie nicht erleben.

Schritt vier: Gott an sein Wort erinnern

Dieser vierte Schritt ist grundlegend wichtig. Wir sollen den Herrn ständig an das erinnern, was er uns verheißen hat und was er uns im Geistlichen bereits gegeben hat, wie der Prophet Jesaja deutlich macht: „Die ihr den Herrn erinnern sollt, gönnt euch keine Ruhe und schweigt nicht, bis er [das Verheißene] … zugerichtet … hat“ (Jes. 62,6–7).

Biblische Verheißungen in der Heiligen Schrift sind wie ein rechtsgültiges Dokument, die „Eigentumsurkunde“ für das, was wir bereits im Geist besitzen. Dies gilt auch für die Verheißungen von Segen auf unseren Lebensumständen, die der Herr unserem Herzen zuspricht. Wie jedoch schon gesagt, sind gesegnete Lebensumstände eher subjektiv als direkt im Wort Gottes versprochen, wir müssen uns deshalb vor Vermessenheit hüten und häufig warten, bis der Herr eine Bitte erhört, um zu wissen, ob er sie überhaupt gutheißt. Ich weiß, ich wiederhole mich in dieser Hinsicht, aber ich möchte ganz sicher sein, dass ich niemanden auf die falsche Fährte bringe.

Im Gebet legen wir unseren Fall dar und erinnern Gott an sein Wort und an das, was er uns in Christus bereits gegeben bzw. was er uns in Bezug auf unsere persönlichen Lebensumstände verheißen hat.

> Erinnere mich; lass uns miteinander rechten; erzähle du, damit du Recht bekommst.
>
> Jesaja 43,26

Wir erinnern Gott an seine Verheißungen und danken ihm dafür, dass er sie uns bereits im Geist gegeben hat und sie sich mit Sicherheit im Natürlichen zeigen werden, wenn er die Zeit für gekommen hält. Indem wir Gott beständig mit Dank an seine Verheißungen erinnern, versetzen wir uns in die Lage, sie im Natürlichen zu empfangen.

Der Wert des Beharrens und Nichtaufgebens beim Bitten um Gottes Segnungen wurde von Jesus stark betont (Mt. 7,7–8, Lk. 11,5–10, 18,7). Das verwendete Verb steht in der Verlaufsform der Gegenwart, das heißt, man soll bitten und weiterhin bitten.

> … so wird er doch um seines unverschämten Beharrens willen aufstehen und ihm geben, so viel er braucht. Und ich sage euch auch: Bittet, so wird euch gegeben …
>
> Lukas 11,8–9

In Lukas 11,5–10 lesen wir ein Gleichnis, mit dem Jesus seinen Jünger verdeutlichte, dass der Vater gerne Gebet erhört. Beharrlichkeit rührt den Vater – das war die Botschaft. In diesem Gleichnis ermahnte Jesus die Jünger, kontinuierlich zu bitten.

Es geht darum, dass wir um die Sichtbarwerdung im Natürlichen bitten. Wir bitten Gott nicht um die geistlichen Segnungen, die er uns „in der himmlischen Welt durch Christus" (Eph. 1,3) schenkt, sondern wir bitten ihn, dass er sie uns vermehrt im Natürlichen schenkt. So bitten wir um das Offenbarwerden der Dinge im Natürlichen, die wir im Geistlichen bereits haben. Wenn wir die Unterscheidung zwischen diesen beiden Bereichen nicht sehen, dann kann die Lehre über beharrliches, glaubensvolles Gebet verwirrend sein.

Paulus forderte uns auf, „mit aller Beharrlichkeit" zu beten und „in den Gebeten zu ringen".

> Betet allezeit mit Bitten und Flehen im Geist und wacht dazu mit aller Beharrlichkeit im Gebet für alle Heiligen.
>
> Epheser 6,18 L

> Es grüßt euch Epaphras, … der allezeit in den Gebeten für euch ringt.
>
> Kolosser 4,12

Wir dürfen nicht aufgeben, bis wir das empfangen, worum wir – in Übereinstimmung mit Gottes Willen – bitten. Nie sollten wir aufhören, Gott zu bitten, zu erinnern und ihm zu danken, bis wir die Erhörung mit eigenen Augen sehen.

Schritt fünf: Im Natürlichen empfangen, worum man gebeten hat

Gebete, die Gottes Willen entsprechen, werden immer zu Gottes Zeit und auf seine Weise erhört. Geben Sie deshalb nicht zu schnell auf, lassen Sie sich nicht entmutigen, wenn die Erhörung auf sich warten lässt. Wie wir sehen werden, gibt es Gründe dafür, dass Gott erst später auf unser Gebet antwortet.

Noch einmal: Wir müssen jedes Anliegen *zweifach* empfangen. Zuerst im Geist, und dann schließlich im Natürlichen. Oft geschieht die Erhörung im Natürlichen nach und nach und in zunehmendem Maß. Gott gibt seine Antwort nicht immer als gewaltigen Sturzbach von Segen. Manchmal kommt die Antwort in Phasen über Monate, Jahre oder sogar Jahrzehnte hinweg.

Wir können auf seine staunenswerte Führung in Abfolge und Methode der Gebetserhörung vertrauen. Es ist nicht unsere Verantwortung, die Zeit oder die Umstände der Segnung, die wir erwarten, festzulegen; wir sollen einfach treu und geduldig beten.

Warum erhört Gott unser Gebet nicht immer sofort?

Eine der häufigsten Fragen, die Christen zum Thema Gebet haben, ist, warum Gott Gebete nicht sofort erhört, besonders, wenn das Anliegen doch eindeutig mit seinem Willen übereinstimmt. Mehrere Faktoren könnten zu einer Verzögerung beitragen, u. a. Gottes Zeitplan, dämonischer Widerstand, der freie Wille des Menschen, Gottes Wunsch nach partnerschaftlicher Zusammenarbeit mit seinem Volk und der Wert, den der Herr auf Einmütigkeit zwischen uns und ihm und uns und anderen Menschen legt. Auch andere Faktoren wirken sich auf den Zeitpunkt der Gebetserhörung aus. Sehen wir uns ein paar dieser Faktoren an:

- Gottes Zeitplan sieht oft ganz anders aus als unserer. Wir mögen eine sofortige Antwort haben wollen, aber Gott verfolgt ein Ziel und einen Plan, indem er die Antwort zu einer anderen Zeit und in anderen Phasen gibt, als wir erwarten.
- Dämonischer Widerstand kann eine Verzögerung bewirken. Den Widerstand überwinden wir durch ausdauerndes Angehen gegen dämonische Mächte (Eph. 6,12, Dan. 10,13).
- Menschen können ihren freien Willen missbrauchen, um Böses zu tun, und Gott mag das eine Zeitlang zulassen.
- Der Herr wünscht Partnerschaft mit seinem Volk, deshalb ermutigt er uns, im Gebet oder „erweiterten Gespräch“ mit ihm nicht nachzulassen.
- Der Herr legt großen Wert darauf, dass wir in Einheit mit ihm und miteinander leben. Deshalb wartet er manchmal mit dem Erhören eines Gebets, bis sein Volk zur Einheit mit ihm in Gerechtigkeit und zur Einheit untereinander in Demut und Liebe gefunden hat.

Die genaue Zusammensetzung dieser Faktoren bleibt häufig im Dunkeln; wir müssen uns einfach auf die weise und liebende Führung Jesu verlassen. Warum zum Beispiel werden nicht alle Christen körperlich geheilt? Warum wird die Ehe der geschiedenen Eltern eines Christen nicht wiederhergestellt? Warum wird ein Familienmitglied nicht errettet? Ich könnte hier zahlreiche Beispiele nennen.

Wenn wir um die Heilung eines geliebten Menschen bitten, ist es wichtig zu verstehen, dass Jesus unsere gesamte Heilung an Geist, Seele und Körper schon bewirkt hat (Jes. 53). Die Fülle unsere körperlichen Heilung ist für die kommende Zeit garantiert, dennoch sollen wir ihm auch bis zu einem gewissen Grad für körperliche Heilung in diesem Zeitalter glauben. (Ich sage „bis zu einem gewissen Grad“, weil selbst bei denen, die in diesem irdischen Leben körperlich geheilt werden, die Heilung unvollständig ist, denn der Alterungsprozess schreitet auch in ihnen voran und auch sie werden schließlich sterben.) In dieser Zeit erleben viele körperliche Heilung, im zukünftigen Zeitalter aber werden alle Christen ganz und gar und völlig gesund sein. Bis dahin bemühen wir uns und beten im Glauben um körperliche Heilung, gerade so, wie uns das Wort Gottes ermutigt und anweist.

Nicht immer sind wir sicher, was Gott, bezogen auf unsere Lebensumstände, in diesem Leben zu schenken verheißen hat – was er nach und nach teilweise jetzt und was er in vollem Umfang in der zukünftigen Zeit geben wird. Wir können jedoch sicher sein: Gott ist liebevoll und treu, sein Wort ist wahrhaftig, und er hört unser Gebet. Deshalb müssen wir uns wappnen, dass wir nicht aufgeben und den Glauben verlieren, wenn unsere Gebete nicht in dem Zeitrahmen erhört werden, den wir uns wünschen würden.

Beispiele für verzögerte Antworten auf Gebet gibt es im Leben aller Christen zuhauf, auch im Leben von Glaubenshelden wie E. M. Bounds, Hudson Taylor, Andrew Murray, William Carey und Charles Spurgeon. Ein großer Mann Gottes, Georg Müller, betete zweiundfünfzig Jahre lang täglich für die Errettung eines geliebten Menschen. Erhört wurde sein Gebet kurz nach Müllers Tod.[2]

Das, worum wir Gott bitten, gelangt durch heiliges, beharrliches, glaubensvolles Gebet vom geistlichen in den natürlichen Bereich, wie in Kapitel 3 besprochen. Viele Leute geben zu schnell auf. Sie beten ein paarmal, dann verzagen sie und wenden sich anderen Dingen zu, statt dranzubleiben. Beharrlich beten bedeutet, Gott immer wieder an das zu erinnern, was er uns bereits gegeben hat und was er verspricht uns noch zu geben, und ihn immer wieder zu bitten, dass jede Segnung in vollem Umfang Realität wird.

Wenn wir den Unterschied verstehen zwischen dem Empfangen des Erbetenen im geistlichen und im natürlichen Bereich, dann werden wir den Wert beharrlichen Gebets erkennen. Zu wissen, wie Gebet funktioniert, wird uns den Mut geben, aufzustehen und zu bitten und immer weiter zu bitten, bis wir alles empfangen, was der Herr für uns hat. Beharrlichkeit ist besonders für das Engagement in der Fürbitte wichtig, worüber ich im nächsten Teil des Buches sprechen werde.

Teil II

Fürbitte

Gebet öffnet den Weg für Gott selbst,
dass er sein Werk in uns und durch uns tun kann.
Als Gottes Botschafter wollen wir uns in erster Linie
der Fürbitte widmen, denn in ihr sichern wir uns die
Begleitung der Gegenwart und Kraft Gottes.[1]

Andrew Murray

Kapitel 8

Gottes Kraft durch Fürbitte abrufen

Wir müssen glauben, dass Gott uns im Geheimnis des Gebets eine Kraft anvertraut hat, die die himmlische Welt bewegen und ihre Macht zur Erde holen kann.[1]

Andrew Murray

Die Bedeutung von Fürbitte kann man nicht zu stark betonen. Warum? Weil Gott Fürbitte als das Hauptmittel gewählt hat, durch das er seine Macht auf Erden durchsetzt. Die Heilige Schrift macht deutlich, dass Fürbitte eine der zentralen Aktivitäten im Reich Gottes ist, und zwar sowohl jetzt als auch in der Zeit, die kommen wird.

Wie ich in Kapitel 6 sagte, versteht man unter Fürbitte das Gebet für andere – die Verlorenen, die Unterdrückten und Benachteiligten, Mission, Familien, Freunde, die Kirche, Verantwortliche in Regierung und sämtlichen Gesellschaftskreisen usw. Fürbitte ist Gebet, das mit dem übereinstimmt, was Gott zu tun verspricht. Wir fühlen uns gedrungen, dem Gebet eine hohe Priorität einzuräumen, wenn wir den Wert der Fürbitte von Gottes Standpunkt aus sehen.

Die Tatsache, dass Jesus, der Sohn Gottes, Fürbitte tut, offenbart, wie wichtig diese ist. Die Bibel sagt uns, „er lebt für immer [ewig], um für sie [uns] einzutreten“ (Hebr. 7,25, siehe auch Röm. 8,34).

Jesus ist ganz Gott und ganz Mensch, die zweite Person der Dreieinigkeit, und dennoch leistet er Fürbitte und entfesselt die Macht des Vaters. Er wird auch in einer Million Jahren noch Fürbitte tun. Gebet wird in der

Ewigkeit nicht abgeschafft sein, sondern auch noch in unserem Leben in der kommenden Welt eine zentrale Rolle spielen.

Gott Vater sagte Jesus, er solle ihn (den Vater) um die Nationen bitten. „Fordere von mir, so will ich dir die Nationen zu deinem Erbe geben und die Enden der Erde zum Eigentum“ (Ps. 2,8). Jesus wird selbst noch im Tausendjährigen Reich die Nationen durch Fürbitte regieren.

Die Kraft der Worte Jesu

Am Anfang der Schöpfung wirkten alle drei Teile der Gottheit gemeinsam. Der Plan des Vaters war, Himmel und Erde zu schaffen. Der Geist war gegenwärtig in Kraft, über dem Angesicht der Erde schwebend, brütend, doch die Erde war ungestaltet, leer und finster. Dann sprach Jesus die Pläne des Vaters aus, und der Geist wirkte in Kraft nach seinem Wort.

> Und die Erde war wüst und leer … und der Geist Gottes schwebte über den Wassern. Und Gott sagte: „Es werde Licht!“ Und es wurde Licht.
>
> 1. Mose 1,2–3

Der Geist wartete, dass die Pläne des Vaters gesprochen wurden, bevor er seine Kraft auf Erden zur Wirkung kommen ließ. Als Jesus sprach: „Es werde Licht!“, setzte der Geist Licht frei – und zwar erst, als Jesus tatsächlich gesprochen hatte. Die Finsternis blieb so lange, bis Jesus „Fürbitte tat“ und Gottes Wort über die Finsternis sprach, um die kreative Kraft des Geistes freizusetzen. Der Apostel Paulus bestätigte, dass Gott alles durch Jesus Christus geschaffen hat (Eph. 3,9), und so wissen wir, dass es Jesus war, der die Schöpfung in Existenz sprach, wie in 1. Mose 1 berichtet.

Zehnmal sehen wir Jesu Wirken in 1. Mose 1 in dem Ausdruck „Und Gott sagte“. Das zugrunde liegende Prinzip der Fürbitte ist, dass die Pläne des Vaters von Jesus ausgesprochen wurden und der Heilige Geist in Aktion trat. David schrieb: „Der Himmel ist durch das Wort des Herrn gemacht“ (Ps. 33,6). Der Apostel Johannes bestätigte die Rolle Jesu in der Schöpfung, als er schrieb: „Alle Dinge sind durch dieses gemacht, und ohne es ist nichts gemacht, was gemacht ist“ (Joh. 1,3).

Johannes offenbarte in seinem Evangelium auch, dass Jesus das Wort Gottes ist: „Im Anfang war das Wort, und das Wort war bei Gott, und das Wort war Gott“ (Joh. 1,1). Das Buch der Offenbarung wiederholt diese Wahrheit. „Sein Name heißt: Das Wort Gottes“ (Offb. 19,13). Für die meisten von uns wirkt dieses Konzept vertraut, aber was bedeutet es? Ein

Grund, weshalb Jesus das „Wort“ genannt wird, ist, dass er Gottes Vorstellungen in der natürlichen Welt durch Aussprechen in Existenz bringt. Wenn Jesus die Gedanken des Vaters artikuliert, um seine Kraft in die irdische Sphäre einzubringen, wirkt er als das lebendige Wort (griechisch *logos*).

Auch jetzt erhält Jesus die Schöpfung, indem er Gottes Wort spricht; er „trägt das Weltall durch das Wort seiner Macht“ (Hebr. 1,3). Er hält das Universum an Ort und Stelle auf dieselbe Weise, wie er es geschaffen hat – indem er das Wort des Vaters zu ihm zurückspricht. Beachten Sie, dass die Verben in Kolosser 1,17 in der Gegenwartsform stehen:

Und er *ist* vor allem, und es *besteht* alles in ihm.

Wenn Jesus, das lebendige Wort, das Wort nicht mehr spräche, würde die gesamte geschaffene Ordnung buchstäblich aufhören zu existieren: die Planeten, die Sonne, unsere Körper, all die unendlich vielen Prozesse, die das Leben ermöglichen, weil Jesus das Wort seiner Macht kontinuierlich spricht.

Das gesprochene Wort setzt Kraft frei

Der Vater hat es so festgelegt, dass seine Ideen ausgesprochen werden müssen und der Geist daraufhin aktiv wird. Es ist ein Grundgesetz im Reich Gottes, dass das Wirken des Geistes als Reaktion auf das von Christen ausgesprochene Wort Gottes geschieht. Ob Jesus bei der Schöpfung über Himmel und Erde, die „wüst und leer“ sind, spricht oder wir bei einem Gebetstreffen für Erweckung beten: Gottes Macht wird durch das Prinzip der Fürbitte aktiviert, das heißt, durch das Zurücksprechen von Gottes Wort zu Gott.

Ein Beispiel: Der Herr hat bestimmt, dass Heilung geschehen soll, wenn die Menschen, die zu ihm gehören, Kranken Hände auflegen und Gottes Wort über ihnen aussprechen. Wie viele mögliche Heilungen finden nicht statt, weil wir Gottes Wort nicht in dieser Weise und Absicht aussprechen? Mit anderen Worten: Manche der Segnungen, die wir andernfalls erfahren würden, gehen an uns vorüber, wenn wir nicht Gottes Wort aussprechen.

Auch das Schwert des Geistes, welches Gottes Wort ist, gehört zu unserer geistlichen „Waffenrüstung“. Es ist eine mächtige Waffe, wenn es ausgesprochen und gegen die Finsternis eingesetzt wird. Paulus ermahnte die Epheser, stark zu sein im Herrn und in der Macht seiner Stärke, und schrieb in dem Zusammenhang: „Zieht die ganze Waffenrüstung Gottes an, damit ihr gegen die listigen Anläufe des Teufels bestehen könnt … und nehmt den Helm des Heils und das Schwert des Geistes, welches das Wort Gottes ist. Und betet allezeit“ (Eph. 6,11.17–18).

Als er vom Satan versucht wurde, setzte Jesus das Wort Gottes ein, welches wie ein Schwert zuschlug und in den Herrschaftsbereich des Satans eindrang (Mt. 4,3–7). Wenn Jesus wiederkommt, wird er die Nationen richten, indem er die Worte des Vaters über sie ausspricht. Seine Urteile werden wie ein Schwert ausgehen, um jeglichem Widerstand gegen seine liebende und gerechte Herrschaft ein Ende zu bereiten.

> Und aus seinem Mund ging ein scharfes Schwert, um damit die Völker zu schlagen; und er wird sie mit eisernem Stab weiden; er tritt die Kelter des Weines des grimmigen Zornes Gottes, des Allmächtigen.
>
> Offenbarung 19,15

> Er … wird das Land mit dem Stab seines Mundes schlagen …
>
> Jesaja 11,4

Mit dem Aussprechen von Gottes Wort können wir einem Freund Kraft zukommen lassen. Wir nennen das „Ermutigung“, denn es gibt ihm Mut oder Kraft. Unser Beten ist Gottes Methode, seine Stärke zur Wirkung kommen zu lassen, sodass unser Freund Ablehnung oder Entmutigung oder andere Schwierigkeiten, mit denen er kämpft, überwinden kann. Auch dadurch wachsen wir im Gebet: Mit dem Aussprechen von Gottes Wort wehren wir die Lügenattacken des Satans auf unser Herz ab.

Viel lässt sich für die Absichten des Herrn erreichen, wenn wir sein Wort verkünden. Dem Propheten Jeremia legte der Herr seine Worte in den Mund, um die Veränderungen, die er für die Nationen wünschte, geschehen zu lassen.

> Sieh, ich lege meine Worte in deinen Mund. Siehe, ich setze dich an diesem heutigen Tag über Völker und Königreiche, dass du ausreißen … und verderben sollst und um zu bauen und zu pflanzen.
>
> Jeremia 1,9–10

Der Herr hat bestimmt, uns in alle Zukunft seine Worte in den Mund zu legen, damit wir Fürbitte tun und seine Macht auf Erden freisetzen können.

> Und ich schließe folgenden Bund mit ihnen, sagt der Herr: Mein Geist, der bei dir ist, und meine Worte, die ich in deinen Mund gelegt habe, sollen nicht von deinem Mund weichen und nicht von dem Mund deines Samens und Kindeskindes, sagt der Herr, von nun an bis in Ewigkeit.
>
> Jesaja 59,21

Warum legt er uns seine Worte in den Mund? Weil er das Universum in Partnerschaft mit seinem Volk – mittels Fürbitte – regiert. Die Herrschaftszentrale des Weltalls liegt im Gebetsdienst, welcher alle himmlischen und irdischen, vom Geist inspirierten Gebete umfasst, die vor Gott kommen. Im Buch der Offenbarung wird uns ein Bild gezeigt, wie unsere Fürbitten im Himmel gesammelt werden: „Ein anderer Engel kam … und ihm wurde viel Räucherwerk gegeben, damit er es mit den Gebeten aller Heiligen auf den goldenen Altar vor dem Thron bringe" (Offb. 8,3, siehe auch Verse 1–6).

Mit der Möglichkeit der Zusammenarbeit hat Gott dem Menschen große Würde verliehen: Gemeinsam machen wir uns dafür stark, dass Gottes Wille auf Erden geschieht. Und es ist so einfach! Wir brauchen nur Gottes Worte zu verwenden, um ihm das zu sagen, was er uns aufträgt, ihm zu sagen. Fürbitte mit einfachen Gebeten in Übereinstimmung mit seinem Willen gewährt jedermann unkomplizierten Zugang zu Gottes Macht.

Fürbitte ist Gottes brillante Strategie, sein ganzes Volk in seine Herrschermacht einzubeziehen. Sie ist so einfach, dass jeder sie tun kann, und dennoch entfesselt sie mehr Kraft als alles andere, was ein Mensch tun könnte. Am Anfang meines Weges zum Beter habe ich mich an der Einfachheit der Fürbitte gestoßen, aber mit den Jahren verstehe und schätze ich nun immer besser, warum sie für Gott viel wert ist.

Es ist wichtig, nicht zu vergessen, dass wir Gottes Part nicht übernehmen können und dass er den unsrigen nicht übernehmen wird. Manche nehmen fälschlicherweise an, dass Gott einfach tut, was er tun will. Das stimmt in Bezug auf die groben Züge des Errettungsplans in der Geschichte. Gott hat die Hauptereignisse in seinem ewigen Plan schon festgelegt: dass Jesus wiederkommen wird, um als König über die Erde zu herrschen, dass Satan in den Feuersee geworfen werden wird, dass die neuen Himmel und die neue Erde entstehen werden usw. Unabhängig davon, was irgendeine bestimmte Generation von Christen tut oder unterlässt, wird Gott schließlich die Hauptereignisse in seinem souveränen Plan für die Menschheitsgeschichte zuwege bringen.

Aber es gibt so viel mehr, was er liebend gern *mit* uns und *für* uns tun will, wenn wir aktiv werden und ihn bitten! Jeder von uns hat einen freien Willen, und das bedeutet, dass uns die Fähigkeit gegeben ist, Entscheidungen zu treffen, die einen wirklichen Unterschied machen. Gott hat beschlossen, seinem Volk eine aktive Rolle zukommen zu lassen, in der wir unsere Lebensqualität in gewissem Umfang mitbestimmen.

Manch einer „vertraut" der Souveränität Gottes auf unbiblische Weise, indem er Gott „zutraut", zumutet, die Rolle zu übernehmen, die er uns zugedacht hat. Damit lehnt er die Verantwortung ab, die Gott ihm gibt; es ist eine Vermessenheit ihm gegenüber.

Wir mögen Gottes Weisheit infrage stellen, wenn er zulässt, dass die Erfüllung seines Willens auf der Erde von der Fürbitte von uns sündigen und schwachen Menschen abhängig ist. Aber die Heilige Schrift erinnert uns, dass Gott damit ein Ziel verfolgt:

> Was töricht ist in den Augen der Welt, das hat Gott erwählt, um die Weisen zu beschämen; und was schwach ist in den Augen der Welt, das hat Gott erwählt, um zuschanden zu machen, was stark ist; ... damit sich vor ihm kein Mensch rühme.
>
> 1. Korinther 1,27.29

Er benutzt das, was Menschen schwach nennen, um das, was Menschen für stark und mächtig halten, zuschanden zu machen, darüber zu triumphieren. So lässt er sein Volk an seiner Herrschaft teilhaben, ohne dass sich ein Mensch rühmen könnte.

Die genannten Dinge sind in Wirklichkeit nicht schwach, aber in den Augen von Ungläubigen wirken sie so. Dazu zählen auch Gebet und Fasten und das Proklamieren seines Wortes in scheinbar hoffnungslosen Situationen. Die Wahrheit ist, dass die sogenannte Schwäche (Übereinstimmung mit Gottes Wort und seinen Verheißungen in der Fürbitte) im irdischen Bereich Kraft freisetzt, um über die Finsternis im Leben der Menschen zu triumphieren. Wir bieten unsere Gebete in menschlicher Schwäche dar, aber wegen Jesu Blut kommen sie in Kraft vor den Vater.

Der Fokus unserer Fürbitte

Jesus fordert uns auf, im Rahmen unserer Fürbitte den Vater in erster Linie um zwei Dinge zu bitten: um mehr vom Heiligen Geist und um mehr Gerechtigkeit.

> ... wie viel mehr wird der Vater im Himmel den Heiligen Geist denen geben, die ihn bitten!
>
> Lukas 11,13

> Sollte aber Gott nicht auch seinen Auserwählten Recht schaffen, die Tag und Nacht zu ihm rufen ...?
>
> Lukas 18,7

Als Gläubige des Neuen Bundes haben wir bereits den Heiligen Geist. Bei unserer Wiedergeburt haben wir den Geist, der in uns wohnt, empfangen (Joh. 3,3–5, Röm. 8,9–11). Deshalb bitten wir den Herrn nicht, uns den Heiligen Geist zu geben in dem Sinne, dass er in uns Wohnung mache; wir bitten vielmehr um mehr von dem *Dienst*, den der Geist in uns und durch uns tut. Das Neue Testament spricht vom „Mehr" des Geistes, der der Gemeinde ein „größeres Maß an Gnade" gibt.

> Er gibt aber umso reichlicher Gnade.
>
> Jakobus 4,6

In verschiedenen Versen heißt es „umso reichlicher Gnade" (Jak. 4,6), „große Gnade" (Apg. 4,33), „überströmend aber war die Gnade" (bezogen auf Paulus, 1. Tim. 1,14), „voll Gnade" (bezogen auf Stephanus, Apg. 6,8), „Wachst aber in der Gnade" (2. Pt. 3,18), „Gnade … werde euch immer reichlicher zuteil" (2. Pt. 1,2). Christen sollten sich diese apostolischen Gebete zu eigen machen und mit ihnen um diese Gnade für die Gemeinde beten (siehe Kapitel 9).

Wir beten auch um mehr Gerechtigkeit. Gerechtigkeit lässt sich einfach so definieren: Gott macht Falsches richtig. Zur Gerechtigkeit gehören zwei Seiten – Errettung und Gericht. Die Errettungs-Seite der Gerechtigkeit sehen wir, wenn die Menschen, die zu Gott gehören, befreit und gereinigt werden. Die Gerichts-Seite der Gerechtigkeit sehen wir, wenn die Bösen, die, die gegen Gottes gute Wege rebellieren, aufgehalten, beseitigt und sogar gestraft werden.

Gerechtigkeit drückt sich aus in Bekehrungen, Heilung, Erweckung, Einheit und Einflussnahme auf die Gesellschaft im Sinne des Gottesreichs. Evangelisation ist ein Ausdruck von Gerechtigkeit, weil sie das Gericht über die Finsternis im Herzen von Nichtgläubigen darstellt. Jedes Mal, wenn ein Mensch wiedergeboren wird, richtet Gott die Finsternis im Herzen eines Nichtchristen. Heilung ist ein Ausdruck von Gerechtigkeit, weil sie das Gericht über Krankheit darstellt. Erweckung ist das Gericht über faule Kompromisse in der Gemeinde. Sie alle sind Ausdruck der Gerechtigkeit Gottes.

Vielleicht nur in geringem Maße, so geschieht Gerechtigkeit aber auch immer dann, wenn wir beten. Immer, wenn wir uns zum Beten treffen oder das Wort Gottes über jemandem aussprechen, wird in einem bestimmten Umfang Gerechtigkeit bewirkt.

Früher, zu Beginn unserer täglichen Gebetstreffen, hielt ich Fürbitter für Leute, die in einem Gebetszimmer Zeit verschwenden, die sie besser in Evangelisation unter Verlorenen investieren sollten. Für meine Begriffe waren sie von dem eigentlichen Kampf abgeschnitten und hatten sich in ein Gebetszimmer fernab der Schlacht um Seelen zurückgezogen, wo sie Däumchen drehten.

Doch bald begriff ich, dass ich mit dieser Einschätzung völlig falsch lag. Ich verstand, dass Jesus selber zum Gebet für Gerechtigkeit aufruft (siehe Lukas 18) und dass dieses Gebet die Effektivität unserer evangelistischen Vorstöße steigert. Tatsächlich hat Jesus Gebet – besonders Gebet rund um die Uhr – zur Bedingung dafür gemacht, dass seine Gerechtigkeit in dem von ihm bestimmten *vollen* Maß zum Zuge kommt.

Im Gebet rund um die Uhr, über das ich später in diesem Buch mehr sagen werde, drückt sich die Erfüllung des Gebots „Liebt einander" praktisch aus. Es führt dazu, dass in der jeweiligen Generation mehr Gerechtigkeit – Gottes Segen – freigesetzt wird. Es geschehen viele Wunder und Heilungen auch außerhalb des Kontexts von immerwährendem Gebet; ich glaube aber, dass sich durch die weltweite Mobilisierung zum Gebet rund um die Uhr noch mehr ereignen werden.

Wer sich in der Fürbitte einsetzt, hält sich nicht von der Schlacht fern, wie ich früher dachte, sondern drückt aktiv seine Liebe zu den Leuten aus, für die er betet. Er hilft ihnen wirklich auf praktische Weise. Als Teil des Prozesses, der den Bedürftigen Befreiung erwirkt, ist Gebet ein handfester Ausdruck des Liebesgebots (2. Kor. 1,11, Phil. 1,9).

Frucht der Fürbitte

Über die vermehrte Wirkung der Kraft Gottes auf andere Menschen hinaus trägt Fürbitte viele weitere Früchte. Fürbitte zu tun zieht uns in Intimität mit Gott, verwandelt unser Herz, vereint uns in Gemeinschaft, stärkt unseren Glauben, gibt uns vielfältigen Segen zurück und verschafft uns ein Erbe in den Menschen und Orten, für die wir beten.

Sie vertieft Intimität und unterstützt Verwandlung.

Fürbitte hilft uns, in der Intimität mit Gott zu wachsen, und verwandelt unser Herz, indem wir Gottes Wort verinnerlichen, wenn wir es zu ihm zurückbeten. Da Jesu Worte Geist und Leben sind (Joh. 6,63), haben sie die Macht, uns Leben zu geben, wenn wir sie sprechen. Jedes Mal, wenn wir sagen, was Gott sagt, hinterlässt das Spuren in uns und verändert uns ein bisschen, weil wir ein wenig von seinem Leben aufnehmen. Nach und nach erneuert sich auf diese Weise unser Denken und wird unser Herz weicher.

Stellen Sie sich einen Programmierer vor, der beim Entwickeln eines Computerprogramms viele Code-Zeilen schreibt. Geistlich tun wir etwas Vergleichbares. Wann immer wir Gottes Wort im Gebet zu Gott zurücksprechen, „schreiben wir eine Zeile Code" auf unser Herz. Alles, was wir in Übereinstimmung mit Gott sagen, ist wie ein „Code", der auf unser Herz geschrieben wird. Es hat Auswirkung auf uns, auch wenn wir die Veränderung nicht exakt in Wochen oder Monaten messen können. Über die Jahre werden wir innerlich stark verwandelt werden.

Unser Gebet für andere hat mehr Auswirkung auf unser eigenes Herz, als uns bewusst ist. Wir mögen nichts fühlen, wenn wir für ein weit entferntes Land beten, dennoch beeinflusst es im Lauf der Zeit, zunächst oft unbemerkt, unser Leben mehr und mehr.

Die Tatsache, dass wir uns im Gebet für Erweckung und Gerechtigkeit einsetzen, verändert vieles in uns, was wir oft übersehen und auch nicht leicht ermessen können. Denken Sie einmal darüber nach: Wir wissen einfach nicht, wo wir heute wären, wenn wir durch die Jahre hindurch nicht gebetet hätten. Wo stünden wir in unserem Denken? Welche negativen Haltungen hätten wir in einem geistlichen Vakuum der Gebetslosigkeit vielleicht entwickelt? Wie hätte es sich auf unsere Freunde, auf die Gespräche, die wir führen, ausgewirkt, wenn wir nicht immer wieder für Erweckung und für unsere Mitmenschen gebetet hätten?

Wir können nicht wissen, welche Übel wir in und unter uns einfach durch kontinuierliche Fürbitte verhindert haben. Das Gegenteil trifft ebenso zu: Wenn wir nicht regelmäßig beten, dann werden sich manche unserer Schwierigkeiten und negativen Emotionen sehr wohl dem Fehlen einer wachsenden Beziehung zu Gott zuschreiben lassen. Ich ermutige die Gebets-Anfänger und die, die nicht beständig und regelmäßig beten, heute anzufangen – gehen Sie kleine Schritte auf Ihrem Weg des Wachsens im Gebet und sehen Sie, was Gott in Ihrem Leben tun wird.

Sie vereint uns in Gemeinschaft.

Fürbitte vereint uns auch mit den Menschen und Orten, für die wir beten. Wir werden in der Liebe zu dem, für das wir beten, wachsen. Zusätzlich werden wir die lieben, *mit* denen wir immer wieder beten. Es ist unmöglich, für jemanden oder mit jemandem regelmäßig zu beten, ohne in der Liebe zu ihm zu wachsen.

Sie erneuert unseren Glauben.

Fürbitte erneuert unseren Glauben, wenn wir Gottes Wort im Gebet zu ihm zurücksprechen. Bibel-Gebete zu sprechen baut unseren Glauben an Erweckung auf. Allein schon das Beten von Gottes Wort stärkt unseren Glauben an die Verheißungen, für die wir beten. Sie werden merken, dass Ihr Glaube immer stärker wird, wenn Sie sich angewöhnen, das Wort Gottes in der Fürbitte zum Vater zurückzusprechen.

Sie vervielfältigt Segen.

Fürbitte für andere lässt vielfältigen Segen auf das Leben und die Familie des Fürbitters zurückfallen. Jedes Gebet um Segen für einen anderen ist ein Gebet, das Gott zu Ihnen und Ihren Lieben zurückgibt. Jesus hat versprochen:

> Gebt, dann wird euch gegeben. Ein volles, gedrücktes, gerütteltes und überfließendes Maß wird man in euren Schoß geben; denn genau mit dem Maß, mit dem ihr messt, wird man euch wieder messen.
>
> Lukas 6,38

Nach den Gesetzmäßigkeiten des Reiches Gottes bekommen wir immer mehr, als wir geben. In dem Maß, nach dem wir Gebet für andere geben, wird auch unser Teil gemessen. Dies ist eine meiner Lieblingsverheißungen über Gebet. Es ist egal, für wen wir beten. Selbst wenn wir für unsere Feinde beten, wie uns Jesus geboten hat, werden wir letzten Endes durch unser Gebet für sie gesegnet werden.

> Ich aber sage euch: Liebt eure Feinde, segnet, die euch fluchen, tut denen Gutes, die euch hassen, betet für die, die euch beleidigen und verfolgen …
>
> Matthäus 5,44

Das Gebet für unsere Feinde zwingt uns zur Auseinandersetzung mit unseren eigenen schlechten Einstellungen und zu einer guten Gesinnung. Aber wir werden auch selbst Empfänger unserer Gebete werden. Wenn wir zum Beispiel um die Freisetzung des Geistes der Weisheit auf unseren Feinden beten, werden auch wir Weisheit empfangen.

Das Prinzip der Segensvermehrung trifft auf alles zu, was wir in Gottes Willen tun, sei es Beten, Spenden, Gutestun oder Dienen im Kleinen. Der Herr gibt uns den Segen hundertfach vervielfältigt zurück. Jesus versicherte den Jüngern: „Es ist niemand, der Haus oder Brüder oder Schwestern, Vater oder Mutter, Frau oder Kinder oder Äcker verlassen hat um meinetwillen und um des Evangeliums willen, der nicht hundertfach empfängt, jetzt in dieser Zeit … und in der zukünftigen Welt das ewige Leben“ (Mk. 10,29–30).

Niemals werden wir Gott im Geben übertreffen. Jedes vom Geist inspirierte Gebet, das wir sprechen, wird auf uns und unsere Lieben „zurückfallen“. Wenn Sie zum Beispiel für die Kirche in Ägypten beten, segnen Ihre Gebete die Gläubigen dort, ebenso werden aber auch Sie und Ihre Familie durch das, was Sie beten, gesegnet – in dieser Zeit und in der zukünftigen Welt.

Natürlich *verdienen* wir uns mit unserer Fürbitte nicht mehr Segen. Aber Gott wird durch seine überbordende Großzügigkeit verherrlicht, nach der er den Seinen hundertfach zurückgibt. Sein Reichtum ist unendlich und nimmt durch verschwenderisches Schenken folglich nicht ab.

Sie verschafft uns ein Erbe.

Der Vater forderte Jesus auf, er solle für sein volles Erbe in den Nationen beten: „Fordere von mir [im Gebet], so will ich dir die Nationen zu deinem Erbe geben und die Enden der Erde zum Eigentum“ (Ps. 2,8). Zum Teil besteht Jesu Fürbittedienst in den Gebeten, zu denen er seine Nachfolger auffordert. Diese von der Heiligen Schrift inspirierten Gebete leisten einen Beitrag zu Jesu Erbe in den Nationen. Gerade so wie wir in dieser Zeit teilweise und in der zukünftigen Welt vollständig mit Jesus über die Nationen herrschen (Offb. 3,21, 5,10, 20,4–6), so werden wir uns ihm auch in der Fürbitte für die Nationen in dieser Zeit und in der zukünftigen Welt anschließen.

Fürbitte gibt uns ein „Erbe“ in den Menschen und Orten, für die wir beten. Dieses Erbe beginnt in dieser Zeit und setzt sich in der zukünftigen Welt fort. Wenn wir für Ägypten, Japan, den Iran oder eine andere Nation beten, bringen unsere Gebete dieser Nation den Segen Gottes. Sie bringen auch uns und unseren Familien Segen, und wir bekommen ein Erbteil an dem, was in jenem Land geschieht, in dieser Zeit und in der zukünftigen Welt.

Wie ich schon bemerkte, ist Fürbitte Gottes brillante Strategie, um Christen an seiner Herrschaft Anteil zu geben. Darüber hinaus hat sie großen Einfluss auf uns selbst, die Beter, denn sie zieht uns in die Intimität mit Gott, macht uns heiliger, vereint uns in der Gemeinschaft, vervielfältigt den Segen auf unserem Leben und vermehrt unser Erbe – all das, während wir uns darin üben, die Nationen in Partnerschaft mit Gott zu regieren. Wer um Möglichkeiten und Nutzen der Fürbitte sowohl für den Beter als auch für die, für die er betet, weiß – wer würde *nicht* Zeit investieren wollen, in dieser Art Gebet zu wachsen?

Kapitel 9

Der Wert biblischer Gebete

Im Gebet für die Menschen bringen wir unsere Liebe zu ihnen am wirkungsvollsten und praktischsten zum Ausdruck.[1]

Johannes Calvin

In den vorigen Kapiteln sprach ich allgemein über den Gebrauch von Bibelworten beim Beten: dass wir Gott das sagen, was er uns zu sagen aufträgt. In der Fürbitte verwende ich fast immer Gebete der Bibel. Manche der Gebete von Jesus, Paulus und Petrus sind zu unserem Nutzen aufgezeichnet worden. Ich nenne sie die „apostolischen Gebete", weil sie von Jesus, unserem obersten Apostel (Hebr. 3,1) gesprochen und vom Heiligen Geist den anderen Aposteln gegeben wurden, die seine Nachfolger waren. Ein paar Beispiele:

- **Apostelgeschichte 4,24–31** (ein Gebet um Freimütigkeit im Heiligen Geist, bewirkt durch Zeichen und Wunder)
- **Römer 15,5–7** (Einheit unter allen Christen einer Stadt)
- **Römer 15,13** (Erfüllung mit übernatürliche Freude, Frieden und Hoffnung)
- **Römer 10,1** (Errettung Israels durch Jesus)
- **1. Korinther 1,4–8** (Bereicherung mit den übernatürlichen Gaben des Heiligen Geistes, welche Gerechtigkeit bewirken)

- **Epheser 1,17–19** (Erkenntnis Jesu, Erkenntnis der Herrlichkeit seines Erbes in den Menschen, die zu ihm gehören, und mehr von Gottes Kraft im täglichen Leben)
- **Epheser 3,16–19** (übernatürliche innere Stärkung und tiefere Erfahrung der Liebe Gottes)
- **Philipper 1,9–11** (dass die Liebe Christi reichlich sei in unserem Herzen, was in Einsicht und einer tiefen Verpflichtung zur Gerechtigkeit resultiert)
- **Kolosser 1,9–12** (Erkenntnis des Willens Gottes, Frucht im Dienst und Stärkung durch die innige Nähe zu Gott im Einsatz für das Reich Gottes)
- **1. Thessalonicher 3,9–13** (die Möglichkeit, wirkungsvoll zu dienen und die Gläubigen zu stärken, damit sie voller Liebe und untadelig und heilig leben)
- **2. Thessalonicher 1,11–12** (Ausrüstung und Bereitschaft, in der Fülle der Berufung Gottes für die Kirche und die Christen zu leben)
- **2. Thessalonicher 3,1–5** (Verbreitung des Wortes Gottes und mehr Liebe zu Gott)

Als ich damit begann, Gebetstreffen zu leiten, verwendete ich die apostolischen Gebete einfach deshalb, weil ich nicht wusste, was ich sonst machen sollte, wie Sie in der folgenden Geschichte sehen werden. Vielleicht fühlen Sie sich dann besser in Bezug auf Ihre eigenen ersten Schritte in diese Berufung!

In meinem Buch *Nach dem Herzen Gottes* schrieb ich über die Anfangszeit, als Gott mich im Mai 1979 gerade erst zum Fürbitter berufen hatte. Es war eine jener realen Gottesbegegnungen, wo Gott mein Leben und mich ergriff und sagte: „Du bist ein Fürbitter." Ich trat vor meine Gemeinde und sagte: „Ich bin ein Fürbitter." Sie fragten: „Was ist das?" (A. d. Ü.: Im Englischen ist „Fürbitte" ein lateinisches Fremdwort, „intercession".) Ich antwortete: „Keine Ahnung." Ich hatte wirklich überhaupt keine Vorstellung davon, was ein Fürbitter ist! Ich ging in die Buchhandlungen der Stadt und kaufte Bücher zu dem Thema. Es gab kaum welche – nur ein paar Standardwerke über Gebet wie die von Andrew Murray, Watchman Nee, Dick Eastman, E. M. Bounds und Leonard Ravenhill. Ich erstand auch eine sehr hilfreiche Kassettenserie über Gebet von Joy Dawson.

Aber ich versuchte die Sache trotz meines Mangels an Wissen und Erfahrung anzugehen und begann mit täglichen Gebetstreffen, die ich bis heute fast ohne Ausnahme halte. Anfangs hatte ich so wenig Vorstellung davon, was man in einem Gebetstreffen machen sollte, dass ich noch nicht einmal wusste, was wir beten würden, deshalb schrieb ich die Gebete der Apostel von Hand ab. Ich hatte keine Idee, was man sonst beten könnte. Ich fotokopierte die handgeschriebenen Gebete und gab sie den beiden Jungen, die zu dem ersten Gebetstreffen erschienen waren. Das war der Anfang meiner Ausbildung in Gebet und Fürbitte.[2]

Seit damals habe ich begriffen, dass die apostolischen Gebete in der Bibel ein wertvolles Geschenk an die Kirche sind: Es sind die Gebete, die in Gottes Herzen für sein Volk brannten. Sie geben uns die Sprache seines Herzen, und weil Gott sich nie ändert, können wir sicher sein, dass sie immer noch in seinem Herzen brennen. Diese Gebete sind garantiert! Sie sind wie Schecks, die im Himmel bereits unterschrieben sind und nur auf einen Gegenzeichner auf der Erde warten, um eingelöst zu werden. Und sie sind heute ebenso relevant, wie sie in der frühen Kirche waren.

Einschließlich der Doxologien (der feierlichen, oft gebetsabschließenden Lobpreisungen der Herrlichkeit Gottes) gibt es etwa dreißig apostolische Gebete im Neuen Testament (siehe vollständige Liste in Anhang C). Wenn Sie diese Gebete selber beten, werden Sie erkennen, dass alle apostolischen Gebete gottzentriert und positiv sind und dass die meisten von ihnen eher auf Gläubige als auf die Verlorenen ausgerichtet sind.

Apostolische Gebete sind gottzentriert

Alle Gebete im Neuen Testament sind gottzentrierte Gebete: Jedes spricht Gott an, kein einziges apostolisches Gebet richtet sich an den Teufel. Gottzentriertes Gebet, auch wenn es geistliche Kampfführung zum Inhalt hat, ist das Modell des Neuen Testaments, wie wir im nächsten Kapitel sehen werden. Es ist das Modell, an dem sich die junge Kirche im Widerstand gegen dämonische geistliche Kräfte und kulturell bedingte Festungen orientierte (Eph. 6,12, 2. Kor. 10,3–5).

Alle Gebete Jesu, die in der Heiligen Schrift festgehalten sind, richteten sich an den Vater (Joh. 14,16, 17,5.11.15.25). Jesus brachte auch seinen Jüngern bei, sich im Gebet an den Vater zu wenden (Mt. 18,19, Lk. 11,2.13). Die Gebete der Apostel folgten Jesu Beispiel, und sie lehren auch uns, den Vater anzusprechen, wenn wir beten. Alle Gebete in seinem großen „Kampfführungs-Brief" an die Epheser richtete Paulus an den Vater (Eph. 1,16–17, 3,14.16.20).

Apostolische Gebete sind positiv

Die apostolischen Gebete sind „positive" Gebete: eher, dass Gott Gutes gibt, als dass er Schlechtes nimmt. Ihr Ziel ist die Vermittlung von etwas Positivem, nicht das Wegnehmen von etwas Negativem. Zum Beispiel betete der Apostel Paulus um reichere Liebe, er bat den Herrn nicht, Hass auszutilgen (Phil. 1,9). Er betete für Einheit, nicht gegen Spaltung (Röm. 15,5–7). Er betete für Frieden, nicht gegen Angst (Röm. 15,13), nicht gegen Sünde, sondern für zunehmende Heiligkeit, Reinheit und Liebe (1. Thes. 3,12–13). Selbst Paulus' Wunsch nach Erlösung von schlechten und bösen Menschen ist positiv in dem Sinn, dass er sich auf die Bewahrung der Diener Gottes ausrichtet statt darauf, die Bösen, Paulus' Angreifer, zu entlarven oder niederzumachen (2. Thes. 3,2–3).

Ich glaube, der Vater hat „positive" Gebete u. a. deshalb zur neutestamentlichen Norm gemacht, weil er Einheit und Liebe in der Gemeinde fördern möchte. Warum? Ich habe oft erlebt, wie Sünde in der Gemeinde oder im Leitungskreis im gemeinsamen Gebet „negativ" behandelt wurde, mit richtenden und zornigen Gebeten. Andere in der Gebetsversammlung stimmten mit der Einstellung, die sich in dem negativen Gebet äußerte, oder dem Ton nicht überein, sodass Gebete gegen Uneinigkeit unter einigen Teilnehmern der Gebetsversammlung tatsächlich Uneinigkeit erst *hervorriefen*.

Der Vater wusste, dass es Fürbitter *vereinen* und manche der negativen Emotionen gegen die Kirche in dem Beter persönlich *heilen* würde, wenn um Positives gebetet würde statt um Befreiung von Negativem. Es beeinflusst unsere Gefühle, wenn wir Tag für Tag zu unserem liebevollen Vater beten, dass die Gemeinde in seiner Güte wachsen möge.

Ich bemerkte Veränderungen in meinem eigenen Leben, als ich die apostolischen Gebete mit ihrer positiven Ausdrucksweise regelmäßig betete. Nach und nach wurde ich selbst positiver in meinen Emotionen und entwickelte mehr Barmherzigkeit und Freundlichkeit gegenüber den Schwächen der Gemeinde.

Der positive Fokus der apostolischen Gebete ist auch eine bedeutende Hilfe für den Aufbau unseres Glaubens. Aus den apostolischen Gebeten im

Neuen Testament beziehen wir eine gute Theologie für eine siegreiche Gemeinde. Diese Gebete zu beten, baut unseren Glauben für Erweckung auf.

Ein Mann fragte mich einmal: „Warum glauben Sie, dass die Kirche am Ende der Zeit siegreich sein wird?“ Ich sagte ihm, er solle die Gebete ansehen, die Jesus und die Apostel für die Kirche gebetet haben. Ich fand zum Teil über das wiederholte Beten der neutestamentlichen Gebete zu meiner Theologie einer siegreichen Gemeinde und zu meiner Erweckungstheologie. Diese Gebete waren vom Heiligen Geist gegeben, und obwohl sie noch nicht vollständig erhört sind, werden sie sicherlich erhört werden. Die Gemeinde wird in großem Sieg, Kraft, Reinheit, Einheit und Liebe leben, bevor Jesus wiederkommt.

Positive Gebete erleichtern Einheit, wirken sich auf unsere Emotionen aus und bauen unseren Glauben auf. Der Vater ist der „große Psychologe“. Er entwarf diese Gebete so, dass sie die Herzen der Menschen richtig machen und in Einheit und in einem Geist der Ermutigung zusammenarbeiten lassen.

Apostolische Gebete sind für die Gemeinde

Es ist wichtig festzustellen, dass es in der weit überwiegenden Mehrheit der apostolischen Gebete um die Gemeinde geht, nicht um die Verlorenen oder um gesellschaftliche Veränderungen. Das heißt nicht, dass Gott den Verlorenen oder der Gesellschaft gleichgültig gegenüberstünde oder dass wir dafür nicht beten sollten. Das einzige Gebet im Neuen Testament jedoch, das spezifisch auf erlösungsbedürftige Verlorene ausgerichtet ist, steht in Römer 10,1, wo Paulus betet: „Brüder, meines Herzens Wunsch und mein Flehen zu Gott für Israel ist, dass sie gerettet werden.“

Es ist bezeichnend, dass die überwiegende Mehrheit der apostolischen Gebete die Stärkung und Wiedererweckung der Gemeinde zum Inhalt haben. Warum? Weil Gottes Strategie und Plan, wie er die Verlorenen erreichen oder eine Stadt beeinflussen möchte, in erster Linie auf Bevollmächtigung seiner Gemeinde mit Kraft, Liebe und Weisheit abstellt. Wenn wir für die ganze Kirche in einer bestimmten Stadt beten, dass sie in Liebe und Kraft wiederbelebt wird, wird die Erhörung dieser Gebete immensen Einfluss auf die Verlorenen jener Stadt ausüben. Viele Ungläubige werden unweigerlich zu Jesus kommen, und die Gesellschaft wird sich ändern, weil die Gemeinde in der Kraft des Heiligen Geistes lebt.

Wir sehen die Wirksamkeit dieses Prinzips an den Gebeten in Epheser 1,17–19 und Epheser 3,16–19. Es sind Gebete für die Gesamtgemeinde der Stadt Ephesus, nicht für die Verlorenen oder für gesellschaftliche Veränderungen. Das Gebet in Philipper 1,9–11 ist für alle Christen der Stadt Philippi, das in Kolosser 1,9–12 für die gesamte Gemeinde in Kolossä usw.

Was ergab sich aus den Gebeten für die Gemeinde in Ephesus? Das Wort Gottes wurde mit solcher Kraft und Vollmacht gepredigt, dass es heißt: „So breitete sich das Wort des Herrn mächtig aus und erwies sich als kräftig" (Apg. 19,20 S). Gottes Strategie war, in Ephesus eine große, bevollmächtigte Gemeinde aufzubauen, die in ganz Asien eine große Ernte einbringen würde. Was in Ephesus geschah, war so gewaltig, dass jeder, der in Asien wohnte, von Paulus und anderen aus dieser Gemeinde „das Wort des Herrn hörte".

> Und das geschah zwei Jahre lang, sodass alle, die in Asien wohnten, das Wort des Herrn Jesus hörten, Juden und Griechen. … So mächtig wuchs das Wort des Herrn und hatte Kraft.
>
> Apostelgeschichte 19,10.20

Angesichts der eingeschränkten Kommunikations- und Transportsysteme der damaligen Welt scheint es wahrscheinlich, dass nicht Paulus allein allen Juden und Griechen in Asien das Wort verkündigen konnte, sondern *viele Gläubige* aus der großen Gemeinde in Ephesus, welche von Paulus' vollmächtiger Predigt inspiriert war.

Wenn Prediger gesalbt und Gemeinden erweckt sind, werden Christen das Wort Gottes konsequent verkünden und die Werke Gottes tun, und viele, viele Ungläubige werden zu Jesus kommen. Deshalb tun wir gut daran, im Gebet für mehr Vollmacht des Geistes in der Gemeinde zu ringen, denn wir wissen, dass diese mit Sicherheit eine Ernte hervorbringen wird. Keine Macht kann die Verlorenen aufhalten, in großer Zahl zu Jesus zu kommen, wenn die Gemeinde erweckt ist und gemeinsam in der Salbung des Geistes wirkt.

Im *International House of Prayer of Kansas City* (IHOPKC) beten wir regelmäßig für die Gesamtgemeinde in unserer Gegend. Das heißt, wir bitten den Herrn, mit seiner Macht auf tausend Versammlungen in der Region von Kansas City zu kommen. Zusätzlich zum Beten fordere ich unsere Mitarbeiter auf, die gesamte Gemeinde zu lieben. Ich mache Ihnen Mut, dasselbe zu tun. Beten Sie viel für den Leib Christi in Ihrer Stadt. Schreiben Sie keine Gruppe ab, sondern dienen Sie ihr. Lieben Sie sie und beten Sie viel für sie. Der Herr liebt die gesamte Kirche – jede Denomination und Versammlung, in der Jesus und seine Gnade verkündet wird. Nach seinem Zeitplan und auf seine Weise wird er mit Sicherheit in Ihre Stadt kommen, wenn Sie die Seinen lieben und für sie beten.

Wie gesagt, wir werden die lieben, für die wir konsequent beten. Ein Grund, weshalb Gott von uns will, dass wir unsere Feinde segnen, ist, weil wir dann anfangen, sie zu lieben. Und das will er – ein Herz von Liebe, Mitleid und Vergebung, selbst für die, die uns kränken. Wenn wir für unsere Feinde beten, werden wir schließlich ein weiches Herz für sie bekommen. Mit anderen Worten: Es ist unmöglich, regelmäßig für irgendjemand zu beten, ohne ihn letztendlich zu lieben.

Gott weiß, dass wir die Gemeinde mehr lieben werden, wenn wir regelmäßig für sie beten. Gott möchte, dass die Herzen der Fürbitter mit der Gemeinde in der Stadt, für die sie regelmäßig beten, verbunden sind. Das ist seine göttliche Liebes-Strategie.

Es ist einfach, die Verlorenen in einer Stadt oder Nation zu lieben, weil wir die meisten von ihnen nicht kennen. Aber oft werden wir sehr schnell über die Gemeinden in unserer eigenen Stadt frustriert und ungehalten, weil wir die Christen darin kennen. Deshalb beruft uns der Herr, für die Gemeinde zu beten, sodass wir sie lieben, während wir die Verlorenen zu Jesus führen und die Gesellschaft beeinflussen. Er möchte nicht, dass wir die Gemeinde in unserer Gegend verachten wegen der Schwächen, die wir in den Mitgliedern der verschiedenen Versammlungen sehen, oder wegen der Art, wie ihre Leiter Dinge handhaben. Er möchte, dass wir sowohl die Gemeinde als auch die Verlorenen lieben.

Gott ist ein brillanter Stratege! Er leitet uns, für die Ernte zu beten, indem wir ihn bitten, mit seiner großen Macht auf die gesamte Kirche – die örtlichen Gemeinden – in unserer Gegend zu kommen. Es ist kein Zufall, dass die meisten neutestamentlichen Gebete für die Gemeinde sind!

Mit den apostolischen Gebeten für die Kirche beten – Vorschläge

Grundsätzlich sollte es in unseren Gebeten um Gott gehen, nicht um Dämonen oder Sünde. Das entspricht dem neutestamentlichen Gebetsmodell, das besonders von Paulus geprägt wurde. In der Hauptsache sollten wir darum bitten, dass der Heilige Geist in der gesamten Gemeinde unserer Stadt mehr wirken möge, und um Reich-Gottes-Tugenden wie Liebe, Heiligkeit, Einheit, Hoffnung und Frieden. Nachfolgend finden Sie Beispiele für die Verwendung der apostolischen Gebete im Gebet für die Kirche.

Beten Sie, dass die Gegenwart Gottes sich mächtig erweist in Gottesdiensten und dass Menschen durch Anbetung, Predigt und seelsorgerlichen Dienst gerettet, befreit, geheilt und vom Geist erfrischt werden.

Beten Sie, dass die Liebe mehr und mehr überfließe und dass die Gläubigen alles gutheißen, was Gott als das Beste bezeichnet.

Beten Sie um tiefe Überführung durch die Predigt des Wortes, sowohl an Christen wie Nichtchristen (Johannes 16,8). Beten Sie, dass sich ein Geist der Heiligkeit und Liebe in der Versammlung durchsetzt.

Beten Sie, dass die Gaben des Geistes in der Gemeinde stark zunehmen und sich diese Gaben durch Worte der Erkenntnis, Worte der Weisheit, Unterscheidung der Geister, Heilungen, Wunder usw. zeigen.

Beten Sie um einen prophetischen Geist auf Predigern, Anbetungsteams und Seelsorgern gemäß Apostelgeschichte 2,17.

Beten Sie, dass der Geist mehr Türen öffnet für den Dienst an Ungläubigen und dass er sie vorbereitet, das Evangelium anzunehmen (Kol. 4.3, 2. Thes. 3,1).

Beten Sie, dass der Geist mehr Christen motiviert, das Evangelium weiterzusagen, und mehr Gläubigen eine Last für das Evangelium gibt (Mt. 9,37–38).

Beten Sie für Leiter und Mitglieder der Gemeinden um den Geist der Weisheit und der Offenbarung, ihn, seinen Willen und seine Wege zu erkennen (Eph. 1,17).

Beten Sie, dass Christen durch Gottes Geist innerlich stark werden (Eph. 3,16).

Beten Sie für Einheit unter allen Gläubigen und allen Familien in der Gemeinde (Joh. 17,21–23).

Beten Sie um eine stärkere Ausgießung des Gebetsgeistes in der Gemeinde (Sach. 12,10).

Beten Sie, dass jeder in der Familie gerettet und geheilt wird, und um Wohlergehen für jede Familie durch sichere, feste Arbeitsstellen (3. Joh. 2).

Wenn wir auf diese Weise konsequent und treu für die Gemeinde in unserer Stadt beten, werden wir mit der Zeit erleben, wie sich sowohl die Gemeinde als auch die Stadt vor unseren Augen ändert. Ein bestimmtes apostolisches Gebet, mit dem wir alle vertraut sind und das ich im nächsten Kapitel besprechen werde, ist ein besonders effektiver Eckpfeiler für unsere Fürbitte.

Kapitel 10

Das bekannteste apostolische Gebet

Sicher wird Gott von Gebet beeinflusst. Nicht seine Absichten, aber sein Handeln wird beeinflusst.[1]

S. D. Gordon

Das bekannteste apostolische Gebet der Geschichte ist wohl das Vaterunser, wie es im Matthäusevangelium steht:

Unser Vater im Himmel!
Dein Name werde geheiligt.
Dein Reich komme.
Dein Wille geschehe
wie im Himmel so auf Erden.
Unser tägliches Brot gib uns heute.
Und vergib uns unsere Schuld,
wie auch wie vergeben unsern Schuldigern.
Und führe uns nicht in Versuchung,
sondern erlöse uns von dem Bösen.
Denn dein ist das Reich und die Kraft und die Herrlichkeit
in Ewigkeit. Amen.

Matthäus 6,9–13 L

Eigentlich ist das Vaterunser ein Beispiel für alle drei Gebetstypen – Andacht, Fürbitte und persönliche Bitte –, aber um der Einfachheit willen werden wir es zusammen mit anderen Formen des Fürbittegebets behandeln.

Welch ein wunderbares Geschenk, von dem Mann über Gebet unterrichtet zu werden, der das bemerkenswerteste Gebetsleben aller Zeiten hatte!

Das Gebet des Herrn gehört zu den Stellen der Bibel, die uns sehr vertraut sind. Es besteht aber die Gefahr, dass es uns allzu vertraut wird und wir aus den Augen verlieren, was es uns über das Beten beibringt. Es ist ein sehr wichtiger Abschnitt für uns alle, die wir im Gebet wachsen wollen, und wir brauchen mehr als nur eine oberflächliche Kenntnis des Wortlauts.

Wie kam es zu diesem Gebet? Jesus war auf einem Berg am See Genezareth und lehrte die Menschenmenge und seine Jünger über das Leben nach Reich-Gottes-Art, mit seinen Prioritäten, seinem Herzen und seinen Werten. Diese Lehre, die in Matthäus 5–7 aufgeschrieben ist, kennen wir als die Bergpredigt, und ich bezeichne sie als „Verfassung des Gottesreichs". In diesem Zusammenhang sagte Jesus zu seinen Nachfolgern: „Betet so:" – und gab ihnen dann ein Gebetsmodell, das Einblick in Gottes Wesen und in Natur und Funktionen des Gottesreiches erkennen lässt.

Mit diesem Gebet zu seinem Vater gab Jesus uns Schlüssel an die Hand, die wir brauchen, wenn wir im Gebet stark werden möchten. Eigentlich sagte er damit: „Lasst diese Dinge in eurem Gebetsleben immer zentral sein." Er brachte uns sechs Bitten bei, die wir regelmäßig vorbringen sollen, jede mit großer Tragweite und vielen Anwendungsbereichen. Die ersten drei dieser Bitten haben *Gottes Herrlichkeit* im Blick (seinen Namen, sein Reich und seinen Willen), die anderen drei *menschliche Bedürfnisse* (körperliche, soziale und geistliche).

Gott als Vater *und* König sehen

Jesu Lehre über Gebet beginnt mit der Anerkennung Gottes als unseren Vater: „Unser Vater im Himmel! Dein Name werde geheiligt" (Mt. 6,9). Zur Zeit Jesu sahen die Juden den Gott des Himmels meistens als transzendenten Schöpfer und König. Der Ausdruck „im Himmel" weist auf Gottes transzendente Majestät hin, auf die unendliche Erhabenheit an Macht und Größe des Einen gegenüber allem und jedem sonst. Gottes Volk zitterte vor der großen Macht ihres Schöpfers.

Hier, am Anfang seines Gebets, zeigte ihnen Jesus, dass ihr Schöpfer Gott auch ihr Vater ist. Er wollte, dass sie Gottes Zuneigung, Zärtlichkeit und persönliche Nähe zu den Seinen sehen. Jesus betonte beide Dimensionen Gottes: Seine *erhabene Transzendenz* als der, der im Himmel wohnt, und *seine herzliche Zuneigung als Vater*. Er ist sowohl allmächtig als auch persönlich, transzendent als auch liebevoll.

Letztlich stimmt unsere Sicht von Gott nicht, wenn wir diese zwei Aspekte seines Wesens trennen. Die Kirche hat schon immer die Transzendenz Gottes betont, der mit unendlicher Macht herrscht, und das zärtliche Vaterherz Gottes weitgehend ausgeklammert. Wenn neben seiner majestätischen Pracht die Wahrheit über Gottes liebevolles Vaterherz in den Fokus rückt, dann bekommen wir ein zutreffenderes Bild von Gottes Wesen.

Wie wir schon gesehen haben, ist eine richtige Sicht von Gott von grundlegender Bedeutung für das Beten. Dazu gehört auch, dass wir ihn als unseren himmlischen Vater kennen. Jesus beginnt genau da, wo wir in unserem Gebetsleben beginnen müssen, mit dem Fokus auf dem eigentlichen Wesen Gottes. Der große evangelikale Gelehrte A. W. Tozer, einer meiner Lieblingsautoren, vertrat die Auffassung, das größte Problem der Kirche in jeder Generation sei eine zu kleine Sicht von Gott gewesen.[2] Einen der beiden Aspekte – Gottes Vaterschaft und seine Majestät – zu unterschätzen, werde unserer Beziehung zu ihm und unserem Gebetsleben im Weg stehen. Deshalb müssen wir uns die Zeit nehmen, unsere Gotteserkenntnis im Licht dieser zwei Facetten seines Wesens zu entwickeln. Er ist sowohl mächtig in Majestät als auch zutiefst persönlich als Vater.

Indem er Gott als „Vater" anredete, legte Jesus den Kontext der Intimität mit Gott innerhalb seiner Souveränität und Majestät fest. Wenn wir entweder das eine oder das andere vernachlässigen, ist unsere Sicht von Gott verzerrt und werden wir nicht in der richtigen Weise in Beziehung zu ihm stehen. Wer nur seine himmlische Herrlichkeit sieht, aber nicht seine liebevolle Vaternatur, neigt dazu, Gott zu entpersönlichen; er sieht und präsentiert ihn als majestätisch, aber auch als unnahbar, gefühllos, vielleicht gar abweisend.

Wer andererseits Gott nur als zärtlichen Vater sieht, erkennt seine himmlische Herrlichkeit nicht an. Er bezieht sich auf einen Vater, der lieb und persönlich ist, zittert aber nicht vor seiner Göttlichkeit. Er wird dazu neigen, Gott als vertrauten Kumpel darzustellen, der gerne Spaß macht. Das ist jedoch theologisch schlecht und flach. Wir müssen Gott in Wahrheit kennen – der Wahrheit seines Vaterseins *und* seiner erhabenen Göttlichkeit.

Jesu Gebet betont, dass Gott nicht nur *mein* Vater ist, sondern auch *unser* Vater. Unsere Bitten müssen die Wirklichkeit dessen vermitteln, wer wir als eine Familie für Gott sind. Wir sollen in unser Gebet auch die ganze Familie der Gläubigen einschließen, nicht nur uns selbst.

Um Gottes Herrlichkeit beten (Matthäus 6,9–10)

In seinem Gebetsmodell bringt Jesus uns sechs Bitten bei, die wir regelmäßig beten sollen. Bei den ersten drei Bitten geht es um Gottes Herrlichkeit – dass sein Name als heilig behandelt werden soll, dass sein Reich sichtbar zum Ausdruck kommen und dass sein Wille im Leben des Einzelnen und kollektiv von seinem Volk getan werden soll.

Bitte 1: Gebet um Heiligung von Gottes Namen

Unser Vater im Himmel! Dein Name werde geheiligt.

Matthäus 6,9

Gottes Name verweist auf seine Person, seinen Charakter und seine Autorität. Sein Name wird geheiligt, wenn wir so auf ihn reagieren, wie er es verdient. Allein der Gedanke an seinen Namen ruft in jedem, der ein bisschen Verständnis hat, Bewunderung und heilige Furcht hervor. Diese erste Bitte hat die Offenbarung des erhabenen Gottesnamen zum Inhalt, und zwar zuerst *an* uns und dann *durch* uns. Wenn wir dafür beten, dass sein Name geheiligt werde, beten wir, dass der Vater den höchsten Platz in unserem Leben, unserem Herzen und unserer Anbetung einnimmt und dass er in uns und in anderen wirkt, sodass wir angemessen auf seine Größe reagieren. Wir bitten Gott, seine Macht zu zeigen, damit mehr Menschen die Wahrheit über ihn sehen und seinen Namen nicht im Scherz und im Zorn missbrauchen. Auch dadurch, dass wir um nichts bitten, was seinem herrlichen Namen oder Willen entgegensteht, ehren wir Gottes Namen.

Bitte 2: Gebet um das Kommen des Reiches

Dein Reich komme.

Matthäus 6,10

Diese Bitte hat den sichtbaren Ausdruck des Gottesreichs auf Erden zum Inhalt. Dieses Reich ist der Ort, wo Gottes Wort befolgt und sein Wille getan wird und seine Kraft zum Tragen kommt. Zum Beispiel manifestiert sich das Reich Gottes, wenn Kranke geheilt und Dämonen ausgetrieben werden. Jesus sagte: „Wenn ich aber die Dämonen durch den Geist Gottes austreibe, dann ist ja das Reich Gottes zu euch gekommen“ (Mt. 12,28). Das Reich ist immer dann gegenwärtig, wenn Gottes Wille unter der Autorität des Königs Jesus zum Ausdruck kommt.

Das Reich Gottes ist die Sphäre, in der Gottes Herrschaft gilt, und in der Gemeinde – Gottes Familie – gewinnt es Gestalt. Die Kirche ist die Gemeinschaft des Reichs, aber sie ist nicht das Reich selbst. Wenn die Kirche die Frohe Botschaft des Gottesreichs verkündet, kommen Menschen in den Leib Christi hinein und erfahren die Segnungen der Herrschaft Gottes.

Der Lehrer, der Gottes Willen im Klassenzimmer tut, verleiht dem Reich Gottes in dieser Umgebung Ausdruck. Dasselbe gilt für jemanden, der in einer Bank arbeitet, an einer Tankstelle, im Krankenhaus oder bei Gericht. Es gilt für den Arzt, den Straßenarbeiter, den Soldaten, die Mutter, die ihre Kinder zu Hause unterrichtet, und all die, die Gottes Willen tun. Das Reich Gottes ist schon hier, aber noch nicht vollständig. Es ist *zum Teil* in dieser Zeit manifest und wird *in aller Fülle* Gestalt gewinnen, wenn Jesus wiederkommt auf die Erde.[3]

Wir arbeiten im Gebet, dass das Reich Gottes zunehmen möge. In Offenbarung 2 lesen wir, dass der Irrtum der großen missionarischen Gemeinde zu Ephesus darin bestand, dass sie Reich-Gottes-Werke ohne Reich-Gottes-Gebet tat – mit anderen Worten, ohne durch die Liebe zu Gott und das Gespräch mit ihm tief verbunden zu sein (Offb. 2,4). Gebet für die Freisetzung des Reichs Gottes ist Teil der Reich-Gottes-Arbeit. Wir dürfen nicht zulassen, dass unser Dienst den Platz des Gesprächs mit dem König und des Gebets für das Kommen des Gottesreichs einnimmt. Diese zweite Bitte beinhaltet auch eine „Reich-Gottes-Gesinnung" in Bezug auf unsere Lebensführung und Einstellung anderen gegenüber. Wir sollen mit anderen Gläubigen zusammenarbeiten und nicht nur unsere eigenen Verantwortungs- und Einflussbereiche im Blick haben.

Bitte 3: Beten, dass Gottes Wille geschehe

Dein Wille geschehe wie im Himmel so auf Erden.

Matthäus 6,10

Die dritte auf Gottes Herrlichkeit bezogene Bitte ist die, dass die Seinen sowohl individuell als auch kollektiv Gottes Willen tun. In diesem Gebet richten wir unser Herz auf den Gehorsam gegenüber dem aus, was Gott will. Dazu gehört, dass wir ebenso seine Gebote in unserem persönlichen Leben befolgen wie die Aufgaben erfüllen, die er jedem von uns überträgt. Wir beten, dass Wille *durch* uns geschehe (in unserem Dienst) als auch *in* uns (in unserem persönlichen Leben). Manche Christen engagieren sich dafür, die Nationen zu verändern, vernachlässigen es aber, in Reinheit zu leben; sie sind mehr davon gefesselt, in ihrem Dienst als „Agenten der Veränderung“ zu wachsen als durch den Umgang mit Jesus und Gehorsam ihm gegenüber in ihrem persönlichen Leben. Gehorsam und Intimität mit Gott sind jedoch durch nichts zu ersetzen.

Wenn wir beten, dass der Wille des Vaters auf Erden geschehe, dass seine Gerechtigkeit, Heiligkeit und Liebe sich in unserem persönlichen Leben und in unserer Mitte auswirke, ist uns bewusst, dass im Himmel sein Wille perfekt getan wird. Wir beten, dass die Erde mehr wie der Himmel wird, wo der gerechte, demütige König herrscht in vollkommener Liebe, und wo der ganze Himmel an seiner königlichen Herrlichkeit Freude hat.

Für persönliche Nöte beten (Matthäus 6,11–13)

Die nächsten drei Bitten gelten unseren Bedürfnissen – den körperlichen (tägliches Brot), sozialen (Vergebung) und den geistlichen (Erlösung vom Bösen). Jesus ermutigt uns, unsere persönlichen Bitten im Gebet zu Gott zu bringen. Diese Gebete drücken unsere Abhängigkeit von Gott in jedem Bereich des Lebens aus, ebenso wie unser Vertrauen auf seine Versorgung.

„Unser tägliches Brot“ steht für unsere täglichen, persönlichen Bedürfnisse. Jesus leitet uns an, zusätzlich zum Gebet für Gottes Herrlichkeit auch für persönliche Bedürfnisse zu beten. Der Herr freut sich, unseren Bedürfnissen zu begegnen und zu sehen, dass wir uns an seiner Güte erfreuen, wie der Psalmist Asaf schrieb: „Rufe mich an in der Not, dann werde ich dich erretten, und du wirst mich preisen“ (Ps. 50,15).

Zu allen Zeiten haben „Heiligkeits“-Lehrer den Schluss gezogen, dass unser Gebet ausschließlich Anbetung Gottes zum Inhalt haben sollte. Mit diesem unausgewogenen Ansatz wird dann alles, was persönlich ist, als selbstsüchtig abgelehnt. Das hört sich edel an, führt aber dazu, dass die Menschen glauben, für ihre eigenen Bedürfnisse zu beten sei immer ein selbstsüchtiges Unterfangen. Und so richten sie, bemüht um Demut und Heiligkeit, keine derartigen Bitten an Gott.

In Wahrheit begegnet Gott unseren Nöten mit großer Freude, weil er unser Vater ist und es liebt, seinen Kindern, die ihn bitten, gute Gaben zu geben:

Wenn nun ihr, die ihr doch böse seid, dennoch euren Kindern gute Gaben geben könnt, wie viel mehr wird euer Vater im Himmel denen Gutes geben, die ihn bitten!

Matthäus 7,11

Wir geben unserer Abhängigkeit von ihm Ausdruck, wenn wir ihn bitten, unseren Bedürfnissen zu begegnen. Das Wort Gottes verspricht, dass er allen unseren Mangel ausfüllen wird nach seinem Reichtum in Herrlichkeit in Christus Jesus (Phil. 4,19). Als ein liebender Vater sorgt er *gerne* für alle unsere Nöte und *freut* sich an unserem Bitten und Glauben, dass er es tun wird. Er ist aufs Engste verbunden mit seiner Schöpfung, er ernährt auch die Vögel des Himmels, die viel weniger sind als wir (Mt. 6,26).

Bitte 4: Gebet für unsere tägliche Versorgung

Unser tägliches Brot gib uns heute.

Matthäus 6,11

Die vierte Bitte bezieht sich auf tägliche Versorgung, Schutz und Leitung. Wir beten nicht deshalb, weil wir Gott über unsere Bedürfnisse informieren müssten, denn er kennt sie, bevor wir bitten (Mt. 6,7–8). Nein, wir beten, um durch die Verbindung und das Gespräch mit ihm die Beziehung zu ihm zu stärken. Obwohl er unsere Bedürfnisse bereits kennt, hält er seine Versorgung oft zurück, bis wir mit ihm darüber sprechen, bis wir im Gebet unsere Bitten äußern.

Gott zu bitten, dass er für das sorgt, was wir nötig haben, befreit uns nicht von der Verantwortung zu arbeiten. Teilweise besteht seine Sorge für das, was wir brauchen, darin, dass er uns die Fähigkeit und Möglichkeit gibt, unseren Lebensunterhalt zu verdienen. Aber er will allen unseren Nöten gerne begegnen, weil er unser Vater ist.

Bitte beachten Sie, dass Jesus uns lehrte, für unser „tägliches" Brot zu beten. Die meisten von uns würden den Herrn lieber um Brot für den Monat oder für das Jahr bitten, aber er hat uns nur immer für einen Tag Brot verheißen.

Bitte 5: Bitte um Vergebung

Und vergib uns unsere Schuld, wie auch wie vergeben unsern Schuldigern.

Matthäus 6,12

In der fünften Bitte geht es um unsere Beziehung zu Gott und den Menschen. Der Beweis dafür, dass uns ohne Gegenleistung vergeben wurde, ist unsere Bereitschaft, anderen gerne zu vergeben. Wer weiß, dass ihm vergeben ist, muss einfach selber auch vergeben.

Weil Jesus das Vaterunser Gläubigen beibringt, wird oft gefragt: „Warum muss ein wiedergeborener Christ für Vergebung beten?" Gewiss haben wir die Gerechtigkeit Gottes in Christus umfassend und ohne Gegenleistung geschenkt bekommen (2. Kor. 5,17–21); wenn wir also Gott bitten, uns „unsere Schuld zu vergeben", dann bitten wir nicht darum, erlöst oder vor der Hölle bewahrt zu werden: Wir haben bereits Vergebung empfangen, und wir sind schon durch Glauben gerechtfertigt (Röm. 3,21–31). In dem Gebet um Vergebung unserer Schuld geht es um die Wiederherstellung unserer Gemeinschaft mit Gott. Der Apostel Johannes erklärte dieses Prinzip deutlich in seinem ersten Brief:

> Wenn wir sagen, wir haben keine Sünde, betrügen wir uns selbst, und die Wahrheit ist nicht in uns. Wenn wir aber unsere Sünden bekennen, ist er treu und gerecht, dass er uns die Sünden vergibt und uns von aller Ungerechtigkeit reinigt.
>
> 1. Johannes 1,8–9

Wir verlieren unsere Position bei Gott nicht, wenn wir als Gläubige, die es ernst meinen, straucheln und sündigen, aber die Sünde beschmutzt unsere Seele und bedrückt unser Herz und verhindert so, dass wir die Gegenwart Gottes genießen können. Wir verstehen also, dass diese Bitte um Vergebung unserer Schuld die Gemeinschaft mit Jesus wiederherstellen soll. Johannes sagt auch: „Und wenn jemand sündigt, haben wir einen Fürsprecher bei dem Vater: Jesus Christus, der gerecht ist" (1. Joh. 2,1). Mit dieser fünften Bitte erflehen wir die Reinigung von den beschmutzenden Auswirkungen der Sünde auf unser Herz.

Manche Christen interpretieren den zweiten Teil dieser Bitte, „wie wir vergeben unseren Schuldnern", fälschlicherweise so, als verdienten wir Vergebung auf Basis unserer Vergebungsbereitschaft. Das sagt Jesus hier gar nicht. Nein, vielmehr zeigt die Tatsache, dass wir uns gedrungen fühlen, anderen Menschen zu vergeben, dass uns vergeben wurde.

Bitte 6: Bitte um Erlösung von dem Bösen

> Und führe uns nicht in Versuchung, sondern erlöse uns von dem Bösen.
>
> Matthäus 6,13

Die sechste Bitte ist das, was ich das „Gebet *vor* der Versuchung" nenne. Jesus fordert uns auf, den Herrn um Hilfe zu bitten, dass wir „intensivierte" Versuchungen vermeiden und uns ihnen entziehen können, bevor sie auch nur auftauchen. Das ist ein sehr wichtiges Gebet, dennoch gehört es wohl zu den biblischen Gebeten, die am meisten vernachlässigt werden. Jesus drückte darin eine Bitte auf zwei Weisen aus: „Führe uns nicht in Versuchung" und „Erlöse uns von dem Bösen". Die zweite Hälfte der Bitte definiert positiv, was die erste Hälfte negativ ausdrückt.

Gott versucht niemanden jemals mit Bösem (Jak. 1,13), warum sollen wir ihn also da bitten, uns nicht in Versuchung zu führen? Im Garten Gethsemane drängte Jesus die Jünger zu beten, damit sie nicht in Versuchung fielen:

> Wacht und betet, damit ihr nicht in Anfechtung fallt! Der Geist ist willig; aber das Fleisch ist schwach.
>
> Matthäus 26,41

„In Anfechtung fallen" steht für etwas viel Intensiveres als die allgemeinen Versuchungen, denen wir uns in einer gefallenen Welt täglich gegenübersehen. Dabei handelt es sich um einen bestimmten „Anfechtungssturm", der beim Zusammentreffen von drei Komponenten entsteht: erhöhte dämonische Aktivität, Erregung von Lust und Umstände, die sich optimal zum Sündigen eignen. Durch Beten können wir eine verstärkte Versuchung unterbinden oder ihre Intensität minimieren.

Für meine Begriffe geht es bei der Bitte Jesu im Vaterunser um „Versuchungsstürme", die heftiger sind als allgemeine, alltägliche Versuchungen. Unter „allgemeinen, alltäglichen" verstehe ich die Versuchung, stolz zu sein in meiner Haltung, ungeduldig im Kommunikationsstil, selbstsüchtig in Entscheidungen und nicht ehrlich in Bezug auf Finanzen oder im Reden. Bei „Versuchungsstürmen" denke ich an Ehebruch oder Taten, die anderen oder der Gesellschaft insgesamt ernstlich Schaden zufügen. Die schlimmste Versuchung sehe ich darin, Christus zu verleugnen.

Die Heilige Schrift sagt über die Zeit nach der Versuchung Jesu in der Wüste: „Und als der Teufel alle Versuchung vollendet hatte, wich er eine Zeitlang von ihm" (Lk. 4,13) – er wartete auf eine neue gute Gelegenheit. Satan sucht immer nach guten Gelegenheiten, wo dämonisch verstärkte Versuchungen uns wie ein Sturm erwischen und uns zu Fall bringen können. Er sucht uns bei günstiger Gelegenheit in eine Falle zu locken, um unseren Glauben zu zerstören.

Das machte er auch mit dem Apostel Petrus, indem er einen perfekten Versuchungssturm entfesselte: eine intensive dämonische Attacke in Kombination mit Angst und Erschöpfung (die mit Schwertern bewaffneten Soldaten, die Jesus ergriffen, machten Petrus Angst, außerdem war er zu dem Zeitpunkt übermüdet – siehe Matthäus 26,43). Es war der „optimale" Rahmen für eine stärkere Anfechtung. Der Herr hatte Petrus vor diesem heftigen Sturm gewarnt, dennoch konnte dieser ihm dann nicht standhalten.

> Simon, Simon, gib acht, der Satan hat versucht, bei euch die Spreu vom Weizen zu trennen. Ich aber habe für dich gebeten, dass dein Glaube nicht aufhört.
>
> Lukas 22,31–32

Mit „Gebeten *vor* der Versuchung" bitten wir den Herr im Voraus, dass er uns hilft und einen Versuchungssturm verhindert oder abschwächt. Mit dem Beten *vor* Eintreten der Versuchung, dass wir ihr nicht auf den Leim gehen, zeigen wir Demut, weil wir unsere Schwäche und Abhängigkeit von Gottes Stärke zugeben. Paulus sagte, wir müssten uns der verführerischen Listen des Satans bewusst sein, damit er uns nicht übervorteilen könne (2. Kor. 2,11).

Paulus fordert uns auf, uns unserer Lage bewusst zu sein, sodass wir beten können: „Herr, halte mich aus Situationen heraus, in welchen erhöhte Versuchungsgefahr besteht", oder: „Führe mich nicht in Versuchung, sondern erlöse mich ganz und gar." David betete um Befreiung von Situationen, die zur Sünde verführen, noch bevor sie eintraten:

> Sprich mich los von [den Verfehlungen], die verborgen sind! Auch vor mutwilligen bewahre deinen Knecht, damit sie nicht über mich herrschen; dann werde ich unsträflich sein und frei bleiben von großer Übertretung!
>
> Psalm 19,13–14 S

Paulus mahnt: „Wer meint, dass er steht, der sehe zu, dass er nicht fällt." Er spricht über Gläubige, die meinen, immer stark zu bleiben, die fälschlicherweise darauf vertrauen, dass sie in ständigem Sieg leben könnten, ohne zu beten und ohne Jesus immer wieder um Hilfe zu bitten. Das ist nicht der biblische Umgang mit Versuchung. Wir „sehen zu, dass wir nicht fallen", indem wir unsere Beziehung mit Jesus durch unbeirrbares Beten und Bleiben in Christus stark halten.

Darum, wer meint, dass er steht, der sehe zu, dass er nicht fällt. Es hat euch noch keine Versuchung betroffen als nur menschliche. Aber Gott ist treu, der nicht zulassen wird, dass ihr über euer Vermögen versucht werdet, sondern mit der Versuchung auch den Ausgang schaffen wird, dass ihr es ertragen könnt.

1. Korinther 10,12–13

In diesen letzten Tagen, wo der gesellschaftliche Druck zunimmt und Sünde mehr und mehr allgemein akzeptiert wird, gewinnt die Bitte „Führe uns nicht in Versuchung, sondern erlöse uns von dem Bösen" immer mehr an Bedeutung in unserem Gebetsleben. Jesus ruft uns auf, „allezeit" zu beten und uns so für die Fallstricke der Versuchung in der Endzeit zu wappnen.

Hütet euch aber, dass eure Herzen nicht beschwert werden mit Fressen und Saufen und mit Sorgen des Lebens und dieser Tag plötzlich über euch kommt; denn er wird wie ein Fallstrick über alle kommen, die auf der Erde wohnen. Darum seid nun allezeit wach und betet, dass ihr würdig geachtet werdet, all dem, was geschehen soll, zu entfliehen und vor dem Menschensohn zu stehen.

Lukas 21,34–36

Ein Gebet, sechs Bitten. Diese Gebetsbitten, die all das aufschließen, was Gott in uns, für uns und in unserer Welt tun will, hat Jesus unübertrefflich kurz und bündig formuliert. Befolgen wir seine Aufforderung: „So sollt ihr beten"!

Kapitel 11

Gebet und prophetische Verheißungen

Beim Beten müssen wir nicht Gottes Widerstand überwinden; wir begegnen seiner größten Bereitschaft.[1]

Richard C. Trench

Wie wir gesehen haben, fällt es in unsere Verantwortung als Fürbitter, zu beten, dass Gottes Reich kommt, dass es sich auf Erden ausbreitet. Immer, wenn wir das Vaterunser beten, bitten wir, dass sein Reich komme (Mt. 6,10). Auch auf andere Weise setzen wir uns dafür ein, dass das Reich Gottes sichtbar wird: indem wir nach Erfüllung der prophetischen Verheißungen streben – jener, die wir in der Bibel finden, der prophetischen Verheißungen aus unserer Zeit und persönlicher prophetischer Worte, ganz besonders der Verheißungen, die mit Erweckung im Zusammenhang stehen. (Näheres zum Thema Erweckung und was ich unter diesem Begriff verstehe, finden Sie in Kapitel 20.)

Je mehr Sie Fürbitte tun, desto mehr wird Ihnen die dynamische Beziehung zwischen prophetischen Verheißungen und beharrlichem Beten bewusst werden. Wenn unser Glaube durch prophetische Verheißungen angeregt wird, dann gibt uns das Energie, das Gebet um die volle Erfüllung dieser Verheißungen nicht zu vernachlässigen. Tatsächlich sind Gebet und Prophetien untrennbar. Prophetische Verheißungen sind Antrieb für das Werk der Fürbitte, Reinheit und effektiveren Einsatz für andere Menschen. Sie helfen uns an Glauben und Gehorsam festzuhalten, sodass wir nicht aufgeben, wenn uns Druck und Schwierigkeiten zu schaffen machen.

Eine prophetische Verheißung ist häufig eher Einladung als Garantie. Mit dem prophetisch Gesagten rüstet Gott uns aus, nachdrücklicher mit dem Heiligen Geist in der Fürbitte zusammenzuarbeiten, damit all das, was Gott verheißen hat, auch ohne Abstriche geschieht.

Besonders die prophetischen Verheißungen der Heiligen Schrift sind uns kostbar, aber die persönlichen, die uns der Heilige Geist selber gibt, sollten wir auch nicht gering schätzen. Paulus ermahnte Timotheus, den Kampf des Glaubens gemäß den prophetischen Worten zu kämpfen, die ihm gegeben worden waren. „Dieses Gebot vertraue ich dir an, mein Sohn Timotheus, nach den vorangegangenen Weissagungen über dich, dass du in ihnen den guten Kampf kämpfst“ (1. Tim. 1,18). Prophetische Worte helfen uns, treu zu bleiben in den Aufgaben, die der Herr uns gegeben hat, besonders, wenn es schwierige Aufgaben sind.

Biblische sowie prophetische Verheißungen unserer Zeit und persönliche prophetische Worte sind wichtige Hilfen für eine über viele Jahre anhaltende Beharrlichkeit im Gebet. Natürlich sollten wir nie prophetische Verheißungen annehmen, die das geschriebene Wort nicht ehren oder ihm widersprechen. Die Heilige Schrift ist die letzte Autorität in allen Belangen des Glaubens, auch prophetischen Verheißungen. Unsere Arbeit muss auf der Schrift gegründet sein, nicht auf prophetischen Worten. Prophetische Worte werden nicht gegeben, um uns zu Handlungen anzuleiten, die mit der Heiligen Schrift nicht konform gehen, sondern um uns zu helfen, dass wir treu und fest bleiben und nicht aufgeben, wenn wir auf Schwierigkeiten stoßen.

Ich denke an die drei Stufen in unserer Partnerschaft mit Gott. Erstens initiiert Gott, was er will, indem er es in seinem Wort verkündet und unser Herz anrührt, sodass wir daran glauben. Zweitens reagieren wir gehorsam mit Gebet und sprechen Gottes Willen zu ihm zurück. Drittens erhört Gott unser Gebet und schenkt, worum wir bitten.

Mit anderen Worten, der Herr steht über dem gesamten Prozess der Erweckung. Er sendet prophetische Ermutigung, um uns zum Festhalten am Gebet anzuregen, und dann hilft uns der Heilige Geist zu beten. Daraufhin erhört Gott die Gebete, indem er vermehrt seine Kraft und seinen Segen sendet. Ein herrlicher Zyklus! Er beginnt, erhält und beendet sein Werk der Erweckung. Am besten kommt das bei Paulus zum Ausdruck: „Denn von ihm und durch ihn und zu ihm sind alle Dinge. Ihm sei Ehre in Ewigkeit!“ (Röm. 11,36). Sowohl Gebet als auch Erweckung beginnen mit ihm und werden durch ihn aufrechterhalten, und dann fällt die Ehre wieder an ihn zurück.

Biblische Verheißungen einer großen Ausgießung des Heiligen Geistes

Ich bin überzeugt, dass die größte Ausgießung des Heiligen Geistes der Geschichte kurz vor Jesu Wiederkunft geschehen wird. In der Generation, in der der Herr zurückkommt, wird der Leib Christi an der größten Erweckung aller Zeiten teilhaben. In dieser großen Erweckung wird der Heilige Geist die Art von Wundern wirken, von denen in Apostelgeschichte und 2. Mose berichtet ist, kombiniert und in globalem Maßstab vervielfältigt.

Woher weiß ich das? Weil die Bibel viele auf die Endzeit bezogene Verheißungen enthält. Und sie sagt uns, dass Jesus zurückkommt für „eine Gemeinde, die herrlich sei, die weder Flecken noch Runzel oder etwas dergleichen habe, sondern ... heilig und untadelig sei" (Eph. 5,27).

Bevor wir fortfahren, möchte ich kurz definieren, was ich unter den beiden Begriffen „die letzten Tage" und „Endzeit" verstehe. Die letzten Tage begannen mit dem Pfingsttag und werden bis zum Tag dauern, an dem Jesus wiederkommt. „Endzeit" bezieht sich auf die letzten Jahrzehnte der „letzten Tage". Ich verwende den Begriff „Endzeit" synonym mit der Wendung „die Generation, in der der Herr zurückkommt".

Die biblischen Verheißungen zeigen uns, dass wir erwarten können, in der Endzeit Zeugen von verschiedenen Ausprägungen von Erweckung zu werden. Ich unterscheide fünf:

1. Wir werden die Entstehung einer siegreichen, vereinten, bevollmächtigten Gemeinde sehen, die von der Herrlichkeit Gottes erfüllt ist. Jesus hat gebetet, dass „sie [die Gemeinde] vollkommen eins werden und die Welt erkennt", dass der Vater Jesus gesandt hat (Joh. 17,22–23).
2. Die Gemeinde wird in Liebe, Demut und Reinheit leben, da die Gläubigen ihr Leben gemäß der Bergpredigt Jesu führen werden (Mt. 5–7).
3. Wir werden eine große Endzeit-Ernte aus allen Nationen, Stämmen und Sprachen sehen. Ich gehe davon aus, dass im Rahmen dieser großen Seelenernte über eine Milliarde Menschen neu zu Jesus kommen.

Danach sah ich, und sieh, eine große Schar, die niemand zählen konnte, aus allen Nationen, Stämmen, Völkern und Sprachen; die standen vor dem Thron und vor dem Lamm, bekleidet mit weißen Kleidern und mit Palmzweigen in ihren Händen. … Das sind die, die aus der großen Trübsal gekommen sind, und sie haben ihre Kleider gewaschen und haben sie weiß gemacht im Blut des Lammes."

Offenbarung 7,9.14

4. Der Geist der Prophetie wird in der Gemeinde wirken und auf jedem Christen ruhen.

Und es soll geschehen in den letzten Tagen, sagt Gott, da will ich von meinem Geist ausgießen auf alle Menschen; und eure Söhne und eure Töchter werden weissagen, und eure jungen Männer werden Visionen haben, und eure Ältesten werden Träume haben.

Apostelgeschichte 2,17

5. Die Gläubigen werden ihrer Hauptberufung nachkommen, die Verlorenen zu gewinnen und seine Gemeinde zu bauen – eine Reich-Gottes-Gemeinschaft, die gemäß den beiden großen Geboten lebt: Gott und Menschen zu lieben und volles Engagement für den Missionsbefehl zu zeigen.

Du sollst den Herrn, deinen Gott, lieben von ganzem Herzen, von ganzer Seele und von ganzem Gemüt. Dies ist das erste und größte Gebot. Das Zweite aber ist ihm gleich: Du sollst deinen Nächsten lieben wie dich selbst.

Matthäus 22,37–39

Darum geht hin und macht alle Völker zu Jüngern … und lehrt sie alles halten, was ich euch befohlen habe.

Matthäus 28,19–20

Wir müssen eine Spannung aushalten, wenn wir im Gebet um die völlige Erfüllung dieser prophetischen Verheißungen zur Erweckung ringen: Wir sollen *jetzt* in einer *teilweisen* Erfahrung der Kraft Gottes handeln und gleichzeitig mit ganzem Ernst weiter für einen historischen Durchbruch der *Fülle* des Geistes beten.

Manche, die um die „große" Ausgießung beten, verlieren den Blick für den Dienst in der Kraft Gottes in der Gegenwart. Und manche, die jetzt regelmäßig Menschen dienen, verlieren den Blick für das fürbittende Ringen um einen historischen Durchbruch der Fülle all dessen, was Gott geplant hat. Sie verwenden alle ihre Kraft auf die Gegenwart und haben nicht den Glauben, die Energie oder auch den Wunsch, um einen größeren Durchbruch in der Zukunft zu ringen.

Es ist aber möglich, in dem Maß zu leben, das Gott jetzt für uns bestimmt hat, und gleichzeitig nach der Fülle dessen zu suchen, was er noch vorhat. Wir können jetzt Kranke heilen und viele für Jesus gewinnen, auch schon vor der Zeit, in der im Rahmen der Endzeit-Erweckung große Menschenmengen zu Jesus kommen werden.

Wir sollen Gottes Kraft heute ergreifen, während wir um die Fülle für morgen ringen. Mit anderen Worten, wir können eine Gegenwartsbeziehung mit Jesus haben und gleichzeitig um die Fülle des Verheißenen beten und sie erwarten.

Gottes Wort an mich

Viele Jahre lang las ich über die Erweckungen, die den Dienst von Glaubenshelden wie Jonathan Edwards, John Wesley, George Whitefield, David Brainerd und Charles Finney begleiteten. (In Kapitel 20 werden wir uns näher mit diesen großen Männern Gottes und ihrer Rolle in der Erweckung befassen.) Ihre Lehre las ich, und daneben die von Martyn Lloyd-Jones und den puritanischen Schriftstellern – jenen, die sich auf die biblischen Verheißungen zur Erweckung verstanden – und übernahm ihre Theologie, dass am Ende der Zeiten eine Seelenernte stattfinden wird, wie es sie noch nie gegeben hat.

Viel später wurde meine Überzeugung über eine endzeitliche Ausgießung des Heiligen Geistes dann ganz persönlich. Im September 1982 erlebte ich eines Abends in einem ziemlich schäbigen Hotelzimmer in Kairo eine lebensverändernde Begegnung mit dem Heiligen Geist. Von dieser herrlichen Begegnung würde ich Ihnen gerne etwas erzählen.

Die Ausstattung des Zimmerchens bestand aus einem schmalen Bett, einem quietschenden Deckenventilator, Leitungen wie aus der Steinzeit und allerhand Krabbelzeug, das hin und wieder über den Betonboden huschte – es war, nach westlichen Standards, sehr primitiv. Ich war allein und wollte den Abend im Gebet verbringen. Nachdem ich etwa dreißig Minuten auf dem Betonboden vor dem wackeligen Bett gekniet hatte, erlebte ich plötzlich eine der unglaublichsten Begegnungen mit dem Herrn, die mir in all meinen Jahren als Christ untergekommen war.

Ich sah keine Vision und wurde nicht in den Himmel aufgenommen. Ich merkte nur einfach, wie Gott zu mir sprach – nicht mit einer hörbaren Stimme, die ich mit meinen normalen Ohren hätte wahrnehmen können, sondern mit dem, was ich als eine „innerlich hörbare Stimme des Herrn" beschreiben würde. Auf der Stelle überwältigte mich das Empfinden der Gegenwart Gottes. Es kam mit einem gewaltigen Gefühl von Reinheit, Kraft und Autorität. Ich wollte weg und wollte doch nicht weg. Ich wollte, dass die Erfahrung aufhörte, und gleichzeitig, dass sie anhielte.

Nur ein paar Sätze hörte ich, aber jedes Wort war von großer Bedeutung. Ehrfurcht vor Gott durchströmte mich, und ich empfand ein wenig den „Schrecken des Herrn". Ich bebte buchstäblich und weinte, während Gott selbst mit mir kommunizierte, wie ich es nie zuvor und nicht mehr seitdem erlebt habe.

Der Herr sagte einfach: *„Innerhalb einer Generation werde ich ändern, wie das Christentum wahrgenommen wird und wie es sich darstellt."* Es war eine einfache, unkomplizierte Aussage, aber ich fühlte Gottes Kraft mit jedem Wort, während ich die Interpretation des Geistes vernahm: Gott selbst wird drastische Veränderungen in der Christenheit auf der ganzen Welt vornehmen, und diese Reformations-Erweckung wird durch seine souveräne Initiative geschehen und zu seiner Ehre sein.

Ich wusste durch den Heiligen Geist, dass die Wendung „Wahrnehmung" bedeutete, wie die Christen von Ungläubigen gesehen werden. In der Frühkirche hatten die Leute Angst, sich mit Gläubigen zusammenzutun, teilweise wegen der übernatürlichen Zeichen der Macht Gottes (Apg. 5,13). Heute finden die meisten Ungläubigen die Kirche antiquiert und messen ihr keine Bedeutung für ihr Leben bei. Gott wird die Ansichten von Nichtchristen über die Kirche verändern. Sie werden wieder Zeuge sein von Gottes wunderbarer, aber auch schrecklicher Macht. Bevor Gott mit dieser Generation fertig ist, wird sie ein ganz anderes Verständnis von Christen bekommen.

Ich wusste auch durch den Heiligen Geist, dass die Wendung „Darstellung" für die Weise stand, wie der Leib Christi sein gemeinsames Leben unter der Leitung Jesu zum Ausdruck bringt. Gott wird drastische Veränderungen bewirken, sodass wir als ein geeintes, heiliges Volk in der Kraft und Liebe Gottes funktionieren. Was geschieht, wenn wir uns als Leib Christi sammeln, wird sich verändern. In der Endzeitkirche werden wir beispiellose Kraft, Reinheit und Einheit erleben.

Gott selbst wird die Beziehungen der Christen mit Gott und untereinander radikal verändern, ebenso die Weise, wie wir von Ungläubigen wahrgenommen werden, selbst die Struktur und Arbeitsweise der Kirche auf der ganzen Erde. Das wird er nicht in einem Monat, in einem oder ein paar Jahren tun, sondern im Verlauf einer Generation. Er wird sein Volk gebrauchen, das ihm in vielen verschiedenen Denominationen und Strömungen im Leib Christi dient. Er liebt die ganze Gemeinde und wird alle gebrauchen, die sich von ihm gebrauchen lassen wollen.

Wahrnehmung und Darstellung des Christentums wird durch eine große, souveräne Ausgießung des Geistes verändert werden, quer über nationale, soziale, ethnische, kulturelle und konfessionelle Grenzen hinweg. Es wird nicht nur eine Erweckung im Westen oder eine Erweckung in der Dritten Welt sein. Nach der Prophezeiung in Joel 2,28–32, die Petrus in Apostelgeschichte 2 aufgreift, wird Gott in den letzten Tagen seinen Geist auf „alle Menschen" ausgießen (Vers 17).

Vieles wird sich als Resultat der zunehmenden Ausgießung des Geistes ändern. Diese wird in vielen Dimensionen zum Ausdruck kommen, sodass sie nicht nur als eine bestimmte Bewegung wahrgenommen wird – eine Evangelisationsbewegung, eine Heilungsbewegung, eine Gebetsbewegung, eine Einheitsbewegung oder eine prophetische Bewegung. All das wird sie sein, aber noch mehr. Vor allem wird diese Ausgießung des Geistes im Herzen von Männern und Frauen eine tiefe Leidenschaft für Jesus bewirken. Das erste Gebot, Gott zu lieben, wird dann in der Gemeinde an erster Stelle stehen, und das wird dazu führen, dass die Gemeinde in beispielloser Weise nach dem zweiten Gebot, andere Menschen zu lieben, lebt, und sich für den Missionsbefehl einsetzt. Der Heilige Geist sehnt sich danach, Jesus im Leib Christi in allen Nationen zu verherrlichen (s. Johannes 16,14).

Mein Erlebnis in dem Kairoer Hotelzimmer dauerte keine Stunde, wenn es mir auch viel länger vorkam. Ich verließ das Zimmer und wanderte bis etwa Mitternacht allein in den Straßen der Kairoer Innenstadt umher und weihte mich dem Herrn und seinen Absichten. Die Ehrfurcht vor Gott blieb stundenlang in meiner Seele. Als ich am folgenden Tag aufwachte, fühlte ich immer noch ihre Auswirkungen.

Dieses Erlebnis war mir Beweis dafür, dass ich den prophetischen Dienst wertschätzen muss. Mir wurde klar, dass er die endzeitliche Gebetsbewegung maßgeblich antreiben wird. Der prophetische Dienst in der

Lokalgemeinde wird mehr beinhalten als in Worte gefasste, inspirierte Prophetien. Auch Engelsvisitationen, Träume, Visionen, Zeichen und Wunder am Himmel und noch mehr werden dazugehören. Der Heilige Geist wird auf alle Menschen ausgegossen werden, wie in Joel 2 vorhergesagt und in Petrus' erster Predigt am Pfingsttag zitiert.

> Und es soll geschehen in den letzten Tagen, sagt Gott, da will ich von meinem Geist ausgießen auf alle Menschen …
>
> Apostelgeschichte 2,17

Viele alttestamentliche Prophezeiungen über das Reich Gottes werden auf zwei Weisen und in zwei Zeitrahmen erfüllt. Erstens wird eine *teilweise*, lokal begrenzte Erfüllung stattfinden, wie sie in der Frühkirche vorkam und in der Apostelgeschichte beschrieben ist. Zweitens wird es im weltweiten Maßstab eine *totale, globale* Erfüllung geben in der Generation, in der Jesus wiederkommt. Jesus sprach vom Reich Gottes nicht nur, als ob es schon in aller Fülle gekommen sei, sondern auch, als ob es erst noch kommen müsse. Wie George E. Ladd es ausdrückt, ist das Reich Gottes sowohl *„schon"* als auch *„noch nicht"* – es ist schon hier, aber noch nicht ganz. Die Bibel lehrt, dass mit dem Kommen Christi das Reich Gottes teilweise auf die Erde kam, dass sich die diesbezüglichen biblischen Prophetien aber vollständig am Ende dieser Zeit, wenn Jesus Christus wiederkommt, erfüllen werden.[2]

Dieser „Schon, aber noch nicht"-Aspekt ist eine Sicht, die sich durch die ganze Bibel zieht. Zum Beispiel prophezeite Maleachi im vorletzten Vers des Alten Testaments:

> Sieh, ich will euch den Propheten Elia senden, bevor der große und schreckliche Tag des Herrn kommt.
>
> Maleachi 3,23

Jesus identifizierte Johannes als Elia (Mt. 11,14) und sagte später über ihn:

> Elia muss ja vorher kommen und alles wiederherstellen. Doch ich sage euch: Elia ist schon gekommen, und sie haben ihn nicht erkannt, sondern haben an ihm getan, was sie wollten.
>
> Matthäus 17,11–12

Im Dienst von Johannes dem Täufer in Judäa sehen wir eine unmittelbare, teilweise, lokal begrenzte Erfüllung vom „Kommen des Elias". Wir werden jedoch auch eine zukünftige, vollständige Erfüllung erleben, wenn „Elia" kommt, um am Ende der Zeiten alles wiederherzustellen.

Auf dieselbe Weise wurde die Joel-2-Voraussagung über die Ausgießung des Heiligen Geistes am Pfingsttag in Jerusalem teilweise erfüllt. Petrus zitiert die Prophetie und sagt:

> … dieses ist das, was durch den Propheten Joel gesagt wurde …
>
> Apostelgeschichte 2,16

Aber obwohl die Ausgießung zu Pfingsten das war, „was durch den Propheten Joel gesagt wurde", war sie nicht *alles*, wovon Joel gesprochen hatte. Der Geist fiel auf hundertzwanzig Menschen in einem kleinen Raum in Jerusalem und berührte dann dreitausend Menschen (Apg. 2). Aber Joel hatte von viel mehr als dem gesprochen. Er sagte: „… will ich von meinem Geist auf *alle Menschen* ausgießen" (Joel 2,28). Zu den einzigartigen Dingen der letzten großen Erweckung werden die Zeichen und Wunder gehören, die in Apostelgeschichte 2,19 beschrieben sind, die sich in der Natur, sowohl auf der Erde als auch am Himmel, zeigen werden.

> Und ich will Wunder tun oben im Himmel und Zeichen unten auf Erden: Blut und Feuer und Rauchdampf; die Sonne wird sich in Finsternis verwandeln und der Mond in Blut, bevor denn der große und herrliche Tag des Herrn kommt.
>
> Apostelgeschichte 2,19–20, siehe auch Joel 2,30–31

Zu der Zeit, als Joel diese Prophetie äußerte, waren viele der darin enthaltenen Vorstellungen neu für Israel. Die Salbung des Geistes war zur Zeit des Alten Testaments nur einigen wenigen Menschen zuteil geworden, meistens älteren jüdischen Männern – Königen, Richtern oder Propheten. Joel jedoch prophezeite, dass der Geist auf alle Menschen ausgegossen werden würde, auf Juden und Heiden, Männer und Frauen, Jung und Alt. Paulus bestätigte Joels Wort in 1. Korinther 14,31, als er darauf hinwies, dass alle Gläubigen prophezeien können: „Denn ihr könnt alle weissagen, einer nach dem andern, damit alle lernen und alle ermahnt werden."

Die einzige Einschränkung, die Joel in dieser allumfassenden Verheißung, der Heilige Geist würde auf „alle Menschen" ausgegossen werden, machte, war die Wendung „über Knechte und Mägde werde ich in jenen Tagen meinen Geist ausgießen" (Joel 3,2). Deshalb bezieht sich „alle Menschen" auf die, die Gott dienen. „Knechte und Mägde" sind nicht die, die ihren Glauben ohne Ernst leben, sondern die, die Gott wirklich dienen.

Wie auch viele andere prophetische Bibelstellen hilft uns Joels Prophetie ganz stark, auf eine weltweite Ausgießung des Geistes zu vertrauen. Sie inspiriert unseren Glauben und rüstet uns aus, über viele Jahre treu zu beten und zu dienen. Die prophetischen Verheißungen der Schrift fokussieren auch unsere Fürbitte, indem sie den Willen Gottes als eine Einladung für uns offenbaren, durch beharrliches, glaubensvolles Gebet zu empfangen. Lassen wir in unserm Fürbitte- wie auch dem prophetischen Dienst nicht nach, während wir gleichzeitig voller Freude die Wiederkunft Jesu als Bräutigam, König und Richter erwarten.

Kapitel 12

Das neutestamentliche Beispiel für geistliche Kampfführung

Satan zittert beim Anblick auch des schwächsten Christen auf Knien.[1]

William Cowper

Wenn wir voller Glauben um die Erfüllung prophetischer Verheißungen beten, müssen wir gegebenenfalls eine Fürbitteform aufgreifen, die man als „geistliche Kampfführung" bezeichnet. Über diese Art von Gebet bestehen einige Missverständnisse. In den meisten Fällen soll geistliche Kampfführung nicht in der direkten Konfrontation mit den Mächten ausgeführt werden, die über Städte und Nationen herrschen. Nach dem neutestamentlichen Modell bekämpfen wir die körperlosen, bösen Geister der Himmelswelt in erster Linie damit, dass wir unser Gebet an Gott richten, seinen Namen und seine Verheißungen verkünden und seine Werke tun. (Diese bösen Geister werden als „Fürsten und Mächtige" bezeichnet, als „die Herrscher der Welt, die in der Finsternis dieser Zeit herrschen" und als „böse Geister in den himmlischen Regionen" (Eph. 6,12).) Natürlich ist dies nur die allgemeine Regel. In Ausnahmefällen richten wir unsere Worte direkt an den Feind, möglicherweise leitet der Heilige Geist einen Fürbitter einmal, eine dämonische Macht direkt anzusprechen. Dies entspricht jedoch nicht dem Muster für Gebet, wie wir es im Neuen Testament bei den Aposteln vorfinden.

Jesus und die Apostel sprachen direkt zu den Dämonen, die *in* einer dämonisierten Person wohnten – mit anderen Worten, zu „verkörperten" dämonischen Geistern. Das ist etwas anderes als das Ansprechen „körperloser“ dämonischer Mächte, die in himmlischen Regionen wohnen. Mit ihnen kämpfen wir (Eph. 6,12), aber normalerweise dadurch, dass wir zum Vater beten, nicht aber sie direkt ansprechen. Der Prophet Daniel vertrieb die starke, dämonische Macht über Persien (Dan. 10,12–13) durch Fasten und Beten, fokussiert auf den Gott Israels, nicht auf das dämonische Wesen selbst (Dan. 9,4–23).

Geistliche Kampfführung erfordert einen dreigleisigen Ansatz. Erstens verkünden wir Gottes Sieg, indem wir die Überlegenheit Jesu, seine Macht, seine Verheißungen und seinen Willen bestätigen. Mit dem Beten der biblischen Gebete erinnern wir Gott an seine Verheißungen und stellen eine Verbindung zwischen prophetischen Anordnungen und der Gewissheit der Vorherrschaft Gottes und seiner Reich-Gottes-Absichten her. Zweitens bekennen wir Sünde und sagen uns von den Werken der Finsternis los. Mit andern Worten, wir brechen mit allem, wo wir mit dem Feind übereinstimmen. Auf diese Weise widerstehen wir dem Satan: „So seid nun Gott untertan. Widersteht dem Teufel, dann flieht er von euch“ (Jak. 4,7). Drittens tun wir die Werke Gottes, indem wir in einem Geist, mit einer Gesinnung handeln, die den üblen Eigenschaften einer bestimmten Stadt oder Region genau entgegengesetzt ist.

Drei Arten von Festungen

Die Schrift spricht von geistlichen „Festungen“: „Denn die Waffen unseres Kampfes sind nicht menschlich, sondern mächtig vor Gott zur Zerstörung von Festungen; wir zerstören damit kluge Anschläge und jede Höhe, die sich gegen die Erkenntnis Gottes erhebt“ (2. Kor. 10,4–5). Eine „Festung“ ist eine Ansammlung von Vorstellungen, die mit Satans Lügen und Anschuldigungen gegen die Wahrheit Gottes (Vers 5) stehen. Es sind Lügen über Gott, sein Wesen, sein Handeln und seine Pläne. Wenn wir sie übernehmen, halten sie uns in der Finsternis.

Ganze geografische Regionen können unter dem Einfluss derselben Lügen stehen und dem Angriff derselben dämonischen Finsternismacht ausgesetzt sein. Wir sollen geistliche Festungen zerstören, indem wir mit Gott und seinem Wort übereinstimmen und indem wir „kluge Anschläge“ bzw. „hochtrabende Argumente“ (EhÜ) zerstören – uns von den Lügen abkehren –, die der Erkenntnis Gottes, seines Wortes und seines Willens entgegenstehen. Auf diese Weise brechen wir mit jeglicher Übereinstimmung mit Satan.

Es gibt drei Typen von geistlichen Festungen:

1. **Persönliche Festungen** des Verstandes, welche Menschen in sündigen Denkweisen und einem sündigen Lebensstil gefangen halten.
2. **Kulturelle Festungen** bzw. in der Gesellschaft etablierte Werte der Finsternis. Kulturelle Festungen sind Übereinstimmungen mit Satans Werten in unserer Gesellschaft insgesamt. Auf vielerlei Weise stimmen wir mit ihm überein und halten an diesen unguten Werten fest. (Gebete für den Sieg über kulturelle Festungen finden Sie in Anhang D.)
3. **Kosmische Festungen** – dämonische Mächte und Gewalten in der Luft, dämonische Engel oder dämonische Heere. Paulus beschreibt sie in seinem Brief an die Epheser: „Denn unser Kampf ist nicht gegen Fleisch und Blut, sondern gegen die Gewalten, gegen die Mächte, gegen die Weltbeherrscher dieser Finsternis, gegen die geistigen Mächte der Bosheit in der Himmelswelt“ (Eph. 6,12 REÜ).

All diese Festungen reißen wir nieder, indem wir in Beten und Tun mit Gott *übereinstimmen* und uns von den Lügen des Feindes *lossagen*.

Das Prinzip der Übereinstimmung mit Gott

Geistliche Kampfführung ist im Wesentlichen das Übereinstimmen mit Gott und Nicht-Übereinstimmen mit dem Feind. Dazu gehört, Gott seinen Charakter und Bundesverheißungen vorzuhalten, seinem Wort zuzustimmen und die Vorherrschaft Jesu und das, wer wir in Christus sind, zu verkünden – eine neue Schöpfung, Kinder Gottes, die Braut Christi und so weiter. Ferner gehört dazu, sich von aller Übereinstimmung mit Satan loszusagen, und zwar durch Bekennen der Sünde, Ablehnen der Werke der Finsternis und Handeln im entgegengesetzten Geist (also die Werke des Reiches Gottes tun).

Gemeinschaftlich stimmen wir mit Gott überein, wenn wir Anbetung und Fürbitte praktizieren. Manche Gebetsdienste legen die Betonung eher auf Anbetung, andere mehr auf Fürbitte. Mitunter werde ich gefragt, was bei der geistlichen Kampfführung wichtiger sei – Anbetung oder Fürbitte. Dann rate ich, sich über diese Frage nicht allzu viel Gedanken zu machen. Wenn wir mit dem übereinstimmen, *wer Gott ist*, sprechen wir von „Anbetung“. Wenn wir mit dem übereinstimmen, was Gott *zu tun verheißen hat*, sprechen wir von „Fürbitte“. Im Himmel werden Anbetung und Fürbitte einen Fluss bilden und in der Ausübung der Herrschaft Gottes zusammenwirken. Sie überlappen sich und sind tief miteinander verwoben. Beide sind nötig, und so müssen wir beide wertschätzen für unsere gottzentrierte geistliche Kampfführung.

Anbetung ist Übereinstimmung mit Gottes Wesen.
In der Anbetung sprechen wir Wahrheiten über Gott aus. Zum Beispiel verkünden die Heiligen und Engel im Himmel Wahrheiten wie: „Heilig, heilig, heilig“ (Offb. 4,8), auch: „Heilig ist der Herr“, und „Du bist würdig.“ Überall im Alten Testament finden wir den Ausruf: „Der Herr ist freundlich, und seine Gnade währt ewig.“[2] Das ist die deutlichste Aussage, die man über Gott machen kann.

Fürbitte ist Übereinstimmung mit dem, was Gott zu tun verheißen hat.
In der Fürbitte sprechen wir Wahrheiten über Gottes verheißene Taten aus. Wir beten zum Beispiel: „Herr, wirke mehr durch deinen Heiligen Geist und erwecke die Gemeinde zu neuem Leben. Lass die Kraft deines Wortes wirksam werden und bestätige es durch Zeichen und Wunder.“

Heiligkeit ist Übereinstimmung mit Gottes Herzen voll Liebe.
Heiligkeit beinhaltet Buße: Wir brechen mit der Sünde und übernehmen Gottes Standards in Bezug auf Reinheit.

Heilung ist Übereinstimmung mit Gottes Leidenschaft für das Leben.
Wir verkünden die Wahrheit, dass Jesus der Heiler ist, und sagen uns los von aller Krankheit.

Was geschieht im geistlichen Bereich, wenn wir beten?

Wie eine Momentaufnahme gewährt uns Daniel 10 einen kleinen Einblick in den geistlichen Bereich, wenn Gottes Kinder beten. Das ist ein Lieblingskapitel vieler Fürbitter, denn hier ist der Vorhang zurückgezogen und wir können die Auswirkungen unserer Gebete auf Engel und dämonische Mächte und Gewalten sehen. Es offenbart auch den heftigen Konflikt zwischen hochrangigen Engeln und Dämonen, der sich in irdischen Regierungen manifestiert.

Engels- und dämonische Autoritätsstrukturen existieren über jeder Stadt und Region der Welt. Es gibt hochrangige Engel, die Gottes Zielen dienen, und es gibt hochrangige Dämonen, die seine Ziele bekämpfen. Der Konflikt zwischen diesen Engels- und dämonischen Wesen steht in dynamischer Beziehung zu den Gebeten und Taten der Menschen in der Stadt oder Region, über die die Wesen jeweils herrschen. Wenn wir in den geistlichen Bereich sehen könnten, würden wir, glaube ich, staunen, wie viel die Himmelsheere mit irdischen Dingen zu tun haben und wie sie auf unsere Gebete reagieren.

Es besteht eine dynamische Verbindung zwischen dem, was Menschen auf der Erde tun, und dem Umfang der dämonischen Aktivität, die in ihren Lebensbereichen stattfinden kann. Wenn zum Beispiel Menschen in einer bestimmten Stadt oder Region mehr sündigen, gewähren sie dem dämonischen Reich mehr Möglichkeiten, die geistliche Finsternis in jener Stadt oder Region zu verstärken. Dasselbe Prinzip gilt im Blick auf Engel und ihre Kraft – die gerechten Taten und Gebete der Heiligen haben Einfluss auf das Maß von Engelsaktivität in einer bestimmten Gegend.

Politisch Verantwortliche und die Herrschaftsstrukturen unter ihnen werden von der Aktivität von Engeln und Dämonen stark beeinflusst, wenn auch viele dieser Verantwortlichen sich überhaupt nicht darüber im Klaren sind, dass sie gegen dämonische Mächte und Gewalten (Eph. 6,12) kämpfen und von ihnen bedrängt und beeinflusst werden. Seien es Könige, Präsidenten oder Premierminister, sie alle haben hochrangige Engel und Dämonen in Bezug auf ihren politischen Verantwortungsbereich. Das Ergebnis des Konflikts zwischen diesen guten und bösen Mächten hat Einfluss auf viele Ereignisse und politischen Entscheidungen, ebenso wie auf die geistliche Kultur der Städte auf Erden.

Ich glaube, dass es dämonische Missionen gibt, jeden Regierungsverantwortlichen zu täuschen und zu quälen. Wenn jemand ein Amt antritt, setzt er sich vermehrten Angriffen aus. Aus diesem Grund müssen wir für ihn vor Gottes Thron treten – und im Kampf mit dämonischen Mächten kann man nur Erfolg haben, indem man sich der Leitung Jesu unterwirft und *seine* Autorität über diese bösen, übernatürlichen Mächte ausübt im Gebet.

Wenn wir beten, vermehren der Heilige Geist und die Engel ihre Aktivität zugunsten derer, für die wir beten, und das Ergebnis wird letztlich uns zugute kommen. Paulus verstand diese Wahrheit, deshalb forderte er den Leib Christi auf, dem Gebet für Verantwortliche Priorität einzuräumen:

> So ermahne ich nun, dass man zuerst vor allem mit Bitten, Gebeten, Fürbitten und Dankgebeten für alle Menschen eintritt, für die Könige und für alle Obrigkeit, damit wir ein ruhiges und zufriedenes Leben führen können in aller Gottesfurcht und Ehrbarkeit.
>
> 1. Timotheus 2,1–2

Paulus wusste auch aus der Schrift, dass das Herz eines Königs oder politischen Führers in der Hand des Herrn ist. Der Herr kann es wie Wasserbäche leiten, und er kann in diesem Prozess Engel gebrauchen.

> Das Herz des Königs ist in der Hand des Herrn wie Wasserbäche, und er lenkt es, wohin er will.
>
> Sprüche 21,1

Überlegen Sie ein Beispiel für den Einfluss, den unsere Gebete auf einen politisch Verantwortlichen haben können. Wenn sich ein Staatsoberhaupt bedrückt fühlt, liegt das manchmal an dem Einfluss eines Dämons. Hat z. B. ein Präsident einen schwierigen Tag, denkt er vielleicht, er sei einfach schlecht gelaunt. Das mag sein, aber es könnte auch sein, dass ihn in Wirklichkeit ein dämonischer Geist angreift. Ein Ziel der Belastung ist, dass das Staatsoberhaupt unter dem negativen, belastenden Einfluss einer dämonischen Macht neue Gesetze und Verordnungen festschreibt. Aufgrund unserer Gebete drängen Engel die Dämonen zurück und hindern ihren negativen Einfluss auf einen politisch Verantwortlichen.

Ebenso wie Dämonen Führungspersönlichkeiten beeinflussen können, schlechte Entscheidungen zu treffen, können Engel sie beeinflussen, weise Entscheidungen zu treffen. Wenn ein gottloser König oder Präsident eine plötzliche Welle von Frieden im Herzen verspürt, z. B. aufgrund der Gebete von Christen, ist es viel wahrscheinlicher, dass er richtige Weichenstellungen für seine Nation tätigt. So kann selbst der Ton und die Haltung in den Kabinettssitzungen eines Regierungschefs von solchen Gebeten beeinflusst sein, welche Engelsaktivität ermöglichen, die das belastende Gefühl, das Dämonen auslösen können, hindern.

Ohne ausreichend Behinderung der dämonischen Hierarchie wird der Verantwortliche beeinflusst, ungute Entscheidungen zu treffen. Er hat einen freien Willen; aber wenn er, auch als Ungläubiger, friedlich und fröhlich ist, werden seine Entscheidungen anders ausfallen als die, die er machen würde, wenn er zornig, ängstlich, eifersüchtig, bitter und von einem Dämon belastet ist. Der Leiter trifft zwar seine eigenen Entscheidungen, steht dabei aber unter ganz anderem Einfluss, je nachdem ob der Engel oder der Dämon ihn sozusagen im Griff hat.

Unsere Gebete für Könige, Präsidenten und andere in Verantwortung sind durchaus von Bedeutung, und sie können die Entscheidungen, die ein Leiter trifft, beeinflussen. Diese wiederum haben Auswirkungen auf uns – auf Lebensbedingungen, Familien und Wirtschaft. Das ist der Grund, weshalb Paulus uns mahnt, für alle die zu beten, die in Autorität sind, „damit wir ein ruhiges und zufriedenes Leben führen können" (1. Tim. 2,2).

Daniels Erfahrung

Der Prophet Daniel war vermutlich Mitte achtzig, als er sich vornahm, für die Juden in Jerusalem zu beten. Er betete einundzwanzig Tage lang, mit Gebet und Fasten trauerte er wegen der Widerspenstigkeit des in Jerusalem zurückgebliebenen Rests des Volks.

> Zur selben Zeit trauerte ich, Daniel, drei Wochen lang. Ich aß keine leckere Speise, Fleisch und Wein kam nicht in meinen Mund, und ich salbte mich auch nie, bis die drei Wochen um waren.
>
> Daniel 10,2–3

Als Reaktion auf Daniels Gebet kam ein mächtiger Engel (V. 10–14). Dieser hochrangige Engel (V. 5–6) war von ähnlicher Statur wie der Engel, den später der Apostel Johannes in seiner Vision sah (Offb. 10,1). Er sagte zu Daniel:

> Von dem ersten Tag an, als du von Herzen … dich vor deinem Gott demütigtest, sind deine Worte erhört worden; und ich bin wegen deiner Worte gekommen. Aber der Engelfürst [dämonische Macht] des Königreichs in Persien hat mir 21 Tage lang widerstanden; und sieh, Michael, einer der höchsten Engelfürsten [Erzengel], kam mir zu Hilfe.
>
> Daniel 10,12–13

Dies ist eine wichtige Stelle für das Verständnis der biblischen Lehre über Fürbitte und geistliche Kampfführung. Es war im Grunde so, dass ein mächtiger Engel zu Daniel sagte: „Schon am allerersten Tag, als du dich von Herzen vor deinem Gott demütigtest, wurde ich zu dir gesandt." Der Engel machte eine drastische Aussage: „Ich kam aufgrund deiner Worte." Diese Aussage zeigt, dass Engel auf die Gebete der Heiligen reagieren. Zwei Jahre zuvor hatte Gabriel Daniel dasselbe gesagt: „Aufgrund deiner Worte hat mich der Herr gesandt" (siehe Dan. 9,22–23).

Wenn aber Daniel nicht *weiter* gebetet und gefastet hätte, wäre der Engel nicht gekommen. Es war wichtig, dass Daniel die ganzen einundzwanzig Tage beharrlich weiter betete, um den nötigen Durchbruch zu erzielen. Seine Erfahrung beweist, dass zwischen unserem Handeln und dem Handeln Gottes an einer Stadt oder Nation eine dynamische Beziehung besteht. Vergessen wir nicht: Das hat nichts mit „Verdienen" zu tun. Es geht darum, sich an Gott auszurichten, mit seinem Willen *übereinzustimmen*. Unsere Worte werden gehört, weil Jesus gestorben und auferstanden ist.

Der mächtige Engel zog den Vorhang im geistlichen Bereich zurück, sodass Daniel einen Blick auf die Engels- und dämonischen Autoritäten werfen konnte, die den natürlichen Autoritätsstrukturen der Nationen zugeordnet sind. Er sagte, „der Engelfürst des Königreichs in Persien" habe ihm widerstanden, als Daniel zu beten angefangen hatte. Damit meinte er den dämonischen Fürsten – die hochrangige dämonische Macht –, der seinen Einfluss über der Region des antiken Persien (dem heutigen Iran) ausübte und der den menschlichen Fürsten von Persien, d. h. den persischen König, negativ beeinflusste. Dieser dämonische Fürst führte Krieg gegen Israel: Er beabsichtigte, den menschlichen König von Persien gegen Gottes Volk aufzustacheln (Dan. 10,13.20–21).

Daniel bekämpfte den Dämonfürsten über Persien, indem er in Gebet und Fasten mit Gott übereinstimmte. Der mächtige Engel informierte ihn: „Michael, einer der höchsten Engelfürsten, kam mir zu Hilfe" (V. 13). Ein „höchster Engelfürst" ist ein Erzengel, ein Anführer unter den Engeln.

Jesus kann eine dämonische Macht leicht überwältigen. Doch auf der Erde wird seine Autorität durch Gläubige ausgeübt und erwiesen, durch Christen, die mit ihm übereinstimmen und in Gehorchen, Beten und Glauben nicht nachlassen. Wie schon bemerkt, erweist Jesus seine Macht deshalb vermehrt durch Gebet, weil er die Partnerschaft mit den Seinen sucht und Gebet eine der wichtigsten Möglichkeiten ist, diese Partnerschaft zu stärken.

Die geistlichen Ereignisse von Daniel 10 wurden in der Heiligen Schrift aufgezeichnet, damit sie uns ein Modell von dem zeigen, was Gott in unseren Tagen tun möchte, um dämonische Mächte über Iran, Irak und jeder anderen Nation in die Schranken zu weisen. Diesen Mächten kann widerstanden werden, wenn der Heilige Geist eine „Daniel-Gemeinschaft" erstehen lässt, die um die Hilfe von Engeln betet, damit die dämonischen Mächte, die Israel angreifen, überwunden werden.

Daniel 10 ist in der Tat ein Modell für geistliche Kampfführung der Endzeit-Kirche. Nehmen wir unsere Position vor dem Thron Gottes ein, indem wir diesem Gebetsmodell folgen und um das Eingreifen von Engeln in unserer heutigen Welt bitten.

Kapitel 13

Ein Leben als Fürbitter

Wer Beten gelernt hat, hat das größte Geheimnis eines heiligen und glücklichen Lebens gelernt.[1]

William Law

Im vorigen Kapitel sahen wir die Effektivität von Daniels Gebeten, wie sie in Daniel 10 berichtet wird. Sie führten zu vermehrter Aktivität hochrangiger Engel, die der Aktivität mächtiger Dämonen Widerstand entgegensetzten. Der Einfluss von Daniels Beten und Fasten war von großer Bedeutung, denn es veränderte Dinge im geistlichen Bereich (Dan. 10,11–14).

Möchten Sie, dass auch Ihre Gebete, so wie die von Daniel, Engel und Dämonen bewegen? Möchten Sie ähnliche Ergebnisse Ihrer Fürbitte erleben? Wenn wir ein höheres Level an Effektivität im Gebet anstreben, nach dem Vorbild von Daniel, müssen wir leben, wie er gelebt hat.

Und wie lebt ein effektiver Fürbitter?

Wir werden die Botschaft über Gebet in Daniel 10 nicht richtig verstehen, wenn wir nicht Daniels Hingabe an Gott verstehen. Sein Lebensstil stand in direktem Zusammenhang mit seiner Effektivität im Gebet. Wir müssen seine Hingabe bedenken, besonders seine lebenslange Beharrlichkeit im Gebet (Dan. 6,10), seine Entschlossenheit, von ganzem Herzen im Gehorsam gegenüber Gott zu leben (Dan. 1,8), und seine Verpflichtung, Gottes Willen für seine Generation erkennen zu wollen (Dan. 10,12).

Es ist wichtig zu verstehen, dass Gottes Kraft oder größere Effektivität im Gebet nicht der Verdienst von Daniels treuer Lebensführung war. Diese Lebensführung positionierte Daniel aber so, dass er in größerer Übereinstimmung mit Gott lebte, und diese Übereinstimmung bewirkte die Effektivität seiner Gebete. Doch finden wir nicht nur im Alten Testament Beispiele für effektives Beten. Auch das Neue Testament hat viel über die Qualität unserer Lebensführung und ihre Auswirkung auf die Effektivität unseres Gebets zu sagen. Die Essenz wahren Glaubens ist Übereinstimmung mit Gott – in unseren Worten, unserem Herzen *und* unserer Lebensführung.

Daniels Gebete wurden von einem Menschen gesprochen, dessen Fleisch genauso schwach war wie unseres. Aber durch das Blut Jesu und unsere Übereinstimmung mit Gott steigen unsere in Schwachheit gesprochenen Gebete in Stärke zum Thron Gottes auf, genau wie die von Daniel.

Beständigkeit im Gebet

Die Schrift sagt uns, dass Daniel dreimal am Tag betete. Dies war seine Gewohnheit von Jugend auf: „Daniel … fiel dreimal am Tag auf die Knie nieder und betete und dankte vor seinem Gott, ganz wie er es zuvor immer getan hatte" (Dan. 6,11). Eins der großen Wunder seines Lebens war, dass er mehr als sechzig Jahre lang immerfort betete. Er hatte in der Jugend angefangen zu beten, vermutlich als Teenager.

Wenn Sie jung sind, ermutige ich Sie, Daniels Beispiel zu folgen und mit regelmäßigen Gebetszeiten zu beginnen oder weiterzumachen. Vielleicht sind Sie älter und bereuen, dass Sie so viele Jahre, geistlich gesprochen, verschwendet haben, und denken, es sei nun zu spät zu beginnen. Aber glücklicherweise ist es dafür nie zu spät! Wir können heute anfangen und uns angewöhnen, so lange wir leben, treu zu beten.

Ich denke an die Rückschläge oder Enttäuschungen, die ein junger Mensch oft in seinen Zwanzigern und Dreißigern erfährt. Daniel erlitt dieselben Rückschläge. Vielleicht anders im Detail, waren seine Enttäuschungen allgemein sicherlich dieselben wie die anderer junger Leute in anderen Ländern und anderen Generationen. Er ließ sich nicht irritieren von dem, was Gott „nicht für ihn tat", als er junger Erwachsener war, und wurde nicht bitter gegenüber jenen, von denen er schlecht behandelt oder betrogen wurde, und er ließ keine Ablenkung in seinem Gebetsleben durch die viele Arbeit zu, die seine steile Karriere in der Politik mit sich brachte.

Welch ein Wunder ist ein Leben, in dem der Herr im Angesicht der positiven und negativen Erfahrungen, die wir alle machen, über Jahrzehnte hinweg beständig gesucht wird! Daniel muss sich Millionen Mal gesagt haben: „Nein, ich weiche nicht vom Weg ab; ich werde weiter beständig beten."

Ich habe keinen Zweifel, dass auch Daniel in seinen Fünfziger- und Sechzigerjahren mit Druck und Chancen umgehen musste. Leicht geschieht es, dass wohlmeinende Christen im mittleren Alter von der Hingabe, die sie als Jugendliche in ihrer Beziehung zu Jesus und besonders in ihrem Gebetsleben gemacht haben, abdriften.

Aber trotz Rückschlägen, Widerstand, Freuden, trotz wachsender Verantwortung und auch wunderbarer Gelegenheiten all die Jahre hindurch blieb Daniel treu im Gebet. Seine Beharrlichkeit ist einer der wesentlichen Gründe für sein so ein effektives Gebetsleben in seinen Achtzigern. Sie ist auch einer der Gründe, weshalb Gott ihn als Beispiel für einen gerechten, treuen Fürbitter gebrauchte.

Bedenken Sie, was Gott dem Propheten Hesekiel sagte:

> Wenn ein Land an mir sündigt und dazu mich verschmäht, so will ich meine Hand über dasselbe ausstrecken ... Und wenn dann auch die drei Männer Noah, Daniel und Hiob dort wären, so würden sie durch ihre Gerechtigkeit nur ihr eigenes Leben retten, sagt der Herr Herr. ... Oder wenn ich die Pest in das Land schicken und meinen Grimm mit Blutvergießen über dasselbe ausschütten würde ... und Noah, Daniel und Hiob wären dort: ... sie würden ... nur ihre eigene Seele durch ihre Gerechtigkeit erretten.
>
> Hesekiel 14,13–14.19–20

Auch Hesekiel war ein jüdischer Gefangener, der in der Stadt Babylon wohnte. Er bekam diese Botschaft vom Herrn, als er in dem jüdischen „Arbeitslager“ lebte, zweifellos in einem armen Stadtteil Babylons, während Daniel am Königshof wohnte. Hesekiel wusste, dass Daniel am königlichen Hof arbeitete. Sie waren Männer von gleicher Gesinnung, obwohl sie in zwei ganz unterschiedlichen Teilen derselben Stadt lebten.

Als Gott zu Hesekiel sprach: „Wenn ein Land an mir sündigt und dazu mich verschmäht ... Und wenn dann auch die drei Männer Noah, Daniel und Hiob dort wären“, nannte er drei der mächtigsten Fürbitter – Noah, Daniel und Hiob – als Beispiele (Verse 13–14). Er wählte sie unter anderem aus einem Grund aus: wegen ihrer rechtschaffenen Lebensführung – jeder von ihnen stand allein inmitten einer bösen Generation. Gott stellte sie heraus, weil sie sich in ihrer jeweiligen Generation für Gerechtigkeit einsetzten. Der Herr sagte Hesekiel, wenn

Israel beharrlich an seiner Untreue festhielte und sich weigerte, Buße zu tun, würde er das Volk nicht erlösen, auch wenn Noah, Daniel und Hiob für Israel beten würden.

In Vers 20 wiederholt er: „Selbst wenn Noah, Daniel und Hiob beteten, würde ich die ganze Nation Israel nicht retten.“ Noah und Hiob waren tot, Daniel aber lebte. Überlegen Sie einmal, was das bedeutet: Über Daniel sprach Gott hörbar vom Himmel, *während er noch lebte*. Mit anderen Worten, Gott hielt ihn zu seinen Lebzeiten hoch als einen, der treu war im Gebet, während wir es in der Heiligen Schrift doch normalerweise so vorfinden, dass der Herr die Treue und Gottesfurcht eines Menschen erst nach dessen Tod würdigend erwähnt.

Gehorsam von ganzem Herzen

Der Bericht von Daniels Geschichte beginnt, als er ein Teenager war. In jenen frühen Tagen nahm er sich vor, sich nicht durch Essen oder irgendwelche Vergnügungen zu verunreinigen: „Aber Daniel nahm sich in seinem Herzen vor, dass er sich mit der Speise des Königs und mit dem Wein, den er selbst trank, nicht verunreinigen wollte“ (Dan. 1,8). Es geht eigentlich nicht darum, welche Nahrungsmittel er im Speziellen vermied, sondern dass er entschieden war, jedem Gruppenzwang zum Trotz von ganzem Herzen in Gehorsam zu leben. Er sah den Lebensstil der anderen jungen Leute und entschied sich, nicht so zu leben, wie sie es taten.

Ob Sie jung sind oder alt, es ist nicht zu spät anzufangen. Es ist nie zu spät anzufangen. Wir können unser Herz darauf ausrichten, ab heute von ganzem Herzen gehorsam zu leben. Ich ermutige Sie, diese Entscheidung zu treffen und sich vorzunehmen, sich nicht durch Essen, Unmoral, Pornografie, üble Nachrede, Unregelmäßigkeiten im Finanziellen oder andere Sünde verunreinigen zu lassen und nicht zu beschäftigt zu sein, um Zeit mit Gott zu verbringen.

Daniel nahm sich vor, sein Leben lang nicht verunreinigt zu werden. Ich bin sicher, dass er am Ende seines Lebens, als er vor Gott stand, nicht bereute, verschiedene Vergnügungen aufgegeben zu haben. Bestimmt stand er nicht da und wünschte, er hätte sich mehr Zeit für Freizeitbeschäftigungen genommen. Am Jüngsten Tag, wenn wir alle vor Jesus stehen, wird niemand bereuen, zu wenig Videospiele gespielt oder Filme gesehen zu haben.

Der Lohn der Treue

Der Herr offenbarte seine Liebe zu Daniel auf tiefe Weise durch einen Engel, der Daniel als Geliebten des Herrn anredete: „Er [ein Engel] sagte zu mir: ‚Du, vielgeliebter Daniel' … und sagte: ‚Fürchte dich nicht, du vielgeliebter Mann!'" (Dan. 10,11.19). Ich nehme an, dass dies mit die gewaltigste persönliche Erfahrung in Daniels Leben war: zu verstehen, wie sehr Gott ihn liebte. Der Engel sagte: „O Daniel, sehr Geliebter." Stellen Sie sich vor, ein hochrangiger Engel würde Ihnen sagen: „Der Herr liebt dich sehr und du wirst von deinem Gott geliebt", mit anderen Worten: „Der Herr ist bewegt von der Weise, wie du lebst. Er ist bewegt von deinem Hunger nach ihm und von den Entscheidungen, die du über deine Lebensführung triffst."

Wir wissen, dass Gott die Welt liebt. Er liebt Ungläubige, selbst wenn er sich nicht an einer Beziehung mit ihnen erfreut. Aber es gibt Menschen, an denen freut sich Gott besonders, das heißt, er freut sich an den Entscheidungen, die sie für ihn treffen. In diesem Sinn liebt er sie anders als die Welt. Er freut sich mehr an denen, die ihn lieben und ihm von ganzem Herzen gehorchen wollen. Und an Daniel freute sich Gott eindeutig sehr. Eigentlich sagte er zu ihm: „Ich bin bewegt von der Art, wie du dich um mein Reich und meine Ehre bemühst und es dir wichtig ist, wer ich bin. Das berührt mich."

Jesus lehrte, dass der Vater alle liebt, die ihm gehorchen. Er liebt die Beziehungen, die er mit all denen hat, die seine Gebote halten, und er liebt ihre Lebensentscheidungen.

> Wer meine Gebote hat und sie hält, der ist es, der mich liebt. Wer mich aber liebt, der wird von meinem Vater geliebt werden, und ich werde ihn lieben und mich ihm offenbaren.
>
> Johannes 14,21

Damit wir nicht denken, Jesus würde nur die lieben, die ihn lieben, erinnern wir uns, dass die Schrift sagt, Gott habe uns zuerst geliebt (1. Joh. 4,19). Aber er liebt die Entscheidungen derer, die ihn lieben.

Jesus machte die erstaunliche Aussage, dass er sich denen offenbaren würde, die ihre Liebe zu ihm in Wort, in Tat und Lebenswandel zeigen. Keiner ist „gut genug", um eine größere Offenbarung der Herrlichkeit Gottes zu verdienen. Es geht nicht darum, gut genug zu sein, sondern darum, dass wir uns in die Position begeben, wo wir mehr von Gott empfangen können.

Jeder Christ kann eine enge Beziehung mit dem Herrn haben. Daniel war als Kriegsgefangener in seiner Jugend nach Babylon verschleppt worden. Doch selbst als Gefangener, weit weg von seiner Heimat in Jerusalem und inmitten einer fremden Kultur, nahm er sich fest vor, Gott sein Leben lang von ganzem Herzen zu suchen. Heute sucht der Herr nach Männern und Frauen wie Daniel, die sich vornehmen, vor Gott zu leben, wie es Daniel getan hat.

Manche Leute sind schnell beleidigt. Wenn sie nicht ins Anbetungsteam ihrer Gemeinde aufgenommen werden oder die berufliche Position bekommen, die sie sich erhofft haben, fragen sie: „Wie konnte Gott das zulassen? Es ist so gemein." Ja, das Herz tut weh und der Schmerz ist real, aber genau darum geht es: Wie reagieren Sie auf die Prüfungen und Enttäuschungen des Lebens?

Sehen Sie sich Daniel an. Obwohl er in die Gefangenschaft geführt wurde, beschloss er, sich nicht zu verunreinigen und sein Leben lang ein Mann des Gebets zu sein. Er ließ sich von niemandem und von keiner Enttäuschung die Vision seiner Herzensbestimmung stehlen. Er blieb beständig in seiner Liebe zu Gott, und ließ seinen Alltag bis zum Tod von dieser Hingabe bestimmen.

In den vierzig Jahren meines Dienstes habe ich viele Leute erlebt, die Gott fünf oder zehn Jahre lang radikal nachfolgten. Die meisten von ihnen waren jung, in den Zwanzigern. Mit fünfunddreißig hatten etliche dieser Leute „gute" Gründe, einen Rückzieher zu machen und „pragmatischer" zu sein. Ich habe nur ein paar Leute erlebt, die Gott zwanzig oder dreißig Jahre oder noch länger beständig mit großem Eifer suchten. Daniel blieb konsequent in seinem Streben nach Gott, selbst dann, als er im heidnischen Babylon lebte.

Ich möchte, dass der Herr am Jüngsten Tag zu mir sagt: „Ich war glücklich darüber, wie du deine Zeit und dein Geld eingesetzt und wie du mir gehorcht hast; ich liebte es, wie du mich liebtest." Ich möchte, dass er das über mich sagen kann, was er über Daniel sagte. Ich möchte auch noch mit achtzig beständig sein wie dieser große Mann Gottes. Wie sieht es mit Ihnen aus?

Teil III

Persönliches Gebet

Keine Lebensweise ist süßer und angenehmer als die einer beständigen Unterhaltung mit Gott.[1]

Bruder Lorenz

Kapitel 14

Gebete zur inneren Stärkung

Auf wundervolle Weise schenkt Gebet klaren Durchblick,
es beruhigt die Nerven, beschreibt die Pflichten,
gibt Gewissheit über Aufgabe und Ziel
und erhebt und stärkt den Geist.[1]

S. D. Gordon

Nun, da wir uns mit einigen Aspekten der Fürbitte befasst haben, wenden wir uns einer Studie über die Andacht zu – das Gebet, das, wie wir in Kapitel 6 gelernt haben, mit unserer eigenen geistlichen Erneuerung, Reifung und Gemeinschaft mit Gott zu tun hat. Mit dieser Art von Gebet fokussieren wir uns auf das Wachsen in der Intimität mit Gott, wie wir uns mit ihm in Verbindung setzen, indem wir die Stärkung unseres inneren Menschen erbitten, über dem Wort meditieren, Gemeinschaft haben mit dem Heiligen Geist und uns Gottes Namen zu eigen machen.

In seinem Brief an die Epheser schrieb der Apostel Paulus folgendes Gebet:

> Deshalb beuge ich meine Knie vor dem Vater …, dass er euch Kraft gebe …, stark zu werden durch seinen Geist am inwendigen Menschen.
>
> Epheser 3,14–16

Dieses Gebet, dass der Heilige Geist die Gläubigen innerlich stärken möge, gehört zu den wichtigsten Gebeten, die in der Bibel überliefert sind, und es ist lebenswichtig, dass wir es verstehen, wenn wir im Gebet wachsen wollen. Fangen wir damit an, dass wir überlegen, was unserer innerer Mensch ist.

Der Begriff *innerer Mensch* bezieht sich auf die Seele eines Menschen – Verstand, Gefühle und Willen. Im inneren Menschen sind wir uns unserer Interaktion mit dem Heiligen Geist am meisten bewusst. Unsere höchste Berufung im Leben ist unsere Gemeinschaft mit Gott, und was in unserem inneren Menschen geschieht, ist ein wesentlicher Aspekt dieser Gemeinschaft. Deshalb ist der innere Mensch der wichtigste Teil von uns.

Tatsächlich ist unser innerer Mensch der einzige Teil von uns, den wir in die Ewigkeit mitnehmen werden. Aus diesem Grund sollte es zu unserer höchsten Priorität gehören, um seine Stärkung zu beten. Unseren inneren Menschen zu stärken besteht darin, unser Denken und Fühlen durch die Gnade Gottes zu erneuern, indem wir mit ihm sprechen. Leider merke ich, dass viele Leute das Gebet um Stärkung ihres inneren Menschen am meisten vernachlässigen.

Wenn Leute an Gebet denken, haben sie oft das Gebet für andere Menschen oder Orte vor Augen, für Fragen der Gerechtigkeit oder dass sie mehr Geld oder mehr Segnungen in ihren Umständen haben möchten. Aber selten höre ich Menschen darüber sprechen, dass sie ihre Gebete auf ihren eigenen inneren Menschen oder ihr Herz fokussieren. Zum Gebet für unseren inneren Menschen gehört das Wachsen in Intimität mit Jesus – dass wir uns darauf ausrichten, Gott unsere Liebe und Hingabe zu geben. Diese Art von Gebet umfasst Anbetung, Gemeinschaft mit dem Heiligen Geist und betendes Lesen von Gottes Wort – einschließlich dem Anwenden der Namen Gottes.

Ebenso wie unsere körperliche Kraft stärker oder schwächer werden kann, so ist es auch mit der geistlichen Stärke. Wir können nicht immer wissen, wann genau uns der Geist stärkt; normalerweise macht er es in geringem Maße. Die Stärkung des inneren Menschen ist ähnlich wie die Stärkung durch Vitamineinnahmen. Viele von uns nehmen seit Jahren Vitamine, können sich aber nicht an den genauen Tag erinnern, an dem ihnen klar wurde, dass es etwas bewirkt. Dennoch wissen wir, wenn wir immer Vitamine zu uns nehmen, werden sie uns mit der Zeit körperlich stärken. Dasselbe geschieht mit unserem inneren Menschen. Wenn wir regelmäßig darum bitten, wird der Geist seine Macht in unserem inneren Menschen (Verstand, Gefühle und Willen) erweisen und mit der Zeit werden wir neue Stärke finden. Diese göttliche Stärkung unseres Herzens rüstet uns dazu aus, auf gottgefällige Weise zu leben, und befähigt uns, gegen Kompromisse, Depression, Angst, Ablehnung, geistliche Lethargie und andere negative Emotionen und Verhaltensweisen aufzustehen.

Selbst wenn wir die Stärkung unseres inneren Menschen nicht offensichtlich wahrnehmen, wirkt die Kraft des Heiligen Geistes daran, unsere Gedanken und Emotionen zu beeinflussen. Ein Krebspatient, der Strahlentherapie bekommt, mag seinem Doktor sagen: „Ich habe die Kraft der Bestrahlung während der Behandlung gar nicht gespürt", der Arzt würde dem Patienten aber versichern, dass sie dennoch effektiv war, auch wenn er nichts gefühlt hat.

Ebenso wie wir entschlossen sein müssen, täglich Vitamine zu uns zu nehmen, wenn wir ihre positive Wirkung im Lauf der Zeit erleben wollen, so müssen wir entschlossen sein, für Stärkung und Herzensentwicklung zu beten. Wir werden mehr von der Gnade Gottes erleben, die unser Denken und Fühlen erneuert, wenn wir regelmäßig darum bitten. Ich möchte noch einmal die einfache Wahrheit betonen, die ich in einem früheren Kapitel schon erwähnte: Gott schenkt mehr Segen, wenn wir darum bitten. In Jakobus 4,2 wird uns gesagt: „Ihr … habt nichts, weil ihr nicht bittet." Der Herr weiß, dass wir Bedürfnisse haben, aber er hält vieles zurück, bis wir ihn bitten.

Noch einmal: Nicht alle Verheißungen *garantieren* mehr Segen; sie *laden ein*, auf Basis unserer Reaktion Segen in Empfang zu nehmen. Es ist wichtig, um die Freisetzung dieser Verheißungen zu bitten. Zum Beispiel hat der Herr den Seinen Gottesfurcht verheißen (Jer. 32,39–40). Die Verheißung steht, aber damit die Furcht des Herrn tatsächlich in uns wachsen kann, ist die übernatürliche Aktivität des Heiligen Geistes erforderlich. Der Heilige Geist wartet darauf, dass wir ihn, um in der Furcht des Herrn zu wachsen, um seine Hilfe bitten. Ich ermutige Sie, entsprechend dem Gebet Davids in Psalm 86 zu beten: „Erhalte mein Herz bei dem einen, dass ich deinen Namen fürchte" (V. 11).

Ähnliche Verheißungen hat Gott in Bezug auf die Stärkung unseres inneren Menschen gemacht, dennoch bleiben viele Christen jahrzehntelang unnötig schwach, weil sie nicht darum bitten, dass der Herr diese großartigen Verheißungen erfüllt. Der Geist wird viel mehr Kraft in unserem Herzen bewirken, wenn wir ihn konsequent darum bitten. Er wartet darauf, dass wir fragen.

Wie ich an früherer Stelle schrieb, ist eine Gebetsliste ein einfaches Instrument, das uns hilft, in unseren Gebetszeiten nicht abzuschweifen.

Nachfolgend ist eine meiner Gebetslisten, die sich aus zehn Gebeten um Stärkung meines inneren Menschen zusammensetzt. Ich verwende dafür das Akronym F-E-L-L-O-W-S-H-I-P (englisch für *Gemeinschaft*). Ich schlage vor, täglich anhand dieses Zehn-Buchstaben-Akronyms zu beten. Alle zehn Bitten basieren auf Verheißungen oder Gebeten in der Bibel. Die diesen zehn Gebeten zugrunde liegende Bitte ist Paulus' Gebet um Stärkung am inneren Menschen durch den Heiligen Geist (Eph. 3,16). Ich beschreibe kurz, wofür der Buchstabe des Akronyms jeweils steht, erkläre seine Bedeutung und füge passende Bibelverse und ein Mustergebet, das in Ihren eigenen Zeiten mit Gott als Starthilfe dienen kann, ein.

F-E-L-L-O-W-S-H-I-P

F: Fear of God – Furcht Gottes

Der Herr hat verheißen, sein Volk gottesfürchtig zu machen: „Ich werde ihnen Furcht vor mir ins Herz geben, damit sie nicht von mir weichen" (Jer. 32,40). Das wird er mehr und mehr tun, wenn wir darum bitten. Wenn wir den Heiligen Geist bitten, die Furcht Gottes in unser Herz zu legen, dann vereint er unser Herz mit seinem, sodass unsere Ehrfurcht vor ihm zunimmt (Ps. 86,11). Es ist viel leichter, Sünde und Treulosigkeit zu widerstehen, wenn wir auch nur ein klein wenig von der Furcht Gottes oder Ehrfurcht vor Gott in unserem Herzen verspüren. Ich bitte ihn um sein Wirken, dass ich an der Furcht des Herrn Wohlgefallen habe (Jes. 11,3), und ich empfehle Ihnen, dass Sie ihn darum bitten, Ihr Herz mit der Majestät und dem ehrfurchtgebietenden Schrecken Gottes gemäß Jesaja 8,13 zu beeindrucken: „… heiligt den Herrn Zebaoth. Den lasst eure Furcht und euren Schrecken sein."

Schriftstellen

Ich werde ihnen Furcht vor mir ins Herz geben, damit sie nicht von mir weichen.

Jeremia 32,40

Erhalte mein Herz bei dem einen, dass ich deinen Namen fürchte.

Psalm 86,11

… heiligt den Herrn Zebaoth. Den lasst eure Furcht und euren Schrecken sein.

Jesaja 8,13

Gebet

Vater, gib mir einen gottesfürchtigen Geist. Beeindrucke mein Herz mit der Erkenntnis deiner Majestät, dass ich in Ehrfurcht vor dir leben möge. Schenke deine Gegenwart mit heiligem Schrecken, der meinen Geist zittern lässt vor deiner herrlichen Majestät. Vereine mein Herz mit deinem Herzen und deinem Wort und mach, dass ich Gefallen habe an deinem Wort.

E: Endurance – Ausdauer, Beständigkeit, Geduld

Im Neuen Testament sind die Wörter *Beständigkeit*, *Ausdauer* und *Geduld* oft austauschbar: Es geht darum, dass wir die uns von Gott gegebenen Aufgaben treu ausführen und auch angesichts großer Schwierigkeiten nicht aufgeben. Hinter dem Wort *Geduld* steckt mehr, als bei einer Störung freundlich zu bleiben oder andere ausreden zu lassen und zuzuhören. Vom Heiligen Geist gestärkte Ausdauer befähigt uns, den Herrn jahrzehntelang ohne nachzulassen mit aller Kraft zu suchen und ihm zu dienen.

Sie lässt uns Gottes Kraft in Kopf und Herz erleben, sodass wir nicht nachlassen in unserem Eifer und unserer Ernsthaftigkeit. Er ist bereit, uns zu helfen. Bitten Sie den Herrn um Durchhaltevermögen, um auch in schweren und trockenen Zeiten treu zu bleiben. Vergessen Sie nicht, den Geist um Beständigkeit für die Tage zu bitten, die Sie zum Fasten vorgesehen haben. Auch die Bitte um Eifer für Gottes Herz und um sein Haus (Ps. 69,9, Joh. 2,17) ist eine Bitte um Ausdauer. Eifer und Ausdauer gehören zusammen – sie sind wie zwei Seiten derselben Münze.

Schriftstellen

… damit ihr … gestärkt werdet mit aller Kraft, … zu aller Geduld und Langmut …

Kolosser 1,11

Der Herr aber lenke eure Herzen zur Liebe Gottes und zur Geduld Christi.

2. Thessalonicher 3,5

Der Eifer um dein Haus hat mich verzehrt.

Johannes 2,17

Gebet

Vater, stärke mein Herz mit Geduld, dass ich in Treue, Eifer und Hingabe deinen Willen tue und dass ich niemals nachlasse, nach den tieferen Dingen deines Herzens zu suchen. Gib mir Durchhaltekraft für regelmäßiges Fasten.

Führe mein Herz zu der Geduld, der Beständigkeit, in der Jesus lebte. Gib mir Kraft, in meiner Hingabe an dich nicht nachzulassen und meine Berufung auch dann zu erfüllen, wenn sie schwer ist oder unbedeutend wirkt.

L: Love – Liebe

Das erste Anliegen des Heiligen Geistes ist es, das erste Gebot in der Gemeinde an die erste Stelle zu setzen: dass wir Jesus lieben von ganzem Herzen und mit aller Kraft. Das Gebot, von ganzem Herzen zu lieben, beginnt nicht mit uns, sondern mit Gottes Liebe zu seinem Sohn und seinem Volk. Tatsächlich wird der Vater denen genau die Liebe geben, die er für Jesus hat, die sich danach sehnen (Joh. 17,26). „Es braucht Gott, um Gott zu lieben." Die Gnade, Gottes Liebe zu empfangen und ihn zurückzulieben, ist das größte Geschenk des Geistes an uns.

Paulus betete, dass die Liebe der Gemeinde „mehr und mehr überfließe" (Phil. 1,9). Wenn wir darum bitten, dass unser Herz in Liebe überfließt, bitten wir den Heiligen Geist damit, uns auf vier verschiedene Weisen zu inspirieren. Zuerst bitten wir um größere Erkenntnis der Liebe Gottes zu uns. Zweitens bitten wir den Geist, unser Herz weich zu machen, dass wir überfließen von Liebe zu Jesus. Drittens bitten wir ihn, Liebe zu anderen Menschen in unserem Herzen überfließen zu lassen. Viertens bitten wir den Geist, er möge uns helfen, uns ebenso überströmend selbst zu lieben, wie Gott uns liebt. Jesus gebietet: „Du sollst deinen Nächsten lieben wie dich selbst" (Mt. 22,39). Ein Grund dafür, dass Menschen ihre Mitmenschen hassen, ist ihr Hass gegen sich selbst. Wenn wir uns so sehen, wie Gott uns in Christus sieht, kann sogar die Liebe für uns selbst überfließen in der Gnade Gottes.

Schriftstellen

Und darum bete ich, dass eure Liebe noch mehr und mehr überfließe.

Philipper 1,9

Du sollst den Herrn, deinen Gott, lieben von ganzem Herzen.

Markus 12,30

Die Liebe Gottes ist in unsere Herzen ausgegossen durch den Heiligen Geist.

Römer 5,5

Euch aber lasse der Herr zunehmen und reich werden in der Liebe zueinander.

1. Thessalonicher 3,12

Wie mich der Vater geliebt hat, so habe ich euch auch geliebt. Bleibt in meiner Liebe!

Johannes 15,9

... damit die Liebe, mit der du [der Vater] mich [Jesus] geliebt hast, in ihnen sei.

Johannes 17,26

Der Herr aber lenke eure Herzen zur Liebe Gottes.

2. Thessalonicher 3,5

Gebet

Vater, gieß durch den Heiligen Geist deine Liebe in meinem Herzen aus, damit ich dich und andere wiederliebe (Röm. 5,5). *Bitte gib mir deine Liebe zu Jesus ins Herz* (Joh. 17,26). *Ich bitte um die Gnade, Gott von ganzem Herzen, von ganzer Seele, von ganzem Gemüt und mit all meiner Kraft zu lieben* (Mk. 12,30). *Lass mich Jesu Liebe zu mir verstehen und in ihr bleiben – auf sie ausgerichtet und mit ihr verbunden bleiben* (Joh. 15,9). *Lass mich mich selbst mit deinen Augen sehen und den Menschen lieben, als den du mich geschaffen hast* (Ps. 139,13–15).

L: Light of glory – Licht der Herrlichkeit

Am Tage seiner dramatischen Bekehrung sah Paulus Jesus und seine Herrlichkeit in einem hellen Licht vom Himmel. Davon erzählt Paulus in Apostelgeschichte 22,6–11. Als einer, der die Nachfolger Jesu mit Eifer verfolgte, sie sogar dem Tod überantwortete, begegnete er Jesus auf der Straße nach Damaskus von Angesicht zu Angesicht, als ihn „plötzlich ein großes Licht vom Himmel umleuchtete" (s. V. 6). Mose betete seinerzeit: „Lass mich doch deine Herrlichkeit sehen" (2. Mo. 33,18), und danach strahlte sein Gesicht im Licht der Herrlichkeit.

Wie Mose können auch wir darum bitten, in die Nähe der Herrlichkeit Gottes zu gelangen. Jesus sprach von einem offenen Himmel, in dem seine Jünger die Engel hinauf- und heruntersteigen sehen würden (Joh. 1,51). Bitten Sie ihn, das Licht seines Angesichts so in ihr Herz scheinen zu lassen, dass Sie Erfahrungen mit dem übernatürlichen Bereich seiner Herrlichkeit machen, dass Sie in dem Zusammenhang auch Träume und Visionen empfangen, Engel sehen usw.

Schriftstellen

Es geschah aber, ... da umleuchtete mich plötzlich ein großes Licht vom Himmel. ... Weil ich aber wegen der Helligkeit dieses Lichtes nicht sehen konnte, wurde ich an der Hand geleitet von denen, die mit mir waren, und kam nach Damaskus.

Apostelgeschichte 22,6.11

Sein Gesicht strahlte wie die Sonne in ihrer Kraft.

Offenbarung 1,16

Mose aber sagte: „Lass mich doch deine Herrlichkeit sehen!"

2. Mose 33,18

Von nun an werdet ihr den Himmel offen sehen und die Engel Gottes hinauf- und heruntersteigen sehen auf den Menschensohn.

Johannes 1,51

Da öffnete der Herr dem Diener die Augen, sodass er sah; und sieh, da war der Berg voll feuriger [himmlischer] Rosse und Wagen um Elisa her.

2. Könige 6,17

Herr, lass das Licht deines Angesichts über uns leuchten!

Psalm 4,7

Und es soll geschehen in den letzten Tagen, sagt Gott, da will ich von meinem Geist ausgießen auf alle Menschen; und eure Söhne und eure Töchter werden weissagen, und eure jungen Männer werden Visionen haben, und eure Ältesten werden Träume haben.

Apostelgeschichte 2,17

Gebet

Vater, lass mich das Licht deiner Herrlichkeit sehen und übernatürliche Erfahrungen machen – Träume, Visionen, Engelbegegnungen, Manifestationen deiner Herrlichkeit und deines Lichts – so wie du es Mose, Jesaja, Hesekiel, Paulus, Johannes und den Jüngern am Pfingsttag gegeben hast (2. Mo. 33–34, Jes. 6, Hes. 1, Apg. 2, Apg. 9, Offb. 1).

O: One thing – Nur das Eine

Es ist von wesentlicher Bedeutung, Qualitätszeit mit dem Herrn in seinem Wort zu verbringen – ein Mann oder eine Frau des „Eines nur" zu sein, wie es König David war. David machte diese Ausrichtung mit seinem Gebet deutlich: „Eins bitte ich vom Herrn, das hätte ich gern: dass ich mein Leben lang im Haus des Herrn bleiben möge, um die Freundlichkeit des Herrn zu schauen und seinen Tempel zu betrachten" (Ps. 27,4).

Ein weiteres inspirierendes Beispiel ist Maria aus Betanien, „die setzte sich zu Jesu Füßen und hörte seiner Rede zu" (Lk. 10,39), während ihre Schwester Marta abgelenkt war, denn sie „machte sich viel zu schaffen, um ihm zu dienen" (V. 40). Jesus erklärte Marta: „Eins aber ist nötig. Maria hat das gute Teil erwählt" (V. 42). Wir müssen uns ganz bewusst vornehmen, nur auf Eines ausgerichtet zu sein. Bitten Sie den Heiligen Geist um Hilfe, dass er Sie erinnert und eingreift, damit Sie diesen Fokus nicht verlieren und Ihnen dieser Lebensstil der Ausschließlichkeit entgleitet. Bitten Sie ihn, durch die Bibel zu Ihnen zu sprechen, durch Ihre Mitmenschen, durch Träume oder seine zarte, leise Stimme in Ihrem Herzen. Ich bete dieses Gebet regelmäßig und bin dadurch viel sensibler für Gottes Hilfe, wenn ich von meinem „One Thing"-Fokus abzurücken drohe.

Schriftstellen

Eins bitte ich vom Herrn, das hätte ich gern: dass ich mein Leben lang im Haus des Herrn bleiben möge, um die Freundlichkeit des Herrn zu schauen.

Psalm 27,4

Eins aber ist nötig. Maria hat das gute Teil erwählt.

Lukas 10,42

Eins aber sage ich: Ich … jage nach dem vorgesteckten Ziel, nach dem Siegespreis der himmlischen Berufung durch Gott in Christus Jesus.

Philipper 3,13–14

Ich habe den Herrn allezeit vor Augen; weil er mir zur Rechten ist, werde ich nicht straucheln.

Psalm 16,8

Gebet

Vater, ich nehme mir fest vor, jemand zu sein, der auf nur eines ausgerichtet lebt. Hilf mir, regelmäßig wie David und Maria von Betanien zu deinen Füßen zu sitzen und deine Freundlichkeit zu betrachten. Stärke mein Verlangen danach, und hilf mir, mein Leben so zu gestalten, dass regelmäßige Zeiten mit dir in deinem Wort dazugehören. Mach mich darauf aufmerksam, wenn ich diesen Fokus verliere, sende dein Wort, warne und befreie mich zu einem Leben mit ungeteiltem Herzen, wie du es für die Christen der Frühkirche getan hast (Offb. 2,4–5, 3,1–3, 15–20).

W: Worthy – würdig

Paulus schrieb: „Deshalb beten wir auch allezeit für euch, dass unser Gott euch der Berufung würdig erachte und alles Wohlgefallen der Güte … erfülle (2. Thes. 1,11). Paulus betonte, dass er dieses immer für die Christen betete, weil er verstand, wie wichtig es war. Vor dem Herrn würdig zu wandeln ist etwas anderes, als mit „Würdigsein" Vergebung erarbeiten zu wollen. Es geht dabei vielmehr um eine würdige Reaktion auf Gott, die uns vorbereitet, in der Fülle unserer Berufung zu leben, was hier als „alles Wohlgefallen der Güte erfüllen" bezeichnet wird.

Mit ihren halbherzigen Reaktionen und Entscheidungen schöpfen allzu viele Christen nicht aus, wozu Gott sie einlädt. Jesus mahnt uns, für Gnade zu beten, dass wir seiner Berufung würdig leben können. Das heißt, dass er uns Kraft gibt, nicht untreu zu werden und siegreich vor ihm zu stehen. Jesus ermutigt: „Seid nun allezeit wach und betet, dass ihr würdig geachtet werdet, all dem, was geschehen soll, zu entfliehen und vor dem Menschensohn zu stehen" (Lk. 21.36). Paulus betete, Gott möge seine Jünger vollkommen heiligen. Er betete, dass sie bis zur Wiederkunft des Herrn ohne Sünde und treu leben würden (1. Thes. 5,23).

Schriftstellen

Deshalb beten wir auch allezeit für euch, dass unser Gott euch der Berufung würdig erachte und alles Wohlgefallen der Güte und das Werk des Glaubens in Kraft erfülle.

2. Thessalonicher 1,11

Seid nun allezeit wach und betet, dass ihr würdig geachtet werdet, all dem, was geschehen soll, zu entfliehen und vor dem Menschensohn zu stehen.

Lukas 31,36

Er aber, der Gott des Friedens, heilige euch durch und durch, und euer Geist soll ganz, mit Seele und Leib, untadelig bewahrt werden bis zur Wiederkunft unseres Herrn Jesus Christus.

1. Thessalonicher 5,23

Gebet

Vater, stärke mein Herz und meine Seele, damit mein Leben so von Glauben und Gehorsam geprägt ist, dass es deiner und deiner Berufung auf meinem Leben würdig ist. Hilf mir, deiner würdig zu leben, indem ich jegliche Untreue vermeide. Bereite mich für die höchsten Dinge vor, zu denen du mich berufst. Hilf mir, dir treu zu leben, sodass ich in diesem Zeitalter untadelig an Körper, Geist und Seele leben und siegreich vor dir stehen kann mit dem Zeugnis, dass ich dir von ganzem Herzen gehorchen wollte.

S: Speech – sprechen

Sprechen ist ein sehr wichtiges Thema in unserem geistlichen Leben. Wenn unser Reden unter die Leitung des Heiligen Geistes kommt, wird auch unser gesamter innerer Mensch unter seine Leitung kommen. Jakobus schreibt: „Wer sich in seinen Worten nicht verfehlt, ist ein vollkommener Mann und kann auch seinen Körper völlig im Zaum halten" (Jak. 3,2 EhÜ). Paulus ermahnte die Christen, nicht böse zu reden oder den Heiligen Geist durch obszönes oder törichtes Reden zu betrüben (Eph. 4,29–30, 5,4).

Das Thema Reden stand auch auf Davids „Gebetsliste" – er bat den Herrn um Hilfe, dass er die Worte seines Mundes beherrschen könne, damit sie Gott gefielen. Ich ermutige Sie, Davids Gebet oft, ja, täglich zu beten: „Lass das Reden meines Mundes und die Gedanken meines Herzens Wohlgefallen finden vor dir, mein Fels und mein Erlöser" (Ps. 19,15). David nahm sich fest vor, nicht durch Reden zu sündigen. Er bat den Herrn, über seinem Mund zu wachen (Ps. 17,3, 141,3).

Schriftstellen

Wer sich in seinen Worten nicht verfehlt, ist ein vollkommener Mann und kann auch seinen Körper völlig im Zaum halten.

Jakobus 3,2 EhÜ

Lasst kein faules Geschwätz aus eurem Mund kommen, sondern was gut ist zur Erbauung, wo es nötig ist, damit es denen Gnade bringt, die es hören. Und betrübt nicht den Heiligen Geist Gottes. … sollen unter euch nicht einmal genannt werden, wie es sich für Heilige geziemt, auch keine gemeinen Worte, törichtes Geschwätz oder leichtfertige Witze, was sich nicht gehört.

Epheser 4,29–30; 5,3–4

Lass das Reden meines Mundes und die Gedanken meines Herzens Wohlgefallen finden vor dir, mein Fels und mein Erlöser.

Psalm 19,15

Herr, behüte meinen Mund, und bewahre meine Lippen.

Psalm 141,3

Ich habe mir vorgenommen: Ich will mich hüten, dass ich nicht mit meiner Zunge sündige. Ich will meinen Mund im Zaum halten.

Psalm 39,2

Gebet

Vater, behüte meine Lippen und hilf mir nur das zu sagen, was dir gefällt. Mach mich frei davon, aggressiv-rechthaberisch, zornig, albern, unanständig oder unrein zu sprechen.

H: Humility – Demut

Jesus forderte uns auf, von ihm zu lernen, wie man demütig lebt (Mt. 11,29). Er ist bereit, uns über dieses zentrale Thema zu belehren, wenn wir ihn um Erkenntnis bitten. Bitten Sie ihn darum! Wie herrlich und weise ist es, von Jesus Demut zu lernen!

Schriftstellen

Nehmt mein Joch auf euch und lernt von mir; denn ich bin sanftmütig und von Herzen demütig.

Matthäus 11,29

Tut nichts aus Streitsucht oder um eitler Ehre willen, sondern in Demut achte einer den andern höher als sich selbst, und jeder sehe nicht auf den eigenen Vorteil, sondern auch auf das, was dem anderen dient. Denn ihr sollt so gesinnt sein, wie Jesus Christus auch war.

Philipper 2,3–5

Gebet

Jesus, lehre mich, in deinem Joch der Demut zu gehen. Von dir will ich Demut lernen und Einsicht und Inspiration gewinnen, damit sich meine Einstellung, meine Rede- und Handlungsweise verändert. Mach mich weise, sodass ich es verstehe, von Herzen demütig zu sein.

I: Insight – Einsicht, Erkenntnis

Der Heilige Geist hat den Wunsch, uns in die Wahrheit zu führen – uns Weisheit oder Einsicht in seinen Willen für jeden Bereich unseres Lebens zu geben, sodass wir in inniger Partnerschaft mit seinem Herzen leben können. Es ist Erkenntnis, die uns in diese Nähe führt. Er möchte uns sehnlich gerne beibringen, wie man in Übereinstimmung mit seinem Herzen lebt, sodass wir im Wirken für das Reich Gottes tiefe Freundschaft und Partnerschaft mit ihm genießen können. Für die Verwaltung unseres Geldes, unserer Zeit, Karriere, dienstlichen Aktivitäten und Beziehungen wird er uns kreative Weisheit schenken, ebenso für die Sorge um Reinheit, körperliche Gesundheit usw. Er wird uns auch Einsicht geben in das, was er im Blick auf unsere Städte, Nationen und Generationen auf dem Herzen hat. Für alle Lebensbereiche Einsicht in sein Herz zu gewinnen führt zu größerer Vertrautheit mit Gott, zu wirklicher Partnerschaft mit ihm.

Schriftstellen

Der Geist der Wahrheit … wird euch in alle Wahrheit leiten. … Was zukünftig ist, wird er euch mitteilen.

Johannes 16,13

Der Heilige Geist … wird euch alles lehren.

Johannes 14,26

Das Geheimnis des Herrn ist für die, die ihn fürchten.

Psalm 25,14

… damit der Gott unseres Herrn Jesus Christus … euch den Geist der Weisheit und der Offenbarung zur Erkenntnis seiner selbst gebe.

Epheser 1,17

Wir … bitten, dass ihr erfüllt werdet mit der Erkenntnis seines Willens in aller Weisheit und geistlichen Einsicht, damit ihr des Herrn würdig lebt.

Kolosser 1,9–10

Gebet

Vater, gib mir Einsicht in dein Wort, deinen Willen, deine Wege. Mach mich weise in meinem Lebenswandel mit dir in jedem Bereich meines Lebens, z. B. Finanzen, Zeiteinteilung, Emotionen, Umstände, Körper (Diät, Gesundheit), Beziehungen (zu Hause, im Büro, im geistlichen Dienst), Zukunft, Ängste,

Süchte usw. Lass mich die Geheimnisse deines Herzens wissen (Ps. 25,14). *Was denkst und fühlst du über mich, mein Leben, meine Stadt, Nation und Generation?*

P: Peace and joy – Frieden und Freude

Der Heilige Geist hat den Wunsch, unser Herz und unser Denken mit übernatürlichem Frieden zu bewahren, wir brauchen ihn nur zu bitten. In Philipper 4,7 steht „Herz" für Emotionen. Es ist das Erbe jedes Glaubenden, in Frieden leben zu können. Wir brauchen nicht mit einem Herzen zu leben, das von Eifersucht, Ablehnung, Angst oder Furcht geplagt ist, oder mit einer Seele voller Aufregung, Verwirrung und Unentschlossenheit. Wenn wir um Frieden und Freude in bestimmten Bereichen unseres Lebens bitten, werden wir mehr davon empfangen.

Schriftstellen

Und der Friede Gottes … wird eure Herzen und Sinne bewahren in Christus Jesus!

Philipper 4,7

Der Gott der Hoffnung aber erfülle euch mit aller Freude und Frieden im Glauben, dass ihr überströmt in der Hoffnung durch die Kraft des Heiligen Geistes.

Römer 15,13

Er aber, der Herr des Friedens, gebe euch Frieden allezeit und auf alle Weise.

2. Thessalonicher 3,16

Gebet

Vater, stärke mein Herz mit übernatürlichem Frieden in Bereichen, in denen ich Ablehnung, Angst oder Furcht empfinde; stärke meine Seele, sodass ich alle Aufregung, Verwirrung und Unentschlossenheit überwinden kann.

Gebete um Stärkung am inneren Menschen anhand des Akronyms

F-E-L-L-O-W-S-H-I-P

F – Fear of God/Furcht Gottes: Vater, gib mir den Geist der Gottesfurcht ins Herz (Ps. 86,11).

E – Endurance/Ausdauer: Stärke mich zu aller Geduld und Langmut im Tun deines Willens (Kol. 1,11).

L – Love/Liebe: Vater, gieße deine Liebe noch mehr in mein Herz aus (Phil. 1,9).

L – Light of glory/Licht der Herrlichkeit: Vater, lass mich das Licht deiner Herrlichkeit mehr sehen (Apg. 22,6–11, 2. Mo. 33,18, Ps. 4,6).

O – One thing/Eines nur: Ich bin entschieden, jemand zu sein, der seinen Lebensfokus auf nur eines ausrichtet: dir zu Füßen zu sitzen (Ps. 27,4).

W – Count me worthy/Würdig erachten: Stärke mich, dass ich auf würdige Weise auf dich eingehe (2. Thes. 1,11).

S – Speech/Sprechen: Vater, bewahre meine Lippen, dass ich frei sei von unreiner Rede (Eph. 4,29, Ps. 141,3).

H – Humility/Demut: Jesus, ich möchte von dir lernen, wie man von Herzen demütig lebt (Mt. 11,29).

I – Insight (wisdom)/Einsicht (Weisheit): Gib mir Einsicht in dein Wort, deinen Willen und deine Wege.

P – Peace and joy/Frieden und Freude: Stärke mein Herz mit Frieden und Freude, die die Angst überwinden (Phil. 4,7).

Wenn Sie so um Stärkung Ihres inneren Menschen beten, wird es Sie segnen, weil Sie im Gebet wachsen und Gnade für all die Werke erfahren, zu denen Gott Sie berufen hat. Aber dabei werden Sie nicht stehen bleiben wollen auf Ihrer Reise. Das Leben in Gemeinschaft mit dem Heiligen Geist zu erlernen birgt noch viel mehr Schätze in sich.

Kapitel 15

Gemeinschaft mit dem Heiligen Geist

Man könnte genauso gut hören wollen ohne Ohren oder atmen ohne Lungen, wie ein Leben als Christ führen zu wollen ohne den Geist.[1]

D. L. Moody

Paulus schrieb häufig über den Segen der Gemeinschaft mit dem Heiligen Geist. Die folgenden Verse zeigen, wie viel Wert er auf diese Beziehung legte. Der erste Vers ist der Abschluss von Paulus' zweitem Brief an die Korinther; darin betet er, die Gemeinschaft des Heiligen Geistes möge mit der gesamten Gemeinde in Korinth sein. Der zweite steht in seinem Brief an die Philipper.

> Die Liebe Gottes und die *Gemeinschaft des Heiligen Geistes* sei mit euch allen!
>
> 2. Korinther 13,13

> Wenn es nun … irgendeinen Trost der Liebe, irgendeine *Gemeinschaft des Geistes* [gibt] …
>
> Philipper 2,1

Der Heilige Geist ist eine dynamische Person, die in unserem Geist wohnt. Wir sollen mit ihm Gemeinschaft haben, indem wir oft mit ihm sprechen. Wir müssen unsere Freundschaft mit dem Geist bewusst wertschätzen und kultivieren, unter anderem durch das Gespräch mit ihm als mit dem Gott, der in uns wohnt. Manche bezeichnen dies als Kontemplation, „communing prayer", „centering prayer" oder als Stilles Gebet.

In verschiedenen religiösen Traditionen finden sich unterschiedliche Namen für diese Art Gebet.

Ein lebendiges Leben mit dem Geist ist wesentlich für unser Anliegen, mehr von Gott zu erfahren. Es ist sinnlos, tiefe Gotteserfahrungen zu suchen, wenn wir uns nicht vom Geist leiten lassen. Ein abgestumpfter Geist dringt nicht tief in Gott ein. Es ist ein herrliches Vorrecht für jeden Christen, mit dem Heiligen Geist in dem Maß Gemeinschaft haben zu können, wie er es wünscht.

Unsere höchste Bestimmung ist, in Intimität mit dem innewohnenden Geist zu wachsen und auf diese Weise an der „Familiendynamik" der Dreieinigkeit Anteil zu haben. Wir sind unglaublich gesegnet, dass Gott sein Inneres für Gemeinschaft mit seinen Kindern öffnet. Das ist das Eigentliche am Christsein und am wahren Beten.

Für viele beschränkt sich Beten im Wesentlichen darauf, dass sie Lösungen für ihre Probleme brauchen, mehr Segen in ihren äußeren Umständen und auf ihre Bedürfnisse im Blick auf Krankheit, Finanzen, ungläubige Familienmitglieder, Einsamkeit, Angst, Schuld, Beziehungskonflikte etc. Aber Wachsen im Gebet umfasst so viel mehr als Bitten um Erfüllung unserer Bedürfnisse! Gebet ist in allererster Hinsicht ein Ruf zur Gemeinschaft mit dem innewohnenden Geist.

Eine weitere irrige Vorstellung ist, im Gebet zu wachsen hieße mehr Worte zu machen, noch eine andere, durch lauteres, energischeres Beten würden wir mehr Leidenschaft dabei entwickeln. Mir ist das, was ich *communing prayer* nenne, das schweigsame, stille „Gemeinschaftsgebet", sehr wertvoll geworden. In dieser Art Gebet richten wir unseren Blick und unsere Aufmerksamkeit auf den innewohnenden Geist und machen nur sehr wenige Worte.

Ich möchte ein „geistlicher Mensch" sein – den Heiligen Geist sowohl in meinem Innern als auch in meinem äußerlichen Dienst erkennen. Ihn zu kennen bedeutet weit mehr als zu prophezeien und Kranke zu heilen. Ja, ich möchte prophezeien, Kranke heilen, Menschen zu Jesus führen und das Glaubensgebet beten, durch das andere Menschen gesegnet werden. Aber ich möchte auch in meinem Innern ein „geistlicher Mann" sein. Wir alle sollten nach der Vollmacht des Geistes auf unserem Dienst und in unserem Herzen streben.

Gott schuf uns mit drei Bestandteilen

Gott schuf jeden Menschen mit drei Bestandteilen: einem Geist, einer Seele und einem Körper. Jemand fasste das einmal so zusammen: „Wir sind ein Geist, wir haben eine Seele und wir leben in einem Körper." Der Apostel Paulus bestätigte es, als er schrieb: „Euer Geist soll ganz, mit Seele und Leib, untadelig bewahrt werden" (1. Thes. 5,23).

Der Körper ist selbstverständlich unser physisches Ich. Die Seele, bestehend aus Denken, Wollen und Fühlen, ist unsere Persönlichkeit – die Schrift spricht hier manchmal vom „Herzen". Unser Geist ist, wo Gott buchstäblich in uns wohnt. Dies sind die drei Bestandteile unserer Person, mittels derer wir mit Gott Gemeinschaft haben können.

Bei der Wiedergeburt hält Gott Einzug in den Geist eines Menschen. Die zentrale Realität der Wiedergeburt ist, dass der Heilige Geist, eine echte Person, kommt, um in unserm dann wiedergeborenen Geist zu leben. Die Wiedergeburt ist viel mehr als nur die Erfahrung der Vergebung. Das ewige, nicht erschaffene Leben Gottes wohnt in unserem Geist. Wiedergeboren zu sein umfasst auch das Geborensein in eine neue Verbundenheit mit dem Heiligen Geist.

> Wenn jemand nicht aus … Geist geboren wird, kann er nicht ins Reich Gottes kommen.
>
> Johannes 3,5

Bei der Wiedergeburt wird unser Geist mit dem Heiligen Geist verbunden, sodass wir eines Geistes sind mit Gott. Deshalb ist der „Allerheiligste" jetzt in unserem Geist.

> Wer sich aber mit dem Herrn verbindet, der ist ein Geist mit ihm.
>
> 1. Korinther 6,17

Der Geist strömt aus Ihrem Herzen, was früher mit „Bauch" übersetzt wurde, heute aber meistens mit „Leib" und, korrekter, mit „Innerstes". (In der alten King-James-Übersetzung noch als *belly*, „Bauch, Eingeweide, Gedärm" übersetzt, in der New American Standard Bible aber genauer als *innermost being*, „innerstes Wesen", A. d. Ü.)

> Wer an mich glaubt …, *aus dessen Leib* werden Ströme von lebendigem Wasser fließen.
>
> Johannes 7,38

> … wer an mich glaubt. Wie die Schrift sagt: *Aus seinem Inneren* werden Ströme von lebendigem Wasser fließen.
>
> Johannes 7,38 EhÜ

Jesus hat verheißen, dass der Heilige Geist wie ein Strom aus unserem Herzen fließen würde, um zu inspirieren, zu leiten und unser Denken und Fühlen zu verändern und anderen in Kraft zu dienen. Bei unserer Wiedergeburt erfüllt Gott unseren Geist ganz, doch das Maß, mit dem er sich in unserem Denken und Fühlen ausdrückt, wächst zunehmend. Je mehr wir uns gedanklich aktiv mit dem innewohnenden Geist befassen, desto mehr werden unser Denken und Fühlen erneuert, wodurch wir „verändert werden durch die Erneuerung unserer Gesinnung“ (Röm. 12,2). Mit anderen Worten: Je mehr unsere Seele, unser Herz erneuert sind, desto mehr drückt sich Gott in und durch uns aus.

Zurück zur Gemeinschaft mit dem Heiligen Geist. Der Mensch denkt in Bildern. Wenn wir an etwas denken, haben wir ein Bild vor unserem inneren Auge. Weil die Heilige Schrift Gott als Licht beschreibt (1. Joh. 1,5), können wir uns ein Licht in unserem wiedergeboren Geist vorstellen, wo der Heilige Geist wohnt. Deshalb denke ich vom Heiligen Geist als von der Shekina-Herrlichkeit Gottes, die in unserem Geist wohnt.

Wenn ich zum Heiligen Geist spreche, stelle ich ihn mir als ein helles, herrliches Licht vor. Vor meinem inneren Auge steht das Bild einer hellen, diamantengleichen Person, die in meinem Geist leuchtet. (Sicher ist es nicht genau so, aber dieses Bild hilft mir, mich auszurichten.) Ich konzentriere mein Denken auf ihn und spreche direkt zu ihm. Wie wir in Johannes 16,14 lesen, wird uns die Ausrichtung auf den Geist immer dazu führen, dass wir Jesus und sein Wort verherrlichen und befolgen: „Derselbe wird mich verherrlichen; denn vom Meinen wird er es nehmen und euch mitteilen.“ In manchen falschen Religionen geht es auch um ein „Licht“, das in jedem Menschen wäre, aber das ist eine Verfälschung: Hier gibt es nicht den innewohnenden Geist, und es wird nicht darauf abgezielt, in den Menschen Liebe und Gehorsam gegenüber Jesus zu bewirken.

Im Geist wandeln

In Galater 5 mahnt uns Paulus, im Geist zu wandeln, was in erster Linie durch die Entwicklung einer dynamischen Freundschaft mit ihm geschieht. Unmittelbar danach nennt er eine der größten Verheißungen in der Bibel: „dann werdet ihr euren natürlichen Begierden nicht nachgeben“.

> Ich sage aber: Lebt im Geist, dann werdet ihr euren natürlichen Begierden nicht nachgeben. Denn unsere selbstsüchtige Natur kämpft gegen den Geist und der Geist gegen unsere selbstsüchtige Natur.
>
> Galater 5,16–17

Damit sagt Paulus: Das Leben im Geist ist *der* Weg, auf dem wir den Sieg über das Fleisch erlangen.

In unserem Kampf gegen Sünde und Finsternis sollen wir uns durch den innewohnenden Heiligen Geist auf Jesus ausrichten. Wir sollten uns mehr darauf konzentrieren, im Geist zu leben, als darauf, unsere sündigen Wünsche zu unterdrücken. Man lebt in Freiheit von diesen Wünschen, indem man im Geist lebt, nicht indem man sich auf die Wünsche selbst konzentriert und sie sich mit zusammengebissenen Zähnen versagt. Statt die größte Anstrengung aufzubringen, um der Finsternis zu widerstehen (also sündhafte Begierden von sich zu weisen), lassen wir die Finsternis ganz einfach durch die Hinwendung zum Licht hinter uns, durch unsere Ausrichtung auf „Christus in euch, die Hoffnung der Herrlichkeit" (Kol. 1,27).

In Galater 5,17 beschrieb Paulus den Kampf in jedem Christen: Das Fleisch kämpft gegen den Geist, und der Geist kämpft gegen das Fleisch. Das „Fleisch" in Paulus' Lehre umfasst sündhafte Genüsse und Gelüste (Unzucht, Völlerei, Alkoholmissbrauch usw.) ebenso wie sündhafte Regungen und Empfindungen (Stolz, Bitterkeit, Zorn, Überempfindlichkeit usw.). Insgesamt identifizierte er siebzehn Ausdrucksformen des Fleisches (Verse 19–21). Paulus hat nicht versprochen, dass alle fleischlichen Begierden verschwinden würden; er verhieß jedoch Kraft, ihnen nicht nachgeben zu müssen.

Die Stärke sündhafter Begierden kann man nur dadurch überwinden, dass man in der Beziehung mit dem Heiligen Geist wächst, indem man sich aktiv auf ihn einlässt. Mit anderen Worten: Im Geist zu leben ist die vorrangige Bedingung dafür, solche Begierden zu überwinden. Der Geist wird sie bekämpfen, wenn wir uns persönlich auf ihn, der ja in uns wohnt, einlassen. Er wird mit seiner Stärke gegen unsere fleischlichen Begierden angehen.

Wie leben wir im Geist? Indem wir Gemeinschaft mit ihm pflegen. Einfacher geht es nicht. Wir leben so sehr im Geist, wie wir zu dem Heiligen Geist reden. Wann haben Sie das letzte Mal zum Heiligen Geist als einer Person gesprochen, die in Ihrem Geist wohnt?

Wir *leben* nicht mehr im Geist, als wir mit dem Geist *reden*. Das zu verstehen und zu praktizieren ist ganz wesentlich. Deshalb sage ich es auf unterschiedliche Weise immer wieder in diesem Kapitel. Tatsächlich werden wir ihm nicht mehr gehorchen, als wir zu ihm reden. Meine Umschreibung der Aussage Jesu in Johannes 15,5 lautet: „Außerhalb der Verbundenheit mit mir – dem Bleiben in mir – könnt ihr überhaupt nichts tun."

Er wird uns kein Gespräch aufzwingen, aber wenn wir mit ihm reden, wird er auch mit uns reden. Wenn wir erst einmal das Gespräch beginnen, wird er es so lange fortsetzen, wie wir es tun. Er spricht zu uns, indem er uns subtile Eindrücke gibt, die unser Herz und unsere Seele stärken.

Je mehr wir zum Geist sprechen, desto weniger reden wir so zu Menschen, dass der Heilige Geist, unser Geist oder ihr Geist betrübt ist.

> Lasst kein faules Geschwätz aus eurem Mund kommen, sondern was gut ist zur Erbauung, wo es nötig ist, damit es denen Gnade bringt, die es hören. *Und betrübt nicht den Heiligen Geist Gottes.*
>
> Epheser 4,29–30

Wenn ich mehr zum Geist spreche, dann spreche ich auch zu Menschen öfter in einer Weise, die sie auferbaut. Wenn ich weniger zum Geist spreche, dann spreche ich auch mit Menschen weniger in einer Weise, die sie auferbaut, und mehr in einer Weise, die ihren Geist, meinen Geist und den Geist Gottes betrübt.

Zum Heiligen Geist sprechen

Nun wissen wir, wie wichtig die Gemeinschaft mit dem Heiligen Geist ist. Sehen wir uns an, wie wir die Sache angehen. Im Gebet können wir unser Denken in zwei Weisen auf Gott ausrichten – auf den Vater, der auf seinem Thron der Herrlichkeit sitzt (Offb. 4), und auf Gott den Heiligen Geist, der in unserem Geist wohnt (Röm. 8,9).

> Darum sollt ihr so beten: „Unser Vater im Himmel!"
>
> Matthäus 6,9

> Ihr aber lebt … im Geist, wenn Gottes Geist wirklich in euch wohnt. … Wenn aber Christus in euch ist, dann ist der Leib zwar tot wegen der Sünde, der Geist aber ist Leben wegen der Gerechtigkeit.
>
> Römer 8,9–10

Der Geist sehnt sich danach, dass wir mit ihm reden, aber er wird denen, die daran nicht interessiert sind, keine Unterhaltung oder Freundschaft aufzwingen. Wenn wir mit ihm reden, wird er auch zu uns reden. Oft verwendet er dazu keine Worte, sondern gibt uns Eindrücke, sensibilisiert unsere Emotionen, sodass wir seine Nähe fühlen können, oder spricht durch sein Wort. Gott leitet uns durch ein leises Flüstern in unserem Innern – dieselbe leise Stimme, mit der er in 1. Könige 19,11–13 zu Elia gesprochen hat.

Leider sprechen manche Gläubigen nicht zum in ihnen wohnenden Heiligen Geist und bringen sich damit um eine äußerst kostbare Beziehung. Der Heilige Augustinus bezeugte, er habe viel Zeit damit verloren, dass er den Herrn außen suchte, statt sich nach innen zu wenden. Eines meiner liebsten Gebete – das, das ich am häufigsten verwende – bittet den Geist, mich sehen zu lassen, was er sieht, und fühlen zu lassen, was er fühlt – über mein Leben, meine Familie und andere Leute, ebenso wie das, was er im Blick auf Jesus, die Kirche, die große Ernte, die Nationen, die Endzeit usw. sieht und fühlt.

Loslegen

Für den Anfang schlage ich vor, Sie sprechen drei- bis fünfmal täglich direkt zum Geist, und zwar jeweils drei bis fünf Minuten lang. Reden wir nur dann zum Geist, wenn wir in Versuchung sind, und nicht regelmäßig als Ausdruck eines Lebensstils, dann werden wir das Zwiegespräch mit ihm nicht so aufrechterhalten, dass es Veränderungen in unserem Wesen nach sich zieht. Zunächst mag es Ihnen schwierig erscheinen, sich auf den innewohnenden Geist auszurichten. Wenn Sie es öfter tun, werden Sie sich daran gewöhnen, sich innerlich zurückzuziehen, um zum Geist zu sprechen. Wenn Ihre Gedanken abgleiten, führen Sie sie einfach wieder zu dem Geist, der in Ihnen wohnt, zurück.

In Gottes Gegenwart verweilen

Nehmen Sie sich in Ihrem Zwiegespräch mit dem innewohnenden Geist Zeit zum Verweilen, sprechen Sie bedächtig mit ihm. Fügen Sie auch Liebeserklärungen ein. Sprechen Sie langsam und flüstern Sie immer wieder einmal: „Ich liebe dich, Heiliger Geist“, während Sie sanft und ununterbrochen im Geist beten.

Wir praktizieren die Gegenwart Gottes in dem Wissen, dass es Zeit braucht, darin zu wachsen, dass wir ein Gespür für die Verbindung mit dem innewohnenden Geist entwickeln. Je mehr ich direkt mit ihm im Privaten spreche, desto mehr verspüre ich seine Gegenwart in meinem öffentlichen Leben mit anderen Menschen.

Ich stelle mir den Geist so vor, dass er mit einem diamantähnlichen Glanz leuchtet. Ich sage: „Danke für deine strahlende Gegenwart in mir." Hetzen Sie nicht, und machen Sie nicht zu viele Worte. Er freut sich daran, dass wir sein Innewohnen erkennen. Ich weiß das, weil ich seine Freude spüren kann, wenn ich ihn anerkenne.

Ich verweile in dem Zustand, dass meine Aufmerksamkeit nach innen auf ihn gerichtet ist. Wenn ich zum Heiligen Geist spreche, feuere ich nicht meine Bitten wie ein Maschinengewehr auf ihn los, ich spreche kurze, einfache Sätze aus, langsam und sanft. Es ist wichtig, mit hörendem Herzen zu warten. Manchmal seufze ich leise und bete zwischen Momenten der totalen Stille mit subtilen „unaussprechlichen Seufzern" (Röm. 8,26) – viel mehr als dass ich Worte ausspreche.

T-R-U-S-T (Vertrauen)

Regelmäßig verwende ich fünf einfache Sätze, um meine Aufmerksamkeit auf mein Gespräch mit dem innewohnenden Geist zu richten. Das Fünf-Buchstaben-Akronym *T-R-U-S-T* (Vertrauen) hilft mir, mich an die Sätze zu erinnern. Ich versuche sie täglich „durchzubeten".

T: Thank You (Danke)

Als Erstes richten wir unsere Aufmerksamkeit nach innen, um die Gegenwart des Heiligen Geistes zu erkennen, und danken ihm schlicht für seine Gegenwart in uns. Ich sage: „Danke, Heiliger Geist, für deine Gegenwart in meinem Geist." Nehmen Sie ein paar Minuten dafür, und fügen Sie liebevolle Aussagen hinzu, z. B.: „Ich liebe dich, Heiliger Geist. Ich freue mich an deiner Gegenwart."

Schriftstellen

Wer in mir bleibt und ich in ihm, der bringt viel Frucht, denn ohne mich könnt ihr nichts tun.

Johannes 15,5

Gebet

Danke, Heiliger Geist, für deine strahlende Gegenwart in mir. Ich liebe deine Gegenwart. Ohne dich kann ich nichts tun.

R: Release revelation of Your glory (Offenbare deine Herrlichkeit)

Ich bitte den Geist um Offenbarungen über Gottes Herrlichkeit und sein Herz.

> damit der … Vater der Herrlichkeit euch den Geist der Weisheit und der Offenbarung zur Erkenntnis seiner selbst gebe und erleuchtete Augen eures Verständnisses …
>
> Epheser 1,17–18

Dies ist eine Bitte, zu der sich in der Bibel wichtige Texte als Beispiele finden. Wie im vorigen Kapitel erwähnt, sah Paulus Jesus und seine Herrlichkeit am Tag seiner Bekehrung in einem großen Licht vom Himmel. Mose betete: „Lass mich doch deine Herrlichkeit sehen!" (2. Mo. 33,18). Danach glänzte sein Gesicht mit dem Licht der Herrlichkeit. Wie Mose können wir darum bitten, Gottes Herrlichkeit zu erfahren.

Schriftstellen

> Da umleuchtete mich plötzlich ein großes Licht vom Himmel. … Weil ich aber wegen der Helligkeit dieses Lichtes nicht sehen konnte, wurde ich an der Hand geleitet von denen, die mit mir waren, und kam nach Damaskus.
>
> Apostelgeschichte 22,6.11

> Mose aber sagte: „Lass mich doch deine Herrlichkeit sehen!"
>
> 2. Mose 33,18

Gebet

> *Heiliger Geist, öffne mir die Augen, dass ich Gottes Herrlichkeit sehe und seinem Herzen begegne. Ich bitte dich, dass du mir deine Herrlichkeit offenbarst.*

U: Use me (Gebrauche mich)

Paulus fordert uns auf, danach zu streben, dass wir in den Gaben des Heiligen Geistes gebraucht werden (1. Kor. 12,31). Der Geist wird uns mehr gebrauchen, wenn wir ihn darum bitten.

Schriftstellen

> Jedem wird aber die Offenbarung des Geistes zum Nutzen für alle gegeben.
>
> 1. Korinther 12,7

Strebt aber nach den besseren Gaben!

1. Korinther 12,31

Bemüht euch um die geistlichen Gaben, am meisten aber, dass ihr weissagen könnt!

1. Korinther 14,1

Gebet

Danke für deine Gaben. Gib mir noch mehr von ihnen, denn das Wort sagt, dass jedem die Manifestation des Geistes gegeben wird. Schenke mir deine Eindrücke, damit ich heute Menschen segnen kann. Heiliger Geist, erweise deine Gaben und deine Kraft durch mich, damit ich anderen helfen kann. Ich möchte ein Gefäß deiner Gegenwart sein, um Jesus zu verherrlichen.

S: Strengthen me (Stärke mich)

Der Geist wird unseren inneren Menschen stärken, indem er unser Denken, Fühlen und Reden mit der Macht seiner Gegenwart berührt. Mit unserem Dank dafür schöpfen wir aus seiner Kraft. Weil der Geist in uns lebt, ist uns die Frucht des Geistes verfügbar – Liebe, Freude, Frieden usw. Wir können die Kraft dieser Frucht mehr erfahren, indem wir ihm danken, dass sie schon in uns ist.

Schriftstellen

… dass er euch Kraft gebe nach dem Reichtum seiner Herrlichkeit, stark zu werden durch seinen Geist am inwendigen Menschen.

Epheser 3,16

Die Frucht aber des Geistes ist Liebe, Freude, Friede, Geduld, Freundlichkeit, Güte, Treue, Sanftmut, Selbstbeherrschung.

Galater 5,22–23

Gebet

Heiliger Geist, schenke göttliche Kraft, um mein Denken und Fühlen zu stärken. Danke für die Gegenwart deiner Liebe, deines Friedens und deiner Geduld in mir.

T: Teach me (Lehre mich)

Der in uns wohnende Geist ist ein großartiger Lehrer, der uns in Gottes Willen und Wege einführen will, sodass wir in enger Partnerschaft mit ihm leben können. Bitten Sie den Geist, Sie über Gottes Wort, seinen Willen und seine Wege zu belehren, indem er Ihnen Weisheit und kreative Ideen für jeden Bereich Ihres Lebens gibt, z. B. dafür, wie Sie Ihr Geld verwalten, im Berufsleben vorankommen, Ihre Zeit einteilen, gute Beziehungen bauen (zu Hause, in der Gemeinde, im Beruf, im Dienst), wie Sie Ihren Dienst ausüben und in Reinheit und Gesundheit leben (körperlich und emotional).

Er wird uns so leiten, dass wir heilig, körperlich gesund usw. leben können. Dass wir seinen Blick für unser Leben bekommen, führt zur intimen Nähe zu Gott, in der sich wirklich die Partnerschaft mit ihm niederschlägt.

Schriftstellen

Der Heilige Geist … wird euch alles lehren.

Johannes 14,26

Der Geist der Wahrheit … wird … euch in alle Wahrheit leiten.

Johannes 16,13

Gebet

Heiliger Geist, ich bitte dich, dass du mich leitest und mich in jedem Bereich meines Lebens lehrst. Gib mir neue Ideen, ordne meine Schritte und öffne Türen für neue Beziehungen und neue Geschäfts- und Dienstmöglichkeiten. Lehre mich, in einer Weise zu leben, die dir gefällt, und zeige mir, wie ich am besten in deinem Willen, Segen und Wohlstand für mein Leben wandle.

Eine innige Beziehung mit dem Heiligen Geist wird für Sie auf vielfache Weise von Wert sein. Mit am wichtigsten ist, dass sie Ihnen hilft, Gottes Wort zu verstehen und in Ihrem Gebetsleben zu verankern.

Kapitel 16

Wie man das Wort Gottes betend liest

Gebet nährt sich aus dem Wort Gottes.[1]

E. M. Bounds

Als Jesus auf der Erde war, tadelte er die Pharisäer für ihre Ansicht, sie würden, einfach nur, weil sie die Heilige Schrift kannten, ein Leben mit Gott führen:

> Ihr sucht in den Schriften, denn ihr meint, in ihnen ewiges Leben zu haben; und sie sind es, die von mir Zeugnis geben; und ihr wollt nicht *zu mir kommen* [mit mir sprechen], *um das Leben zu bekommen.*
>
> Johannes 5,39–40

Eigentlich sagte er: „Ihr studiert und durchforstet die Heiligen Schriften, seid aber nicht bereit, in meine Gegenwart und in eine dauerhafte, tiefe Beziehung zu mir zu kommen."

Es reicht nicht, nur das Wort zu studieren; wir müssen beim Lesen mit Gott sprechen und von ihm empfangen. Aus dem Bibelstudium sollte ein aktiver Dialog mit Gott entstehen. Durch nichts wird unser Gebetsleben mehr gestärkt als dadurch, dass wir Gottes Wort wie Nahrung in uns aufnehmen. Das bedeutet auch, dass wir mit Gott ins Gespräch kommen, wenn wir sein Wort lesen.

Bitte verstehen Sie mich nicht falsch. Ich bin überzeugter Verfechter des Bibelstudiums. Aber ich sage entschieden, dass es nicht in erster Linie um das Erlangen von Informationen und Erfahren von Fakten geht, sondern um einen aktiven Dialog, ein dauerhaftes Gespräch mit Jesus.

Die Bibel gibt uns Gesprächsstoff für unser Gebetsleben. Mit Gott zu sprechen, während wir sein Wort lesen, macht Beten leicht und vergnüglich. Wir sprechen die Wahrheiten aus dem Wort Gottes zu ihm zurück, während wir lesen.

Im Rückblick auf die vierzig Jahre meines Lebens mit dem Herrn erkenne ich, dass das betende Lesen des Wortes – die Bibel als „Gesprächsstoff" für meine Kommunikation mit Jesus zu nutzen – *die eine, wichtigste Aktivität in meinem geistlichen Leben ist*. Es ist ganz einfach und doch von grundlegender Bedeutung, wenn ich in Christus bleiben will.

Ich erinnere mich noch lebhaft an den Tag, als Johannes 5,39–40 wie ein Blitz bei mir einschlug und mein Verständnis von Gebet radikal veränderte. Ich war achtzehn Jahre alt und gerade aufs College gekommen. Ich hatte treu jeden Tag Zeit genommen, um zu beten und die Bibel zu lesen, aber meine Gebetszeiten waren, wie schon gesagt, sehr langweilig. Dann kam ich an die Stelle im Johannesevangelium, wo Jesus die Pharisäer dafür tadelt, dass sie die Schriften erforschen, um im Bibelwissen Leben zu finden statt in der Beziehung mit ihm. Sie studierten eifrig die Bibel, ohne mit Gott in Verbindung zu sein. Sie konzentrierten sich auf das geschriebene Wort, ließen aber Jesus, das lebendige Wort, links liegen. Dieser Abschnitt war eine perfekte Beschreibung von mir.

Auf einmal merkte ich, dass ich Leben und Erfahrung in der Gegenwart Gottes finden wollte, indem ich einfach nur die Schrift studierte und mich mehr über die Bibel informierte. Nun verstand ich, dass die Heilige Schrift wie eine Leuchtreklame ist, die auf Jesus hinweist. Sie zeugt von ihm. Sie sagt uns, wie sein Herz ist. Dann las ich Vers 40: „Ihr wollt nicht zu mir kommen, um das Leben zu bekommen." Damit war gemeint: „Ihr wollt nicht mit mir reden ..." – das war mir sofort klar. Ich begriff: Ich musste beim Bibellesen zu Jesus kommen, mit ihm sprechen. Zu Jesus kommen heißt in diesem Kontext mehr als seine Sünden vergeben zu bekommen. Es ist ein Aufruf zur Gemeinschaft mit ihm, zur Gemeinschaft während des Bibellesens.

Damals wurde mir klar, dass ich beim Lesen von dem reinen „Studiermodus" in den „Dialogmodus" wechseln und mich mit Jesus, dem fleischgewordenen Wort, durch sein geschriebenes Wort unterhalten sollte. Ich rief aus: „Jesus, von jetzt an will ich mit dir reden, wenn ich die Bibel lese." An jenem Tag ging das Licht an, und ich begann mit dem, was ich „pray-reading" nenne, betendes Bibellesen. Damals fing ich an, über jeden Satz, den ich im Wort Gottes las, mit Gott zu sprechen. Ich konnte seine Gegenwart fühlen, und das gefiel mir. Und ich musste staunen, wie sich die Dinge in meinem geistlichen Leben änderten! Gottes Wort wurde mir lieb. Das war ein neues Gefühl. Ich war gespannt, wo mich diese Praxis hinführen mochte.

Seitdem sind vierzig Jahre vergangen. All die Zeit war ich auf einer herrlichen Reise und in einem Abenteuer mit Jesus und seinem Wort. Ich sage nicht, dass es jedes Mal, wenn ich die Bibel lese, derart herrlich ist. An manchen Tagen erscheint mir das, was ich betend lese, nicht interessant, aber normalerweise ist es lebendig. Dies wurde zu meinem neuen Weg nach vorn, und ich blieb dabei.

Ich glaube, dass Sie dieselbe Erfahrung machen werden wie ich. Es wird sich etwas ändern, und Sie werden es lieben, Gottes Wort zu lesen und zu beten. Die Veränderung mag nicht an einem Tag vonstatten gehen; wahrscheinlich wird es sich entwickeln. Aber bleiben Sie dabei. Ich bin sicher, Sie werden schließlich froh darüber sein und finden, dass es sich gelohnt hat.

Mit der Zeit wird es so kommen, dass Gottes Worte in Ihrem Herzen bleiben und in Ihnen lebendig sind, wie Jesus verheißen hat: „Wenn ihr in mir bleibt und meine Worte in euch bleiben, werdet ihr bitten, was ihr wollt, und es wird euch geschehen" (Joh. 15,7). Mit anderen Worten, die Heilige Schrift wird Ihr Denken und Fühlen beeinflussen und damit wird auch Ihr Gebetsleben wachsen. Sein Wort wird neue Wünsche in Ihnen wecken, da Sie dadurch Leitung im Gebet vom Heiligen Geist empfangen können. Gebet wird schön und effektiver werden, wenn Sie zulassen, dass das Wort mehr in Ihrem Herzen „bleibt".

Zwei Kategorien von Bibeltexten zum betenden Lesen

Das betende Bibellesen lässt sich grob in zwei Kategorien einteilen: Verheißungen, die zu glauben sind, und Aufforderungen, denen zu gehorchen ist. In Schriftstellen, die *Verheißungen zum Glauben* darstellen, werden Wahrheiten verkündet wie z. B.: Gott liebt, Gott vergibt, Gott leitet, Gott schützt, Gott sorgt für uns. Schriftstellen, die *Aufforderungen zum Gehorchen* darstellen, mahnen, in Liebe und Reinheit zu leben, sich vor anderen zu demütigen, sein Reden zu disziplinieren, anderen zu dienen, Zeit und Geld für Gott zu geben usw.

Verheißungen, die Glauben erfordern

Wenn wir beim Bibellesen an eine Verheißung kommen, die es zu glauben gilt, machen wir daraus ein Gespräch mit Jesus. Es gibt viele solcher

Verse, z. B.: „Gott liebt sein Volk", oder: „Gott vergibt uns", oder: „Gott wird für uns sorgen und uns leiten."

Wenn ich an eine derartige Verheißung komme, mache ich zweierlei: *Ich danke Gott für diese Wahrheit* und ich bitte den Heiligen Geist, *mir mehr Verständnis darüber zu geben.* In diesem Fall sind Vater, Sohn und Heiliger Geist für mich austauschbar, ich mache mir nicht allzu viel Gedanken darüber, an wen ich mich wenden sollte. Nehmen wir Johannes 15,9 als Beispiel:

> Wie mich der Vater geliebt hat, so habe ich euch auch geliebt. Bleibt in meiner Liebe!

Zuerst danken wir Gott für eine bestimmte Wahrheit – wir geben unserer Dankbarkeit oder unserem Vertrauen Ausdruck. Wenn Sie z. B. lesen, dass Jesus Sie liebt, wie der Vater ihn liebt, beten Sie schlicht: „Danke, Jesus, dass du mich genauso stark liebst, wie der Vater dich liebt." Oft spüre ich Gottes Gegenwart, wenn ich so zum Heiligen Geist spreche. Mit der Zeit werden Sie mehr spüren, wie die Gegenwart des Heiligen Geistes Ihr Herz anrührt, wenn Sie derartige Aussagen beten.

Genau dasselbe machen wir mit anderen Verheißungen im Wort, in denen es um Gottes Vergebung oder Führung oder Schutz oder Versorgung geht. Beten Sie: „Danke, Vater, dass du mir vergibst", oder: „Heiliger Geist, danke, dass du mich führen willst", oder: „Heiliger Geist, ich vertraue darauf, dass du für mich sorgen und mich schützen wirst."

Zweitens bitten wir Gott um Verständnis über eine bestimmte Wahrheit. Wenn Sie lesen, dass Jesus Sie liebt, wie der Vater ihn liebt, können Sie z. B. beten: „Jesus, gib mir mehr Erkenntnis darüber, was es heißt, dass du mich genauso liebst, wie der Vater dich liebt."

Mit anderen Verheißungen verfahren wir ebenso. Wir beten: „Zeige mir mehr darüber, wie du mir vergibst", und: „Heiliger Geist, gib mir mehr Erkenntnis darüber, dass du Herr meines Lebens bist." Wir bitten: „Jesus, offenbare mir mehr über die Gewissheit deiner Versorgung in meinem Leben", und: „Vater, leite, versorge und schütze mich, wie du verheißen hast."

Es ist so einfach, übt aber mit der Zeit großen Einfluss auf uns aus. Ich garantiere Ihnen, das Reden mit dem Vater, mit Jesus und dem Heiligen Geist, wie ich es eben beschrieben habe, wird Ihre Beziehung mit Gott verändern!

Aufforderungen, die Gehorsam erfordern

Wenn wir beim Bibellesen an eine Aufforderung kommen, der zu gehorchen ist, machen wir daraus genauso ein Gespräch mit Jesus, wie wir es mit einer Verheißung tun. Viele Verse mahnen uns zu gehorchen, und zwar in Bezug auf Zeit, Geld, Redeweise, Arbeit, Einstellung, Essen, Trinken, Augen, Sexualität, Dienst, Beziehungen usw.

Wenn ich eine Aufforderung lese, der zu gehorchen ist, mache ich zweierlei – *ich nehme mir vor zu gehorchen* und ich bitte den Heiligen Geist, *mir zu helfen*. Auch hier spreche ich austauschbar den Vater, Sohn oder Heiligen Geist an. Nehmen wir wieder Johannes 15,9 als Beispiel:

> Wie mich der Vater geliebt hat, so habe ich euch auch geliebt. Bleibt in meiner Liebe!

In diesem Vers werden wir aufgefordert, in Jesu Liebe zu bleiben. Diese Mahnung beinhaltet verschiedene Punkte und lässt uns in ganz bestimmten Bereichen aktiv werden, zum Beispiel, dass wir in seiner Liebe leben, sie ständig im Herzen bewegen, sie erforschen und in aller Tiefe zu begreifen suchen. Es wird Zeit und Konzentration brauchen, genau diesen Aufruf zu befolgen. (Ich halte diese für die wichtigste Aufforderung Jesu in der Bibel.)

Zuerst nehmen wir uns vor, einer Wahrheit zu gehorchen – wir sprechen aus, dass wir zu diesem Gehorsam entschlossen sind. In diesem Fall würden wir einfach beten: „Jesus, ich nehme mir vor, in deiner Liebe zu bleiben. Ich werde diese Wahrheit in deinem Wort studieren und erforschen." Ich nehme mir vielleicht zwanzig oder dreißig Sekunden für den erneuten Entschluss, dieser Aufforderung zu folgen und in seiner Liebe zu bleiben.

Zweitens bitten wir Gott um Kraft, damit wir in dieser Angelegenheit gehorchen können, wir bitten ihn um seine Hilfe, Weisheit, Motivation und Stärkung. Wenn wir lesen, dass wir in der Liebe bleiben sollen, beten wir z. B. einfach: „Jesus, hilf mir, in deiner Liebe zu bleiben."

Auf die gleiche Weise verfahren wir mit anderen Ermahnungen. Sie können z. B. beten: „Herr, hilf mir, meine Zeit und mein Geld so einzusetzen, wie du es von mir willst", und: „Heiliger Geist, hilf mir, deiner Herrschaft über meinem Reden und in allen meinen Beziehungen zu gehorchen."

Ein sehr wichtiger Vers, aus dem ich mein Leben lang Kraft gewonnen habe, ist der, in dem es heißt, Hiob habe einen Bund mit seinen Augen geschlossen, nichts anzusehen, was in seinem Herzen Begehrlichkeit erregen würde (Hi. 31,1). Seit meiner Jugend habe ich diesen Bund immer wieder geschlossen und erneuert. Ich sage zu Gott: „Herr, ich mache diesen Bund mit meinen Augen, dir zu gehorchen; Heiliger Geist, bitte hilf mir, konsequent zu gehorchen."

Immer, wenn ich mir etwas neu vornehme, bitte ich Gott um seine Hilfe, dass ich gehorsam sein kann. Obwohl das sehr einfach ist, hat es doch ganz reale Auswirkungen. Häufig verspüre ich Gottes Gegenwart, wenn ich so zum Heiligen Geist rede.

Nutzen des betenden Lesens

Ich glaube, die Lehre des Propheten Hosea unterstützt die Praxis des betenden Lesens der Bibel. Er sagte uns, wir sollten „Worte mit uns nehmen“, wenn wir im Gebet zum Herrn kommen.

> *Nehmt Worte mit euch* und kehrt um zum Herrn! Sprecht: „Vergib alle Schuld und nimm es gut auf, dass wir dir das Opfer unserer Lippen [Worte von Liebe, Vertrauen und Gehorsam] bringen, das wir schuldig sind!“
>
> Hosea 14,3 S

„Worte mitnehmen“ – das ist ein wichtiges Prinzip, dem wir folgen sollten, wenn wir Gott unser Herz geben. Achten Sie das Mitnehmen von Bibelworten in Ihre Gebetszeiten nicht gering. Sie müssen nicht die Form eines richtigen Bibelzitats haben; öffnen Sie vielmehr Ihre Bibel und beziehen Sie daraus Gesprächsstoff. Und wenn Sie Ihre kurzen Gebete vor Gott bringen, vergessen Sie nicht, auch Ihrer Zuneigung Ausdruck zu geben, indem Sie immer wieder einmal sagen: „Jesus, ich möchte dir gehorchen, denn ich liebe dich“, und Ähnliches.

Bringen wir unsere Liebe, Dankbarkeit und unsere Bitten in einfachen Sätzen zum Ausdruck, und der Heilige Geist wird unser Leben anrühren. Sprechen wir täglich so mit Gott, und wir werden erleben, dass die Bibel zu einem lebendigen Dokument wird. Das Gespräch mit Gott beim Bibellesen ist eine praktische Möglichkeit, stärker in Christus zu bleiben (Johannes 15).

Ferner stellt es eine Zusammenarbeit mit dem Heiligen Geist dar – durch betendes Bibellesen verschaffen Sie Ihnen gemeinsam die für Sie maßgeschneiderte Unterweisung. Die Heilige Schrift bestätigt, dass der Geist in uns der beste Lehrer ist:

> Und die Salbung, die ihr von ihm empfangen habt, bleibt in euch, und ihr habt es nicht nötig, dass euch jemand lehrt; sondern wie euch seine Salbung über alles lehrt, so ist es wahr und ist keine Lüge, und wie sie euch gelehrt hat, so bleibt in ihm.
>
> 1. Johannes 2,27

Was meine ich damit? Einfach dass wir, wenn wir wie beschrieben zu Gott reden, ihm letztlich Dinge sagen werden, die uns neu sind. Tatsächlich ist es der Heilige Geist, der durch uns zu Gott spricht und neue Einsichten gibt – Einsichten, die aus unserem eigenen Mund kommen.

Ich habe vieles in der Schrift gelernt, indem ich einfach Bibelstellen zu Gott zurückgebetet habe. In dem Prozess sehe ich an alten, bekannten Stellen Neues. Diese frischen Einsichten sind von meinen eigenen Lippen gekommen, als ich sie im Gebet zu dem Herrn gesprochen habe. Der Heilige Geist in mir lehrt mich. Er liebt es, uns Dinge beizubringen, besonders, wenn wir mit ihm sprechen.

Praktische Erinnerungen

Wie es bei anderen Gebetsformen der Fall ist, werden wir auch das Wort Gottes viel mehr betend lesen, wenn wir Zeit dafür einplanen. Während Sie betend das Wort lesen, rate ich Ihnen, folgendermaßen zu sprechen:

- bedächtig und ruhig (nicht laut rufen oder den in Ihnen wohnenden Geist anpredigen)
- kurz (kurze Sätze, nicht ganze Absätze)
- zurückhaltend (mehr zuhören als reden)
- mit vielen Pausen (manchmal einfach still sein)
- mit leisem Seufzen (Röm. 8,26) und Beten im Geist (1. Kor. 14,2.18)

Nehmen Sie sich Zeit, in Gottes Gegenwart zu verweilen und voller Zuneigung zu Gott zu sprechen (sagen Sie ihm zwischendurch immer wieder einmal: „Ich liebe dich"). Und nehmen Sie sich Zeit für ein Tagebuch – schreiben Sie Ihre Gedanken und Gebete auf, während Sie die Bibel betend durchlesen. Das Aufschreiben wird Ihnen helfen, die Wahrheiten, die der Heilige Geist Ihnen gibt, festzuhalten und für das Gespräch mit Gott eine Sprache zu entwickeln. Ich versuche immer, mein Notepad oder meinen Laptop in meinen Gebetszeiten bei mir zu haben, sodass ich Tagebuch führen kann.

Die Beschreibungen von Jesus betend lesen

Ich genieße das betende Lesen besonders, wenn ich an die Stellen im Buch der Offenbarung komme, welche dreißig verschiedene Beschreibungen von Jesus enthalten (siehe Offb. 1–3). Nirgends in der Schrift wird

Jesus tiefer und differenzierter offenbart als in diesen drei Kapiteln. Hier zeigte sich Jesus selbst durch sein Erscheinungsbild und seine Namen. Vergessen wir nicht, es ist nicht genug, diese dreißig Beschreibungen zu studieren; wir müssen mit Jesus sprechen, während wir sie lesen. Auf diese Weise wird der Geist uns mehr über Jesus offenbaren.

Ich verwende hier das Akronym A-R-K , um die Beschreibungen von Jesus durchzubeten. Ich mag das Wort „ark" (deutsch: *Kasten* = [Bundes-] Lade/Arche), weil es im Alten Testament auf den Ort verweist, wo Gottes Gegenwart wohnte, und auch auf einen Schutzort: Noahs Arche war während der Sintflut sicher.

In der Begegnung mit Jesus in diesen dreißig Beschreibungen können wir die Bundeslade seiner Gegenwart ebenso erfahren wie die Arche seiner Sicherheit. In den Sprüchen heißt es: „Der Name des Herrn ist eine feste Burg, der Gerechte läuft dorthin und ist geborgen" (Spr. 18,10). Wie finden wir Sicherheit in seinem Namen? Das kann so aussehen: Wenn unser Herz stark ist, sind wir ruhig in den Stürmen, welche von Druck und Versuchung ausgelöst wurden. Und sind wir ruhig, können wir in solchen Stürmen gute Entscheidungen treffen, ohne von Furcht, Panik, Verwirrung oder Lust getrieben zu sein.

A-R-K steht für „agreement" (Übereinstimmung, Bestätigung), „revelation" (Offenbarung) und „keep the prophecy" (Festhalten der Weissagung). Das sind die drei Aspekte unserer Gebete in Bezug auf die Beschreibungen Jesu.

A: Agreement/Bestätigung

Zunächst bestätigen wir ausdrücklich und ganz spezifisch eine bestimmte Aussage über Jesu Wesen. Nehmen wir zum Beispiel die Beschreibung Jesu als der treue Zeuge: „… Jesus Christus, der der treue Zeuge ist, der Erstgeborene von den Toten" (Offb. 1,5). Unsere Überzeugung von der Richtigkeit dieser Aussage bringen wir zum Ausdruck, indem wir einfach vor Jesus erklären – mit Zuneigung und Dankbarkeit –, dass er der treue Zeuge ist. Beten Sie z. B.: „Jesus, ich danke dir, dass du der treue Zeuge bist – dass du vom Wesen des Vaters und aller Wahrheit zeugst." Es ist dasselbe unkomplizierte Prinzip, das wir an früherer Stelle in diesem Kapitel besprochen haben. Indem wir Aussagen über spezifische Aspekte des Wesens Jesu ausdrücklich bestätigen, gewinnen wir Inspiration und

Einsicht, durch die wir ihn besser kennen und lieben können. Auch hier gilt: Es ist sehr einfach, wirkt sich aber ganz wesentlich auf unser Herz aus.

R: Revelation/Offenbarung

Zweitens bitten wir entsprechend jeder der dreißig Beschreibungen um Offenbarung Jesu, auf der Grundlage von Paulus' Gebet, „damit der Gott unseres Herrn Jesus Christus, der Vater der Herrlichkeit, euch den Geist der Weisheit und der Offenbarung zur Erkenntnis seiner selbst gebe" (Eph. 1,17). Bitten Sie z. B. den Heiligen Geist, Ihnen Jesus als den treuen Zeugen zu offenbaren – Ihnen mehr Erkenntnis zu diesem Charakteristikum zu geben. Beten Sie: „Heiliger Geist, zeige mir die Herrlichkeit Jesu als der treue Zeuge." Auf unsere Bitte um mehr Verständnis für diese spezifischen Aspekte Jesu hin werden wir immer mehr empfangen.

K: Keep the prophecy/Die Weissagung festhalten

Schließlich reagieren wir auf praktische Weise, wenn wir um die Hilfe des Geistes bitten, „an der Prophetie festzuhalten", wie uns Offenbarung 22,7 ermahnt: „Glückselig ist, wer die Worte der Weissagung in diesem Buch festhält." An der Prophezeiung festzuhalten bedeutet, gemäß den Geboten und Plänen Jesu zu handeln, die im Buch der Offenbarung beschrieben sind. Wir wenden sie in unserem Leben an, indem wir in Glauben und Gehorsam auf die spezifischen Wahrheiten über seinen Namen eingehen. Wir halten an der Weissagung fest, indem wir auf dreierlei Weise reagieren:

- den Geboten Gottes, die in den dreißig Beschreibungen Jesu impliziert sind, *gehorchen*,
- durch Proklamieren der Kernwahrheiten in diesen Beschreibungen die Botschaft Gottes *aussprechen*,
- um Stärkung unserer Durchhaltekraft im Gehorchen und Proklamieren der Inhalte dieser Beschreibungen *beten*.

Beispiele für die Verwendung von A-R-K

Offenbarung 1,5 enthält zwei Beschreibungen Jesu, die wir betend lesen können: „treuer Zeuge" und „Erstgeborener von den Toten".

> … Jesus Christus, der der treue Zeuge ist, der Erstgeborene von den Toten …

Und so können wir auf der Grundlage der drei A-R-K-Aspekte über diese Beschreibungen beten:

Jesus als der treue Zeuge

Agreement/Bestätigung:

Jesus, ich danke dir, dass du der treue Zeuge des Vaters und aller Wahrheit bist. Du bist die Wahrheit. Ich danke dir, dass du immer die Wahrheit sagst. Ich vertraue auf das, was du sagst, weil du verlässlich bist. Du hast dich so für die Wahrheit eingesetzt, dass es dich deinen Ruf und dein Leben kostete. Danke, dass du treu warst bis ans Ende. Ich liebe dich und deine Treue.

Revelation/Offenbarung:

Heiliger Geist, offenbare mir Jesus als den treuen Zeugen – gib mir mehr Einsicht in diese herrliche Wahrheit.

Keep the prophecy/Die Weissagung festhalten:

Ich nehme mir vor, die Wahrheit zu sagen, egal was es mich kostet. Heiliger Geist, hilf mir für die Wahrheiten einzustehen, die nicht gern gehört werden.

Jesus als der Erstgeborene von den Toten

Agreement/Bestätigung:

Jesus, du bist der Erstgeborene von den Toten. Ich danke dir, dass du über allem bist, dass du sogar über den Tod Macht hast.

Revelation/Offenbarung:

Heiliger Geist, offenbare mir Jesus als Gottes Erstgeborenen. Lehre mich mehr über seine Vorherrschaft über allem, sogar dem Tod.

Keep the prophecy/Die Weissagung festhalten:

Jesus, ich werde dir dienen als dem, der herausragend ist, indem ich dir gehorche und andere zu dir ziehe, nicht zu mir. Ich nehme mir fest vor, im Licht der Auferstehung zu leben. Heiliger Geist, bitte hilf mir, an dieser Selbstverpflichtung festzuhalten.

Verstehen Sie nun, wie Ihre Beziehung zu Gott aufblühen wird, wenn Sie Zeit in Andacht investieren? Gleichzeitig werden Kraft und Effektivität Ihres Gebets und Ihr Verständnis des Wortes zunehmen. Sie können den Kraft-Level sogar noch anheben, indem Sie lernen, die Namen Gottes und alles, wofür diese stehen, einzubeziehen.

Kapitel 17

Gottes Namen ins Gebet einbeziehen

Schließ die Welt aus, zieh dich von allen weltlichen Gedanken und Beschäftigungen zurück und schließ dich allein ein mit Gott, um im Verborgenen zu ihm zu beten. Mache dir dies zum ersten Ziel beim Beten: die Gegenwart deines himmlischen Vaters zu erkennen.[1]

Andrew Murray

Vor Jahren machte Larry Leas Bestseller zum Thema Gebet *Könnt ihr nicht eine Stunde mit mir wachen?*, in dem er Millionen Menschen beibrachte, wie man Gottes Bundesnamen im Gebet verwendet, tiefen Eindruck auf mich. In diesem Kapitel werde ich einige Einsichten aus seinem Buch weitergeben, weil ich glaube, dass die Namen Gottes ungeahnte Möglichkeiten bieten, im Gebet zu wachsen.

Jesus lehrte zu beten, dass des Vaters Name „geheiligt" werde (Mt. 6,9). Gottes Namen zu *heiligen* bedeutet, „ihn heiligen/aussondern" oder „preisen". „Geheiligt werde dein Name" bedeutet: „Geheiligt oder gepriesen werde dein Name". Wir heiligen Gottes Namen im Gebet, indem wir ihn mit einer Einstellung aussprechen, die vom Lob für die verschiedenen in seinem Namen enthaltenen Wahrheiten geprägt ist.

Wie wenden wir also nun die Namen Gottes an? Wir nennen sie voll Glauben und Anbetung im Gebet. Daraus folgt, dass sich die Kraft und der Segen in diesen Wahrheiten in unserem Leben niederschlägt.

Als Gott Mose eine besondere Offenbarung seiner selbst gab, benutzte er den Namen „JHWH“, oder, wie er manchmal geschrieben wird, „Jehova“. Das ist Gottes Bundesname, der Name, den er verwendet, um seinen Bund mit seinem Volk zu betonen. Dieser Name wurde Mose zum ersten Mal am brennenden Dornbusch gegeben (2. Mo. 3,13–15), wo Gott sich als der ewige Gott offenbarte, der aus sich selbst existiert, der unveränderlich und transzendent ist. Der Herr sagte: „Ich bin, der ich bin“. Die hebräischen Schriftgelehrten hielten diesen Namen für zu heilig, als dass er hätte ausgesprochen werden können, deshalb nahmen sie nur vier Buchstaben – „JHWH“ – für diesen „unnennbaren“ Namen Gottes, was im Deutschen meist als „Jahwe“ wiedergegeben wird.

Jahwe ist die lateinische Schreibung des hebräischen JHWH, welches oft als „Herr“ übersetzt und geschrieben wird. Das ist der persönliche Name Gottes, und er basiert auf den vier hebräischen Konsonanten JHWH mit den Vokalen von „Adonai“ (hebräisch für „Herr“). Die jüdischen Schriftgelehrten fügten die Vokale des Namens „Adonai“ ein, um den Leser zu erinnern, „Adonai“ statt „JHWH“ zu sagen. Dieser Name, „JHWH“ basiert auf dem Verb „sein“ und kann mit der Bedeutung „der Eine, ewig Seiende“ übersetzt werden.

Deutsche Bibeln schreiben „der Herr“ oder „Jahwe“ für diesen Namen Gottes, „Ich bin, der ich bin“, dessen Bedeutung umschrieben werden kann: „Ich bin mit dir, bereit, zu retten und zu handeln, so wie ich es immer gewesen bin.“ Der Name „Jahwe“ impliziert Gottes Gegenwart und seinen Wunsch, sein Volk zu retten und für sein Volk zu handeln. Viele deutsche Bibelübersetzungen schreiben das Wort HERR oder HErr (ganz oder teilweise in Großbuchstaben), um JHWH zu übersetzen, und „Herr“ (nicht in Großbuchstaben) als Übersetzung von *Adonai*.

Im Alten Testament sind acht Namen Gottes mit diesem Bundesnamen („Jahwe“) zusammengesetzt: Jahwe Zidkenu, Jahwe M’kaddesch, Jahwe-Schamma, Jahwe Schalom, Jahwe Ropheka, Jahwe-Jireh, Jahwe Nissi, Jahwe-Rohi. Alle acht zusammengesetzten Namen offenbaren einen Aspekt an Gottes Wesen und korrespondieren mit Verheißungen im Neuen Testament.

- *Jahwe Zidkenu*: Der Herr ist unsere Gerechtigkeit.
- *Jahwe M’kaddesch*: Ich, der Herr, bin es, der euch heiligt.
- *Jahwe-Schamma*: Der Herr ist hier.

- *Jahwe-Schalom*: Der Herr ist Friede.
- *Jahwe Ropheka*: Ich bin der Herr, dein Arzt/der Herr, der dich heilt.
- *Jahwe-Jireh*: Der Herr wird dafür sorgen/der Herr wird ersehen/auserwählen.
- *Jahwe Nissi*: Der Herr ist mein Kriegsbanner (oder Feldzeichen).
- *Jahwe-Rohi*: Der Herr ist mein Hirte.

Der Herr Jesus ist unsere Gerechtigkeit, unser „Heiligmacher", Friede, Arzt, Versorger, Hirte, unser Banner und der, der in uns gegenwärtig ist. Diese alttestamentlichen Namen Gottes offenbaren verschiedene Dimensionen seines Wesens, die in Jesus zum Ausdruck kommen, einschließlich fünf Nutzen, die uns durch Jesu Tod zugute kommen.

- Sünde: Vergebung der Sünde
- Geist: Fülle des Heiligen Geistes
- Gesundheit: Gesundheit und Heilung
- Erfolg: Freiheit von dem Fluch des Gesetzes – Versagen und Nichtgenügen
- Sicherheit: Befreiung von der Angst vor Tod und Hölle

Jahwe Zidkenu

Der Name *Jahwe Zidkenu*, „Der Herr ist unsere Gerechtigkeit" (Jer. 23,5–6), offenbart Gottes Charakter in der Erlösung als den Einen, der uns mit sich selbst versöhnt. Jesus ist unser *Jahwe Zidkenu* (Röm. 5,17–19). Dieser Name offenbart die Wahrheit, dass wir vor Gott annehmbar werden auf Grundlage seiner Gerechtigkeit: „Denn er hat den, der von keiner Sünde wusste, für uns zur Sünde gemacht, damit wir in ihm Gottes Gerechtigkeit würden" (2. Kor. 5,21).

Wenn wir beten: „Geheiligt werde dein Name, *Jahwe Zidkenu*", danken wir Gott, dass Jesus, der unsere Gerechtigkeit ist, unsere Sünden vergeben hat und dass wir vor Gott stehen im Besitz des Geschenks der Gerechtigkeit Christi.

Jahwe M'kaddesch

Der Name *Jahwe M'kaddesch*, „Der Herr, der uns heiligt" (3. Mo. 20,8), wurde in unseren deutschen Bibeln nicht transliteriert, deshalb kann er unserer Aufmerksamkeit als einer der zusammengesetzten Namen Gottes leicht entgehen. Das Wort *heiligen* bedeutet „für den Dienst an Gott aussondern". Gott sondert uns aus und sendet seinen Geist, in uns zu wohnen und uns zum Führen eines heiligen Lebens zu befähigen: „Ihr seid geheiligt … durch den Namen des Herrn Jesus und durch den Geist unseres Gottes" (1. Kor. 6,11, siehe auch 1. Thes. 5,23). Gott selbst hat uns für seinen Dienst ausgesondert, und er ist es, der uns ermöglicht, als solche zu leben, die für ihn ausgesondert sind.

Wenn wir beten: „Geheiligt werde dein Name, *Jahwe M'kaddesch*", danken wir Gott dafür, dass er uns heiligt und über die Macht der Sünde in unserem Leben Sieg gibt.

> Gott sei aber gedankt, dass ihr Knechte der Sünde gewesen, aber nun von Herzen dem Vorbild der Lehre gehorsam geworden seid, worin ihr unterwiesen worden seid. Befreit von der Sünde, seid ihr Knechte der Gerechtigkeit geworden.
>
> Römer 6,17–18

> Darum hat auch Jesus, damit er das Volk durch sein eigenes Blut heilige, draußen vor dem Tor gelitten.
>
> Hebräer 13,12

Jahwe-Schamma

Gottes Name *Jahwe-Schamma* bedeutet „Der Herr ist hier" (Hes. 48,35). *Schamma* trägt die Bedeutung von „ewig gegenwärtig", so ist also *Jahwe-Schamma* „der, der immer da ist". Er ist der Gott, der sein Volk niemals verlässt (5. Mo. 31,6.8, Jos. 1,5).

Er ist Gott, der unter seinem Volk wohnt (Zef. 3,17), und seine Gegenwart wohnt in den Gläubigen durch seinen Geist (Röm. 8,9.11, 1. Kor. 3,16, 2. Tim. 1,14, Jak. 4,5). Jesus hat verheißen: „Ich will dich nicht verlassen oder aufgeben" (Hebr. 13,5).

Wenn wir beten: „Geheiligt werde dein Name, *Jahwe-Schamma*", preisen wir Gott, dass er uns mit seiner Gegenwart füllt und uns nie verlassen oder aufgeben wird. Wir danken ihm dafür, dass er in uns lebt und uns seine Gegenwart zeigt.

Jahwe Schalom

Jahwe Schalom bedeutet „Der Herr ist Friede" (Ri. 6,24). Das hebräische Wort für „Friede", *Schalom*, steht für die Fülle, die wir durch Gottes

Gnade haben. Jesus sicherte unseren Frieden mit Gott, als er alles zu ihm hin versöhnte, „indem er Frieden machte durch das Blut an seinem Kreuz, durch ihn, sei es, was auf Erden oder was im Himmel ist“ (Kol. 1,20).

Wenn wir beten: „Geheiligt werde dein Name, *Jahwe Schalom*“, danken wir Gott dafür, dass er uns durch das Kreuz Frieden mit Gott geschenkt hat, und dafür, dass er uns seinen Frieden gibt. In Philipper verbindet Paulus dieses Gebet mit Frieden in Herz und Verstand:

> In allen Anliegen lasst eure Bitten im Gebet und Flehen mit Danksagung vor Gott kundwerden. Und der Friede Gottes, der höher ist als alle Vernunft, wird eure Herzen und Sinne bewahren in Christus Jesus!
>
> Philipper 4,6–7

Jahwe Ropheka

In 2. Mose 15,26 offenbart sich Gott als *Jahwe Ropheka* („Der Herr, der heilt“). Das Wort *ropheka* bedeutet „wiederherstellen oder heilen im körperlichen oder geistlichen Sinn“. Wir danken dem Herrn, dass wir durch seine Wunden geheilt sind (Jes. 53,5, Mt. 8,16–17). Christus hat uns vom Fluch des Gesetzes erlöst, sodass der Segen Abrahams unter uns kommen kann (Gal. 3,14).

Wenn wir beten: „Geheiligt werde dein Name, *Jahwe Ropheka*“, danken wir Gott für körperliche und geistliche Heilung; wie sprechen ihm unser Vertrauen für unser Wohlergehen aus.

Jahwe-Jireh

Der Name *Jahwe-Jireh*, „Der Herr sieht/versieht“ oder „Der Herr wird dafür sorgen“, erscheint in 1. Mose 22,14 in dem Bericht darüber, dass Gott einen Widder bereitstellt, den Abraham anstelle seines Sohnes Isaak opfern sollte. Unser Vater sieht unsere Bedürfnisse voraus und sorgt für sie, wenn wir ihn bitten.

Wenn wir beten: „Geheiligt werde dein Name, *Jahwe-Jireh*“, preisen wir Gott dafür, dass er sich all unserer Bedürfnisse annimmt – der körperlichen ebenso wie der seelischen, geistlichen oder praktischen –, und dafür, dass wir durch Christus alles vermögen (Phil. 4,13).

Jahwe Nissi

In 2. Mose 17,15 finden wir den zusammengesetzten Namen *Jahwe Nissi*, „Der Herr ist mein Banner“. Das Wort für „Banner“ wird im Englischen auch mit „pole"/Mast, „ensign"/Flagge oder „standard"/Standarte, Feldzeichen, übersetzt. Eine „Standarte" diente als Sammelpunkt, an dem bei einer besonderen Gelegenheit, besonders in der Schlacht, mithilfe eines Signals Hoffnung geweckt werden sollte. Das Banner steht für Gottes Sache, seine Schlacht, und ist ein Zeichen seiner Befreiung und Errettung. Jesaja sagte voraus, dass der Messias aus dem Stamm des Jesse kommen und für das Volk eine Flagge, ein Banner sein würde (Jes. 11,10). Als Jesus, unser Banner, von den Toten erweckt wurde, hat er den Tod „zunichtegemacht" (2. Tim. 1,10).

Wenn wir beten: „Geheiligt werde dein Name, *Jahwe Nissi*". dann danken wir Gott, dass Jesus unser Banner der Erlösung und Kampfführung ist, erhoben an das Kreuz, der für uns in die Schlacht zog, um uns den Sieg zu erringen und uns zu Eroberern zu machen. Wir danken Gott, „der uns den Sieg gibt durch unseren Herrn Jesus Christus" (1. Kor. 15,57).

Jahwe-Rohi

Psalm 23 enthält den zusammengesetzten Namen *Jahwe-Rohi*, „Der Herr, mein Hirte". *Rohi* tragt die Bedeutung „füttern" oder „als Hirte zur Weide führen"; es kann auch als „Gefährte" oder „Freund" übersetzt werden. Jesus ist unser guter Hirte (Joh. 10,11, Hebr. 13,20), der uns ernährt, uns leitet, beschützt und der für sein Volk sorgt. Unser Hirte führt uns durch das Tal des Todesschattens hindurch zu Gottes Haus in der Ewigkeit (Ps. 23,1.4.6).

Wenn wir beten: „Geheiligt werde dein Name, *Jahwe-Rohi*", danken wir Gott, dass er unser Hirte ist, der uns ernährt, leitet, schützt und für uns sorgt. Wir sind dankbar, dass er der beste Reisegefährte und Freund ist, den wir auf unserem Weg durch dieses Leben je haben könnten.

Sprüche 18,10 sagt: „Der Name des Herrn ist eine feste Burg; der Gerechte läuft dorthin und ist geborgen." Wenn wir über die Namen des Herrn betend nachdenken, verkünden wir die Wahrheit in diesen Namen über unserem Leben. Auf diese Weise fliehen wir zu seinem Namen, bergen uns in ihm und sind sicher. Was noch besser ist, wir lernen ihn in diesen Aspekten seines Charakters noch gründlicher kennen.[2]

Teil IV

Tiefer gehen im Gebet

Die Macht des Gebets kann nie überschätzt werden …
Wenn ein Mensch nur beten kann, kann er alles tun.
Wer weiß, wie er mit Gott im Gebet überwindet,
dem steht Himmel und Erde zur Verfügung.[1]

Charles Spurgeon

Kapitel 18

Gebetsverstärker Fasten

Fasten hilft, unsere Entschiedenheit zum Ausdruck zu bringen, zu vertiefen und zu bestätigen, dass wir bereit sind, alles, ja, uns selbst zu opfern, um zu erreichen, was wir für das Reich Gottes erstreben.[1]

Andrew Murray

Ich weiß nicht, ob es richtig ist, den Begriff „tiefer gehen" im Hinblick auf Gebet zu verwenden, wie ich es in der Überschrift für Teil IV dieses Buches getan habe. Es gibt aber einige Aktivitäten im Zusammenhang mit Beten, die mehr von uns zu fordern scheinen, die aber auch tiefere Auswirkungen haben im Geist. Eine dieser Aktivitäten ist Fasten.

Als ich als junger Mann den Herrn kennenlernte, mochte ich Fasten überhaupt nicht. Eigentlich war ich auch am Beten nicht sehr interessiert! Ich liebte Lobpreis und Lehre bei Gemeindeversammlungen und im Bibelunterricht, aber ich hatte nicht den Wunsch zu beten und zu fasten. Durch das Lesen von Büchern zu diesen Themen wurde mir langsam klar: Gott hat es in seinem Reich so geordnet, dass die Dinge am besten funktionieren, wenn sein Volk betet und fastet. Die Vorstellung gefiel mir aber überhaupt nicht. Es wäre mir seinerzeit nicht im Traum eingefallen, dass ich eines Tages über diese Themen predigen und Bücher schreiben könnte.

Oft nahm ich mir damals vor, einen Tag zu beten und zu fasten, war aber innerhalb weniger Stunden so weit, dass ich aufgeben wollte, und beklagte mich bei Gott: „Warum hast du das so bestimmt? Warum willst du, dass ich hier sitze und nichts weiter tue als dir Dinge zu sagen, die du schon weißt, und nichts esse? Was soll das? Herr, ich könnte viele Menschen erreichen, wenn du mich nur irgendetwas tun ließest statt mein Leben mit Beten und Fasten zu vertrödeln!" Nichts schien mir größere Verschwendung zu sein, aber Gott lehrte mich, dass seine Wege höher und weiser sind als unsere.

Gott hat sein Reich so geordnet, dass manche Dinge, die vor Menschen schwach aussehen, vor Gott tatsächlich stark sind. In unserem natürlichen Denken können wir Argumente finden gegen den Einsatz von Zeit für Beten und Fasten, aber Gott will uns begreiflich machen, dass dies die Weise ist, in der seine Macht am effektivsten in unseren Herzen und unserem Dienst freigesetzt wird.

Grundprinzipien beim Fasten

Wenn Sie sich auf diese Disziplin einlassen, sollten Ihnen einige biblische Prinzipien in Bezug auf Fasten bewusst sein. Diese Prinzipien stellen Fasten als eine Einladung dar, als ein Paradoxon, als Gnade und einen Ausdruck der Demut.

Fasten ist eine Einladung.

Gott fordert nicht, dass wir fasten, aber er belohnt die, die sich entschließen zu fasten: „Wenn du fastest … [wird es dir] dein Vater, der ins Verborgene sieht, öffentlich vergelten" (Mt. 6,17–18). Ein Aspekt der Belohnung des Vaters ist die Erfahrung, dass sein Reich in unserem Leben und durch uns und unsere Umstände zum Ausdruck kommt und dass unsere geistliche Kapazität zunimmt, sodass wir seinem Herzen mehr begegnen (was natürlich dazu führt, dass wir mehr von ihm gesegnet werden). Fasten ist zwar etwas Freiwilliges, doch in neutestamentlichen Zeiten sah man darin einen ganz normalen Bestandteil im Leben eines Gläubigen. Beachten Sie, dass Jesus nicht sagte, „falls" du fastest, wird der Vater es sehen und dich belohnen, sondern „wenn" du fastest.

Fasten ist etwas für die, die hungrig sind – die danach hungern, mehr in ihrer Beziehung mit Jesus zu erfahren und mehr von seinem Reich in ihrem Leben und durch sich zum Ausdruck kommen zu sehen. Manche geistlichen Segnungen werden nur im Kontext von geistlichem Hunger geschenkt: „Glückselig sind, die hungern und dürsten nach der Gerechtigkeit; denn sie sollen satt werden" (Mt. 5,6).

Fasten ist ein Paradoxon.

Das zweite Prinzip ist: Fasten ist ein Paradoxon. Wenn wir fasten, wird unser Körper schwach und hungrig, unser Herz aber wird weich und sensibler für den Heiligen Geist. Wenn wir auf das, was uns natürlicherweise stärkt und stimuliert, für eine bestimmte Zeit verzichten, fühlen wir uns manchmal „wund" vor Gott, denn unsere Zerbrochenheit, Leere, unsere sündigen Motive und falschen Begierden werden uns mehr bewusst. Das Paradoxon des Fastens ist folgendes: Je schwächer wir werden im Fleisch, desto stärker werden wir im Geist; der Schmerz des Wundseins macht unser Herz weich vor Gott und lässt uns mehr Kraft empfangen.

Fasten ist eine Gnade.

Wir werden nicht aus eigener Kraft einen Lebensstil des Fastens aufrechterhalten können; das ist nur durch Gottes Gnade möglich. Ich ermutige Sie, um Gnade zu bitten, dass Sie in das Mysterium der Verbindung mit Gott durch Fasten eintreten können. Gott gibt wirklich Gnade zu fasten, selbst denen, die in unserer modernen westlichen Kultur leben. Wann immer Gott uns bittet, etwas zu tun, verspricht er auch die Kraft, es durch die Gnade Gottes zu Ende zu bringen.

Ich möchte die Lüge entlarven, dass Christen des einundzwanzigsten Jahrhunderts nicht fasten könnten wie die Heiligen aus alten Zeiten oder dass regelmäßiges Fasten einfach nicht praktikabel wäre in dieser schnelllebigen Zeit. Das ist eine Lüge, die zu Passivität gegenüber der kraftvollen Gabe des Fastens führt. Nie war das Leben in der westlichen Welt weniger fordernd in Bezug auf alltägliche körperliche Belastung als heute! Moderner Komfort sichert uns eine im Vergleich mit der früherer Generationen meist sitzende und leichte Existenz.

Wir sagen uns, Fasten wäre zu hart, es würde uns zu müde machen und wir würden uns nicht wohlfühlen, aber tatsächlich ist die Angst vor dem Fasten schlimmer als das Fasten selbst. Unser Körper wurde geschaffen, dass er am besten funktioniert, wenn er regelmäßig fastet. Fasten bringt körperlichen Nutzen, weil es den Körper reinigt. Ich empfehle, was ich „Fasten-Lebensstil" nenne, das heißt, jede Woche ein Fastentag statt ab und zu kurze oder lange Fastenzeiten. Diese Praxis, regelmäßig in der Woche zu fasten, wird Ihnen helfen, persönliche Erfahrungen in der Gnade des Betens und Fastens zu entwickeln.

Fasten ist ein Ausdruck der Demut.

David sprach vom Fasten als von etwas, womit er sich vor Gott demütigte (Ps. 35,13, 69,11). Wenn wir fasten, werden wir körperlich schnell müde, vielleicht denken wir nicht klar, wir fühlen uns nicht in der Lage, in vollem Umfang zu funktionieren, alles, was wir angehen, scheint von Schwäche gekennzeichnet. Wir merken, dass wir unsere Arbeit nicht gut erledigen können. Es demütigt uns zu fasten, und so hat Gott es auch vorgesehen. Die Bibel beschreibt es als erniedrigend oder quälend (Jes. 58,3.5). Nur Verzweifelte – die, die ihre eigene große Not erkennen und sie vor Gott zum Ausdruck bringen wollen – fasten und beten.

Sieben Typen von biblischem Fasten

Ich habe in der Heiligen Schrift sieben Typen von Fasten identifiziert. Bitte beachten Sie, dass sich die Kategorien zum Teil überlappen und dass sich Fasten in unterschiedlicher Weise kategorisieren lässt.

1. Fasten, um im persönlichen Dienst mehr von der Kraft Gottes zu erfahren

Wir können fasten, damit sich Gottes Kraft in unserem Leben und Dienst mehr erweist. Jesus bezog sich auf diese Art Fasten, als die Jünger einen dämonisierten Jungen nicht befreien konnten. Er sagte ihnen: „Aber diese Art [von Dämon] fährt nicht aus außer durch Beten und Fasten“ (Mt. 17,21). Die Kraft der Predigt von Johannes dem Täufer stand zweifellos in Verbindung mit seinem Fasten-Lebensstil (Mt. 11,18). Dasselbe ließe sich über Kraft im Dienst des Apostels Paulus sagen. Fasten war ein regelmäßiger Bestandteil von Paulus' Leben.

> In allen Dingen erweisen wir uns als Diener Gottes: … in Fasten …
> 2. Korinther 6,4–5

> Sie sind Diener Christi? … Ich bin es noch mehr! … in vielem Fasten …
> 2. Korinther 11,23.27

> Er konnte drei Tage nicht sehen und aß nicht und trank nicht.
> Apostelgeschichte 9,9

Historiker bezeugen, dass die frühe Kirche zweimal wöchentlich fastete (mittwochs und freitags), um mehr von Gottes Kraft zu erfahren. In der gesamten Kirchengeschichte praktizierten viele vollmächtige Männer und Frauen regelmäßiges Fasten, während sie große Erweckungen anführten.

John Wesley ordinierte niemanden zum geistlichen Dienst, der sich nicht zu zwei Fastentagen die Woche verpflichtete.[2]

In seiner Beschreibung bekannter Anführer von Erweckungen wies Andrew Murray, der Diener Gottes aus Südafrika, darauf hin, dass wir viel von diesen Leitern lernen könnten, die sich Gott weihten, indem sie sich von dem Geist und den Vergnügungen der Welt durch regelmäßiges Fasten mit Gebet fernhielten. Er sprach offensichtlich aus persönlicher Erfahrung, als er sagte: „Gebet ist die eine Hand, mit der wir das Unsichtbare ergreifen; Fasten die andere, mit der wir das Sichtbare loslassen und wegwerfen."[3]

Charles Finney war einer der effektivsten Evangelisten in der Geschichte Amerikas, eine gewaltige Salbung an Macht und Überzeugungskraft lag auf seiner Predigt. Er berichtete, dass er im Verlauf von acht Wochen während der großen Erweckung in New York 1857 mehr als fünfhunderttausend Neubekehrte zum Herrn geführt habe. Finney schrieb, wenn die Kraft seiner Predigt nachzulassen schien, betete und fastete er mehrere Tage lang, bis der Geist des Gebets zurückkam und seine Predigt wieder mit Kraft gesalbt war. Er anerkannte, dass die Kraft auf seiner Predigt mit regelmäßigen Gebets- und Fastenzeiten im Zusammenhang stand. Finney schrieb: „Ich wurde auch in einen Zustand großer Unzufriedenheit mit meinem eigenen Mangel an Stabilität in Glauben und Liebe geführt. … Oft fühlte ich mich schwach angesichts von Versuchung und musste häufig Fasten- und Gebetstage halten und viel Zeit investieren, um mein eigenes religiöses Leben wieder in Ordnung zu bringen, um diese Gemeinschaft mit Gott zu erhalten und die göttliche Wahrheit zu begreifen, was mir ein wirkungsvolles Fördern religiöser Erweckungen möglich machte."[4]

Viele bekannte Prediger der Vergangenheit sind Beispiele für eben dieses Prinzip. Sie waren gesegnet mit einer ungewöhnlichen Vollmacht des Geistes, die sich immer auch darin auswirkte, dass sie mit besonderer Kraft predigten und damit Menschen für Gott gewannen. In manchen Fällen waren sie auch mit der Gabe von Zeichen und Wundern gesalbt. Beispiele sind u. a. George Whitefield, Jonathan Edwards, David Brainerd, Charles Wesley, Maria Woodworth-Etter, Aimee Semple McPherson und viele andere.

John G. Lake ist ein herausragendes Beispiel für die Wechselwirkung zwischen Beten und Fasten und der Erfahrung von Zeichen und Wundern.

Der Herr bewog Lake, einen Versicherungsagenten aus Chicago, der im frühen 20. Jahrhundert diente, zu beten und zu fasten, bis er einen großen Durchbruch an Kraft in seinem Predigt- und Heilungsdienst erlebte. Viele Jahre lang wirkte Gott ungewöhnlich mächtige Wunder durch ihn. Von 1908 bis 1913 ging Lake nach Südafrika, wo er Hunderte Gemeinden gründete und geschätzt fünfhunderttausend Heilungen sowie eine Auferweckung von den Toten erlebte. In diesen nur fünf Jahren führte er ungezählte Neubekehrte zu Christus.[5]

Mahesh Chavda, ein Beispiel aus unserer Zeit, fastete etwa zehn Jahre lang zweimal pro Jahr vierzig Tage lang. Der Herr wirkte ungewöhnliche Wunder in seinem Dienst und gebrauchte ihn mehrmals, um Tote aufzuerwecken und blinde Augen zu öffnen. Chavda, besonders bekannt für seine Vollmacht über Dämonen, sagte mir, dass regelmäßiges Fasten eindeutig mit einem erhöhten Maß an Gottes Kraft in seinem Dienst in Zusammenhang stehe.

2. Fasten für Leitung

Einer unserer tiefsten Wünsche ist es, Gottes Leitung für unser Leben zu erfahren, und Fasten bringt uns in die Stellung, in der das vermehrt möglich ist. Im ganzen Neuen Testament sehen wir, dass die frühen Christen zu diesem Zweck fasteten. Unmittelbar nach Paulus' Bekehrung auf der Straße nach Damaskus enthielt er sich drei Tage lang von Essen und Trinken in Erwartung einer klaren Führung vom Herrn (Apg. 9,9). Ein paar Jahre später fasteten und beteten Paulus und die Leiter der Gemeinde in Antiochien für Leitung. Gott sprach deutlich und trug ihnen die Aussendung von Barnabas und Paulus auf mit der strategischen Anweisung, die Heiden zu missionieren: „Es waren aber in der Gemeinde in Antiochia Propheten und Lehrer … Als sie dem Herrn dienten und fasteten, sagte der Heilige Geist: ‚Sondert mir Barnabas und Saulus zum Werk aus, zu dem ich sie berufen habe'" (Apg. 13,1–2). So waren also die ersten Missionsreisen des Paulus das direkte Ergebnis von gemeinschaftlichem Beten, Fasten und Gottsuchen, und sie veränderten die Geschichte.

Paulus und sein Team beteten und fasteten auch, als sie die Ältesten der neuen Gemeinden in Lystra, Ikonion und Antiochia auswählten und einsetzten. „Und sie setzten in jeder Gemeinde Älteste ein, beteten und fasteten und befahlen sie dem Herrn, an den sie gläubig geworden waren" (Apg. 14,23).

3. Fasten für die Erfüllung der Verheißungen Gottes

Der Herr hat Pläne und Verheißungen für jede Stadt auf Erden. Er hat der Gemeinde in Ihrer Stadt und Region bestimmte Verheißungen gegeben. Wir dürfen nicht einfach passiv abwarten, ohne unseren Glauben einzusetzen, damit sich das Verheißene erfüllt. Der Herr möchte, dass wir ihn aktiv um ihre Erfüllung bitten.

Die Bibel erzählt viele Geschichten von Glaubensmännern, die Gott gebrauchte, um die letztliche Erfüllung seiner Verheißungen zu bewirken. Zum Beispiel hatte Gott durch den Propheten Jeremia gesagt, dass er die Israeliten aus ihrer siebzigjährigen Gefangenschaft in Babylon (606–536 v. Chr.) befreien würde. Daniel betete und fastete für die Erfüllung der Prophetie und erinnerte Gott an seine Verheißungen: „Und ich wandte mein Gesicht zu Gott dem Herrn, um zu beten und zu flehen mit Fasten in Sack und Asche" (Dan. 9,3). Das Ergebnis war, dass das Volk aus der Gefangenschaft frei kam und in sein Land zurückkehren und die Nation wieder aufbauen durfte.

Noch in der persischen Hauptstadt Susa hörte Nehemia ein paar Jahre später Berichte über die furchtbaren Schwierigkeiten, die seine jüdischen Volksgenossen zu Hause in Jerusalem hatten. Die Stadtmauern und Tore Jerusalems waren seit der verheerenden Belagerung und Zerstörung der Stadt durch Nebukadnezar von Babylon noch immer zerstört, sodass die Juden, die zurückgekehrt waren, keinen Schutz vor den Feinden ringsum hatten. Wie Daniel vor ihm, suchte Nehemia den Herrn mit Fasten und Beten und flehte ihn an, seine Verheißungen für diese Generation in Israel zu erfüllen. Er fastete, weinte und bekannte die Sünden Israels, er betete, Gott möge seine Verheißungen für Israel erfüllen (Neh. 1,1–11, 9,32–38). Gott erhörte Nehemia und segnete Israel zu der Zeit.

Im Neuen Testament finden wir die Prophetin Hanna, die Gott über sechzig Jahre lang „mit Fasten und Beten" diente (Lk. 2,36–38). Der Apostel Paulus fastete regelmäßig – es war ein Schlüssel für die Erfüllung der Verheißungen Gottes für seinen Dienst (2. Kor. 6,5, 11,27, Apg. 9,15, 22,21, 26,17–18). Bei seiner Bekehrung empfing er seine Bevollmächtigung vom Herrn, um den Heiden die Erlösung zu bringen. Jesus sprach zu ihm und sagte:

> ... Dazu bin ich dir erschienen ... Ich will dich erretten vom Volk und von den Nationen, unter die ich dich jetzt sende, um ihre Augen aufzutun, damit sie sich bekehren von der Finsternis zum Licht und von der Ge-

> walt des Satans zu Gott, um Vergebung der Sünden zu empfangen und das Erbe unter denen, die durch den Glauben an mich geheiligt sind.
>
> Apostelgeschichte 25,16–18

Obwohl Paulus auf so gewaltige, dramatische Weise von Jesus beauftragt worden war, suchte er den Herrn, damit sich diese Verheißung auch erfüllte. Er flehte den Vater mit viel Beten und Fasten an, statt einfach passiv abzuwarten, dass Gott tun würde, was er durch Paulus' Dienst zu tun verheißen hatte.

Als der römische Hauptmann Kornelius fastete und betete, sandte Gott einen Engel und schließlich den Apostel Petrus zu ihm, und sein ganzer Haushalt wurde gerettet (Apg. 10). Daraufhin ergoss sich der Geist der Erweckung auf die Region und den Heiden wurde eine Tür der Gnade geöffnet.

Heute, wo wir erleben, dass die Menschen in Massen auf dem Weg zur Hölle sind und die Kirche mit geistlicher Unfruchtbarkeit zu kämpfen hat, ist die biblische Lösung klar. Wir müssen für die Dinge, die Gott für unsere Städte und Länder verheißen hat, beten und fasten, bis wir einen Durchbruch sehen.

4. Fasten zur Abwehr einer Krise

Zu alttestamentlichen Zeiten war es gängige Praxis zu fasten, um eine nationale oder individuelle Krise abzuwenden. Immer und immer wieder wandelte Gott Israels verzweifelte Situation, als sie sich mit gemeinschaftlichem Gebet und Fasten an ihn wandten.

In den Tagen Joels war Israel mehreren Urteilen Gottes ausgesetzt. Erstens brachten Heuschrecken und Dürre eine landwirtschaftliche Krise (Joel 1), ferner bereitete sich die babylonische Armee auf eine Invasion vor (Joel 2,1–9). Joel berief eine heilige Versammlung des Volkes ein, er verkündete, dass Gott seine Entscheidung, sie zu richten, umkehren würde, wenn sein Volk sich demütigte und mit Fasten und Beten Buße tun würde (Joel 1,13–14, 2,12–15).

> Doch sagt auch jetzt der Herr: „Kehrt von ganzem Herzen zu mir um mit Fasten, mit Weinen, mit Klagen!" Zerreißt eure Herzen und nicht eure Kleider, und kehrt um zu dem Herrn, eurem Gott!
>
> Joel 2,12–13

Jona wurde zu der verdorbenen assyrischen Stadt Ninive gesandt, um sie vor der Zerstörung durch den Gott Israels zu warnen. Als die Einwohner von Ninive sich demütigten und mit Fasten Buße taten, erwies ihnen der Herr Barmherzigkeit und verschonte die Stadt (Jon. 3,3–9).

Als Mose von seiner Zusammenkunft mit Gott auf dem Berg wieder herunterkam, traf er das Volk Israel bei Götzenanbetung an. Gott war bereit, Israel zu vernichten, aber Mose fastete und betete vierzig Tag lang (5. Mo. 9,7–21) – und Gott verschonte Israel aufgrund seiner Fürbitte.

Ebenso trauerte der Priester Esra über die Untreue, die er unter den Juden, die aus der Gefangenschaft zurückgekehrt waren, vorfand. Als er in Jerusalem ankam, entdeckte er, dass sie sich durch Eheschließung mit Heiden vermischt hatten, obwohl sie wussten, dass es von der Heiligen Schrift ausdrücklich verboten war, außerhalb des jüdischen Glaubens zu heiraten. Esra fastete voller Kummer, er wusste, dass diese Treulosigkeit Gott überhaupt nicht gefiel und zu weiterer Götzenanbetung in Israel führen würde (Esr. 9,1–6). Esras Gebet und Bekenntnis führte dazu, dass viele von ihrer Sünde überführt wurden. Sie versammelten sich, um ihre Untreue zu bekennen und zu beenden (Esr. 10,1–6). Gott war zufriedengestellt und das Gericht abgewendet.

In der gesamten Menschheitsgeschichte wurde immer wieder für nationale Rettung gefastet. Die politischen Führer Englands riefen in Krisenzeiten nationale Gebets- und Fastentage aus. Im Jahr 1588 fastete die Nation, als die spanische Armada England mit Invasion drohte. Später fasteten und beteten sie um Gottes Hilfe, als Napoleon einen Einmarsch vorbereitete. Während des Zweiten Weltkriegs rief Georg VI. wieder einen Gebets- und Fastentag aus, als die Luftschlacht um England tobte, und bat Gott, eine Invasion der Nazis abzuhalten.[6] In allen Fällen bewahrte Gott England vor dem drohenden Desaster. Auch die frühen politischen Führer Amerikas im Kontinentalkongress und Abraham Lincoln riefen in Katastrophenzeiten zu nationalen Gebets- und Fastentagen auf.[7]

In der ganzen Schrift finden sich Beispiele, wo sich jemand zur Zeit einer persönlichen Krise demütigte und fastete. Hanna, die Frau Elkanas, eines Mannes im Alten Testament, war über ihre Unfruchtbarkeit so betrübt, dass sie weinte und nichts aß (1. Sam. 1,7) und ihre Seele vor Gott im Gebet um einen Sohn ausschüttete. Gott erhörte ihr Schreien und nahm die Unfruchtbarkeit von ihr und gab ihr einen Sohn, der zu einem mächtigen Propheten heranwuchs: „Und Hanna wurde schwanger, und als die Tage um waren, gebar sie einen Sohn und nannte ihn Samuel“ (1. Sam. 1,20).

Während der Regierungszeit des jungen Königs Josia sandte eine Prophetin namens Hulda dem König die Botschaft, dass Gott vorhatte, das Volk Juda wegen seiner Sünde zu richten. Josia reagierte darauf mit Gebet und wahrscheinlich auch mit Fasten (2. Chr. 34,23–28). Fasten wird nicht eigens erwähnt, wir sehen es aber daran, dass das Wort sagt, er demütigte sich und zerriss seine Kleider (V. 27). Gott sah, wie ernst es Josia war, und schob das Gericht bis zur babylonischen Invasion auf, die nach Josias Tod stattfand.

König Ahab war einer der bösesten Könige in der Geschichte Israels. Doch selbst er demütigte sich mit Gebet und Fasten, und Gott hielt das Gericht auf, das gegen ihn beschlossen war. Im ersten Buch der Könige lesen wir:

> Und es gab niemanden, der sich so verkauft hätte, Böses zu tun vor dem Herrn, wie Ahab … Als aber Ahab diese Worte hörte, zerriss er seine Kleider, legte einen Sack um seinen Leib, fastete und schlief im Sacktuch und ging bekümmert einher. … „Hast du nicht gesehen, wie sich Ahab vor mir beugt? Weil er sich nun vor mir beugt, will ich das Unglück nicht zu seinen Lebzeiten kommen lassen …"
>
> 1. Könige 21,25–29

Dasselbe trifft auf König Manasse zu, einen sehr bösen König in Juda. Er „verführte Juda und die Bewohner Jerusalems, dass sie mehr Böses taten als die Völker, die der Herr vor den Kindern Israel vernichtet hatte" (2. Chr. 33,9). Schließlich wurde er in die Gefangenschaft nach Babel deportiert, wo er Buße tat und sich mit Fasten demütigte. Gott erhörte sein Flehen und „brachte ihn wieder nach Jerusalem zu seinem Königreich" (2. Chr. 33,13).

5. Fasten für Schutz

Die Heilige Schrift liefert auch Beispiele von Gebet mit Fasten für persönlichen Schutz. Als die jüdischen Gefangenen aus Babel nach Israel zurückgekehrt waren, um ihre Nation wieder aufzubauen, brauchten sie Hilfe. So führte der Priester Esra eine weitere Gruppe Juden zurück nach Israel, um ihnen beim Wiederaufbau Jerusalems zu helfen. Noch während der Reisevorbereitung nahmen sie sich Zeit zu beten und zu fasten. Sie flehten zu Gott, er möge sie auf der gefährlichen Reise schützen.

In der Welt der Antike waren Reisen unsicher, weil Räuberbanden Reisende angriffen, um ihnen Gold und Güter zu rauben. Normalerweise töteten sie die Menschen und verkauften ihre Besitztümer. Esra wollte den persischen König nicht um Begleitschutz bitten, denn er hatte dem König gesagt, Gottes Segen würde auf ihnen sein (Esr. 8,21–23). Stattdessen fastete und betete er und bat Gott um übernatürlichen Schutz auf dem Weg durch die fremden Länder. Gott erhörte Esra, und die gesamte Karawane kam sicher in Jerusalem an.

Als König Darius mittels einer List dazu gebracht wurde, Daniel in die Löwengrube zu werfen, fastete und betete der König selbst für Daniels Schutz (Dan. 6,19). Daraufhin „hat Gott seinen Engel gesandt, der den Löwen den Rachen zugehalten hat" (V. 23).

Ester, eine jüdische Frau am persischen Königshof, brauchte Gottes Schutz, als sie ohne königlichen Befehl vor den König Ahasveros (Xerxes) trat, denn auf eine Annäherung ohne Einladung stand die Todesstrafe. Nachdem Haman einen Plan in Gang gesetzt hatte, alle Juden zu vernichten und ihre Besitztümer zu übernehmen (Est. 3,13, 4,7), rief Ester die Juden in Persien auf, drei Tage lang zu fasten, und sie beteten und fasteten und riefen zu Gott (Est. 4,16). Der Herr verschonte Esters Leben und gebrauchte sie, um die Situation unter den Juden umzukehren; so rettete er sie vor dem bösen Plan Hamans (Est. 9,1).

Die Kirchengeschichte ist voller Beispiele von Bewahrungen der Diener Gottes vor Gefahr und Verderben als Antwort auf Beten und Fasten. Die heutige Gemeinde sollte sich veranlasst sehen, sich desto mehr darin zu üben, da die Zeiten böser werden (siehe Lk. 31,34–36).

6. Fasten für Einblick in Gottes Endzeitplan

Der Heilige Geist lässt Vorläufer-Boten aufstehen, die mehr Einblick in das haben werden, was die Schrift über Jesu Endzeitpläne sagt. Wie wir schon in Apostelgeschichte 2 sahen, wird es eine vermehrte prophetische Aktivität in der Kirche geben, bevor Jesus wiederkommt (Verse 17–21). Daniel prophezeite, dass Gott in der Endzeit manchen Menschen prophetische Einsicht geben würde, die dann viele andere lehren (Dan. 11,33–35, 12,4.10).

> Und die Verständigen im Volk werden viele andere lehren … Einige der Verständigen werden fallen [Martyrium], damit sie bewährt, gereinigt und geläutert werden, bis zur Zeit des Endes; denn es ist noch eine andere Zeit bestimmt.
>
> Daniel 11,33–35

In der Endzeit werden Gottes Diener im Rat des Herrn stehen, um mehr Verständnis darüber zu gewinnen, was er im Rahmen seines Gericht tut.

> Wer aber ist im Rat des Herrn gestanden, der sein Wort gesehen und gehört hat? … Und der Zorn des Herrn wird nicht nachlassen, bis er getan und ausgerichtet hat, was er im Sinn hat; in der letzten Zeit werdet ihr es ganz verstehen.
>
> Jeremia 23,18–20

Gott reagierte auf Daniels Entschlossenheit, prophetische Einsicht in Gottes Pläne zu bekommen. Als der Prophet sein „Gesicht zu Gott dem Herrn wandte, um zu beten und zu flehen mit Fasten", wurde ihm Verständnis darüber gegeben, wie es Israel am Ende der Zeiten ergehen wird (Dan. 9,1–3.20–23, 10,1–3.12–14). Nachdem er einundzwanzig Tage lang gebetet und gefastet hatte, besuchte ihn ein Engel und sagte ihm, seine Gebete seien vom ersten Tag an gehört worden, seit er Verständnis zu erlangen suchte und sich vor Gott demütigte (Dan. 10,10–12).

> Und er sagte zu mir: „Fürchte dich nicht, Daniel; denn von dem ersten Tag an, als du von Herzen Verständnis suchtest und dich vor deinem Gott demütigtest, sind deine Worte erhört worden; und ich bin wegen deiner Worte gekommen."
>
> Daniel 10,12

Während Daniel betete, kam der Engel Gabriel zu ihm und ließ ihn verstehen.

> Und ich wandte mein Gesicht zu Gott dem Herr, um zu beten und zu flehen mit Fasten in Sack und Asche. … als ich in meinem Gebet so redete, … Gabriel … redete mit mir und sagte: „Daniel, jetzt bin ich ausgegangen, um dir Verständnis zu geben … So merke nun darauf, damit du die Vision verstehst."
>
> Daniel 9,3.21–23

Wir brauchen Gottes Hilfe, um manche der tieferen Dinge und Pläne für die Endzeit verstehen zu können. Ich glaube, der Herr wird manchen seiner Endzeitpropheten Engel schicken, wie er es für Daniel getan hat, damit sie mehr Einblick gewinnen in das, was kommen wird. Wie Daniel werden solche Leute ihr Herz darauf richten müssen, durch Gebet und Fasten mehr Verständnis zu gewinnen.

7. Fasten für Intimität mit Gott („Bräutigam-Fasten“)

> Da kamen die Jünger des Johannes zu ihm und sagten: „Warum fasten wir und die Pharisäer so viel, und deine Jünger fasten nicht?“ Jesus sagte zu ihnen: „Wie können die Freunde des Bräutigams Leid tragen, solange der Bräutigam bei ihnen ist? Aber die Zeit wird kommen, dass der Bräutigam von ihnen genommen wird; dann werden sie fasten.
>
> Matthäus 9,14–15

Die Jünger Johannes' des Täufers kamen mit einer ernsten Frage zu Jesus. Es irritierte sie, dass dessen Jünger nicht fasteten. Jesus antwortete mit einer Frage: „Wie können die Freunde des Bräutigams Leid tragen, solange der Bräutigam bei ihnen ist?“ Dann sprach er von den Tagen, wenn er, der Bräutigam-Gott, durch seinen Tod am Kreuz von ihnen genommen werden und zu seinem Vater im Himmel zurückkehren würde. Dann würden seine Jünger genauso viel fasten wie die Jünger des Johannes. Dennoch würde ihr Fasten anders sein, denn es hätte seinen Ursprung in der Sehnsucht nach ihm und in der Trauer über seine Abwesenheit.

Vergessen wir nicht: Während Jesus auf der Erde war, hatten sich seine Jünger an seine Gegenwart unter ihnen gewöhnt. Sie fühlten sich von ihm wertgeschätzt und geliebt, und sie erfreuten sich an seiner Nähe und seiner Freundschaft, wenn sie miteinander wanderten und sich unterhielten. Sich mehr nach seiner Gegenwart zu sehnen machte nicht viel Sinn für sie – er war ja immer da. Aber die Lage änderte sich drastisch nach Jesu Tod und Himmelfahrt. Nun sehnten sie sich wehmütig nach seiner leiblichen Gegenwart.

In diesen Versen sprach Jesus von einer neuen Art von Fasten auf Grundlage seiner Identität als der Bräutigam-Gott und ihrem Wunsch, mit ihm zusammen zu sein. Sie würden fasten, um ihrer Trauer über seine Abwesenheit Ausdruck zu geben, voller Sehnsucht, mehr von seiner geistlichen Gegenwart zu erfahren und größere Offenbarung seiner Schönheit und Zuneigung zu empfangen. Fasten zu diesem Zweck nenne ich „Bräutigam-Fasten“. Es ist ein Fasten, das eher vom eigenen Verlangen nach Jesus motiviert ist als vom Wunsch nach mehr Kraft, Leitung im Dienst, göttlichem Eingreifen oder Schutz usw.

Das Bräutigam-Fasten gründet auf Verlangen. Wir tun es, damit wir Gottes Sehnsucht nach uns besser verstehen und damit er unser Verlangen nach ihm weckt. Gott schenkt uns neue Sehnsucht, während er auf die schon vorhandene zurückgreift. Jesus hat verheißen, dass unser Verlangen befriedigt würde, wenn wir uns nach mehr von ihm verzehren. Zwei der acht Seligpreisungen in der Bergpredigt sprechen davon:

> Glückselig sind, die Leid tragen; denn sie sollen getröstet werden … Glückselig sind, die hungern und dürsten nach der Gerechtigkeit; denn sie sollen satt werden.
>
> Matthäus 5,4.6

Geistlicher Hunger ist eine Gabe Gottes, die uns dahin bringt, seine Liebe um jeden Preis stärker erfahren zu wollen. Wer geistlichen Hunger hat, ist mit allem einverstanden, was sich in seinem Herzen ändern muss, damit die Liebe völlig zum Tragen kommt. Wir sind geschaffen, um Gott zu lieben und von ihm geliebt zu werden, und er hat uns so gemacht, dass wir uns nach ihm sehnen, bis unser Herzensschrei erhört wird. In diesem Prozess schenkt er uns mehr Erfahrungen mit ihm.

Das Bräutigam-Fasten

Warum würden die Jünger „trauern“, wenn Jesus nicht mehr da war? Wir wurden geschaffen, in Freude zu leben, aber diese Freude findet sich nur in Jesus und in seiner Gegenwart. Abgetrennt von ihm gibt es keine wirkliche Freude. Fastend um den Bräutigam zu trauern versetzt unser Herz in die Lage, seine Gegenwart stärker zu erfahren.

Das Bräutigam-Fasten ist etwas, was unser Herz erweitert, weil wir der Schönheit und Güte Jesu als unseres Bräutigam-Gottes begegnen. Gott hat uns so geschaffen, dass unser Herz mehr von ihm empfangen kann, wenn wir uns ihm hingeben, sein Wort beten und fasten.

Keine andere Dimension der Gnade Gottes öffnet die tiefen Orte unseres Seins so weit, wie es Fasten tut. Wenn wir beten und unser Herz mit Schriftstellen füllen, uns auf die Wahrheiten über Jesus als unseren Bräutigam-Gott konzentrieren, können wir mehr von Gott empfangen. Vor dem Bräutigam zu fasten ist ein Katalysator, der die Tiefe unserer Begegnung mit Gott und das Maß, in dem wir vom Herrn empfangen, verstärkt. Wir empfangen schneller mehr Offenbarung und sie hinterlässt tieferen Eindruck in unserem Herzen.

Eins der Hauptziele des Bräutigam-Fastens ist, dass in unserem Herzen eine größere Liebe und Sehnsucht nach Gott wächst. Wir fasten nicht in dem Versuch, Gottes Aufmerksamkeit zu erringen, sondern vielmehr, um ganz in die Zuneigung und Gegenwart Gottes einzugehen, die uns in Christus zusteht. Das Ziel ist nicht, *sein* Herz zu bewegen, sondern *unseres*.

Unser Herz neigt zu Taubheit und Lethargie. Wenn wir gegen diese Taubheit nicht entschieden angehen, werden wir hart, ohne es zu merken. Das Bräutigam-Fasten macht unser Herz weich in der Gnade Gottes, sodass geistliche Taubheit verschwindet und wir die Zuneigung Gottes in größerem Umfang erfahren können. Unser Herz wird weich, wenn wir die Freude erfahren, ihn zu kennen. Und dann bekommen wir Sehnsucht nach mehr.

Unsere Sehnsucht hat ein Ziel. Geistlicher Hunger ist ein göttliches Mittel, das uns zu größerer Liebe führt. Er ist ein Instrument, das in unserem Herzen Raum macht für Liebe und Reinheit. Aus der Sehnsucht nach Gott entsteht Trauer und eine Art Liebeskummer – und daraus die Sehnsucht nach Veränderung. Diese ist nötig, um alles uns von Gott Zugedachte zu bekommen. Wir sind „liebeskrank", denn Gott hält seine Gegenwart absichtlich etwas zurück, damit wir demütig werden und ihm so auf lange Sicht intimer nahe sein können.

Wer fastet, weiß um den Unterschied zwischen dem, was Gott ihm geben will, und dem, was er tatsächlich erfährt. Der Mangel an eigener Erfahrung macht uns unzufrieden und traurig. Wenn wir erkennen, dass es in Gott mehr gibt, dann sind wir am Boden zerstört, wir *müssen* diese Fülle haben. Deshalb fasten wir: weil wir uns weigern, in geistlicher Taubheit und Fruchtlosigkeit zu leben.

Die Gnade des Fastens ist eine Gabe Gottes, die uns in Herz und Geist von Jesus fasziniert und begeistert sein lässt. Diese Gabe macht das Herz weich und führt zu großen Veränderungen in unserem Leben. Im Fasten kommt unsere Vision und unser entschiedenes Verlangen nach mehr von Gott sowie der Schmerz angesichts unseres Mangels zum Ausdruck.

In Zukunft werden unzählige Menschen Gottes Herz und seine Macht in bislang ungeahntem Ausmaß erfahren, weil sie in ihm den Bräutigam, König und Richter erkennen. „Bräutigam-Fasten" lässt uns Gottes Liebe empfangen und ihn wiederlieben. Es macht uns von Neuem weich, sensibilisiert uns und heilt uns von unserer geistlichen Taubheit.

Unser Leben ist ganz anders, wenn unser Verlangen von seiner Gnade berührt wurde. David Brainerd, der bekannte Evangelist der amerikanischen Ureinwohner, schrieb am 14. Juni 1742 Folgendes in sein Tagebuch:

Da ich etwas von der Schönheit der Gemeinschaft mit Gott und der Kraft seiner Liebe und wie sie meine Seele gefangen nimmt und alle meine Wünsche und Neigungen in Gott sammelt, verspürte, sonderte ich diesen Tag für Fasten und Gebet im Verborgenen aus, damit ich unter seinem Segen das Evangelium predige. Heute Nachmittag erfuhr ich Leben und Kraft im Gebet. Gott machte es mir möglich, mit großem Eifer in der Fürbitte für meine Freunde zu ringen. Der Herr suchte mich wunderbar heim. Ich glaube, meine Seele hatte nie zuvor eine solche Agonie durchlebt. Nichts hielt mich zurück, denn die Reichtümer der Gnade Gottes standen mir offen. Ich rang für abwesende Freunde und für das Einbringen armer Seelen. Von halb eins bis weit nach Einbruch der Dunkelheit litt ich eine solche Agonie, dass ich über und über schweißnass war. Ach! Mein lieber Heiland schwitzte ja Blut für diese armen Seelen! Ich sehnte mich danach, mehr Mitleid für sie zu empfinden. In dieser Verfassung, unter dem Eindruck der Liebe Gottes, ging ich zu Bett, das Herz auf Gott gerichtet.[8]

Beispiele für Fasten in der Bibel

Fastenzeiten unterschiedlicher Länge

- **Eintägiges Fasten:** Versöhnungstag (3. Mo. 16,29, 23,27)
- **Dreitägiges Fasten:** Paulus nach seiner Bekehrung (Apg. 9,9)
- **Siebentägiges Fasten:** David vor dem Tod seines Kindes (2. Sam. 12,15–18.21–23)
- **Einundzwanzigtägiges Fasten:** Daniel in dem Bemühen, prophetische Aussagen zu verstehen (Dan. 10,2–3)
- **Vierzigtägiges Fasten:** Mose (2. Mo. 24,18, 34,28, 5. Mo. 9,9.18), Elia (1. Kön. 19,8), Jesus während seiner Versuchung (Mt. 4,2–3)

Gemeinschaftliches Fasten

- Gläubige der Frühkirche fasteten und beteten für Petrus' Befreiung aus dem Gefängnis (Apg. 12,1–19).
- Die Gemeindeleiter in Antiochia fasteten, um prophetische Leitung zu erhalten (Apg. 13,1–3).
- Paulus und seine Mitarbeiter fasteten, als sie die Ältesten in Lystra, Ikonion und Antiochia einsetzten (Apg. 14,23).
- Gottes Volk, die Juden, fasteten an Jom Kippur, dem Versöhnungstag (3. Mo. 16,29, 23,37, Apg. 27,9).

- Die Juden fasteten an Purim (Est. 9,30–31).
- Israel fastete jeweils im vierten, fünften, siebten und zehnten Monat während der babylonischen Gefangenschaft (Sach. 7,3–5, 8,19).
- Israel fastete bei Mizpa vor dem Angriff der Philister (1. Sam. 7,3–10).
- Die Kinder Israel fasteten im Bürgerkrieg mit den Benjaminitern (Ri. 20,26–28).
- Joschafat und das Volk Juda fasteten, bevor sie gegen Moab und Ammon in den Krieg zogen (2. Chr. 20,3–4).
- König Josia demütigte sich mit Fasten – es ist wahrscheinlich, dass sich andere ihm anschlossen (2. Kön. 22,11–20).
- Das Volk Juda fastete in den Tagen des Königs Jojakim aus Gehorsam gegenüber dem Herrn (Jer. 36,9–10).
- Joel rief das Volk zu heiligen Nationalversammlungen auf (Joel 1,13–14, 2,12–15).
- Ester und die Juden fasteten, um einen Plan abzuwenden, der ihr ganzes Volk auslöschen sollte (Est. 3,13, 4,3.7.16–5,6).
- Esra und andere fasteten, um Gott um Schutz auf dem Weg nach Jerusalem zu bitten (Esra 8,21–23).
- Nehemia und die Juden in Jerusalem fasteten für geistliche Erneuerung (Neh. 9,1).
- Ninive fastete nach Jonas Predigt (Jon. 3,3–9).

Individuelles Fasten

- Gläubige werden fasten, um Jesus als den Bräutigam-Gott zu erleben (Mt. 9,14–15).
- Jesus fastete vierzig Tage (Mt. 4,1–3, Lk. 4,1–2).
- Mose fastete vierzig Tage auf dem Berg Sinai (2. Mo. 24,18, 34,28, 5. Mo. 9,9.18).
- Elia fastete vierzig Tage auf dem Weg zum Berg Horeb/Sinai (1. Kön. 19,8).
- Fasten gehörte zum Lebensstil von Johannes dem Täufer (Mt. 11,18).
- Fasten gehörte zum Lebensstil von Paulus (2. Kor. 6,5, 11,27).

- Paulus fastete drei Tage, um klare Anweisung zu bekommen (Apg. 9,9).
- Paulus fastete, um klare Leitung in Fragen seinen Dienst betreffend zu bekommen (Apg. 13,1–2, 14,23).
- Daniel fastete, um Offenbarung zur Endzeit zu bekommen (Dan. 9,1–3.20–23, 10,1–3.12–14).
- Der König Darius fastete die ganze Nacht für Daniels Schutz in der Löwengrube (Dan. 6,18–23).
- Hanna, die Prophetin, fastete und betete regelmäßig über sechzig Jahre lang (Lk. 2,36–37).
- Kornelius betete und fastete für einen geistlichen Durchbruch (Apg. 10,1–4.30–31).
- Ester fastete für die Befreiung der Juden (Est. 4,16–5,6).
- König Ahab demütigte sich mit Beten und Fasten (1. Kön.21,25-29).
- Hanna fastete wegen ihrer Unfruchtbarkeit (1. Sam. 1,7–8).
- David fastete häufig (2. Sam. 12,15–23, Ps. 35,13, 69,10, 109,24).
- Esra fastete, als er wegen der Ehen zwischen Juden und Heiden trauerte (Esr. 9,1–6).
- Esra fastete erneut, als das Volk sich ihm reuevoll anschloss (Esr. 10,1–6).
- Nehemia fastete in Jerusalem für Israels geistliche Erneuerung (Neh. 9,1).
- Nehemia fastete für Israels Wiederherstellung (Neh. 1,1–11) und Erneuerung (Neh. 9,32–38).

Wie wir sehen, gibt es viele Gründe zu fasten, und sowohl im Alten wie im Neuen Testament viele Beispiele für unterschiedliche Arten von Fastenzeiten. Es reicht aber nicht, etwas über das Fasten zu wissen und überzeugt zu sein, dass Gott es erwartet. Sie müssen es tatsächlich tun, um die unglaubliche Kraft des Fastens selbst zu erleben. Fasten Sie zusätzlich zum Beten im Geist, über das wir im nächsten Kapitel lernen werden, und dann wird Ihre Gebetskraft *wirklich* stark werden!

Kapitel 19

Im Geist beten

In einem gesunden geistlichen Leben unter der vollen Kraft des Geistes ist es ganz natürlich, ohne Unterlass zu beten.[1]

Andrew Murray

Vor fünfunddreißig Jahren fiel mir ein Bibelvers besonders auf, in dem es um das Beten im Geist bzw. Beten mit der Gabe der Zungenrede geht. Darin behauptete der Apostel Paulus, *er spreche mehr in Zungen als alle* anderen Gläubigen, die in Korinth wohnten.

Ich danke meinem Gott, dass ich mehr in Zungen rede als ihr alle.

1. Korinther 14,18

Zu dem Zeitpunkt hatte ich seit etwa fünf Jahren gegen das Zungenreden gelehrt. Damit war es mir ernst gewesen, ich hatte das Zungenreden für eine große Täuschung gehalten. Aber dieser eine Vers irritierte mich. Ich konnte ihn nicht wegerklären. Wie war es möglich, dass Paulus mehr als die anderen in Zungen sprach? Warum schätzte er diese Gabe so sehr, dass er sich mehr als jeder andere darauf einließ? Bestimmt übertrieb Paulus hier, dachte ich.

Der Vers machte mir zu schaffen. Als apostolischer Leiter der vielen neuen Gemeinden in Kleinasien war Paulus unglaublich beschäftigt, dennoch investierte er auch noch viel Zeit in das Zungenreden – so viel, dass er selbstbewusst behaupten konnte, er wende diese Gabe mehr als jeder andere in der ganzen Stadt Korinth an. Warum war ihm Zungenreden so wichtig?

Über ein Jahr lang rang ich mit diesem Vers. Wenn Paulus das Beten in Zungen so sehr schätzte, wie es aussah, dann musste ich meine Position überdenken. Ich begann zu erkennen, dass uns dieser Vers einen wichtigen Einblick in Paulus' persönliches Gebetsleben und in seine Sicht von der Gabe der Zungenrede gewährt.

Zwei verschiedene Arten der Gabe der Zungenrede

> Jedem wird aber die Offenbarung des Geistes *zum Nutzen für alle* gegeben. Dem einen wird durch den Geist das Wort der Weisheit gegeben; ... einem andern Arten von Zungenreden ... Reden alle in Zungen?
>
> 1. Korinther 12,7–8.10.30

> Denn wer in Zungen redet, der redet nicht für Menschen, sondern für Gott ... Wer in Zungen redet, der *erbaut sich selbst* ... Ich wünschte aber, dass ihr alle in Zungen redet.
>
> 1. Korinther 14,2.4–5

In seinem ersten Brief an die Korinther beschrieb Paulus zwei verschiedene Arten der Gabe der Zungenrede – zwei unterschiedliche Ausdrucksformen mit zwei unterschiedlichen Zielen. Diesen Punkt hatte ich übersehen, als ich lehrte, dass die Gabe der Zungenrede nicht jedem Gläubigen verfügbar wäre. Als ich erst einmal erkannte, dass es zwei verschiedene Arten von Zungenrede in der Bibel gibt, verstand ich, dass zwei scheinbar widersprüchliche Anschauungen beide biblisch sind: erstens, dass nur *einige* Christen, nicht *alle*, die Gabe der Zungenrede haben (1. Kor. 12,30), und zweitens, dass „alle" die Gabe der Zungenrede empfangen können (1. Kor. 14,5, Mk. 16,17). Ich verstand, dass es einen bedeutsamen Unterschied gibt zwischen der Gabe der Zungenrede, die *zum Nutzen des Leibes* dient (1. Kor. 12,7), wenn der Sprecher sich an Menschen richtet, und der Zungenrede, die *dem Einzelnen zum Nutzen* gegeben ist als Gebetssprache für seine persönliche, private Andacht (1. Kor. 14,2.4).

Paulus unterschied zwischen der öffentlichen und privaten Verwendung der Gabe der Zungenrede:

> Ich danke meinem Gott, dass ich mehr in Zungen rede als ihr alle. Aber ich will in der Gemeinde lieber fünf Worte mit meinem Verstand reden, damit ich auch andere unterweise, als zehntausend Worte in Zungen.
>
> 1. Korinther 14,18–19

Er dankte Gott, dass er mehr als andere in Zungen redete, sagte aber, dass er in der Gemeinde lieber fünf Worte mit seinem Verstand als zehntausend Worte in Zungen sprechen wollte. Anders gesagt, dass er „mehr als alle in Zungen sprach", bezog sich auf seine persönliche Gebetssprache, nicht auf Anwendung der Gabe in einem öffentlichen Gottesdienst. Hier trifft er eine klare Unterscheidung zwischen den beiden Arten des Sprachengebets.

Es ist wichtig, den unterschiedlichen Nutzen der beiden Arten von Sprachengebet zu verstehen. In 1. Korinther 12, wo Paulus die Gaben des Geistes erklärt, sagte er, die Zungenrede sei *„zum Nutzen für alle"* und tue dem ganzen Leib gut, während er in 1. Korinther 14 davon redete, dass sie dem Betenden selbst zur *persönlichen Erbauung* diene.

In 1. Korinther 12 stellt Paulus eine rhetorische Frage, aus der hervorgeht, dass nicht jeder Christ mit derjenigen Zungenrede begabt ist, die dem Leib dient: „Reden alle in Zungen?" (V. 30). Später jedoch deutet er an, dass alle die Gabe der Zungenrede für ihr persönliches Leben haben können. Er schrieb: „Ich wünschte aber, dass ihr alle in Zungen redet" (1. Kor. 14,5). In Vers 39 fügte er hinzu: „Verbietet nicht, in Zungen zu reden." Jesus nannte das Phänomen als eines der Zeichen, die den Gläubigen nachfolgen würden:

> Diese Zeichen aber werden die begleiten, die gläubig geworden sind: … Sie werden in neuen Sprachen reden …
>
> Markus 16,17 S

Deshalb kann also jeder Gläubige die Gabe der Zungenrede empfangen, um sie *persönlich* als Gebetssprache in seiner Andacht zu verwenden, aber nicht alle werden die Gabe der Zungenrede für *öffentlichen* Gebrauch in einem Gottesdienst empfangen. Ich hatte gegen Zungenrede gelehrt auf der Grundlage eines Aspektes der paulinischen Lehre – dass nicht alle die Gabe der Zungenrede haben (1. Kor. 12,30). Ich hatte die Gabe des Sprachengebets, die in der Öffentlichkeit eingesetzt wird, mit der Gabe des Sprachengebets, die als Hilfsmittel zur Andacht im privaten Gebet eingesetzt wird, durcheinandergebracht.

Nutzen der Zungenrede

In 1. Korinther 14 nennt Paulus drei Nutzen des Sprechens in Zungen: Geheimnisse reden (V. 2), sich selbst erbauen (V. 4) sowie Gott loben und ihm danken (V. 17). Sehen wir uns diese drei näher an.

Geheimnisse reden

> Denn wer in Zungen redet, der redet nicht für Menschen, sondern für Gott; denn niemand versteht ihn; im Geist aber redet er Geheimnisse.
>
> 1. Korinther 14,2

In diesem Vers definiert Paulus den ersten Nutzen der Zungenrede als etwas, was im persönlichen Gebet, in der Andacht von Belang ist: „Im Geist redet er Geheimnisse." Wenn wir in Sprachen beten, kommunizieren wir mit dem Heiligen Geist, der uns oft Informationen gibt, mit denen wir Gottes Willen und sein Herz für uns besser verstehen. Geheimnisse reden hat nichts mit der Offenbarung „besonderer Wahrheiten", die nur wenige wissen können, zu tun. Mit anderen Worten: Bei Paulus hat das Sprachengebet keinen Aspekt von Geheimwissen, Paulus sagt auch nicht, dass wir damit Insider-Informationen über geistliche Dinge bekämen, so wie es die Gnostiker für sich in Anspruch nahmen.

Wenn wir in Zungen – in unserer Gebetssprache – Geheimnisse sprechen, ist unser Verstehen ausgeschaltet und wir wissen nicht, was wir sagen, aber unser Geist kommuniziert mit dem Heiligen Geist, möglicherweise empfangen wir schwache, subtile Eindrücke vom Herrn auf dieselbe Weise, wie uns Worte der Erkenntnis kommen. Diese Eindrücke könnten uns Einblick in die Art geben, wie Gott uns oder jemand anderen durch unser Gebet anrühren möchte. Es könnten Offenbarungen in Bezug auf unsere Berufung sein, auf unser Leben oder Bereiche, in denen wir Schmerz und Zerbruch erfahren haben und für die unser Herz Heilung braucht.

Wenn wir in Zungen beten, empfangen wir vielleicht ein inneres Bild von jemandem oder sehen seinen Schmerz, seine Entmutigung oder eine besondere Not, die er mit sich trägt. Vielleicht bekommen wir einen Hinweis, wie wir für Gottes Absichten beten oder anderen Menschen, Städten und Ländern dienen sollen. Oder der Heilige Geist zeigt uns etwas in unserem eigenen Leben, z. B. die Notwendigkeit, uns vor jemandem zu demütigen oder in einer Beziehung jemandem entgegenzukommen. Oft sind die Geheimnisse, die der Heilige Geist hervorhebt, praktische Dinge, in welchen der Herr uns oder anderen durch uns dienen möchte.

Wenn ich mich darauf vorbereite, in einem Gottesdienst oder auf einer Konferenz zu sprechen, versuche ich so viel wie möglich im Geist zu beten. Auf diese Weise positioniere ich mich, um Eindrücke, Sätze und Leitung vom Heiligen Geist zu empfangen, die mich führen und mir beim Predigen oder Dienen helfen. Manchmal empfange ich, wenn ich in Zungen bete und dabei Geheimnisse spreche, vor einem Treffen ein Wort der Erkenntnis für jemanden, den der Herr anrühren möchte.

Wenn Sie in Zungen sprechen, nehmen Sie sich Zeit, für die Auslegung zu beten: „Darum, wer in Zungen redet, der bete, dass er es auch auslege" (1. Kor. 14,13). Dann offenbart der Heilige Geist Ihnen vielleicht, was er für eine bestimmte Situation auf dem Herzen hat.

Einer meiner Lieblingstexte ist 1. Korinther 2,10, wo Paulus davon spricht, dass der Heilige Geist die Tiefen Gottes erforscht, um sie uns zu offenbaren. Der Heilige Geist ist unser Begleiter zu den tiefen Dingen in Gottes Herzen, Gottes Wort und seinen Willen. Er lässt uns an seinem Tisch der Erkenntnis Gottes essen.

> Denn der Geist erforscht alles, auch die Tiefen Gottes. ... Wir aber haben ... empfangen ... den Geist aus Gott, damit wir erkennen, was uns von Gott geschenkt ist.
>
> 1. Korinther 2,10.12

Denken Sie sich das, was der Heilige Geist über den Vater und den Sohn weiß, als die ultimative „Suchmaschine" von Gottes Herzen. Er ist der Einzige, der die tiefen Dinge des Vaters und des Sohnes kennt. Er gibt uns eine Portion dessen, was er erforscht, wenn wir uns mehr auf ihn einlassen, indem wir mit dem Verstand zu ihm reden und im Geist beten.

Sich selbst erbauen

> Wer in Zungen redet, der *erbaut sich selbst*; wer aber weissagt, der erbaut die Gemeinde.
>
> 1. Korinther 14,4

In Vers 4 des 14. Kapitels im ersten Korintherbrief hebt Paulus einen weiteren Nutzen des Zungenredens hervor: „Wer in Zungen redet, der erbaut sich selbst." Paulus rief nicht zur Nabelschau auf, sondern zum Aufbau unseres geistlichen Lebens. Er ermahnte uns quasi, unsere geistlichen Batterien zu laden. Sich selbst erbauen bedeutet einfach, gestärkt zu werden.

Es ist wichtig, dass wir die Gabe der Zungenrede wertschätzen und sie regelmäßig in unseren persönlichen Gebetszeiten anwenden. Gott gab uns diese Gabe zur geistlichen Stärkung. Wir mögen nichts spüren, wenn wir im Geist beten, sollten aber nicht anhand momentaner Gefühle beurteilen, was passiert.

Auch Judas 20 spricht vom „Beten im Heiligen Geist" als den persönlichen Glauben aufbauend. Damit wird unser Herz weicher und sensibler für die Dinge des Heiligen Geistes und wir können Geheimnisse empfangen und Gott danken (1. Kor. 14,16). Erbaut zu sein im geistlichen Leben ist ein wesentlicher Aspekt des Lebens im Geist und Dienens in seiner Kraft. Ich kenne niemanden, der im prophetischen oder Heilungsdienst steht und nicht regelmäßig in seiner privaten Gebetszeit in Zungen spricht.

Wie oft stellen Sie sofort das Radio an, wenn Sie sich ins Auto setzen? Nutzen Sie einige Zeit auf Autofahrten, um im Geist zu beten – Sie könnten überrascht sein, wie sehr das Ihrem geistlichen Leben guttut. Oder wie sieht es mit den Stunden aus, die Sie allein in einem Bus oder zu Fuß unterwegs sind oder die Sie im Flugzeug verbringen? Ich versuche immer im Geist zu beten, wenn ich allein reise. Auf diese Weise kann ich die Zeit gut nutzen und mein geistliches Leben erbauen.

Paulus sprach mehrfach davon, Tag und Nacht bzw. ohne Unterlass zu beten (1. Thes. 3,10, 5.17). Ich bin sicher, dass er u. a. deshalb so beständig beten konnte, weil er in Zungen betete, während er mit anderem beschäftigt war, z. B. mit Zeltmachen (Apg. 18,3, 20,34) oder auf seinen Wanderungen von einer Stadt zur nächsten. Während seine Hände Zelte nähten, war sein Herz mit Gott beschäftigt, weil er viel im Geist betete. Als ich verstand, dass Zungenreden der Schlüssel für den Aufbau unseres geistlichen Lebens und das Wachsen in geistlichen Dingen ist, fühlte ich mich herausgefordert, ohne Unterlass beten zu wollen, indem ich wenigstens teilweise in Zungen sprach.

Gott loben und ihm danken

> Sonst, wenn du im Geist lobpreist, wie soll der, der die Stelle des Unkundigen einnimmt, auf deine Danksagung das Amen sagen, da er ja nicht weiß, was du sagst? Denn du magst wohl gut danksagen …
>
> 1. Korinther 14,16–17

In Vers 16 des 14. Kapitels im ersten Korintherbrief nennt Paulus den dritten Nutzen des Zungenredens: Wir lobpreisen mit unserem Geist und geben Dank. Wen loben wir? Wir loben Gott, wenn wir in Zungen beten oder singen. Paulus schreibt in Vers 2 dieses Kapitels, dass der, der in Sprachen betet, sich an Gott wendet: „Denn wer in Zungen redet, der redet nicht für Menschen, sondern für Gott." Wenn wir im Geist beten, dienen wir tatsächlich Gott mit Lob und Dank und er nimmt unseren Dank entgegen. Deshalb ist das Sprechen in Zungen eine Gabe für die persönliche Andachtszeit, die wir verwenden, um Gott auf eine Weise zu loben, zu preisen und zu anbeten, die sich von dem Danken nur mit dem Verstand unterscheidet.

Weil wir im Sprachengebet Gott ansprechen, sollten wir unsere Aufmerksamkeit auf ihn richten und nicht einfach nur gedankenlos in die Luft reden. Wenn ich in Zungen bete, fokussiere ich mein Inneres oft auf die Szene um Gottes Thron im Himmel (siehe Offenbarung 4/Kapitel 23 dieses Buchs) und spreche direkt zum Vater. Zu anderen Zeiten spreche ich den Heiligen Geist an, der in meinem Geist wohnt (Röm. 8,9, 2. Kor. 13,14). Ich ermutige Menschen, zu dem in ihnen wohnenden Geist zu sprechen. Östliche Religionen blicken nach innen, aber ins Nichts: Das ist das Problem. Wir hingegen sehen auf eine reale Person, den innewohnenden Heiligen Geist.

Beten und Singen im Geist

> Ich will beten mit dem Geist und will auch beten mit dem Verstand, ich will Psalmen singen mit dem Geist und will auch Psalmen singen mit dem Verstand.
>
> 1. Korinther 14,15

„Mit dem Geist" und „im Geist" beten ist dasselbe wie in Zungen beten. Wir können mit unserem Verstand beten und mit unserem Geist. Beide Gebetsarten sind wichtig, aber mit unserem Geist zu beten hat andere und tiefere Auswirkungen auf uns als mit dem Verstand zu beten. In Zungen zu beten engagiert unseren Geist im Gebet, und die Gegenwart des Heiligen Geistes beeinflusst und stärkt unseren inneren Menschen und damit auch unsere Gedanken und Gefühle. Paulus betete für die Epheser, dass Gott ihnen gebe, „stark zu werden durch seinen Geist am inwendigen Menschen" (Eph. 3,16). Auf diese Weise gestärkt zu werden ist etwas, was das Sprachengebet bewirkt. Gott hat uns so gemacht, dass unser Geist durch Zungenrede oder -gesang bei Gott „andocken" kann (1. Kor. 14,15, Eph. 5,19, Kol. 3,16).

Im Geist zu singen ist eine äußerst hilfreiche Übung. Paulus lehrt, dass wir Gottes Gnade und die Gegenwart des Geistes erfahren, wenn wir die Texte der Heiligen Schrift von Herzen singen:

> Lasst das Wort Christi reichlich unter euch wohnen in aller Weisheit; lehrt und ermahnt einander mit Psalmen, Lobgesängen und geistlichen Liedern, und singt dem Herrn fröhlich in eurem Herzen.
>
> Kolosser 3,16

> Werdet mit Geist erfüllt, indem ihr untereinander in Psalmen und Lobgesängen und geistlichen Liedern redet und dem Herrn in eurem Herzen singt und spielt.
>
> Epheser 5,18–19

Unser Herz wird warm und weich, wenn wir spontan das Wort Gottes und im Geist singen; das macht unseren Geist sensibler für den Heiligen Geist. Ich habe entdeckt, dass im spontanen Singen von Bibeltexten zu Gott, immer wieder unterbrochen von Zungengesang, Kraft liegt, und dass das oft dazu führt, dass der Heilige Geist die tiefen Kammern meines Herzens anrührt. Ich möchte Sie ermutigen, dies regelmäßig zu tun.

Das Wort Gottes zu singen macht mehr Eindruck auf unser Herz, als wenn wir es einfach nur sprechen oder hören, wie andere es sprechen. Gott hat das Herz des Menschen so gemacht, dass es von Musik und Gesang tief berührt wird. Wenn wir das Wort Gottes und im Geist singen, erfahren wir Geheimnisse (göttliche Eindrücke vom Heiligen Geist) und gewinnen Erkenntnis aus dem Wort. Der Heilige Geist wird uns immer mehr geben, wenn wir Gottes Wort und im Geist singen.

Es ist eindeutig, dass unsere Gemeinschaft mit Gott durch das Beten oder Singen in Zungen Stärkung erfährt, weil unser Geist darin auf eine Weise mit Gott zu tun hat, die weit über das Beten mit dem Verstand hinausgeht. Mit Zungenreden und -singen können wir Geheimnisse sprechen und empfangen (1. Kor. 14,2), uns erbauen (V. 4), Gott loben (V. 16) und beständig beten (V. 18), und zwar auf glaubensstärkende Weise. Sprachengebet macht unser Herz also weich und sensibilisiert uns für die Dinge des Heiligen Geistes.

Die gute Nachricht ist, dass jeder Gläubige im Geist beten kann, weil das keine besondere Ausbildung oder intellektuelle Fähigkeit erfordert. Es ist eine sehr hilfreiche geistliche Gabe für das Wachsen im Gebet. Sie erleichtert das Beten über längere Zeit, weil wir nicht immer wieder andere Wege finden müssen, unsere Gedanken auszudrücken. Unser Geist hat mühelose Gemeinschaft mit dem Heiligen Geist, wenn wir in Zungen beten.

Rücksicht beim Zungenreden

> Wenn jemand in Zungen redet, … einer lege es aus. Wenn aber kein Ausleger da ist, dann schweige er in der Gemeinde, rede aber für sich selbst und Gott.
>
> 1. Korinther 14,27–28

Paulus redet von Zeiten im Gottesdienst, wo es besser ist, nicht laut, sondern lieber für sich selbst und zu Gott in Zungen zu beten. Er behandelt dieses Rücksichtnehmen als einen praktischen Ausdruck des Bemühens, die Gemeinde zu erbauen (V. 12) und in der Liebe nach Vollkommenheit zu streben. Auch wenn wir für uns selbst und zu Gott in Zungen sprechen, beten wir effektiv.

In einer öffentlichen Zusammenkunft wie einem Gottesdienst oder Gebetstreffen ist es wichtig, andere nicht mit Zungenbeten abzulenken. Ein öffentlicher Gebetsraum ist wie ein öffentliches Wohnzimmer. Viele verschiedene Persönlichkeitstypen teilen dieses „Wohnzimmer" und die meisten sind da, um mit Gott in Verbindung zu treten. Sie finden es vielleicht sowieso schwierig, sich gegen Ablenkungen zur Wehr zu setzen, z. B. abschweifende Gedanken, beunruhigende Situationen, ihr Handy, die Menschen um sie herum, die Musik, die Temperatur, das Licht im Raum etc. Normalerweise kostet es Mühe, sich trotz solcher Ablenkungen gut auf Gott einzulassen.

Deshalb müssen wir in Versammlungen Rücksicht auf andere nehmen, indem wir still in Zungen beten und so zusätzliche Ablenkung vermeiden. Wenn die Mehrheit der Teilnehmer im Gebetstreffen im Geist singt oder zusammen laut in Zungen betet, dann schließen Sie sich unbedingt an. Wenn aber die große Mehrheit nicht gemeinsam im Geist singt oder betet, dann ist es ein Ausdruck von Liebe, seine Umgebung nicht abzulenken, sondern still in Zungen zu Gott zu beten (V. 28).

Mit anderen Worten: Wenn Sie zu den einzigen paar Leuten in einer Versammlung gehören, die in Zungen beten, dann tun Sie es still für sich. Beten Sie nicht so laut, dass die drei Reihen vor und hinter Ihnen Sie hören können und abgelenkt werden. Vergessen Sie nicht, dass manche in Ihrer Nähe sich vielleicht gerade sehr bemühen, ihr Denken auf den Herrn auszurichten. Leise in Zungen zu beten, unterdrückt den Geist nicht, im Gegenteil, es freut den Herrn, wenn wir Liebe und Rücksicht gegenüber den Seinen zeigen.

Wir können fast überall still in Zungen beten, ohne dass andere uns hören. Ich tue es in meinen Besprechungen mit den Verantwortlichen, beim Essen im Familienkreis, beim Einkaufen und im Restaurant, auch wenn ich Auto fahre, wenn ich zum nächsten Treffen über den Flur gehe oder mich mit einem Freund treffe.

In seinem Buch *The Walk of the Spirit – The Walk of Power* schreibt Dave Roberson:

Immer wieder kommen Leute zu mir und fragen: „Wie beten *Sie* denn in Zungen, Bruder Roberson?" Ich antworte einfach: „So", und dann mache ich es vor und bete im Flüsterton. „Aber beten Sie denn nicht laut?" „Nein, normalerweise nicht", entgegne ich. „Gott ist nicht schwerhörig." (Es macht ihm natürlich auch nichts aus, wenn ich lauter bete.)

Einmal fragte mich jemand: „Aber wie steht es um die Zungenrede bei geistlicher Kampfführung?" Ich fragte: „Wie machen Sie das denn?" Mein Gesprächspartner führte es vor und brüllte fast in Zungen. „Warum brüllen Sie so laut, wenn Sie mit Gott sprechen?", fragte ich. „Nun, ich dachte, ich spreche ja den Teufel an." „Nein, nein, 1. Korinther 14,2 sagt, dass Sie zu *Gott* reden. Wenn Sie möchten, können Sie natürlich so laut beten." ... Aber es geht nicht darum, ob man schreit oder flüstert, wenn man in Zungen betet. Mit Schreien in Zungen bewirken Sie nicht mehr für das Reich Gottes als mit Flüstern in Zungen, denn der Heilige Geist ist es, der das gibt, was Sie aussprechen. Nicht Sie haben die Worte geschaffen, er hat sie geschaffen. Und wenn der Heilige Geist der Ursprung Ihrer Worte ist, sind sie immer voller Kraft. (Dasselbe gilt für Anbetung: Es geht nicht darum, wie laut oder leise Ihre Anbetung ist, es geht darum, wie viel von Ihrem Sein Sie in Ihre Anbetung hineinlegen.)[2]

Beten in Zungen und der Missionsbefehl

Geht hin in die ganze Welt und predigt das Evangelium der ganzen Schöpfung. ... Die Zeichen aber, die denen folgen, die glauben, sind folgende: In meinem Namen werden sie Dämonen austreiben, mit neuen Sprachen reden ...

Markus 16,15.17

Es ist von Bedeutung, dass Jesus Zungenreden im Kontext des Missionsbefehls erwähnte. Leider vernachlässigen manche ernsthaften Christen diesen Teil der Bibel, wie auch ich es ein paar Jahre lang in meiner Anfangszeit mit dem Herrn tat. Aber es ist am besten, die ganze Schrift zu beachten. Ich glaube, wir werden die Nationen effektiver zu Jüngern machen, wenn wir sowohl Dämonenaustreibung *als auch* Zungenreden einschließen. Sie gehen Hand in Hand bei der erfolgreichen Umsetzung des Missionsbefehls.

John G. Lake (1870–1935) war, wie schon erwähnt, ein kanadisch-amerikanischer Leiter in der Pfingstbewegung. Sein Dienst war außergewöhnlich kraftvoll, und Gott gebrauchte ihn in der vielleicht größten Demonstration des Geistes durch einen Menschen im zwanzigsten Jahrhundert. Man berichtet von über fünfhunderttausend Heilungen durch seinen Dienst in Südafrika in den fünf Jahren von 1908 bis 1913. Lake betete jeden Tag stundenlang in Zungen, und er sagte: „In Zungen zu beten macht meinen Dienst aus." Im Jahr 1980 hatte ich das Vorrecht, Lakes Tochter und seinen Schwiegersohn zu treffen, Gertrude und Wilford Reidt, die von Lake sagten: „Er war ein Beter." Lakes Tochter erzählte mir, dass einer der Schlüssel für seinen übernatürlichen Heilungsdienst die Tatsache war, dass er täglich stundenlang in Zungen betete.

Kenneth Hagin (1917–2003), ein amerikanischer Pfingstprediger, schrieb über die Anfänge seines Dienstes, in denen er vier bis fünf Stunden täglich in Zungen betete. Der Heilige Geist gebrauchte ihn mächtig, und viele Heilungen und Wunder ereigneten sich durch seinen Dienst.

Auch Smith Wigglesworth (1859–1947), ein großer britischer Evangelist, ungebildet und aus armer Familie, hatte einen der großen Heilungsdienste des zwanzigsten Jahrhunderts. Seine mächtigen Heilungen sind bekannt und in vielen Büchern beschrieben. Er erzählte, dass er oft in Zungen betete. Zum Beispiel schrieb er einmal: „Ich behaupte, dass man bei konstanter Erfüllung morgens, mittags und abends in Zungen spricht."[3]

Yonggi Cho (geboren 1936), war Pastor der größten Gemeinde der Geschichte – der berühmten *Full Gospel Church* in Seoul in Südkorea – mit mehr als fünfhunderttausend aktiven Mitgliedern. In den ersten Jahren seines Dienstes betete er vier bis sechs Stunden täglich in Zungen. Einer der Männer, die ihn gut kennen, erzählte mir, dass einmal einige Leiter planten, nach einem langen Vormittagstreffen mit ihm zu Mittag zu essen. Aber Cho sagte: „Ich kann nicht zum Essen gehen, weil ich heute Abend um sieben einen Dienst habe." Als sie darauf hinweisen, dass es doch erst zwei Uhr sei, antwortete er: „Aber ich brauche vier Stunden Sprachengebet vor dem Gottesdienst, um mein Amt effektiv ausüben zu können."

Wenn Leute, die mit solch gewaltigen Diensten betraut wurden, das Beten im Geist so sehr wertschätzten, dann werden sicherlich auch wir vom häufigen Sprachengebet profitieren. Ja, je mehr wir in Zungen beten, desto mehr wird Gottes Kraft in unserem Leben und Dienst sichtbar werden. Mit vermehrtem Beten können wir nicht das Privileg verdienen, von Gott gebraucht zu werden, aber wir können uns damit so positionieren, dass wir mehr vom Heiligen Geist empfangen.

Ich ermutige Christen, zu Anfang dreißig Minuten täglich im Geist zu beten. Oft merke ich, dass mein Kopf erst nach etwa einer Viertelstunde

Sprachengebet zur Ruhe kommt und ich „reinkomme“. Danach ist es viel leichter, sich dauerhaft auf Gott zu konzentrieren.

> Darum, Brüder, bemüht euch um Weissagung und verbietet nicht, in Zungen zu reden.
>
> 1. Korinther 14,39

Paulus sagte den Korinthern: „Verbietet nicht, in Zungen zu reden.“ Ein Verbot des Sprachengebets hieße den Segen der geistlichen Erbauung und des Sprechens von Geheimnissen zu verringern. Es hieße, dass wir die Dinge des Geistes nur eingeschränkt erleben könnten.

In Zungen zu sprechen ist von universellem Nutzen für alle Christen. Es ist nicht nötig oder der Beweis dafür, dass wir erlöst sind; nein, es handelt sich vielmehr um ein Vorrecht, das uns durch das Wirken Jesu und das Innewohnen des Geistes verfügbar ist. Es ist nicht reserviert für die mit einer besonderen Berufung. Es erfordert keine besondere Ausbildung, Qualifikation oder Vorbereitung. Es ist eine freie Gabe an alle, erworben durch das Blut Jesu.

Die Gabe der Zungenrede empfangen

Jedem Menschen, der Jesus angenommen hat und von ihm erlöst wurde, steht die Gabe der Zungenrede als persönliche Gebetssprache zur Verfügung. Wenn Sie Ihre Gebetssprache für Ihre Andacht (die Gabe der Zungenrede) noch nicht empfangen haben, dann können Sie jetzt darum bitten. Es ist ganz einfach: Bitten Sie einfach den Vater um diese besondere Gnade des Geistes.

Manche Leute sagen, wenn der Geist wolle, dass sie in Zungen sprechen, dann würde er sie dazu bringen. Der Geist wird aber niemanden „zwingen“, irgendetwas zu tun, auch nicht, in Zungen zu sprechen. Manche warten auf ein überwältigendes geistliches Gefühl, aber oft rührt uns der Geist wie ein sanfter Windhauch an. Deshalb verspüren Sie die Gegenwart Gottes vielleicht ganz schwach, wenn Sie um die Gabe der Zungenrede beten, oder Sie fühlen sich nur sanft gedrängt, etwas auszusprechen. Ich ermutige Sie, die Worte auszusprechen, die der Geist Ihnen in Ihrer neuen Gebetssprache gibt, und zu sehen, was passiert. Es ist nicht immer spektakulär – manchmal beginnt es ganz dezent. Gott ist treu und gibt seinen Kindern gute Gaben, wenn sie ihn bitten. Wenn Sie im Gebet wachsen wollen, ermutige ich Sie, diese Gabe regelmäßig zu nutzen.

Kapitel 20

Den Geist des Gebets empfangen

Ganze Tage und Wochen habe ich lang auf dem Boden ausgestreckt gelegen und mit und ohne Worte gebetet.[1]

George Whitefield

Wie Jesus ein Fürbitter ist, so ist auch der Heilige Geist ein Fürbitter. Er bittet dafür, dass Gottes Wille auf Erden geschieht. Er betet sowohl *für* uns als auch *durch* uns. Manchmal gießt er einen Geist des Gebets auf Fürbitter aus. Der Geist des Gebets ist eine besondere Gabe, die dem Gebet im und durch den Leib Christi Kraft verleiht.

In seiner Prophezeiung über die nationale Bekehrung Israels in der Endzeit (Sach. 12,10–14) hob Sacharja hervor, dass der Heilige Geist den Geist der Gnade und des Gebets ausgießen würde: „Aber über … die Bewohner von Jerusalem will ich den Geist der Gnade und des Gebets ausgießen; und sie werden mich [Jesus] ansehen, den sie durchbohrt haben" (V. 10). In diesem Text könnte man anstelle von „Gebet" auch von „Flehen" sprechen. Der Geist der Gnade und der Geist des Gebets treten gemeinsam in Erscheinung. Dies bezieht sich darauf, dass der Heilige Geist ein besonderes Werk der Gnade bewirkt, das dem Beten Energie gibt und Ungläubige zur Errettung bringt.

Der Geist des Gebets oder die Gabe des gesalbten Gebets ist in besonderen Momenten sichtbar, wenn wir mit einer ungewöhnlich starken Aktivität des Geistes angerührt werden. Es ist ein großer Segen, wenn ein Geist des Gebets auf uns liegt. Unser Herz wird besonders empfänglich, wenn seine

Gegenwart auf uns ruht, uns salbt und unserem Beten Kraft verleiht. Mehrmals bin ich im Lauf der Jahre von dieser besonderen Gebetsgnade berührt worden, und ich sehne mich danach, sie regelmäßiger zu erfahren.

Seufzen im Geist

Der Apostel Paulus lehrte, dass der Heilige Geist uns in unserem Gebetsleben hilft: „So nimmt sich auch der Geist unserer Schwachheit an. Denn wir wissen nicht, worum wir in rechter Weise beten sollen; der Geist selber tritt jedoch für uns ein mit Seufzen, das wir nicht in Worte fassen können" (Röm. 8,26 EhÜ). Der Geist hilft uns, über die Grenzen unserer natürlichen Fähigkeiten hinaus zu beten. Im Fleisch sind wir alle schwach – wir wissen nicht, wie wir beten können, wie es sich gehört. Wir brauchen den Heiligen Geist, dass er uns beim Beten mehr in die Tiefe führt.

Paulus sagt, dass manchmal, wenn Worte nicht reichen, der Geist „mit Seufzen" durch uns betet. Damit gibt der Geist Impulse für eine Gebetslast, die durch uns in einer Art mühevollem Beten Ausdruck findet. Unter anderem aus eigener Erfahrung weiß ich, dass derartiges Seufzen, das für diese Form von mühevollem Beten typisch ist, keine Worte kennt und oft mit leisem Weinen einhergeht. (A. d. Ü.: Für das, was ich hier als „mühevolles Beten" übersetze, steht im Englischen das Wort „travail" – etwa: „sich mühen, sich plagen, Geburtswehenarbeit leisten". Dieser Begriff findet sich in der alten englischen King-James-Übersetzung häufig als Bezeichnung für die Wehen einer Gebärenden sowie z. B. in Prediger 4,6.8 oder in Jesaja 53,11.)

Im Lauf der Jahre machte ich mehrfach die Erfahrung des Seufzens im Geist. Bevor ich es besser verstand, sprach ich in Zungen, wenn der Heilige Geist mich in dieser Weise bewegte, aber zu meiner Überraschung hob sich dann die Last des Geistes weg, statt dass sie stärker wurde. Bei anderer Gelegenheit sprach ich ein bekanntes Gebet, z. B. Epheser 1,17, aber auch da verschwand die Last. Mit anderen Worten: Ich reagierte nicht richtig auf das Wirken des Geistes in mir.

Heute bleibe ich auf den Geist ausgerichtet, wenn er dieses Seufzen in mir verursacht. Das ist nicht die Zeit für viele Worte. Es ist nicht die Zeit, mit lautem Rufen zu beten oder prophetische Erklärungen abzugeben oder in Zungen zu beten. Dafür gibt es andere Zeiten, doch jetzt ist all das nicht dran. Manche nehmen an, wenn der Geist sanft oder tief in ihrem Herzen wirkt, sollten sie sich zusammenreißen und mehr sprechen. Es ist besser, in die andere Richtung zu gehen – das Herz zur Ruhe zu bringen und auf die Leitung des Heiligen Geistes zu achten.

Seufzen und stöhnen kennzeichnet eine Art von mühevollem Beten, die daraus resultiert, dass der Geist des Gebets auf uns ist, und es wird zunehmen und abebben, wenn wir auf den Heiligen Geist ausgerichtet bleiben. Manche Leute nehmen an, dass mühevolles Beten immer mit lautem Schreien einhergeht, wie es Frauen bei der Geburt oft machen. Aber meine Erfahrung lehrt mich, dass die Last des Geistes ganz im Gegenteil länger anhält und tiefer geht, wenn wir uns ganz auf das Stöhnen und leise Weinen einlassen, indem wir „nach innen gehen" – uns auf den innewohnenden Geist ausrichten –, statt „nach außen zu gehen" und laut und schnell Gebete in unserer Muttersprache zu artikulieren. Ich habe gelernt, dass mühevolles Beten generell eher stiller als lauter ist, weil wir mit dem innewohnenden Geist in tiefer Verbindung stehen.

Dieses mühevolle Beten mag nur ein paar Minuten dauern oder auch viel länger. Ich habe dann und wann erlebt, dass ein Stöhnen im Geist sich über Stunden hinzog. Es ist nichts, was wir imitieren, initiieren oder durch eigenen Eifer entfachen können. Mühevolles Beten ist ein souveränes Wirken des Heiligen Geistes, wie alles, worin der Geist des Gebets sichtbar wird.

Beten in der Vollmacht des Geistes ist eine Gabe

Wir können den Geist des Gebets nicht selbst auf uns kommen lassen, und es nutzt niemandem, diese Art Erfahrung herbeiführen zu wollen, indem man eine Gruppe Menschen im Kreis hinsetzt und versucht ihnen beizubringen, im Geist mühevoll zu beten. Durch die Jahre habe ich verschiedene Gruppen erlebt, die sich treffen und in dem Versuch, eine Erweckung zur Geburt zu bringen, „im Geist mühevoll beten". Die Stelle, auf die sie gemeinhin verweisen, ist die, in welcher der Prophet Jeremia sagte:

> Bestellt die Klageweiber, damit sie herkommen, und schickt nach denen, die gut klagen können, dass sie herbeieilen und um uns klagen, damit unsere Augen von Tränen rinnen und unsere Augenlider von Wasser fließen. Denn man hört ein klägliches Geschrei in Zion: „Ach, wie sind wir so zerstört und beschämt worden! Wir müssen das Land räumen; denn sie haben unsere Wohnungen umgestürzt."
>
> Jeremia 9,16–18

Sie interpretieren diesen Abschnitt fälschlicherweise als eine Aufforderung, Fürbitter zusammenzurufen, um zu klagen wie in großer Qual. Sie imitieren eine Gebärende in Wehen, die bei der Geburt eines Kindes schreit, indem sie sich buchstäblich auf den Boden legen, ihren Bauch festhalten und laut rufen: „Sende Erweckung! Bringe sie jetzt durch uns zur Geburt!" Sie behaupten, die Geburtswehenarbeit für Erweckung zu leisten und sie so „zur Geburt zu bringen". Aber die Gabe des gesalbten, geisterfüllten Gebets lässt sich nicht durch Leute manipulieren, die so tun als ob. So funktioniert es einfach nicht.

In den Versen in Jeremia 9 geht es nicht um die Salbung der Fürbitte, sondern um das Hinzurufen berufsmäßiger Klageweiber, die in der Stadt jammern sollten, weil in sehr naher Zukunft Gottes Gericht auf Jerusalem kommen würde. In biblischen Zeiten stellte man solche Klageweiber an, die vor und nach der Beerdigung eines Familienmitglieds wehklagten. Sie wurden dafür bezahlt, dass sie ins Haus kamen und mehrere Stunden lang Trauergeschrei von sich gaben (siehe Matthäus 9,23).

Jeremia sagte: Da das Gericht wegen ihrer Sünde sicher auf Israel kommen würde, sollten die Leute sich aufmachen und die Klageweiber zum Jammern einbestellen, und die Leute könnten anfangen, schon einmal im Voraus zu weinen. Jeremia war sarkastisch. Er forderte hier nicht dazu auf, Fürbitter zusammenzurufen und durch Jammern und Klagen Erweckung zu „gebären".

Erweckung und der Geist des Gebets

Zwischen dem Geist des Gebets und Erweckung besteht eine dynamische Verbindung. Mit „Erweckung" meine ich nicht eine Woche Versammlungen, in denen ein Evangelist jeden Abend predigt, nächtliche Erneuerungsversammlungen oder eine Zeit, in der die Gemeinde rapide wächst. Auch Gottesdienste, in denen die Menschen erfrischt werden, indem sie Manifestationen erleben, hinfallen und lachen, meine ich damit nicht. Ich schätze jede echte Berührung des Geistes, aber etwas viel Größeres ist auf Gottes Herzen als der Segen, der in verschiedenen Erneuerungsversammlungen in den vergangenen zwanzig Jahren in Amerika erlebt wurde.

Wenn ich das Wort *Erweckung* verwende, meine ich eine ungeplante, nie da gewesene, mächtige Intervention des Heiligen Geistes über eine lange Zeitspanne hinweg und in einem geografisch großen Gebiet. Diese

Art von Ausgießung des Geistes hat zum Ergebnis, dass viele Menschen gerettet werden (Hunderttausende oder gar Millionen) und dass die Kirche erweckt wird zu einem Zustand der radikalen Liebe und des Gehorsams gegenüber Jesus in der Furcht des Herrn.

Meinem Bild von Erweckung liegt das Studium der beiden großen Erweckungen, den „Great Awakenings", in Amerika zugrunde. Das mächtige Wirken Gottes, welches dann die „First Great Awakening" genannt wurde, geschah im 18. Jahrhundert, von etwa 1720 bis 1760. Während dieser Erweckung war Gottes Gegenwart und Macht im größten Teil der Ostküste Amerikas deutlich erfahrbar. In dem Zusammenhang werden Namen genannt wie Jonathan Edwards, David Brainerd, John Wesley (der Gründer der Methodistenbewegung) und George Whitefield, der mit großer Autorität vor zwanzig- bis dreißigtausend Zuhörern predigte. Edwards und Whitefield gelten im Allgemeinen als die einflussreichsten dieser Anführer. Sie betonten beide, dass Gebet für die Entstehung und Aufrechterhaltung der großen Erweckung von grundlegender Bedeutung war.

Ein anderes Wirken des Heiligen Geistes, das gemeinhin die „Second Great Awakening" genannt wird, fand von etwa 1790 bis 1840 statt. Auch diese Erweckung begann mit einer breiten Gebetsbewegung, die das Saatbeet für die Entstehung einer der wichtigsten geistlichen Zeiten in der Gemeinde in Amerika war. Die *Second Great Awakening* gilt als die vielleicht durchgreifendste Heiligungsbewegung in der amerikanischen Geschichte.[2]

Gottes Kraft wurde in dieser Erweckung so drastisch erlebt wie in der *First Great Awakening*, vermittelt von Predigern wie Charles Finney, D. L. Moody, Timothy Dwight, Francis Asbury, „Black Harry" Hosier, Peter Cartwright und anderen, wobei Finney und Asbury als die hervorstechendsten Persönlichkeiten gelten. Finneys Predigt bewirkte schätzungsweise fünfhunderttausend Bekehrungen, und Asbury (1745–1816) war ein berühmter Reiterprediger und Gründer des amerikanischen Methodismus.

Die Leiter beider *Great Awakenings* verbrachten lange Stunden im Gebet und bezogen häufig Kraft vom Geist des Gebets. Das Ergebnis war, dass Menschen in ganzen Regionen von Amerika übernatürlich vom Heiligen Geist überführt wurden und viele daraufhin ein Leben führten, das dauerhaft von Entschiedenheit, Gehorsam und Liebe zu Gott geprägt war. Jesus hat verheißen, der Heilige Geist würde bei seinem Kommen von Sünde, Gerechtigkeit und Gericht überführen (Joh. 16,8). In echten Erweckungen erfüllt sich diese Verheißung in ungewöhnlichem Ausmaß.

Das Verb *überführen* spricht von Zeiten, wo der Heilige Geist einen Menschen in Denken und Gewissen mit der Macht der Wahrheit erfasst. Wenn der Geist der Überführung in ungewöhnlicher Weise in ganzen geografischen Bereich sichtbar ist, wie es in der *First* und der *Second Great Awakening* geschah, dann werden Hunderttausende – manchmal Millionen – Menschen aus ihrer geistlichen Lethargie aufgerüttelt. Der Heilige Geist überführt Massen jener, die das Wort hören – sowohl Ungläubige als auch Gläubige – von allem Einfluss der Welt in ihrem Leben. Er macht ihnen in ihrem Denken und Gewissen die Wahrheit Gottes mit einer Intensität deutlich, die die meisten noch nie erlebt haben.

Sowohl in der *First* als auch der *Second Great Awakening* überführte Gott die Menschen in ausgedehnten Regionen, und viele Leute taten tief und von Herzen Buße. Manchmal wandte sich die Mehrheit der Menschen in einer Stadt dem Herrn zu, da das öffentliche Predigen des Wortes Gottes große Auswirkungen hatte und die Herzen der Massen wie ein mächtiges Schwert durchdrang (Hebr. 4,12) und den Widerstand gegen Gott wie ein mächtiger Hammer zerschmetterte (Jer. 23,29). Immer, wenn Prediger mit ungewöhnlicher Kraft zur Überführung gesalbt sind, wird die Kirche in ihrer Region rasch erweckt werden, werden die Christen das Wort verkünden und konsequent die Werke des Gottesreichs tun, während eine Menge an Ungläubigen zu Jesus kommt.

Erweckungsprediger mit der Salbung zu überführen

Durch die Jahre hindurch, in denen ich Christ bin, wurde ich von einigen der erwähnten Erweckungsprediger inspiriert und lernte viel aus ihrem Leben, besonders von Jonathan Edwards, David Brainerd und Charles Finney. Das waren die Prediger, die in der *First* und der *Second Great Awakening* wirkten und die den Geist des Gebets in einer besonderen Salbung ihrer persönlichen Zeiten mit Gott erfuhren – und daraus resultierend die Zunahme der Kraft Gottes bei ihrer Predigt. Ich glaube, es besteht eine deutliche Beziehung zwischen den Zeiten, in denen der Geist des Gebets auf uns ruht, und den Zeiten, wo wir Gottes Macht in unserem Predigen und in anderen Aspekten unseres Dienstes stärker erleben.

Besonders erstaunlich finde ich, wie gewaltig die Überführung wirkt, die der Heilige Geist im Dienst dieser Erweckungsprediger bewirkte. Sie führte dazu, dass die Menschen sich scharenweise bekehrten und noch viele Jahre danach voller Eifer für Gott lebten. Oft ist es so, dass bei einem Aufruf im Gottesdienst die Leute begeistert „zu Jesus kommen“, doch nach ein paar Jahren verlieren sie ihr Feuer und machen es sich in einem geistlich passiven Leben als Christ für die verbleibenden Jahre bequem. Aber die zwei *Great Awakenings* sind bemerkenswert in der Hinsicht, dass viele, die unter der gesalbten Predigt überführt und bekehrt wurden, lange Jahre eifrig blieben für Gott.

Die Geschichte ist voll von Zeugnissen der Erweckungsprediger – einschließlich Frauen wie Maria Woodworth-Etter, Phoebe Palmer, Catherine Booth, Aimee Semple McPherson und anderen –, die mit übernatürlicher Vollmacht des Heiligen Geistes predigten und in ihrem Dienst Tausende Ungläubige unter die Überführung des Heiligen Geistes kommen sahen. Ich möchte hier nur ein paar Beispiele erwähnen.

David Brainerd

Die Biografie von David Brainerd (1718–1747) las ich als junger Mann mehrmals. Brainerd diente während der 1740er-Jahre als Missionar für die amerikanischen Ureinwohner im Gebiet von New England. Sein ungewöhnliches Gebetsleben und seine mächtige Predigt, die oft dazu führten, dass ein Geist der Überführung auf die Zuhörer fiel, inspirierten mich sehr. Sein kurzer Dienst endete, als er im Alter von neunundzwanzig an Tuberkulose starb.

Während der sieben Jahre vor seinem Tod lebte Brainerd in der Nähe von amerikanischen Ureinwohnern, um ihnen das Evangelium predigen zu können. Er predigte durch einen Übersetzer vor kleinen Gruppen, die im Allgemeinen aus weniger als hundert Menschen bestanden. Eine Zeitlang konnte er nur einen Alkoholiker finden, der die englische Sprache genügend beherrschte, um ihn zu übersetzen. Einige Male war der Übersetzer betrunken, aber die Kraft der Überführung machte dennoch großen Eindruck auf die amerikanischen Ureinwohner, die Brainerd durch diesen Übersetzer predigen hörten.

Brainerd betete stundenlang und manchmal ruhte der Geist des Gebets so stark auf ihm, dass seine Kleider schweißnass waren. Dann hatte seine Predigt eine solche Überführungskraft, dass viele in einem Moment und radikal bekehrt wurden. Eine bekannte Geschichte beschreibt, dass er einmal unter dem Geist des Gebets, mit lautem Stöhnen, mehrere Stunden lang im Schnee lag. Er rang im Gebet mit solch einer Intensität um Seelen, dass der Schnee um ihn herum schmolz. Als er am nächsten Tag predigte, erfuhren alle, die ihn hörten, eine radikale Überführung.

Als junger Mann erkannte ich die Beziehung zwischen der Erfahrung, dass der Geist des Gebets auf ihm ruhte, und der spürbaren Macht der Überführung in seinen darauf folgenden Predigten.

Ich empfehle Ihnen wärmstens, David Brainerds Tagebuch zu lesen, welches von Jonathan Edwards herausgegeben wurde.[3] Es ist eines der einflussreichsten Bücher, die ich je gelesen habe. Im Internet ist dieses Tagebuch kostenlos zu erhalten.

Jonathan Edwards

Ferner empfehle ich, das Lebensbild von Jonathan Edwards (1703–1758) zu lesen.[4] Die Biografie von Iain Murray ist eine sehr gute. Edwards war einer der Köpfe der *First Great Awakening* und wird von vielen als eine der einflussreichsten christlichen Führungspersönlichkeiten der amerikanischen Geschichte angesehen. Er führte ein bemerkenswertes Gebetsleben, das von kraftvollem Predigen begleitet wurde. Durch seine berühmte Botschaft „Sünder in den Händen eines zornigen Gottes", die er im Jahr 1741 hielt, wurden seine Zuhörer gewaltig überführt. „Bevor die Predigt zu Ende war", schrieb Pastor Stephen Williams, ein Augenzeuge, „erhob sich im ganzen Haus ein großes Wehklagen und Weinen: ‚Was soll ich tun, um errettet zu werden?', ‚Oh, ich gehe zur Hölle!', ‚Oh, was soll ich für Christus tun?' Edwards musste unterbrechen und um Ruhe bitten, aber das Jammern und Klagen setzte sich fort. Er führte seine Predigt nicht zu Ende. Man schloss im Gebet, und alle Pastoren unter den Zuhörern verteilten sich, um die Menschen zu Christus zu führen."[5]

Die Macht der Überführung wirkte so stark, dass die Zuhörer schon während der Predigt und noch Stunden danach zu Gott schrien. Seine Erfahrung war dieselbe wie die von David Brainerd – wenn der Geist des Gebets auf ihm geruht hatte, erwies sich in seiner folgenden Predigt die Kraft der Überführung in starkem Maß, und viele bekehrten sich radikal.

Charles Finney

Auch die Autobiografie von Charles Finney (1792–1875) hat mich sehr inspiriert.[6] Einer der einflussreichsten Evangelisten Amerikas im 19. Jahrhundert, war er Teil der *Second Great Awakening* ebenso wie der *Prayer*

Revival (Gebets-Erweckung) von 1857 bis 1858.[7] Im Jahr 1857 spülte eine Welle des Gebets über die Kirche in ganz New York und anderen Städten an der Ostküste Amerikas, und Tausende trafen sich täglich zum Beten. Zu einer Zeit, als die Einwohnerzahl Amerikas bei etwa dreißig Millionen lag, berichtet Finney, bekehrten sich innerhalb weniger Monate im Winter 1857/1858 fünfhunderttausend Menschen in den Nordstaaten. Er schrieb: „Und man wird sich erinnern, dass zu dieser Zeit eine große Erweckung in allen Nordstaaten herrschte. Sie fegte so gewaltig über das Land, dass sich einige Wochen lang schätzungsweise nicht weniger als fünfzigtausend Bekehrungen pro Woche ereigneten."[8] Fünfhunderttausend Neubekehrte ist eine bemerkenswerte Zahl für eine Zeit, in der es keine Mikrofone gab, keine großen Versammlungshallen und kein öffentliches Transportsystem, das das Zusammenkommen großer Menschenmengen erleichtert hätte.

Der nördliche Teil des Landes war nicht die einzige Gegend, die von der *Prayer Revival* erreicht wurde. Finney berichtete, dass „die Erweckung sich über die ganze Weite von unseren Grenzsiedlungen im Westen zu unserer alleröstlichsten Grenze an der Atlantikküste erstreckte." Er behauptete, es habe „solch ein verbreitetes Vertrauen in die Macht des Gebets gegeben, dass die Leute sehr viel lieber zu einer Gebetsversammlung gingen als zu einer Versammlung mit Predigt. Der allgemeine Eindruck schien zu sein: ‚Wir haben so viel Lehre gehört, bis wir hart geworden sind; es wird Zeit, dass wir beten.' Beständig erlebte man Gebetserhörungen, und zwar so beeindruckende, dass sie die Aufmerksamkeit der Allgemeinheit im ganzen Land auf sich zog. Es war offensichtlich, dass als Antwort auf Gebet die Himmelsfenster offen standen und der Geist Gottes sich wie eine Flut ergoss."[9]

In seiner Autobiografie schrieb Finney über die Ausgießung von Gebet auf gewöhnliche Menschen während der Erweckung:

> Ich betonte mehr als einmal, dass der in diesen Erweckungen vorherrschende Gebetsgeist das hauptsächliche Merkmal war. Es war allgemein verbreitet, dass sich frisch Bekehrte sehr im Gebet übten, manchmal ging das sogar so weit, dass sie sich genötigt sahen, die ganze Nacht über bis zur körperlichen Erschöpfung für die Rettung von Seelen zu beten. Der Heilige Geist übte einen starken Druck auf das Denken und Fühlen der Christen aus; sie schienen die Last für unsterbliche Seelen mit sich herumzutragen. Sie wiesen größte Ernsthaftigkeit auf und prüften gewissenhaft alle ihre Worte und Taten. Es war etwas ganz

Alltägliches, dass, wenn immer Christen irgendwo zusammenkamen, sie sich nicht unterhielten, sondern gemeinsam auf die Knie fielen und beteten. Nicht nur vervielfältigten sich Gebetstreffen sehr und wurden sie gut besucht, nicht nur herrschte in diesen Zusammenkünften eine feierliche Ernstlichkeit, es herrschte auch ein starker Geist des Gebets im Verborgenen. Christen beteten sehr viel, viele von ihnen brachten Stunden im persönlichen Gebet zu. ... So deutliche Gebetserhörungen geschahen auf allen Seiten immer und immer mehr, dass niemand sich der Überzeugung widersetzen konnte, dass Gott täglich und stündlich Gebet erhörte.[10]

Leonard Ravenhill

Leonard Ravenhill (1907–1994) schrieb mehrere Bücher über Gebet, die heute als Klassiker gelten. Ich empfehle alle seine sieben Büchlein zum Thema Gebet und Erweckung. Aber als ich ihn im Jahr 1978 zum ersten Mal predigen hörte, war ich überrascht: Er war ein älterer Herr von kleiner Statur. Seine Erscheinung schien nicht zu der Kraft zu passen, die seinen Dienst begleitete.

Zusammen mit drei Freunden besuchte ich ein Treffen in einer Baptistengemeinde. Wir vier hatten das Vorrecht, in der ersten Reihe zu sitzen, obwohl der Gottesdienst von mehreren Hundert besucht wurde. Ravenhill predigte über die Notwendigkeit einer Erweckung. Am Ende der Botschaft lud er ein, still auf Gott zu warten. Ich kniete mich hin und begann plötzlich, in meinem Geist zu seufzen und zu stöhnen. Niemand in meiner Umgebung konnte mich hören; ich seufzte tief innerlich vor Gott. Diese Erfahrung mit dem Geist des Gebets war mir neu. Ich hatte so etwas noch nie erlebt, besonders nicht als Folge einer Predigt.

Über eine Stunde verging, in der ich in der Baptistenkirche kniete und vor dem Herrn lag. Hinter mir hörte ich Leute leise weinen, aber ich nahm an, dass nicht mehr viele der Gottesdienstbesucher da waren. Schließlich stand ich aus Rücksicht auf meine Freunde auf, die, so nahm ich an, wohl geduldig auf mich warteten, damit wir zum Mittagessen gehen könnten. Zu meinem Erstaunen sah ich, dass meine Freunde nicht weit von mir auf dem Boden waren und ähnlich seufzten und stöhnten wie ich! Ich blickte mich um: Über hundert Leute knieten noch in den Reihen oder lagen in den Gängen.

Eine weitere Stunde verging, und nur sehr wenige waren gegangen. Es hatte keine Seelsorgezeit gegeben, keine Musik, niemand hatte gesagt: „Komm, Heiliger Geist“, niemand hatte von vorn angeleitet. Es war nur ein Mann auf dem Podium, Leonard Ravenhill, der still betete. Damals sah ich zum ersten Mal, wie als Reaktion auf eine Predigt die Macht der Überführung auf einer Gruppe Menschen ruhte.

Einige Jahre später hatte ich das Vorrecht, Leonard persönlich kennenzulernen. Ich erzählte ihm, dass mich und meine Freunde, als ich ihn zum ersten Mal habe predigen hören, der Geist der Überführung stark berührt habe. Demütig sagte er, im Lauf der Jahre sei seine Predigt mehrmals in ähnlicher Art von Überführung begleitet gewesen. Er erklärte, dass sein öffentliches Predigen immer dann besonders von Kraft gezeichnet wäre, wenn der Geist des Gebets ihn während seiner privaten Gebetszeit berührt hatte. Ich fragte, wie ich in meinem Dienst Ähnliches erfahren könne. Er antwortete: „Nur auf eine Weise. Nicht nur durch stundenlanges Beten. Du musst dein ganzes Leben Gott geben – deine Zeit, deine Worte, deine Augen –, gib alles dem Heiligen Geist. Lebe nicht anders, wenn du aus dem Gebetszimmer hinausgehst. Es wird dich alles kosten. Ist es das, was du willst?"

„Ja, ich will es wirklich", antwortete ich.

Meine persönlichen Erfahrungen

Seit jener Unterhaltung hat mich der Heilige Geist oft im Gebet ergriffen und wird Gottes Kraft in größerem Maß freigesetzt, wenn der Geist auf diese Weise durch mich betet. Ich glaube, dass sich die Kraft im Leben eines Menschen oder in einem Ereignis als Antwort auf diese Art Gebet erweist, wie die Erfahrungen zeigen, von denen ich gleich erzählen werde. Ich sage jedoch nicht, dass wir auf einen Geist des Gebets warten sollten, bevor wir Demonstrationen von Kraft erwarten können. Ich habe die Kraft Gottes in meinem Dienst häufig fließen sehen, ohne dass ich das auf eine besondere, gesalbte Gebetszeit hätte zurückführen können. Davon könnte ich mehrfach Zeugnis geben, werde aber stattdessen ein paar Beispiele bringen, wo ich den Geist des Gebets erfahren und schon am nächsten Tag einen Unterschied in meinem Predigen oder im Leben einer Person erlebt habe.

Meine erste derartige Erfahrung war im Jahr 1982. In einem Samstagabend-Gebetstreffen mit fünf oder sechs jungen Männern ruhte der Geist des Gebets auf mir. Ich kniete nieder und betete etwa eine Stunde lang mit leisem Stöhnen, Seufzen und sanftem Weinen, während der Geist selbst Fürbitte tat (Röm. 8,26). Ich war nicht laut und lenkte die Aufmerksamkeit der anderen nicht auf die Tatsache, dass der Geist mich im Gebet anrührte. Ich rief nicht die andern Fürbitter zusammen und sagte: „Ich stöhne – kommt und macht alle mit!"

Am nächsten Morgen, als ich vor etwa fünfhundert Leuten im Sonntagsgottesdienst predigte, erlebte ich die Kraft Gottes wie nie zuvor. Es war ungewöhnlich und deutlich sichtbar. Als ich über den Ruf predigte, Gott in Heiligkeit zu lieben, bemerkte ich vielleicht hundert Leute, die leise weinten, Buße taten und Gott ihre Liebe zum Ausdruck brachten.

Vor diesem Gottesdienst hatte ich schon erlebt, wie Menschen zu Tränen gerührt waren, entweder während einer Predigt, wenn ich eine zu Herzen gehende, emotionale Geschichte erzählte, oder hinterher in einer Gebetszeit, aber es war ungewöhnlich, dass die Menschen schon in der Predigt weinten. Sie weinten, weil der Heilige Geist sie anrührte, während ich sprach. In jenem Gottesdienst wurden mehr Menschen errettet als normalerweise in einem Sonntagsgottesdienst. Mir wurde klar, dass die Reaktion auf mein Predigen und die hohe Zahl von erretteten Menschen in direktem Zusammenhang mit der erhöhten Aktivität des Heiligen Geistes bei dem Gebetstreffen am Abend zuvor stand.

Zwei Monate später geschah etwas Ähnliches. Wieder ruhte der Geist des Gebets während eines kleinen Gebetstreffens am Samstagabend auf mir. Wieder kniete ich nieder und betete etwa eine Stunde still mit leisem Weinen und Stöhnen. Wieder unterließ ich es, die anderen aufzufordern, es mir gleichzutun. Am nächsten Morgen, als ich in der Gemeinde sprach, bewegte sich der Geist in unserer Mitte in einer Weise, die sich mit dem vorigen Mal vergleichen ließ.

Auch außerhalb von Gebetstreffen ist der Geist des Gebets schon auf mich gekommen. Ich erinnere mich an eine Begebenheit, wo ich plötzlich um etwa drei Uhr morgens mit dem klaren Bild von einem Verwandten im Kopf wach wurde. Ich lag im Bett und bat den Herrn, diesen Mann anzurühren. Ganz plötzlich kam in mir ein Stöhnen auf – ich ging rasch in ein anderes Zimmer, wo ich, getrieben vom Heiligen Geist, zu weinen und zu seufzen begann. Ich glaube, dass im Leben dieses Verwandten eine Krise abgewendet wurde. Während ich betete, hatte ich ihn die ganze Zeit vor Augen, wie er ganz knapp einem Autounfall entging. Ich bin sicher, dass er aufgrund dieser kurzen Gebetszeit vor schlimmen Verletzungen bewahrt blieb.

Ein andermal kam mir in meiner Gebetszeit ein Bibellehrer in den Sinn, der mich Jahre zuvor sehr gesegnet hatte. Ich betete ein oder zwei Minuten für ihn: „Herr segne ihn heute." Plötzlich kam in mir Fürbitte hoch mit Stöhnen und Seufzen, die etwa eine Stunde anhielt. Ich hatte das starke Gefühl, dass er kurz vor dem Selbstmord stand und dass meine Fürbitte wichtig war. Ich glaube, sie trug zur Überwindung einer Lebenskrise bei.

Bei anderer Gelegenheit betete ich für einen unserer Leiter im *International House of Prayer*. Plötzlich wurde ich von starker Fürbitte, wieder mit leisem Weinen und Stöhnen, gepackt, die etwa drei Stunden anhielt. Ich konnte nicht aufhören. Später erzählte mir dieser Mann, was geschehen war. Er erklärte, er sei aus einer echten Schwierigkeit in seinem Leben zum Durchbruch gekommen. Der Punkt ist, dass jedes Mal, wenn wir in dieses „mühevolle Beten" geleitet werden, unmittelbar irgendein Durchbruch stattfindet.

Ich erzähle von diesen Erfahrungen, um zu betonen, wie herrlich und kraftvoll es ist, wenn der Heilige Geist einen Geist des Gebets auf und durch uns freisetzt. Es lohnt sich, alles dafür zur Seite zu tun und in diesen besonderen Gebetszeiten seiner Leitung zu folgen.

Drei Arten zu beten

Leider sind nicht alle unsere Gebetszeiten wirklich durchdrungen vom Geist des Gebets. Unter seinem Einfluss zu beten ist nur eine von drei verschiedenen Weisen, die sich, soweit ich das erkennen kann, unterscheiden lassen. Zur Beschreibung dieser drei Weisen hilft mir die Analogie zu einem antiken Kriegsschiff, das von Ruderreihen und Segeln angetrieben wird.

Die erste Weise zu beten entspricht dem Kriegsschiff an einem *ruhigen Tag*, an dem nur eine sanfte Brise weht. Die sanfte Brise hilft ein wenig, aber um gut voranzukommen, müssen die Ruderer sich kräftig in die Riemen legen. Diese Weise steht für unsere normalen, alltäglichen Gebetszeiten. Wir geben uns Mühe, wie die Ruderer im Schiff sich mühen. Wir kommen voran und wir sind dankbar für die sanfte Brise, aber wir müssen uns anstrengen und weiter beten, um etwas zu erreichen.

Die zweite Gebetsweise ist wie das Kriegsschiff an einem *windigen Tag*. Die Segel des Schiffs fangen einen starken Wind ein, und die Ruderer rudern. Plötzlich wird das Schiff mit hoher Geschwindigkeit ohne viel menschliche Mühe vorangetragen. Es geht vielleicht zehnmal so schnell wie sonst. Diese

Weise steht für unsere Gebetszeiten unter dem Geist des Gebets. Wir mögen angefangen haben zu rudern, doch plötzlich trägt uns der Wind des Geistes fort, sodass wir an jenem Tag deutlich schneller vorankommen.

Die dritte Gebetsweise entspricht dem Kriegsschiff im *Sturm*. Die Ruderer rudern mit aller Kraft, dennoch wird das Schiff zurück- statt vorwärtsgetrieben. Diese Weise steht für die Gebetszeiten, in denen wir vermehrt dämonischen Widerstand erleben. In solchen Zeiten treffen die starken Widerstandswinde der Finsternis auf unser Herz und unsere Seele und vermitteln uns das Gefühl, wir würden zurückfallen, egal wie angestrengt wir rudern. Das stimmt aber nicht, denn es ist unmöglich, nach Gottes Willen zu beten und dabei Boden zu verlieren.

In Zeiten vermehrter dämonischer Opposition müssen wir voller Vertrauen weitermachen, in dem Wissen, dass Gott unsere Gebete, die wir im Namen Jesu sprechen, hört und dass seine Macht den Durchbruch gewiss macht (siehe 1. Joh. 5,14). Satan muss immer fliehen, wenn wir voll Vertrauen im Namen Jesu gegenhalten.

Ich habe bemerkt, dass mein normales, alltägliches Beten zum Großteil in der ersten beschriebenen Kategorie geschieht, vergleichbar mit dem Kriegsschiff an einem ruhigen Tag, wenn es nötig ist, dass die Ruderer sich in die Riemen legen, um das Schiff voranzubringen. Doch wenn ich es am wenigsten erwarte, helfen mir die „Winde" des Heiligen Geistes plötzlich in meiner Schwachheit.

Ich bin sicher, dass sich alle Leser dieses Buchs nach dem großartigen Segen sehnen, der entsteht, wenn wirklich ein Geist des Gebets auf einem Gläubigen ruht. Es ist herrlich, wenn der Heilige Geist unser Herz anrührt, indem er unsere Gebete salbt und mit Kraft erfüllt und uns teilhaben lässt an ihm, wie er Gottes Pläne und Absichten auf Erden ausführt.

Um die *Third Great Awakening*, eine dritte große Erweckung ringen

Ich glaube, Gott hat vor, Amerika und den Nationen der Erde eine weitere *Great Awakening* zu senden. Auf Grundlage dessen, was ich über das Leben der Erweckungsprediger gelernt habe, über das Wirken des Heiligen Geistes in früheren Erweckungen und über biblische Verheißungen im Zusammenhang mit der Endzeit, ringe ich im Gebet um genau solch ein gewaltiges Wirken Gottes. Sowohl in der *First* als auch in der

Second Great Awakening in Amerika im 18. und 19. Jahrhundert kamen die Menschen in gewaltiger Zahl zum Herrn. Das war das Ergebnis der ungewöhnlich starken Überführungskraft bei der Wortverkündigung. Wir haben schon gesehen, welche Rolle der Geist des Gebets dabei spielte, dass diese Kraft freigesetzt wurde.

Aber im zwanzigsten Jahrhundert gab es in Amerika keine solche Erweckung. Gewiss, der Heilige Geist wirkte in der Azusa Street, was zur Pfingst- und zur charismatischen Bewegung führte, aber es gab nicht diese verbreitete Überführung vom Heiligen Geist in der Wortverkündigung, und es bekehrten sich nicht Menschenmassen, die danach über Jahre in Reinheit und Furcht des Herrn lebten.

Ich bin Gott dankbar für die Jesusbewegung in den 1970ern, in der viele junge Menschen wiedergeboren wurden und in der ich selbst errettet wurde (im Juni 1971). Aber auch in dieser Bewegung erlebten wir nicht den Geist der Überführung, der in ganzen Städten und Regionen Gottesfurcht ausgelöst hätte.

Es ist fast einhundertfünfzig Jahre her, dass es in unserer Nation eine große Erweckung gab. Doch Amerika wird wieder eine große Erweckung erleben, eine, die die beiden früheren weit übertreffen und über all das hinausgehen wird, was in der Azusa Street, in der Jesusbewegung und als Auswirkung der Pfingst-, der charismatischen und unterschiedlicher regionaler Erneuerungsbewegungen geschehen ist.

Ich ringe im Gebet darum, dass viele Menschen in Städten und Großstädten die sichtbare Herrlichkeit Gottes erfahren, sodass große Scharen an Menschen gerettet werden und dann in der Furcht Gottes und gehorsamen Liebe zu Jesus leben. Ich glaube, dass eines Tages der Heilige Geist in der gesamten Kirche das erste Gebot an die erste Stelle rücken wird. Was wird das für ein Tag sein, wenn jeder Christ regelmäßig die Gaben des Heiligen Geistes anwenden wird, wenn Gemeinden ihr gemeinschaftliches Leben nach Art des Reiches Gottes gestalten und Missionare in die Nationen gesandt werden, sodass die Herrlichkeit und der Ruhm des Namens Jesu jedem Stamm und jeder Zunge bekannt wird!

Ich sehne mich sehr nach wahrer Erweckung und ich werde nie mit weniger zufrieden sein als dem vollen Maß dessen, was Gott geben will. Ich weiß, dass viele von Ihnen, die dieses Buch lesen, dieselbe Vision und denselben Wunsch haben. Hören Sie nicht auf, ihn voller Glauben und

Hoffnung anzuflehen, lassen Sie sich auf den Geist des Gebets ein, wenn er auf Sie kommt, und geben Sie sich ihm dann ganz hin. Es ist gut, für Ihre eigene Gemeinde oder Ihren Dienst zu beten, aber ich ermutige Sie, sich im Gebet auch auf etwas Größeres auszurichten – auf Erweckung für Ihre *gesamte Region* oder auf eine dritte große Erweckung quer durch unser Land. Einige unserer Bibelschüler kamen letztes Jahr zum Beten und Fasten für eine Erweckung in unserer Bibelschule zusammen. Ich ermutigte sie zu einer größeren Vision: um eine Erweckung oder Erneuerung der *Gesamtgemeinde* unserer Stadt und Region zu flehen oder um sogar noch mehr – um eine dritte große Erweckung in Amerika. Ich versicherte ihnen, Gott würde es sich nicht nehmen lassen, im Prozess der Erhörung ihres „großen“ Gebets auch unsere Bibelschule anzurühren.

Kapitel 21

Werke der Gerechtigkeit tun

Du kannst mehr tun als beten,
nachdem du gebetet hast; aber du kannst nicht
mehr tun als beten, bevor du gebetet hast.[1]

A. J. Gordon

In diesem Buch habe ich viel über Gebet gesprochen, und es steht außer Frage, dass Gebet von grundlegender Bedeutung ist, damit Gottes Absichten geschehen. Gebet allein ist jedoch nicht genug. Sowohl Beten *als auch* Dienen sind wichtig im Gottes Reich; sie gehen Hand in Hand. *Werke* der Gerechtigkeit müssen unseren *Gebeten* für Gerechtigkeit folgen, und Gebete müssen unsere Werke stützen.

Derzeit erleben wir auf der ganzen Welt mit der Zunahme von Menschenhandel, Armut, Rassismus, Abtreibung, Misshandlung von Waisen und vielen anderen Formen von Unterdrückung eine Eskalation der Ungerechtigkeit. Die globale Krise wird schlimmer, und Gott ruft sein Volk, sich in einem Geist der Barmherzigkeit und Demut, kombiniert mit Gebet, für Gerechtigkeit einzusetzen. Der Geist der Fürbitte drückt sich durch Beten *und* Tun aus.

Als Jesus auf der Erde war, betonte er die Bedeutung von Gebet und hob dessen Beziehung zu Ungerechtigkeit mit diesen Worten hervor:

> Sollte aber Gott nicht auch seinen Auserwählten Recht schaffen, *die Tag und Nacht zu ihm rufen …*? Ich sage euch: Er wird ihnen *unverzüglich Recht schaffen.*
>
> Lukas 18,7–8

Jesus ist der erste Sozialreformer, der das Offenbarwerden von Gerechtigkeit mit Tag-und-Nacht-Gebet in Verbindung brachte, worüber wir in Teil VI des Buchs mehr erfahren werden. Warum? Er versteht, dass beständiges, beharrliches Beten die wahre Ursache der Ungerechtigkeit im geistlichen Bereich angeht: dämonische Mächte (Eph. 6,12). Wenn wir in der Fürbitte um Gerechtigkeit flehen, verändern wir tatsächlich die geistliche Atmosphäre in der Gegend, in der sich die Ungerechtigkeit breitgemacht hat.

Es gibt eine geistliche Dimension für Werke der Gerechtigkeit und Barmherzigkeit in der Gnade Gottes. Dämonen widersetzen sich der Gerechtigkeit; sie geben nicht ohne Weiteres Territorium auf, das sie über Jahrzehnte oder Jahrhunderte besetzt gehalten haben.

Jesus weiß, dass unsere Werke der Gerechtigkeit in Kombination mit Tag-und-Nacht-Gebet, das sich mit den geistlichen Wurzeln der Ungerechtigkeit befasst, weit effektiver sein würden. Aber beides ist nötig. Akte der Gerechtigkeit und Barmherzigkeit sind ein sichtbarer Ausdruck unserer Liebe zu Gott. Wenn wir den Bedürftigen, den Armen, den Vaterlosen und Unterdrückten dienen, machen wir Jesus groß und demonstrieren seine Liebe auf handfeste Weise. An unserer Liebe zu Menschen, die sich im „gerechten Handeln" ausdrückt, ist unsere unsichtbare Liebe zu Gott sichtbar zu erkennen.

Unsere guten Werke verkünden unsere Liebe zu Gott. „Wenn aber jemand die Güter dieser Welt hat und sieht seinen hilfsbedürftigen Bruder und schließt sein Herz vor ihm zu, wie kann die Liebe Gottes in ihm bleiben?" (1. Joh. 3,17). Unsere Werke, unser Dienst an anderen Menschen demonstriert, dass Gottes Kraft uns verändert hat.

Jesus lehrt uns, gute Werke (der Gerechtigkeit) zu tun, „damit sie eure guten Werke sehen und euren Vater im Himmel preisen" (Mt. 5,16). Gläubige sollen bekannt sein für das, was sie *tun*, statt für das, was sie nicht tun. Es ist nicht genug, skandalträchtige Sünden zu unterlassen; wir sind gerufen, uns aktiv in der Liebe zu Menschen zu engagieren. Dann erkennen Ungläubige, dass Gott nicht fern oder gleichgültig ist, sondern interessiert an der Welt und aktiv beteiligt am Leben der Menschen.

Gerechtigkeit – ein gottgemäßer Ansatz

So wie gute Werke unvollständig sind ohne unterstützendes Gebet, so ist auch Gebet unvollständig ohne nachfolgende gute Werke. Die klarste Anweisung in Bezug auf die Beziehung zwischen Gebet und Gerechtigkeit findet sich in Jesaja 58,1–12. Dieser Text umreißt praktische Möglichkeiten, wie Werke der Gerechtigkeit in einem Geist von Barmherzigkeit und Demut getan werden können.

Zu einer Zeit, als Israel offensichtlich nach Gott fragte, wurde Jesaja als Gottes Bote gesandt, um ihnen zu sagen, dass es Gott nicht gefiel, wenn sie ihn suchten, ohne anderen zu helfen. Sie waren mit sich selbst zufrieden, weil sie Gott suchten, aber sie taten nicht die dazugehörigen Werke der Gerechtigkeit und Barmherzigkeit. Gott wollte mehr als ihre Anbetungslieder und Gebetsversammlungen.

Durch Jesaja sprach der Herr mit Donnerstimme:

> Halt meinem Volk seine Vergehen vor … Sie suchen mich Tag für Tag; denn sie wollen meine Wege erkennen. … [Sie] möchten, dass Gott ihnen nah ist. Warum fasten wir und du siehst es nicht? Warum tun wir Buße und du merkst es nicht?
>
> Jesaja 58,1–3 EhÜ

Das Volk Israel suchte Gott mit Beten und Fasten. Sie behaupteten, Freude an der Erkenntnis von Gottes Wegen zu gewinnen, indem sie die Schriften studierten und sogar die Gegenwart Gottes suchten. Dabei handelt es sich um gute und auch grundlegend wichtige Dinge. Doch die Haltung des Volkes war schlecht, denn sie verbanden ihre guten, frommen Aktivitäten nicht mit praktischen Werken der Gerechtigkeit.

Als Israel den Herrn fragte, warum er ihre Gebete nicht erhörte und auf ihre Fastentage nicht reagierte, wies er sie auf ihre falsche Einstellung hin: Ihr Gottesdienst war nicht vollständig, sie hatten Menschen unterdrückt und Werke der Gerechtigkeit unterlassen. Der Herr sprach durch den Propheten zu ihnen: „Seht, wenn ihr fastet, so geht ihr doch eurem Geschäft nach und treibt alle eure Arbeiter an. Seht, ihr fastet, aber ihr hadert und zankt und schlagt mit gottloser Faust“ (Verse 3–4).

Gott klagte die Leiter Israels an, in der Hauptsache deshalb zu fasten und zu beten, um seine Gunst für ihre Geschäfte zu gewinnen und fromm auszusehen, während sie gleichzeitig die ausbeuteten, die Gott ihnen unterstellt hatte. Sie wollten Gottes Gunst auf ihrem Leben nutzen, um selbst voranzukommen, aber nicht, um den Bedürftigen zu helfen. Die Geschäftsleute damals nutzten ihren Einfluss und ihre Mittel, um ihren persönlichen Komfort zu erhöhen, ohne daran zu denken, anderen zu helfen oder ihre Segnungen zu teilen.

Unsere Mittel und unser Einfluss mögen klein sein, dennoch können wir sie nutzen, um andern zu helfen. Gott sieht, wie wir geringe Mittel verwalten; es ist ein Zeichen dafür, was wir mit mehr tun würden. Wer im Kleinen treu ist, wird von Gott mehr bekommen und über viel mehr gesetzt werden (Lk. 16,10).

Der Herr offenbarte Israel sein Herz noch weiter und erklärte, dass ihm ein solches Fasten und Beten, das auch die Hilfe für Unterdrückte einschließt, gefällt.

> Das ist aber ein Fasten, das mir gefällt: Löse, die du mit Unrecht gebunden hast; lass los, die du unterjochst; gib frei, die du bedrängst; reiß jedes Joch weg.
>
> Jesaja 58,6

Die mit Unrecht Gebundenen zu lösen, Unterjochte loszulassen, jedes Joch wegzureißen – das bedeutet, Menschen aus den Fesseln zu befreien, die oft über Jahrzehnte und Jahrhunderte hinweg durch unterdrückende Gesetze und ausgrenzende gesellschaftliche Konventionen entstanden sind. Es geht um die systemimmanente Ungerechtigkeit der Gesellschaft, die das Böse institutionalisiert hat. Zusätzlich bezieht es sich auf die kulturelle Mentalität, die ein Resultat aus mangelnder Bildung, mangelnder vorbeugender oder akuter Gesundheitsversorgung, gesetzlicher oder wirtschaftlicher Ungleichheit und anderer sozialer Faktoren ist, die sich negativ auf Individuen auswirken. Der kombinierte Einfluss dieser Mentalität und sozialen Bedingungen hält viele gefangen. Sei es in der City, in der Flüchtlingssiedlung, im Schulsystem oder irgendeinem anderen Bereich der Gesellschaft: Gott ruft uns, unseren Teil beizutragen, um unseren Mitmenschen zu helfen.

Soziale Ungerechtigkeit wird nicht völlig aus der Welt getilgt werden, bis Jesus wiederkommt. Wir können jedoch heute etwas bewirken, wenn wir Gebet mit Werken der Gerechtigkeit kombinieren. Wenn wir daran arbeiten, unterdrückende Gesetze und ungerechte gesellschaftliche Hürden zu ändern, müssen wir den praktischen Bedürfnissen derer begegnen, die auf Veränderung warten, indem wir unsere Ressourcen an Nahrung, Unterkunft und Kleidung mit ihnen teilen. Das Fasten, das Gott erwählt, ist: sein Brot mit dem Hungrigen teilen, Arme in sein Haus holen und kleiden (Jes. 58,7).

Wenn wir daran arbeiten, den Bedürfnissen derer zu begegnen, die unter Ungerechtigkeit leiden, ist es grundlegend wichtig, dass wir in einem Geist der Demut dienen und die Unterdrückten mit Achtung behandeln. Wir wissen, dass wir weder alle komplexen Zusammenhänge, die sich über Jahrzehnte entwickelt haben, noch die Lebenssituation anderer Menschen völlig verstehen. Deshalb instruiert uns der Herr: „… wenn du niemanden bei dir unterjochst noch mit Fingern zeigst oder übel redest" (V. 9). Im Dienst an Belasteten dürfen wir nicht „mit dem Finger zeigen", nicht darüber urteilen, wo sie Fehler gemacht haben oder wie sie in ihre gegenwärtige Situation geraten sind. Mit anderen Worten: Wir dürfen ihre Arbeitseinstellung, ihr mangelndes Interesse an Bildung, ihre Alkohol- oder Drogenprobleme oder andere Schwierigkeiten nicht kritisieren. Manche dieser Menschen mögen solche Fehler haben, aber es gibt viele andere Faktoren, die auch zu ihrer Not beitragen. Selbst die Verständigsten können nicht all die komplexen Faktoren kennen, die zu den schwierigen Lebensumständen ihrer Mitmenschen führen.

Unsere Rolle ist es, demütig zu lieben und zu dienen, nicht, ihre Situation zu analysieren oder sie zu verurteilen oder zu kritisieren. Unsere wahren Motive sind von denen, denen wir dienen, leicht erkennbar. Wir sollen die Würde des Einzelnen sehen, der unterdrückt ist – seinen Wert in Gottes Augen –, sodass wir ihm gut dienen können und zeigen, dass Gott ihn wirklich liebt.

Gott wird eine übernatürliche Dimension seines Lichts und seiner Heilung freisetzen, wenn Fasten und Beten mit Werken der Gerechtigkeit kombiniert werden. Der Herr hat verheißen, unser Beten und Tun mit seiner vermehrten spürbaren Gegenwart zu unterstützen, als er erklärte:

> Dann wird dein Licht wie die Morgenröte hervorbrechen, und deine Heilung wird schnell voranschreiten, und deine Gerechtigkeit wird vor dir hergehen [illegible] die Herrlichkeit des Herrn wird deine Nachhut sein. Dann wirst [illegible] n, und der Herr wird dir antworten.
>
> Jesaja 58,8–9

Konsequentes Beten wird dazu führen, dass sich Gottes Kraft in größerem Maße in unseren Werken der Gerechtigkeit zeigt. Menschen brauchen nicht nur praktische Hilfe; sie müssen auch Gottes Stärke erleben. Einen Kranken zu heilen ist besser, als ihm Geld für den Arztbesuch zu geben, auch, wenn wir oft beides tun. Im Gebet die dämonische Unterdrückung über Menschen zu brechen bewirkt mehr als nur mitfühlend anzuhören, wie sie gegen diese Unterdrückung kämpfen. Wir tun beides, aber wir wollen nicht von der Vision ablassen, Gottes Gerechtigkeit dadurch sichtbar zu machen, dass wir seine Macht über Krankheit und Unterdrückung demonstrieren.

Entschieden gerecht handeln

Wir müssen eifrig sein, gute Werke zu Jesu Bedingungen und um seinetwillen zu tun. Wir werden nie den Nöten *aller* Menschen in unserer leidvollen Welt begegnen können, aber gemeinsam können wir im Leben *einiger* einen Eindruck machen, indem wir konsequent für Gottes Gerechtigkeit beten und indem wir barmherzig handeln, egal in wie kleinem Rahmen. Gemeinsam können wir viel bewirken.

Unser Einfluss auf das Leben einiger weniger wird mit der Zeit das Leben vieler beeinflussen. Wenn wir darum bitten, wird Gott uns kreative Ideen schenken, wie wir denen helfen können, denen es schlecht geht. Er freut sich an uns, wenn wir Großes träumen und nicht in engen Grenzen denken.

Lassen Sie sich nicht von dem einschränken, was derzeit in der Gemeinde oder dem Dienst, in denen Sie sich einsetzen, geschieht. Gott kann Ihnen eine völlig neue Idee geben, Menschen in Ihrer Nachbarschaft oder an Ihrer Arbeitsstelle zu erreichen, die über die Dienstbereiche, die gegenwärtig von Ihrer Ortsgemeinde abgedeckt werden, hinausgeht. Gott lässt mutige Menschen aufstehen, die Großes vollbringen, ohne sich von Hindernissen einschüchtern zu lassen. Verpflichten wir uns gemeinsam zu Gebet und Gerechtigkeit zu Gottes Bedingungen, denn „wir sind sein Werk, geschaffen in Christus Jesus zu guten Werken, die Gott schon vorbereitet hat, damit wir darin leben sollen“ (Eph. 2,10).

Teil V

Gebet und Anbetung integrieren

Im Prozess des Angebetetwerdens teilt Gott den Menschen seine Gegenwart mit.[1]

C. S. Lewis

Kapitel 22

Die ewige Identität der Gemeinde als Bethaus

Die Großen auf Erden heute sind die Beter.
Ich meine nicht die, die über Beten sprechen,
nicht die, die Beten erklären können; ich meine
die Leute, die sich Zeit nehmen und beten.[1]

S. D. Gordon

In einer kurzen Aussage offenbarte Jesus die ewige Identität und Bestimmung seines Volkes. Er verkündete: *„Ihr sollt ein Bethaus genannt werden"* (siehe Mt. 21,13). Jesus zitierte die Prophetie Jesajas für Israel: *„Mein Haus soll ein Bethaus für alle Völker genannt werden"* (Jes. 56,7).

Wenn Gott uns bei einem bestimmten Namen nennt, ist das ein Hinweis auf unser Wesen und auf das, was der Heilige Geist in uns wirken möchte. Die Prophetie Jesajas und die Aussage Jesu sagen uns, dass Gottes Volk als ein Bethaus fungieren soll, und zwar jetzt sowie im zukünftigen Zeitalter. Nirgends haben wir mehr Vollmacht, Ehre und Würde als im Gebet – das heißt in unserer tiefen Interaktion und Partnerschaft mit Jesus. Ein Bethaus zu sein bedeutet viel mehr als nur Gebetstreffen zu veranstalten. Es bedeutet auch, eine Gebetskultur im Leib Christi zu fördern, ebenso, auf unsere geistliche Identität zu achten, die immer in der Tatsache wurzeln muss, dass wir in Ewigkeit ein Volk des Gebets sind.

Was bedeutet es, ein Bethaus zu sein oder als ein Bethaus zu fungieren? Es bedeutet, dass Gott zu uns spricht und unser Herz bewegt. Dann sprechen wir seine Worte zu ihm zurück, und sie bewegen sein Herz. Das

Ergebnis ist die Freisetzung von Gottes Ressourcen auf Erden – seiner Macht, Mittel, Weisheit, kreativen Ideen, Einheit und Gnade. Genau so werden die Erlösten immer in Gottes Familie handeln: Gott bewegt sie, ihn um die Dinge zu bitten, die auf seinem Herzen sind, sodass er sie auf der Erde freisetzt.

Es ist wichtig zu verstehen, dass das „Bethaus" einer Stadt der gesamte Leib Christi in jener Stadt oder Region ist, nicht nur die Gebetsdienste. Unseren Bibelschülern sage ich immer, dass das Bethaus der Stadt Kansas City, das „house of prayer of Kansas City", nicht nur aus unserer Organisation, dem *International House of Prayer of Kansas City* besteht. Wir sind einfach eine kleine „Tankstelle" – es ist, als würden wir ein wenig Benzin auf die Gebetsfeuer im Bethaus von Kansas City gießen, welches der gesamte Leib Christi hier ist – über tausend Gruppen.

Die zentrale Bedeutung von Anbetung und Fürbitte in Gottes Plan

Der Heilige Geist möchte in der Kirche eine Gebetskultur entstehen lassen, zu der Anbetung gehört. Tatsächlich lässt er derzeit die größte Gebets- und Anbetungsbewegung der Geschichte entstehen. Warum? Weil das Engagement in Anbetung und Fürbitte die höchste Berufung der Erlösten in dem kommenden Zeitalter ist, und es ist das Hauptinstrument, durch das Gott der Welt seine Kraft schenkt. Anbetung und Fürbitte gehören zu den wenigen Dingen, die wir sowohl jetzt als auch in Ewigkeit tun.

Schon immer bildeten Beten und Anbeten den Kern von Gottes Absichten. Im Zentrum der Herrschaft Gottes und der Freisetzung seiner Macht steht sein ewiges Anbetungsheiligtum, wie es in Offenbarung 4–5 beschrieben ist.

Die Heilige Schrift betont die zentrale Rolle und Bedeutung von Gebet. Zum Beispiel begann die Menschheitsgeschichte tatsächlich in einem „Gebetstreffen" im Garten Eden, als Adam mit Gott täglich in der Kühle des Tages spazierte (1. Mo. 3,8). Auch Israels Anfang als Nation fand bei einem feurigen „Gebetstreffen" am Berg Sinai statt, bei welchem Gottes Feuer loderte, nachdem das Volk das Rote Meer durchquert hatte. Damals rief Gott sie, ein Königreich von Priestern zu sein (2. Mo. 19,6–20). Der erste Auftrag, den er Israel als Volk unter Moses Leitung gab, war, in der Wüste ein Anbetungsheiligtum zu bauen, ein Bethaus (2. Mo. 25).

Gottes Absicht für sein Volk, ein „Bethaus“ zu sein, ist in der Regierung des Königs David deutlich erkennbar. In der Stiftshütte, dem Haus Gottes, etablierte David einen Anbetungsdienst, der angeleitet wurde von Sängern und Musikern (1. Chr. 15–16), die, „von anderen Arbeiten befreit, in den Kammern wohnten, da sie Tag und Nacht im Dienst sein mussten“ (1. Chr. 9,33 EhÜ). David finanzierte über viertausend hauptamtliche Musiker und Sänger (1. Chr. 23,5, 25,7).

Wie aus den biblischen Beschreibungen der Regierungen nachfolgender Könige deutlich wird, wies David die Entscheidungsträger der Generationen nach ihm an, die Anbetung im Haus des Herrn in der Weise beizubehalten, wie sie Gott ihm offenbart hatte:

> Und er [König Hiskia] stellte die Leviten im Haus des Herrn auf mit Zimbeln, Psaltern und Harfen, wie es David, Gad, der Seher des Königs, und der Prophet Nathan befohlen hatten; denn es war das Gebot des Herrn durch seine Propheten.
>
> 2. Chronik 29,25

Als Serubbabel nach siebzig Jahren babylonischer Gefangenschaft nach Jerusalem zurückkehrte, setzte er hauptamtliche Sänger und Musiker ein, wie es David angeordnet hatte (Esr. 3,10–11, Neh. 12,47). Jedes Mal, wenn die davidische Gottesdienstordnung in Israel wieder eingesetzt wurde, folgte bald ein geistlicher Durchbruch und ein militärischer Sieg.

Jesus selbst begann seinen öffentlichen Dienst mit einem Gebetstreffen in der Wüste (Mt. 4) und beendete ihn mit einem Gebetstreffen im Garten Gethsemane (Mt. 26). Die Frühkirche begann mit einem Gebetstreffen im Obergemach, wo Jesu Nachfolger auf „die Verheißung des Vaters“ warteten (Apg. 1,4): „Sie [die Jünger] alle blieben einmütig beieinander mit Beten und Fürbitte, zusammen mit den Frauen und Maria, der Mutter Jesu, und seinen Brüdern“ (V. 14). Die Apostel machten den Gebetsdienst zu einer obersten Priorität:

> Sie blieben aber treu in der Lehre der Apostel, in der Gemeinschaft … und im Gebet.
>
> Apostelgeschichte 2,42

> Wir aber werden uns weiterhin dem Gebet und der Verkündigung des Wortes widmen.
>
> Apostelgeschichte 6,4

Die Naturgeschichte, wie wir sie kennen, wird im Kontext einer globalen Gebetsbewegung enden (mehr über dieses Phänomen siehe Buchteil VI). Der Konflikt am Ende dieses Zeitalters wird ein Konflikt zwischen zwei Bethäusern sein, zwei globalen Anbetungsbewegungen – einer, die Jesus, und einer anderen, die den Antichrist anbetet.

Heute lässt der Heilige Geist das entstehen, was zur mächtigsten Anbetungsbewegung der Geschichte werden wird.[2] Sie wird die endzeitliche Anbetungsbewegung des Antichrists vollständig besiegen. In Offenbarung 13 lesen wir von der weltweiten Anbetung des Antichrists kurz vor der Wiederkunft Jesu:

> Sie beteten den Drachen an, der dem Tier die Macht gab, und beteten das Tier an und sagten: „Wer ist wie das Tier, und wer kann mit ihm kämpfen?"… Und ihm wurde gegeben, Krieg zu führen mit den Heiligen und sie zu überwinden; und ihm wurde Macht gegeben über alle Stämme, Sprachen und Nationen. Und alle, die auf der Erde wohnen, beten es an, deren Namen nicht geschrieben sind im Lebensbuch des Lammes, das geschlachtet ist, von Grundlegung der Welt an.
>
> Offenbarung 13,4.7–8

Wir können sicher sein, dass Jesus in der ganzen Zeit des Tausendjährigen Reichs auf Erden Anbetung und Fürbitte festigen wird, weil sein Wort diese Wahrheit verkündet:

> Alle Könige werden ihn anbeten; alle Nationen werden ihm dienen.
>
> Psalm 72,11

> … damit die Nationen den Namen des Herrn fürchten und alle Könige auf Erden deine Herrlichkeit.
>
> Psalm 102,16

> Denn vom Aufgang der Sonne bis zum Niedergang soll mein Name verherrlicht werden unter den Nationen, und an allen Orten soll meinem Namen geräuchert und ein reines Speisopfer geopfert werden, denn mein Name soll unter den Nationen verherrlicht werden, sagt der Herr Zebaoth.
>
> Maleachi 1,11

Diese Verse und andere, z. B. Psalm 138,4 und Psalm 148,11, bestätigen, dass die ganze Erde Jesus anbeten wird. Die Heilige Schrift macht klar, dass Anbetung und Fürbitte für den Herrn großen Wert haben, im Himmel, auf Erden jetzt und auf Erden im kommenden Zeitalter.

Der Schwur, der den Lauf der Geschichte änderte

Psalm 132 berichtet von einem Schwur des Königs David, der den Kern der endzeitlichen Missions- und Gebetsbewegung darstellt. Ich nenne ihn *„den Schwur, der den Lauf der Geschichte änderte"*, weil zu allen Zeiten Gläubige, die es ernst meinten, den Geist dieses Versprechens übernommen und sich daran orientiert haben. Der Schwur ist eine Selbstverpflichtung, alles, was Gott möchte, von ganzem Herzen zu suchen.

> ... [David], der dem Herrn schwor und dem Mächtigen Jakobs gelobte: „Ich will nicht ins Zelt meines Hauses gehen und mich nicht aufs Lager meines Bettes legen, ich will meine Augen nicht schlafen und meine Augenlider nicht schlummern lassen, bis ich einen Ort für den Herrn finde, als Wohnung für den Mächtigen Jakobs." ... Herr, mach dich auf zu deiner Ruhe.
>
> Psalm 132,2–5.8

David gelobte, in rückhaltloser Hingabe an den Herrn zu leben: Er wollte einen Platz schaffen, wo die Menschen Gottes Gegenwart achten und umfassend auf sie eingehen würden. Für David gab es eine höhere Priorität, als sein eigenes Haus zu bauen – seinen Komfort, Familie, Dienst, Berufung, Finanzen. In diesem Text steht Davids „Haus" für sein ganzes privates Leben und seine eigenen Mittel. Das „Bett" bezieht sich auf seinen persönlichen Komfort und seine Bequemlichkeit. Mit „meine Augen nicht schlafen lassen" sagt er, er wolle seine Kraft ganz in das Streben nach Erfüllung von Gottes Willen investieren.

Davids Herz war gepackt von etwas Größerem als sein eigener Komfort und sein eigenes Vorankommen. Als junger Mann gelobte er, sein ganzes Leben dem Ziel unterzuordnen, für Gott einen „Ruhe-" (Verse 8.14) oder „Wohnort" (Verse 5.13) zu schaffen. Beide Ausdrücke sprechen von derselben Realität. Gott sucht einen Ruheort auf Erden, wo die Seinen seinem Willen gehorchen und wo seine Gegenwart und Ziele offen sichtbar sind.[3]

Im Prinzip ist sein „Wohnort" ein Ort (Stadt oder Region), wo Gottes Absichten für eine bestimmte Generation in vollem Umfang umgesetzt werden, und wo seine Gegenwart so offen sichtbar ist auf Erden, dass auch Ungläubige sie erkennen können. Der Geist müht sich um die, die sich seiner Leitung widersetzen, und will sie zum Gehorsam überzeugen. So ist ein „Ruheort" in diesem Kontext ein Ort, wo der Geist inmitten seines Volkes, das in Übereinstimmung mit seinem Willen lebt, „ruht".

> Da sagte der Herr: „Mein Geist soll sich nicht für immer mit dem Menschen mühen ..."
>
> 1. Mose 6,3

Davids vorrangige Lebensvision war es, einen Ruheort für Gott zu finden. Weil er diese Vision auslebte, tat er sich mit einem „radikalen Kern" von Gläubigen zusammen, die als eine heilige, betende Gemeinschaft lebten und „Erweckung" suchten. Davids Schwur beinhaltete das Einrichten von Tag-und-Nacht-Anbetung, wobei er Sänger und Musiker einsetzte, die sich ihm im Streben nach der Fülle der Absichten Gottes in ihrer Generation anschließen sollten. Der Apostel Paulus beschrieb David als einen Mann, der Gottes Zielen diente und alles tat, was Gottes Willen für seine Generation entsprach (Apg. 13,22.36).

Davids Schwur erstreckte sich auch auf den Bau eines Gebäudes für die Bundeslade in Jerusalem (Ps. 132). Die Bundeslade assoziierte man mit der Manifestation der Macht und Gegenwart Gottes. Im Neuen Testament ist Gottes Wohn- oder Ruheort in seinem Volk (Eph. 2,22).

Beachten Sie, dass der Psalmist in Psalm 132,5 das Schaffen eines „Wohnorts" für Gott in der Stadt, in der er lebte, als letztes Ziel der Mission Davids nennt. Natürlich sprach er von der Stadt Jerusalem. Der Wohnort Gottes, von dem in Psalm 132 die Rede ist, bezieht sich letztlich auf Jesus, der nach seiner Wiederkunft in Jerusalem auf seinem Thron sitzen wird. Hier, an einem definierten geografischen Ort, wird Gottes Wohnort auf Erden zu finden sein (Jer. 3,17).

In einem geistlichen Sinn ist heute die Kirche auf Erden Gottes Wohnort, und wir können jetzt um eine viel größere Freisetzung der Gegenwart Gottes durch den weltweiten Leib Christi ringen. Wenn Leute davon reden, „einen Wohnort für Gott" zu suchen, meinen sie damit eigentlich einen Ort, an dem Gottes manifeste Gegenwart auf ungewöhnliche Weise für eine ausgedehnte Zeitspanne freigesetzt wird oder an dem Gottes Gegenwart in vielen die Entscheidung bewirkt, Gott von ganzem Herzen zu lieben und ihm zu gehorchen, unter der Leitung des Heiligen Geistes zu leben und gemeinsam regelmäßig seine Macht und manifeste Gegenwart ungewöhnlich stark zu erfahren. So mag „Wohnort für den Herrn" im Prinzip eine Gemeinschaft von Gläubigen beschreiben, die in der Furcht des Herrn leben, für die das erste Gebot an erster Stelle steht und die voll Dankbarkeit und Demut gehorchen. Sie werden Demonstrationen von Gottes Macht mit Zeichen und Wundern sehen, sodass viele kommen, um den Herrn in einer tiefen und herrlichen Weise kennenzulernen.

Weil er seinem Schwur treu blieb, musste David Schmach erleiden. Er beschrieb seine Schwierigkeiten von Jugend an, die sowohl mit seinem Eifer für Gottes Haus zu tun hatten als auch mit der Weise, wie er deswegen lebte. Der Schwur war etwas Kostbares und Ursache für viel Druck und Verfolgung.

> Denn wegen dir erleide ich Schmach; Schande bedeckt mein Gesicht. Ich bin meinen Brüdern fremd geworden und unbekannt den Kindern meiner Mutter. Denn der Eifer um dein Haus hat mich verzehrt; und die Schmähungen derer, die dich schmähen, sind auf mich gefallen. Ich weine bitterlich und faste; und man spottet noch über mich. … Sie treiben ihren Spott mit mir. Die im Tor sitzen, reden über mich, und die Zecher singen von mir.
>
> Psalm 69,8–13

David wurde verspottet, weil er kompromisslos für das einstand, was Gott in seiner Generation wichtig war. Er erlitt Schmach für seinen Eifer, dafür zu fasten, dass Gottes Haus eines Tages von Herrlichkeit erfüllt sein würde (V. 10). Verwandte und Bekannte trieben ihren Spott mit ihm (V. 11). Mit anderen Worten, sie machten Witze über die Intensität, mit der er Gott suchte. Die geistlichen und politischen Führer der damaligen Gesellschaft – die, die im Stadttor saßen – sprachen schlecht über ihn. Sogar die Trinker mokierten sich über ihn mit Liedern, die seinen Eifer für Gott kritisierten (V. 12).

Manche entschiedene Christen fahren ihre eifrige Suche nach Gott zurück, weil sie Angst haben, kritisiert zu werden. Sie können die Schmach nicht ertragen, die ihnen aus ihrer eifrigen Jesusnachfolge erwächst. Manche lassen nach, weil sie die Bequemlichkeit lieben – sie wünschen, dass die Dinge leichter wären. Manche lassen nach, weil sie mehr Geld wollen – Gott zu suchen, nimmt Zeit in Anspruch, die man andernfalls zum Geldverdienen nutzen könnte.

Wird Ihr Herz bewegt von Davids Schwur und Vision für einen Wohnort Gottes? Als Pastor, der in der Ortsgemeinde, in der ich früher diente, einen Gebetsgrund legen wollte, war ich inspiriert von Davids Schwur, und als

Leiter des *International House of Prayer* in Kansas City bin ich es immer noch. Dieser Schwur hat Leiter in der ganzen Welt motiviert, Gebetsdienste aufzubauen und in ihren Ortsgemeinden eine Gebetskultur zu fördern.

Viele engagierte Gläubige durch die gesamte Kirchengeschichte haben sich den Geist von Davids Schwur zu eigen gemacht. Zu allen Zeiten hat der Herr Gruppen entstehen lassen, die als ein radikaler Kern heiliger, betender Gläubiger fungierten. Diese Gruppen mögen aus fünf bis zehn engagierten Betern bestehen oder aus mehreren Hundert. Zweifellos gibt es viele solcher Gruppen in verschiedenen Gemeinden unterschiedlicher Denominationen in Ihrer Stadt. Sicherlich wollen Sie Teil einer solchen Gruppe sein! Gott wird auch eine kleine Zahl von Betern gebrauchen, die seine Verheißungen in Anspruch nehmen wollen. Er erhört diese Gruppen und schenkt seine Macht so, dass andere zur entschiedenen Nachfolge inspiriert werden.

Finden Sie heraus, was Gott in Ihrer Generation tut, und engagieren Sie sich dann von ganzem Herzen darin. Nehmen Sie sich fest vor, Teil eines radikalen Kerns zu sein, der nicht nachgibt, bis Gottes Ziel völlig erreicht ist. Seien Sie ein Erweckungsprediger oder Teil einer Jesus ganz und gar hingegebenen „Erweckungsgesellschaft“.

Auf der ganzen Erde baut der Herr derzeit Gruppen auf, die als radikaler Kern leben und wie ein Katalysator viele andere inspirieren, Gott von ganzem Herzen zu lieben, ihm zu gehorchen und ihn zu suchen. Diese werden als „katalytische Vorläufer-Gemeinschaften“ fungieren und ihre Mitglieder werden andere in Demut anregen, im Rahmen ihrer Gemeindefamilien auch den Herrn zu suchen und um die Fülle all dessen zu ringen, was Gott in ihrer Generation schenken möchte.

Eine wichtige Warnung: Nie dürfen Sie glauben, Ihre Gruppe meinte es ernster als andere. Das war Elias Fehler. Er hielt sich für den Einzigen, der dem Herrn in seiner Generation geweiht war. Der Herr korrigierte ihn und ließ ihn wissen, dass es noch siebentausend andere gab, die Gott treu geblieben waren (1. Kön. 19,18).

Ich bin sicher, es gibt viel mehr als siebentausend hingegebene, radikale Gebetsgemeinschaften auf der Erde. Der Feind möchte, dass die, die diesen radikalen Kern bilden, über Stolz stolpern. Geben Sie ihm nicht die Befriedigung, dass Sie Ihre Gruppe für besser als andere halten. Es ist wichtig, den Herrn mit echter Demut zu suchen, die ein Segen für andere sein will und nicht auch nur eine Spur von Stolz oder dem Gefühl geistlicher Überlegenheit im Leib Christi zulässt.

Schwören Sie wie David, in tiefer Hingabe zu leben und den Herrn mit all Ihren Möglichkeiten – Zeit, Begabungen und Besitz – zu suchen: Auf der ganzen Erde sollen Orte entstehen, wo er seine Gegenwart und sein Reich so sichtbar und erfahrbar machen kann, wie er von Herzen wünscht.

Die wachsende Krise in der Welt

Ohne Frage ist die Identität der Kirche als Bethaus von Bedeutung, und der Herr möchte die betende Gemeinde als sein Instrument gebrauchen, um die Nationen zu segnen. Wir können zurzeit beobachten, wie Gott sie vorbereitend verändert, damit sie jetzt und in der kommenden Zeit in dieser Weise wirkt.

Die Kirche im Westen befindet sich jedoch vor einer entscheidenden Weichenstellung. Gesetzlosigkeit, moralische Verwirrung und z. B. rassistische, terroristische und ethische Konflikte greifen immer mehr um sich. Dazu drohen eine verheerende globale Wirtschaftskrise, der Zusammenbruch von Institutionen wie Ehe und Familie, die rapide zunehmende Akzeptanz der Schwulenagenda und vieles andere. Weltweit herrschen mehr und mehr Angst, Unglauben und Misstrauen, da die Erde unter der Last der eskalierenden Sünde erbebt. Psalm 2 und Jesaja 24 beschreiben unseren derzeitigen Zustand:

> Warum toben die Nationen und ersinnen die Völker nichtige Pläne? Die Könige der Erde lehnen sich auf, und die Herrscher halten Rat miteinander gegen den Herrn und seinen Gesalbten: „Lasst uns ihre Bande zerreißen und ihre Fesseln von uns werfen!"
>
> Psalm 2,1–3

> Die Erde ist von ihren Bewohnern entweiht; denn sie übertreten das Gesetz, ändern die Gebote und brechen den ewigen Bund.
>
> Jesaja 24,5

Die gewichtigste Krise in der heutigen Welt findet sich in der Kirche selbst, wobei besonders der Westen betroffen ist. Mehr und mehr Gemeindeleiter werben für eine verzerrte Gnadenbotschaft, verharmlosen Unzucht, feiern die Ordinierung Homosexueller, befürworten Abtreibungen, leugnen die Autorität der Bibel, lehnen Jesus als den einzigen Weg der Errettung ab, verwerfen die Lehre von der Hölle und leugnen sogar die Göttlichkeit Jesu. Und dennoch wachsen manche solcher Gemeinden.

Viele in Verantwortung haben Gottes Berufung der Kirche zum „Bethaus für alle Völker“ (Jes. 56,7) durch Gemeindewachstums-Methoden und -Techniken ersetzt. Sie verbergen ihre Unfruchtbarkeit unter Feigenblättern oberflächlicher kultureller Relevanz, statt sich zu bemühen, nach den zwei großen Geboten zu leben – Gott und Menschen zu lieben (Mt. 22,37–40) – und sich wirklich für die Erfüllung des Missionsbefehls einzusetzen (Mt. 28,19).

Es wird zwei deutliche Trends in der Kirche geben, wenn das Kommen des Herrn näherrückt: Viele werden vom Glauben abfallen[4], und gleichzeitig werden viele in entschiedener Liebe zu Jesus aufstehen und an der herrlichsten und gewaltigsten Zeit in der Kirchengeschichte teilhaben.

Die Übel und Nöte, die wir in unserer Welt heute sehen, sind Anstoß und eine Gelegenheit für die Kirche, Veränderung herbeizuführen. In dunklen Zeiten wie den heutigen soll sich Gottes Volk im Glauben erheben und voller Entschiedenheit und Engagement das tun, was Gott anordnet. Wir können uns vom Buch Joel anleiten lassen, welches Einblick in Gottes Lösung für eine wachsende Krise gewährt und uns sagt, wie wir in diesen finsteren Zeiten reagieren sollen.

Gottes Lösung für die Krise

Sehen wir uns zuerst einmal an, womit sich Israel in Joels Tagen auseinanderzusetzen hatte. Joel zeichnet ein anschauliches Bild der Situation (Joel 1). Israel hatte gerade eine nationale Wirtschaftskrise überstanden, verursacht von einer Heuschreckenplage mit nachfolgender Dürre, die die Ernte zerstörte (Verse 4.16–20): Das Volk hatte nichts mehr zu essen und war finanziell ruiniert. Keine Gesellschaftsklasse war von den Auswirkungen der Krise ausgenommen; sie betraf alle, von den Ältesten, den politischen Führern (V. 2) über die Priester oder geistlichen Führer (V. 13, Joel 2,17) bis zu den Zechern (Joel 1,5), sie betraf die jungen Paare (V. 8), die Bauern (V. 11) und selbst die Kinder. Und diese Krise war nur der Anfang von Israels Schwierigkeiten in jener Generation. Joel prophezeite, dass bald eine größere Katastrophe in Form einer militärischen Invasion durch die mächtige babylonische Armee kommen würde (Joel 2,1–9).

Die Schrift macht deutlich, dass eine nationale Krise nicht Gottes eigentliches Ziel ist. Sein Wunsch ist, dass sein Volk in Beziehung mit ihm lebt und dass die Unterdrückten befreit werden. Dennoch lässt Gott bestimmte Schwierigkeiten zu, um die Aufmerksamkeit ganzer Nationen zu wecken, sodass sie seinen Willen, seine Wege und seine Berufung beachten.

Die Botschaft, die Gott Israel inmitten ihrer Krise durch Joel gab, war eine gute Botschaft –das Volk würde die Zerstörung gering halten und völlige Wiederherstellung erleben können, wenn sie so auf den Herrn reagierten, wie er es wollte. Joel sagte den Anführern des Volkes, sie sollten eine heilige Versammlung einberufen, Alt und Jung zusammenrufen, damit sie sich von ganzem Herzen mit Gebet und Fasten an Gott wenden, über ihre Sünden Buße tun, die Posaune blasen und um mehr Barmherzigkeit und Machterweise Gottes flehen würden.

> „Kehrt von ganzem Herzen zu mir um mit Fasten, mit Weinen, mit Klagen!" Zerreißt eure Herzen und nicht eure Kleider, und kehrt um zu dem Herrn, eurem Gott! Denn er ist gnädig, barmherzig, geduldig und von großer Güte, und es reut ihn das Unheil. … Blast die Posaune in Zion, heiligt ein Fasten, ruft die Gemeinde zusammen! … Lasst die Priester, die Diener des Herrn, zwischen Halle und Altar weinen und sagen: „Herr, schone dein Volk!"
>
> Joel 2,12–13.15.17

Das Ermutigende an Joels Botschaft trifft auch auf Gottes Volk heute zu. Es ist also klug, sich sein Beispiel genau anzusehen, wie er in Zeiten einer nationalen Krise und allgemeiner Not auf den Herrn eingeht. Joels Buch ist für alle Pflichtlektüre, die im Gebet wachsen und sehen wollen, wie die Kirche ihre Rolle als Bethaus richtig ausfüllt, in ihrer Berufung, Gottes Absichten auf der Erde zu erfüllen.

Von ganzem Herzen zu Gott umkehren

Die erste Reaktion, die Gott in einer nationalen Krise sehen möchte, ist, dass die Seinen sich von ganzem Herzen an ihn wenden und für die Treulosigkeit in ihrem Leben Buße tun. Leider ist es heutzutage üblich, dass sich Verantwortliche im Leib Christi weigern, abgefallene Gläubige auf die Notwendigkeit der Buße hinzuweisen, weil sie keine negativen Botschaften predigen wollen. Manche gehen in das Extrem zu behaupten, weil Jesus am Kreuz starb, brauchten wiedergeborene Christen nicht mehr Buße zu tun, wenn sie in Sünde fallen und untreu werden. Dies ist eine schlimme Irrlehre.

Der Aufruf zur Buße war eine Grundlage in der Reich-Gottes-Botschaft von Jesus, Johannes dem Täufer und den Aposteln.[5] Buße ist der Weg *in* das Gottesreich – wir tun Buße und empfangen im Glauben das Geschenk der Gerechtigkeit Gottes. Es ist auch der Weg *des* Gottesreichs – wir tun regelmäßig Buße für unsere Schwachheit und streben danach, unter der Leitung des Heiligen Geistes zu leben. Wir sollen mit Jesus genau so leben, wie wir ihn empfangen haben – durch Glauben und Buße:

> Wie ihr nun den Herrn Christus Jesus angenommen habt, so führt euer Leben in ihm.
>
> Kolosser 2,6

Die Hinwendung zu Gott umfasst auch Fasten und Buße für unsere Sünden, Leid oder Traurigkeit nach Gottes Willen. Der Apostel Paulus schrieb: „Denn die Traurigkeit nach Gottes Willen bewirkt eine Buße zur Rettung, die niemanden reut; die Traurigkeit der Welt aber bewirkt den Tod“ (2. Kor. 7,10). Jesus lehrte: „Glückselig sind, die Leid tragen, denn sie sollen getröstet werden“ (Mt. 5,4). Die Art von Leid, auf die sich Jesus hier bezog, ist ein Ausdruck der Gnade Gottes, die in unseren Herzen wirkt. Es ist das Ergebnis der Überführung des Heiligen Geistes zur Buße. Es ist nicht dasselbe wie selbstverurteilende Gefühle, nachdem wir Buße getan haben, welche der Satan bewirkt.

In Joel 2,13 rief Joel die Leute auf, ihre ernst gemeinte Buße zu zeigen, indem sie ihre Herzen zerrissen. Die Menschen waren vertraut mit der Sitte, zum Ausdruck von Kummer und Verzweiflung ihre Kleider zu zerreißen. Joel jedoch drängte sie, ihre Herzen zu zerreißen und sich von aller Treulosigkeit zu trennen.

Sein „Herz zu zerreißen“ ist etwas höchst Persönliches und Schmerzhaftes. Symbolisch von diesem geistlichen Zerreißen bzw. radikalem Gehorsam sprechend, sagte Jesus: „Verführt dich aber dein rechtes Auge zur Sünde, so reiß es aus“ (Mt. 5,29). Mit anderen Worten: Entferne alles aus deinem Leben, was den Geist betrübt! Jesus ermutigte uns, das in unserem Innern radikal anzugehen, was unserer Beziehung mit Gott im Weg steht. Es ist kostspielig, sein Herz zu „zerreißen“, aber es ist auch mächtig in dem Sinn, dass es uns dahin bringt, wo wir Gottes Segen und sein Eingreifen in einer Krise empfangen.

Indem wir uns von ganzem Herzen wieder zum Herrn wenden, holen wir Gott in die Krise – seine Kraft, seine Weisheit, seinen Segen. Dieses

Element fehlt in dem Ansatz, den viele bei nationalen Krisen wählen. Joels Ansatz mag übermäßig simpel wirken, aber wenn der Segen des Herrn wieder da ist, verändern sich viele soziale, landwirtschaftliche, finanzielle, politische und geistliche Entwicklungen zum Guten.

Auf dasselbe Vorgehen in einer nationalen Krise, das er Joel gezeigt hatte, verwies der Herr auch Salomo in einem Traum.

> Und der Herr erschien Salomo des Nachts und sagte zu ihm: „Ich habe dein Gebet erhört" ... Sieh, wenn ich den Himmel verschließe, sodass es nicht regnet, oder die Heuschrecken das Land fressen heiße oder die Pest unter mein Volk kommen lasse, und mein Volk, das nach meinem Namen genannt ist, sich demütigt, indem sie beten und mein Angesicht suchen und von ihren bösen Wegen umkehren: dann will ich vom Himmel her hören und ihre Sünde vergeben und ihr Land heilen.
>
> 2. Chronik 7,12–14

Voll Vertrauen auf Gottes Gnade Buße tun

Joel forderte das Volk auf, zum Herrn zurückzukehren, in dem Wissen, dass Gott gnädig, barmherzig und mit großer Güte reagieren würde.

> Kehrt um zu dem Herrn, eurem Gott! Denn er ist gnädig, barmherzig, geduldig und von großer Güte, und es reut ihn das Unheil. Wer weiß? Es mag ihn wiederum gereuen, und er mag einen Segen zurücklassen.
>
> Joel 2,13–14

Wir wagen voll Vertrauen, unser Herz zu zerreißen, wenn wir wissen, dass der Herr freundlich auf uns antworten wird und dass er unser Leben und unsere Gemeinschaft mit ihm gerne wiederherstellen will.

Zu seiner Zeit versicherte der König David dem Volk, der Herr würde sie nicht strafen, wie ihre Sünde es verdiente, wenn sie Buße tun würden. „Er handelt nicht mit uns nach unseren Sünden und vergilt uns nicht nach unserer Schuld" (Ps. 103,10). Der Prophet Micha bestätigt, dass sich der Herr tatsächlich daran freut, uns Barmherzigkeit zu erweisen:

> Wer ist solch ein Gott wie du, der die Sünde vergibt ...! Denn er ist barmherzig.
>
> Micha 7,18

Gott ist langsam zum Zorn und lässt sich nicht schnell von unserer Sünde und Schwäche erzürnen. Er hat den Wunsch, allen, die wirklich Buße tun, zu vergeben. Unsere Buße wird nie auf Zurückweisung treffen.

Nach Zefanjas Aussage ist Gott sogar willig, das Gericht aufzuhalten, das in seinem himmlischen Hof schon beschlossen werden soll.

> … bevor das Urteil sich erfüllt – bevor der Tag des Zorns des Herrn über euch kommt. Sucht den Herrn, alle ihr Demütigen im Land … Vielleicht werdet ihr am Tag des Zorns des Herrn bewahrt werden.
>
> Zefanja 2,2–3

Joel versicherte dem Volk, dass der Herr es sich gerne „gereuen lassen" und einen Segen hinterlassen würde (Joel 2,14). Gott ist bereit, ein Katastrophengebiet in ein gesegnetes Erweckungszentrum zu verwandeln, der Befreiung Bahn zu machen und uns totale Wiederherstellung zu schenken – wenn wir nur Buße tun und zu ihm rufen.

Die Posaune blasen

Gemäß dem, was Gott durch Joel angewiesen hat, sollen wir in einer Zeit der Krise „die Posaune blasen" (Joel 2,15). Das heißt, wir sollen entschieden die Notwendigkeit einer heiligen Versammlung verkünden, indem wir von der kommenden Wiederherstellung reden, die möglich ist, und dem kommenden Gericht, das unvermeidlich ist, wenn das Volk Gottes sich nicht an ihn wendet. Uns allen ist die Bibelstelle vertraut: „Wenn … *mein* Volk, das bei meinem Namen genannt ist, … beten und … von ihren bösen Wegen umkehren: dann will ich … ihr Land heilen" (2. Chr. 7,14). Es ist das Volk Gottes, das gerufen ist, dem Herrn wieder von ganzem Herzen zu gehorchen.

Eine „heilige Versammlung" ist eine ausgesonderte Zeit, in der sich Gottes Volk zum gemeinsamen Gebet und Fasten versammelt und sich in Buße für ihre Treulosigkeit an den Herrn wendet. In Fasten und Beten drückt sich Entschiedenheit aus. Fasten positioniert uns so, dass wir mehr von Gott empfangen; es fördert unsere Fähigkeit zur Hingabe an ihn und vertieft unsere Herzensverbindung zu Gott.

Vielleicht bläst niemand in Ihrer Gegend eine Posaune. Vielleicht reagieren nur einige wenige auf den Ruf. Ich bitte Sie dringend: Zögern Sie nicht. Sammeln Sie einige wenige und rufen Sie noch heute zu Gott. Das Gebet auch einer kleinen Zahl entschiedener Christen kann bewirken, dass sein Gericht abgewendet wird und sein Segen wieder fließt.

Wie viele Leute müssen auf Gott reagieren, bis ihn ein Urteil reut und er sein Gericht abwendet? Das wissen wir nicht genau, aber wir können ermutigt sein vom Versprechen, das der Herr Abraham gab: Er würde die Stadt Sodom verschonen, wenn nur zehn Leute in Gerechtigkeit auf ihn reagieren würden (1. Mo. 18,20–33).

In ernstem Gebet zu Gott rufen

Durch Joel forderte Gott die geistlich Verantwortlichen in Israel auf, zu weinen und um Barmherzigkeit zu bitten, dass ihnen noch größere Schwierigkeiten erspart blieben. Oft ist es so in Zeiten nationalen Ungehorsams, dass eine Krise zu einer größeren führt. Deshalb waren die Leiter aufgerufen zu beten und um Barmherzigkeit zu flehen. „Lasst die Priester, die Diener des Herrn, zwischen Halle und Altar [d. h. an einer Stelle im Hof des Tempels von Salomo, wo sich die Leute versammelten] weinen und sagen: ‚Herr, schone dein Volk!'" (Joel 2,17).

In Zeiten wie unseren müssen wir darauf bestehen, dass Gebet eine Priorität in unseren Gebetsversammlungen ist. Das hört sich selbstverständlich an, aber ich war schon häufig in „Gebetstreffen", wo viel gepredigt, Zeugnis gegeben und von Gebetserhörungen berichtet, wo aber nicht viel gebetet wurde.

Gott wird antworten

Der Aufruf des Joel kommt als dringender Appell, die Ernstlichkeit der gottlosen Trends und Ereignisse unserer Zeit richtig zu interpretieren und dann so zu reagieren, wie es Gott will, in dem Wissen, dass eine nationale Krise letztendlich eskalieren wird, wenn Gottes Volk nicht um Barmherzigkeit bittet. Eine Gebets- und Fastenkultur in der Kirche ist keine Option. Mangel an Gebet führt zu einem Mangel an geistlicher Unterscheidungsfähigkeit, individuell und gemeinschaftlich, was wiederum vielen die Motivation nimmt, richtig auf eine Krise zu reagieren.

Gottes Antwort auf eine nationale Krise ist in jeder Generation dieselbe. Im Buch Joel finden wir eine klare Anleitung für genau die Reaktion, die Gott in Krisenzeiten von den Seinen will. Der Herr lässt uns nicht spekulieren, was er wohl von uns erwartet. Wir können im Vertrauen tätig werden. Es wird Glauben nötig sein, um den Plan des Herrn auszuführen, aber diesen Plan kann jeder befolgen, unabhängig von Bildung, geistlicher Erfahrung, Gaben, Geld oder Einfluss. Wenn wir uns von ganzem Herzen dem Herrn zuwenden, wird er uns seinen Geist, der die Gemeinde neu belebt und vieles in unserer Nation und auf der ganzen Welt wiederherstellt, in historischem Ausmaß senden.

Kapitel 23

Beten vor Gottes Thron

Ein Blick auf Jesus rettet, ihn anzuschauen heiligt.[1]

Manley Beasley

Das mag uns nicht immer so bewusst sein, aber wenn wir beten, kommen wir tatsächlich vor Gottes Thron – einen echten Thron, auf dem eine echte Person sitzt. „Darum lasst uns mit frohem Vertrauen vor denThron der Gnade treten, damit wir Barmherzigkeit empfangen und Gnade finden zu der Zeit, wenn wir Hilfe nötig haben" (Hebr. 4,16). Welch ein gewaltiges Vorrecht für Sterbliche, vor den Thron des Ewigen zu treten, der das Universum regiert und darauf wartet, dass wir um Hilfe bitten!

Wir werden in unserem Gebetsleben gestärkt, wenn wir mehr über denjenigen erfahren, zu dem wir beten. Das gilt auch für den Ort, an dem er wohnt, und die majestätische Szene, die ihn umgibt. Wenn wir verstehen, was für ein Gott er ist, vertieft sich unsere Beziehung zu ihm, wird unser Denken von der Wahrheit erneuert und beten wir anders: Gebet wird wichtiger, lebendiger, erfreulicher, ganz und gar praktisch und trägt immer mehr Frucht. Statt meine Worte in die Luft zu sprechen oder in einem mentalen Vakuum zu beten, konzentriere ich mich innerlich auf die biblische Beschreibung des Throns, wie er vom Apostel Johannes in Offenbarung 4 beschrieben wird. Die majestätische Schönheit des Vaterthrons, die Johannes im Exil auf der Insel Patmos offenbart wurde, ist das deutlichste und detaillierteste Bild von Gottes Thron in der Bibel.

In diesem Kapitel werden wir über die Szene rund um den Thron des Vaters nachdenken, den Ort, wo er unsere Gebete in Empfang nimmt. Natürlich ist meine Beschreibung unvollkommen, aber ich will Ihnen einen Ausgangspunkt geben, auf den Sie sich innerlich festmachen können, wenn Sie beten. Die Thronszenen in der Schrift sind ein großes Geschenk für den Leib Christi; sie zeigen uns, was Gott uns über seinen Thron verstehen lassen will. Ich ermutige Sie, sich viel Zeit für das Studium dessen zu nehmen, was das Wort Gottes über dieses Thema sagt, und darüber nachzudenken. Alle, die im Gebet wachsen wollen, werden aus solchem Studium und solcher Meditation Nutzen ziehen; mein eigenes Gebetsleben wird noch heute davon befruchtet.

Der Bereich der Herrlichkeit Gottes

Manchmal nenne ich die Szene rund um Gottes Thron den „Bereich der Herrlichkeit Gottes", weil es der Ort ist, wo diese Herrlichkeit am sichtbarsten ist. Gott hat entschieden, sich mit bestimmten Dingen zu umgeben, um vor der Schöpfung seine Herrlichkeit zum Ausdruck zu bringen. Sein Königshof ist der ultimative Ort von Erhabenheit, Pracht, Macht und Herrlichkeit:

> Erhabenheit und Pracht sind vor ihm, Macht und Herrlichkeit in seinem Heiligtum.
>
> Psalm 96,6

Ich teile mir Offenbarung 4 in vier Hauptkategorien ein, von denen jede drei Themen hat; so denke ich also an zwölf bestimmte Themen in dieser Thronszene. Die Auswirkungen sind riesig. Jedes dieser Themen könnte ein eigenes Buch füllen, und sie garantieren genügend Stoff für lebenslanges Studieren.

Bitten Sie den Heiligen Geist, Sie in ein größeres Verständnis der Wahrheit über den Vater zu leiten. Es ist dem Geist eine Freude, uns auf eine große Schatzsuche in die Herrlichkeit Gottes zu geleiten – eine lebenslange Schatzsuche. Denen, die hungrig sind, hat der Geist noch so viel mehr zu zeigen! Noch in einer Milliarde Jahren werden wir zu diesen zwölf Themen der Herrlichkeit Gottes Neues entdecken.

Vier Kategorien der Herrlichkeit Gottes

Wenn Sie die folgende Wiedergabe einer Vision, die von Johannes gesehen und aufgeschrieben wurde, lesen, nehmen Sie sich Zeit und achten Sie besonders auf alle Details, die Gott uns verstehen lassen möchte.

> Siehe, ein Thron stand im Himmel, und auf dem Thron saß Einer. Und der darauf saß, war in seinem Aussehen einem Jaspis- und einem Sardisstein

gleich; und ein Regenbogen war rings um den Thron, der glich in seinem Aussehen einem Smaragd. Und rings um den Thron waren 24 Throne, und auf den Thronen sah ich 24 Älteste sitzen, die mit weißen Kleidern bekleidet waren und auf ihren Häuptern goldene Kronen hatten. Und von dem Thron gingen Blitze und Donner und Stimmen aus, und sieben Feuerfackeln brennen vor dem Thron, welche die sieben Geister Gottes sind. Und vor dem Thron war ein gläsernes Meer, gleich Kristall; und in der Mitte des Thrones und rings um den Thron waren vier lebendige Wesen, … unaufhörlich rufen sie bei Tag und bei Nacht: Heilig, heilig, heilig ist der Herr, Gott der Allmächtige, der war und der ist und der kommt!

Offenbarung 4,2–6.8 S

Im Folgenden führe ich die vier Kategorien auf, in die ich diese Beschreibung gliedere, unterteilt in je drei Themen, und äußere zu jeder Kategorie einige kurze Gedanken:

- Die Herrlichkeit von Gottes Persönlichkeit: wie Gott aussieht, sich fühlt und handelt (V. 3)
- Die Herrlichkeit von Gottes Volk: die Gemeinde auf dem Thron, gekleidet und gekrönt (V. 4)
- Die Herrlichkeit der Macht Gottes: Manifestationen der Macht in Blitz, Donner und Stimmen (V. 5)
- Die Herrlichkeit der Gegenwart Gottes: sein Feuer auf Lampen, Serafim und Meer (Verse 5–7, Offb. 15,2)

Die Herrlichkeit von Gottes Persönlichkeit

Und der darauf saß, war in seinem Aussehen einem Jaspis- und einem Sardisstein gleich; und ein Regenbogen war rings um den Thron, der glich in seinem Aussehen einem Smaragd.

Offenbarung 4,3 S

Die erste Kategorie ist meiner Meinung nach die Herrlichkeit oder Schönheit Gottes – wie Gott aussieht. Johannes sah den Vater auf seinem Thron sitzend mit dem prächtigsten und schönsten Jaspis- und Sardisstein und smaragdenen Licht, das von seinem Thron strahlte. Johannes sah nicht direkt Gottes Gesicht; was er sah, war das Licht, das von Gott und seinem Thron ausging. Wie Mose sagte: „Kein Mensch kann Gottes Angesicht sehen“ (siehe 2. Mo. 33,20). Nur die mit auferstandenen Leibern können das Gesicht Gottes direkt ansehen. Als ein Mensch, der noch auf der Erde lebte, sah Johannes das herrliche Licht vieler Farben von Gottes

Gegenwart ausstrahlen, einschließlich der Helligkeit von Diamanten (es ist schwierig, genau zu bestimmen, was in der antiken Welt unter *Jaspis* verstanden wurde, aber einige Gelehrte sagen, Jaspis entspreche dem Diamanten), feuerrote Herrlichkeit (Sardis) und die Schattierungen des smaragdenen Regenbogens.

Die Jaspis-Brillanz spricht von seiner Pracht, der Sardis von seinem feurigen Verlangen, der smaragdene Regenbogen von seiner Barmherzigkeit. Heutzutage ist Jaspis etwas anderes als der diamantengleiche Jaspisstein der Antike. In Offenbarung 21,11 spricht Johannes von Jaspis als „dem alleredelsten Stein, klar wie Kristall". Der jaspis-diamantene Glanz um den Vater ist wunderschön, faszinierend und furchteinflößend in seiner Herrlichkeit.

Das Licht, das vom Vater ausgeht, gleicht auch einem Sardisstein. Manche Übersetzungen verwenden hier das Wort *Rubin*, weil Sardis ein tiefroter Edelstein ist. Vom Thron Gottes geht ein tiefroter, rubingleicher Glanz aus. Ich glaube, dies ist ein Hinweis auf Gottes feuriges Verlangen nach seinem Volk, das wie ein verzehrendes Feuer ist.

Zusätzlich sah Johannes einen Regenbogen rund um den Thron. Der Regenbogen, den wir kennen, hat viele Farben, aber die dominierende Farbe *dieses* Regenbogens ist smaragdgrün. Vor meinem inneren Auge stelle ich mir diesen Regenbogen vor, wie er sich über dem Thron wölbt. Der alttestamentliche Prophet Hesekiel sah auch eine Vision der Thronszene, und er beschreibt denselben Regenbogen:

> Wie der Regenbogen in den Wolken steht, wenn es geregnet hat, so glänzte es ringsherum [um den Thron]. Das war die Erscheinung des Bildes der Herrlichkeit des Herrn.
>
> Hesekiel 1,28

Der Regenbogen spricht von Gottes Gnade. Nach der Sintflut setzte Gott einen Regenbogen in die Wolken als Zeichen seiner Barmherzigkeit (1. Mo. 9,13). Dieser smaragdene Regenbogen der Barmherzigkeit umfasst alle Pläne und Aktionen, die von Gottes Thron ausgehen. Die Erlösten werden in Ewigkeit von der Gnade des Herrn singen: „Dankt dem Herrn Zebaoth, denn er ist freundlich, und seine Güte währt ewig" (Jer. 33,11, siehe auch Ps. 136).

Zur Rechten des Vaters sitzt ein anderer; Paulus sagt uns, der Vater habe „Jesus an seine rechte Seite in den himmlischen Welten gesetzt"

(Eph. 1,20). Im Hebräerbrief lesen wir, dass unser Hohepriester „sich zur Rechten des Thrones der Majestät im Himmel gesetzt hat“ (Hebr. 8,1).

Hesekiel sah die Herrlichkeit, die von Jesu Thron ausgeht, als saphirblau.

> Über dem Firmament, das über ihnen war, erschien es wie ein Saphir, wie ein Thron; und auf dem Thron saß einer, der aussah wie ein Mensch [Jesus].
>
> Hesekiel 1,26

Der Apostel Johannes beschrieb Jesus, den Menschensohn, folgendermaßen:

> Seine Augen wie eine Feuerflamme und … sein Gesicht strahlte wie die Sonne in ihrer Kraft.
>
> Offenbarung 1,14.16

Können Sie sich Jesus vorstellen, mit Augen wie eine Feuerflamme und einem Gesicht, das wie die Sonne strahlt, der auf einem Saphir-Thron neben dem Vater sitzt?

Die Herrlichkeit von Gottes Volk

> Und rings um den Thron waren 24 Throne, und auf den Thronen sah ich 24 Älteste sitzen, die mit weißen Kleidern bekleidet waren und auf ihren Häuptern goldene Kronen hatten.
>
> Offenbarung 4,4 S

Als Nächstes befassen wir uns mit der Herrlichkeit des Volkes Gottes, das in Ewigkeit mit Gott zusammen regieren darf. Ich stelle mir die vierundzwanzig Ältesten vor dem Thron vor, wie sie in einem Halbkreis sitzen, mit Blick zum Vater. Sie sitzen auf Thronen, gekleidet in weißen Gewändern, mit goldenen Kronen auf dem Kopf – sie sind inthronisiert, eingekleidet und gekrönt. Sie sind eine Vorschattung dafür, wie die Erlösten in Zukunft auch inthronisiert, eingekleidet und gekrönt sein werden. Alle Details sind von Bedeutung, aber hier fehlt der Platz, um näher auf sie einzugehen. Welche Würde, Ehre und Herrlichkeit empfangen die Erlösten dadurch, dass sie in Gottes Gegenwart sitzen und mit Christus in Ewigkeit herrschen![2] Jesus gibt uns, seinem Volk, seinen Schmuck statt unserer Asche (Jes. 61,3). Stellen Sie sich vor: Die Herrlichkeit, die Gott selbst besitzt, ist die Herrlichkeit, die er seinem Volk gibt (Ps. 90,16)!

Die Herrlichkeit der Macht Gottes

Und von dem Thron gingen Blitze und Donner und Stimmen aus.

Offenbarung 4,5 S

Von Gottes Thron her kommen wunderbare, herrliche, teils furchterregende Manifestationen seiner Macht. Durch diese unterschiedlichen Manifestationen tut er kund, was er denkt und fühlt. Ständig gehen Blitze von seinem Thron aus. Ich denke, sie sind ein Zeichen für die Vermittlung der Macht des Geistes an die Seinen. Wenn der Heilige Geist auf Menschen fällt, dann denke ich es mir wie Blitze Gottes, die sie auf herrliche Weise treffen, so wie in Kornelius' Haushalt „der Heilige Geist auf alle [fiel], die dem Wort zuhörten" (Apg. 10,44). Mit anderen Worten, diese Blitze kommen von Gottes Thron und sind vielleicht ein Zeichen für Macht-Begegnungen mit dem Geist. Ich bete: „Herr, lass den Blitz deines Geistes mich treffen." Ich möchte, dass mein Herz voll ist von der Macht Gottes.

Auch Donner geht von Gottes Thron aus. Donner von Gott wird oft mit spezifischen Botschaften in Verbindung gebracht (siehe Joh. 12,28–29, Offb. 10,4, 19,6). Wenn ich anbete, denke ich an das Empfangen von Offenbarung in bestimmten Botschaften in Gottes Wort und sage: „Ich möchte, dass mein ganzes Wesen mit deinem Wort mitschwingt. Ich möchte, dass es in meinem ganzen Sein widerhallt. Ich möchte, dass dein Herz und deine Botschaft in mir ‚donnern'."

Gottes königlicher Hofsaal ist auch mit ehrfurchtgebietenden, wunderschönen Stimmen erfüllt, begleitet von himmlischen Klängen (Musik), die seinen Thron umgeben (Offb. 5,9, 8.5, 11,19, 16,18).

Die Herrlichkeit der Gegenwart Gottes

Sieben Feuerfackeln brennen vor dem Thron, welche die sieben Geister Gottes sind. Und vor dem Thron war ein gläsernes Meer, gleich Kristall … und rings um den Thron waren vier lebendige Wesen.

Offenbarung 4,5–6 S

Die Herrlichkeit der sichtbaren Gegenwart Gottes ist in dem göttlichen Feuer erkennbar, das mit ihr in Zusammenhang steht – in dem gläsernen Meer, den Feuerfackeln und den lebendigen Wesen.

Vor dem Thron gibt es ein großes gläsernes Meer, wie Kristall. Es glitzert in der diamantenen Pracht und Herrlichkeit Gottes, die sich in ihm widerspiegelt, wie sich Licht in Glas spiegelt. Die Heiligen stehen an diesem gläsernen Meer, das mit dem Feuer Gottes vermischt ist.

> Und ich sah etwas wie ein gläsernes Meer, mit Feuer vermengt; und die den Sieg über das Tier ... behalten hatten, die standen am gläsernen Meer und hatten Harfen Gottes.
>
> Offenbarung 15,2

Der Prophet Daniel sah Gottes Thron als in Feuerflammen, mit einem Feuerfluss, der aus ihm hervorströmte. „Sein Thron war wie Feuerflammen ... und ein Strom von Feuer ging von ihm aus" (Dan. 7,9–10).

Ich nehme an, dass das Feuer auf dem gläsernen Meer von dem Feuerstrom kommt, der vom Thron ausgeht. Ich sehe dieses feurige, gläserne Meer als das große himmlische „Konferenzzentrum" vor dem Thron. Ich weiß nicht, wie viele Gläubige letztendlich zu Gottes Familie gehören werden. Vielleicht werden eines Tages etliche Milliarden Gläubige vor dem Thron an diesem riesigen Kristallmeer anbeten. Können Sie sich vorstellen, wie viel Platz für mehrere Milliarden Menschen nötig ist, die zusammenstehen? Dies ist ein riesiges Meer, nicht nur ein Teich oder See.

Die Herrlichkeit der Gegenwart Gottes wird weiterhin repräsentiert durch sieben Feuerfackeln, die vor dem Thron Gottes brennen, welche sich auf sieben Manifestationen des Geistes beziehen. Jesaja sprach ausführlicher darüber; jede einzelne lehrt uns mehr über Gott und erweitert unsere Sicht von ihm:

> ... auf dem wird der Geist des Herrn ruhen, der Geist der Weisheit und des Verstandes, der Geist des Rates und der Stärke, der Geist der Erkenntnis und der Furcht des Herrn.
>
> Jesaja 11,2–3

Wenn ich an diese sieben Fackeln denke, stelle ich sie mir nicht nur anderthalb Meter hoch vor. Es sind wahrscheinlich riesige Fackeln, die sich in Kraft über das gläserne Meer bewegen können, so wie sich in Moses Tagen die Feuersäule mit den Israeliten in der Wüste fortbewegte. Die Feuersäule reichte vermutlich vom Boden bis zum Himmel. Ich denke, sie war ein Zeichen für die himmlischen Fackeln vor dem Thron. Ich stelle mir diese sieben Fackeln vor, wie sie sich inmitten von Gottes Volk bewegen, das am gläsernen Meer steht (Offb. 15,2). Ich stelle mir die Fackeln als vor dem Thron stehend vor. Es könnten vielleicht auch kräftige, riesige Fackeln aus Feuer sein, die sich über der gewaltig großen Versammlung am gläsernen Meer bewegen und darüber schweben, wie einst der Geist über dem Angesicht der Erde schwebte (1. Mo. 1,2).

Mein letztes Thema im Zusammenhang mit der Herrlichkeit Gottes sind die vier lebendigen Wesen. Ich stelle mir vor, dass sie um den Thron herumfliegen, auch oberhalb von Gottes Angesicht, und rufen: „Heilig, heilig, heilig!"

> Unaufhörlich rufen sie bei Tag und bei Nacht: Heilig, heilig, heilig ist der Herr, Gott der Allmächtige, der war und der ist und der kommt!
>
> Offenbarung 4,8 S

Als Jesaja diese lebendigen Wesen sah, nannte er sie „Serafim" (Jes. 6,2). (Der Suffix „-im" drückt im Hebräischen den Plural aus.)

> Serafim standen über ihm; jeder hatte sechs Flügel: mit zweien bedeckten sie ihr Gesicht, mit zweien bedeckten sie ihre Füße, und mit zweien flogen sie. Und einer rief dem andern zu: „Heilig, heilig, heilig ist der Herr Zebaoth …"
>
> Jesaja 6,2–3

Das Wort „Serafim" bedeutet „die Brennenden". Sie sind es, die der manifesten Herrlichkeit und Pracht Gottes am nächsten sind, eine besondere Kategorie von Engelwesen, die zutiefst mit Gottes Feuer assoziiert sind.

Die Heilige Schrift spricht von vier Serafim – den vier lebendigen Wesen – um den Vater auf seinem Thron. Die Serafim scheinen die höchsten in der Bibel erwähnten Engel zu sein. Sie stehen über den Erzengeln. Im Rang unter den Serafim gibt es die Cherubim. Diese beiden sind nicht gleich. Serafim scheinen die größere geistliche Kapazität zu haben, denn sie befinden sich unmittelbar in der Gegenwart Gottes.

Wenn die Serafim Gott ansehen, bedecken sie ihre Augen mit zwei Flügeln, um nicht von immer neuen Einblicken in seine transzendente Herrlichkeit überwältigt zu werden. Ich stelle es mir ungefähr so vor, dass die Kraft dessen, was sie sehen, sie völlig überwältigt, sodass sie ihre Augen bedecken müssen. Nach einer Weile wagen sie wieder einen kleinen Blick auf seine Herrlichkeit, nur um von Neuem überwältigt zu werden. In Ewigkeit erschöpft sich für sie nicht die Herrlichkeit und Pracht dessen, den wir „unseren Vater im Himmel" nennen. Ja, dies ist unser Vater! Dieser ist es, den es nach uns verlangt – den es nach *Ihnen* verlangt –, derjenige, der Jesus für uns gesandt hat.

Um Gottes Thron und königlichen Hof gibt es Myriaden von Engeln, seine himmlischen Diener.

> Und ich schaute, da hörte ich eine Stimme vieler Engel rings um den Thron und um die Tiere und um die Ältesten her, und ihre Zahl war zehntausendmal zehntausend und tausendmal tausend.
>
> Offenbarung 5,11

> Tausendmal Tausende dienten ihm, und zehntausendmal Zehntausende standen vor ihm.
>
> Daniel 7,10

Wenn ich bete, beginne ich oft mit den Worten: „Vater, ich komme vor dich in der Gegenwart deiner heiligen Engel." Ich stelle mir Milliarden von Engeln rund um den Thron vor.

Schlussbemerkung

Mir hilft es sehr, wenn ich mir vorstelle, wie ich selber an himmlischen Orten bin (Eph. 2,6) und somit vor dem Thron Gottes stehe, wenn ich bete. Dies bedeutet es, im Gebet vor den Thron der Gnade zu kommen (Hebr. 4,16).

Lassen Sie mich die Szene beschreiben, die ich mir anhand dessen vor Augen male, wie die Heilige Schrift sie im Einzelnen darstellt. Ich bin sicher, dass meine Vorstellung nicht akkurat mit dem übereinstimmt, wie es tatsächlich aussieht, doch denke ich beim Beten an folgende Szene:

Ich sehe den Vater auf seinem Thron, von dem ein diamantener Schein und feuerroter Glanz ausgehen. Ich stelle mir Jesus auf einem Saphir-Thron zur Rechten des Vaters sitzend vor. Sein Gesicht leuchtet hell wie die Sonne und seine Augen sind wie Feuer, und über ihm wölbt sich ein Smaragd-Regenbogen. Über den Thronen fliegen vier lebendige Wesen und rufen: „Heilig, heilig, heilig!", und unzählig viele Engel sind rund um den Thron.

Ich stelle mir vierundzwanzig Älteste in weißen Gewändern und mit goldenen Kronen vor, die in einem Halbkreis sitzen, auf den Thron Gottes ausgerichtet. Ich denke an einen Feuerstrom, der aus dem Thron des Vaters hervorgeht und in das gläserne Meer fließt. Ich male mir die zwölf Ältesten auf jeder Seite des Feuerstroms vor Augen. Ich stelle mir Blitze und Donner vor, die ständig von Gottes Thron ausgehen, zusammen mit der herrlichsten Musik und den wunderbarsten Düften. Und ich stelle mir vor, wie ich mit Scharen von Gläubigen am gläsernen Meer stehe, umgeben von Feuer, und über uns schweben Lampen oder Fackeln.

Wenn wir beten, sprechen wir tatsächlich zu jemandem, wir formulieren nicht nur einfach unsere Ideen. Der Vater und der Sohn hören uns zu, und sie haben uns dieses Bild gegeben, das wir nutzen können. Richten wir uns in der Fürbitte also auf Gottes Thron aus – den Ort der ultimativen Schönheit und des Herrschaftszentrums des ganzen Weltalls.

Wie in einem früheren Kapitel erwähnt, machte David, der Mann nach Gottes Herzen, dies zu dem Ziel und Zweck seines Lebens: die Schönheit und Herrlichkeit Gottes zu betrachten.

> Eins bitte ich vom Herrn, das hätte ich gern: dass ich mein Leben lang im Haus des Herrn bleiben möge, um die Freundlichkeit des Herrn zu schauen und seinen Tempel zu betrachten.
>
> Psalm 27,4

Wie David können auch wir diese prächtige Thronszene betrachten und uns alle Tage unseres Lebens von Gottes Herrlichkeit faszinieren lassen. Und so können auch wir Menschen nach Gottes Herzen werden – und Beter, die wissen, wie Anbetung im Himmel aussieht.

Kapitel 24

Auf Erden wie im Himmel beten

Sicherlich muss das, was Zeit und Energien des Himmels völlig in Anspruch nimmt [Anbetung und Gebet], ein geeignetes Muster für die Erde abgeben.[1]

Paul E. Billheimer

Mit dem Vaterunser, dem sogenannten „Gebet des Herrn", forderte uns Jesus auf zu beten, dass das Reich Gottes auf Erden manifest werde, wie es im Himmel ist (Mt. 6,10). Nach seiner Anleitung zu beten beinhaltet logischerweise auch, Gott zu bitten, die Anbetung auf Erden genau so einzurichten, wie sie im Himmel geschieht. Im vorigen Kapitel sprachen wir über den Thron des Vaters und die Szene um diesen Thron herum. In diesem Kapitel werden wir über den Lobpreis rund um den Thron nachdenken.

Das Buch der Offenbarung lässt uns einen Blick in die Anbetungsordnung um Gottes Thron herum werfen (Offb. 4–5). Von den vielen Aspekten, die man daran finden könnte, möchte ich fünf nennen: Anbetung im Himmel ist gottzentriert (Offb. 4,8, 5,11–14), beziehungsorientiert (Offb. 5,9–10), beständig (Offb. 4,8), musikalisch (Offb. 5,9) und „antifonal-interaktiv" (mit Wechselgesängen) (Verse 8–14). All diese Kennzeichen finden sich auch in der Gottesdienstordnung, die König David in Israel eingeführt hat. Ich glaube, dass sie alle sich auch in der endzeitlichen Anbetungsbewegung widerspiegeln werden, wie wir im nächsten Kapitel sehen werden.

1. Anbetung im Himmel ist gottzentriert.

> … fielen die vier lebendigen Wesen und die 24 Ältesten vor dem Lamm nieder … Und sie sangen ein neues Lied, indem sie sprachen: Du bist würdig … Und ich sah, und ich hörte eine Stimme von vielen Engeln rings um den Thron …, die sprachen mit lauter Stimme: Würdig ist das Lamm.
>
> Offenbarung 5,8–9.11–12 S

Die Gottesdienstordnung im Himmel ist entschieden gottzentriert. Die, die Gottes Thron am nächsten sind, proklamieren ohne Unterlass die Wahrheit darüber, wer Gott ist und was er tut. Die Vorherrschaft Gottes verlangt Reaktion, deshalb können die, die seinem Thron am nächsten sind, nicht still sein. Er ist würdig, und seine Vorzüglichkeit fordert Ausdruck. Die erste Priorität in der Anbetungsordnung des Himmels ist, Gott wertzuschätzen und ihn als den Würdigen anzubeten. Es ist eine notwendige und angemessene Reaktion auf seine unvergleichliche Herrlichkeit und seine unermessliche Würde.

2. Anbetung im Himmel ist beziehungsorientiert.

> Du bist würdig …, denn du bist geschlachtet und hast uns für Gott mit deinem Blut erkauft … und hast uns für unseren Gott zu Königen und Priestern gemacht, und wir werden herrschen auf der Erde.
>
> Offenbarung 5,9–10

Um den Thron singen die vier lebendigen Wesen und die vierundzwanzig Ältesten über die Tatsache, dass Jesus geschlachtet ist und dass er sein Volk zu Königen und Priestern in Partnerschaft mit ihm gemacht hat. Ein Aspekt der Verherrlichung Jesu ist der Lobpreis für seinen Wunsch nach tiefer Beziehung und Partnerschaft mit uns im Dienen. Wie er uns liebt, offenbart viel über das, wer er wirklich ist. Warum ist er geschlachtet? Die Antwort findet sich in der Qualität der Liebe, die er zu seinem Vater und seinem Volk hat.

Unser Leben hat großen Wert aufgrund dessen, wie Gott uns liebt und wertschätzt. Gott ist Liebe, deshalb schätzt er die Seinen so sehr. Die Wahrheit dieser Aussage wird uns deutlicher, wenn wir uns das Gegenteil vorstellen: Für Satan ist unser Leben nicht wertvoll, denn er ist ein Mörder (Joh. 8,44). Wir sind ungeheuer wertvoll, weil der Würdigste von allen uns großen Wert zuschreibt und weil er die Beziehung mit uns wünscht.

Im Himmel beten Scharen Jesus an und geben ihm die Ehre. Liebe, unendliche Macht, große Weisheit und majestätische Pracht – all das definiert, wer Jesus ist. Aber am deutlichsten lässt sich seine Größe in der Qualität seiner Liebe erkennen. Er gebraucht seine Macht und Weisheit für den Plan, Himmel und Erde auf ewig mit Liebe zu füllen (Offb. 21–22).

Wir beten Jesus an als den überaus Würdigen, der sich aus seiner Erhabenheit erniedrigte, um uns zu sich zu ziehen, weil wir ihm lieb sind. Jesus war hoch im Himmel. In jeder Weise transzendiert er die Menschheit, er steht unendlich hoch über der ganzen Schöpfung. Und dennoch machte er sich niedrig um unsertwillen und nahm eines Menschen Gestalt an. All diese Taten zu allen Zeiten haben ein Ziel – uns ihm nahezubringen. Er möchte uns bei sich haben als „Könige und Priester" (Offb. 1,6, 5,10), die mit ihm regieren in Ewigkeit. Und der Grund? Weil wir ihm von Herzen lieb sind, weil wir Gegenstand seiner unerschöpflichen Liebe sind. Deshalb verherrlichen die Anbetungslieder um seinen Thron Gottes große Liebe – eine Liebe, die sich in seinem Wunsch nach Beziehung mit uns ausdrückt und die dazu führt, dass er uns zu Königen macht, die seine Autorität teilen, und zu Priestern, die seinem Herzen nahekommen.

Gott ist beziehungsorientiert, und deshalb verherrlicht man ihn und erhebt seinen Wert, indem man herausstellt, wer er ist und was ihm wichtig ist. Er ist Liebe, und es ist ihm wichtig, seine Liebe zu uns zum Ausdruck zu bringen. In Ewigkeit werden wir von seiner großen Liebe singen, die ihn dazu brachte, uns in seinem Blut zu waschen und uns zu Königen und Priestern zu machen (Offb. 1,6, 5,10), und werden wir davon singen, dass er würdig ist, weil er geschlachtet ist (Offb. 5,9).

> Jesus Christus ... der Herrscher über die Könige der Erde! Ihm, der uns geliebt und uns von unseren Sünden reingewaschen hat mit seinem Blut und uns zu Königen und Priestern gemacht hat vor Gott, seinem Vater ...
>
> Offenbarung 1,5–6

Am Ende der Zeiten wird er „den überschwänglichen Reichtum seiner Gnade durch seine Güte gegen uns erweisen" (Eph. 2,7). Deshalb ist es ein wichtiger Aspekt des Verständnisses der Herrlichkeit Jesu, den Wert, den wir in seinen Augen haben, in seiner Gnade zu erkennen.

3. Anbetung im Himmel ist beständig.

Die Gottesdienstordnung im Himmel ist beständig. Die vier lebendigen Wesen, die, die Gottes Thron am nächsten sind, beten ununterbrochen an.

> Unaufhörlich rufen sie [die vier lebendigen Wesen] bei Tag und bei Nacht: Heilig, heilig, heilig …
>
> Offenbarung 4,8 S

Die Bedeutung des 24-Stunden-Gebets kommt vom Himmel, vom Thron Gottes. Warum wird dort unaufhörlich angebetet? Weil Gottes Majestät und Vorherrschaft verlangen, dass ihn die, die ihn am deutlichsten sehen, ohne Unterlass erheben.

Jesaja prophezeite von einer Zeit, in der endlos gebetet und angebetet wird (Jes. 62,6–7). Jesus bezog sich auf Jesajas Prophetie, als er von denen sprach, die ununterbrochen beten würden (Lk. 18,7–8.)

4. Anbetung im Himmel ist musikalisch.

> Die vier lebendigen Wesen … hatten jeder eine Harfe … Und sie sangen ein neues Lied, indem sie sprachen: Du bist würdig.
>
> Offenbarung 5,8–9 S

> Und ich hörte den Klang von Harfenspielern, die auf ihren Harfen spielten. Sie sangen wie ein neues Lied vor dem Thron.
>
> Offenbarung 14,2–3

Die Gottesdienstordnung des Himmels ist musikalisch. Gottes Schönheit ist in der herrlichen Musik, in Liedern, Chören, Stimmen und Lauten, die seinen Thron umgeben, erkennbar (Offb. 4,5, 8,5, 11,19, 16,18). Wunderschöne Lieder werden vor ihm gesungen, die die Herrlichkeit proklamieren, die seinem Namen gebührt (Offb. 5,9–14, 14,2–3, 15,2–4).

Der Herr selbst jubelt über seinem Volk (Zef. 3,17) und Jesus singt Loblieder für den Vater (Hebr. 2,12). Der Apostel Johannes lenkt den Blick auf die Harfen und Posaunen in der himmlischen Symphonie rund um Gottes Thron (Offb. 5,8, 8,2.6.13, 14,2, 15,2).

5. Anbetung im Himmel ist antifonal-interaktiv.

Rund um Gottes Thron ist antifonales Singen das Muster der Wahl Gottes (Offb. 5,8–14). Dabei handelt es sich um Wechselgesang. Es ist die Norm im Buch der Offenbarung. Nach diesem Muster ergänzen sich Musiker und Sänger interaktiv, um Gott in organischer Einheit mit Gebeten und prophetischen Proklamationen anzubeten. In der unten beschriebenen Szene können wir zum Beispiel fünf Wechselgesänge verschiedener Gruppen von Dienern Gottes identifizieren:

> Die vier lebendigen Wesen und die 24 Ältesten ... sangen ein neues Lied, indem sie sprachen: Du bist würdig. ... Und ich hörte eine Stimme von vielen Engeln ..., die sprachen mit lauter Stimme: Würdig ist das Lamm ... Und jedes Geschöpf, das im Himmel und auf der Erde ... ist, hörte ich sagen: Dem, der auf dem Thron sitzt, ... gebührt das Lob und die Ehre und der Ruhm und die Macht ... Und die vier lebendigen Wesen sprachen: Amen! Und die 24 Ältesten fielen nieder und beteten den an, der lebt von Ewigkeit zu Ewigkeit.
>
> Offenbarung 5,8–9.11–14 S

Zuerst singen die vier lebendigen Wesen und die vierundzwanzig Ältesten (Verse 8–9). Sodann antworten darauf die Engelscharen (Verse 11–12). Als Drittes trägt jedes Geschöpf zu dem bei, was die beiden ersten Gruppen verkündet haben (V. 13). Viertens antworten die vier lebendigen Wesen im Chor und rufen „Amen!" (V. 14). Schließlich antworten die vierundzwanzig Ältesten mit Anbetung (V. 14).

Die Gottesdienstordnung, die König David einrichtete

David empfing Offenbarung vom Heiligen Geist in Bezug auf die Gestaltung des Tempels und Arbeitsweise der Priester und Leviten (Sänger und Musiker; 1. Chr. 28,11–13.19).

> Und David gab seinem Sohn Salomo den Plan ... von allem, was durch den Geist in ihm war: ... für die Abteilungen der Priester und Leviten ... „Über all dies" [sprach David,] „über alle Werke des Planes, hat Er [der Herr] mich durch eine Schrift unterwiesen, weil die Hand des Herrn auf mir war."
>
> 1. Chronik 28,11–13.19

Der Herr gebrauchte David, eine neue Gottesdienstordnung in Israel einzusetzen. In dieser Ordnung brachte er auf Erden etwas von den Anbetungsprinzipien zum Ausdruck, die im Himmel um Gottes Thron gelten. Die Gottesdienstordnung, die David einsetzte – mit anderen Worten, der „davidische Gottesdienst" – enthält viele Elemente, hier will ich nur fünf erwähnen: Auch er ist gottzentriert, beziehungsorientiert, beständig, musikalisch und antifonal bzw. interaktiv, genau wie der oben beschriebene Gottesdienst im Himmel.

Der davidische Gottesdienst war gottzentriert.

> Eins bitte ich vom Herrn, das hätte ich gern: dass ich mein Leben lang im Haus des Herrn bleiben möge, um die Freundlichkeit des Herrn zu schauen und seinen Tempel zu betrachten.
>
> Psalm 27,4

Sein Vertieftsein in Gott, besonders in seine majestätische Herrlichkeit und Schönheit, hatte in Davids Leben höchste Bedeutung. Viele der Lieder, die in Davids Stiftshütte Verwendung fanden, waren gottzentriert in dem Sinn, dass sie Gottes Herrlichkeit und Ehre erhoben und die Wahrheit verkündeten, wer Gott ist und was er tut. Manche der vielen Lieder von David wurden in das Buch der Psalmen aufgenommen. Sie spiegeln seinen Herzenswunsch wider, Gott in seinem Leben an die erste Stelle zu erheben. David würdigte Gott und betete ihn an und sang über seine Herrlichkeit und seinen unermesslichen Wert.

Der davidische Gottesdienst war beziehungsorientiert.

Etliche Lieder im Buch der Psalmen waren von den Leviten im Tempel – und vor dem Bau des Tempels in Davids Stiftshütte – zu singen. Viele von ihnen betonen Gottes Liebe zu seinem Volk und seinen Wunsch nach Beziehung und Partnerschaft mit ihm.

> Denn deine Güte ist besser als Leben; meine Lippen preisen dich.
>
> Psalm 63,4

> Ich rufe zu dir … Beweise deine wunderbare Güte … Behüte mich wie einen Augapfel.
>
> Psalm 17,6–8

David schrieb Lieder darüber, wie Gott ihn liebte und mit ihm umging, über seine Zukunft und seine Liebe zu Gott und drückte in ihnen die Bitte um Barmherzigkeit und Hilfe in Zeiten aus, wo seine Liebe schwach war. Solche Themen wurden oft in den Anbetungsliedern zum Ausdruck gebracht, die David und die Leviten schrieben. Sie sangen darüber, wie Gott mit ihnen in Beziehung stehen und sie jetzt und in Zukunft gebrauchen wollte. David verherrlichte Gott auch für seine Liebe zu seinem Volk und dafür, dass er es in seine Reich-Gottes-Absichten einbindet.

> Herr, unser Herrscher, wie herrlich ist dein Name auf der ganzen Erde, der du deine Hoheit über die Himmel gesetzt hast! … Was ist der Mensch, dass du seiner gedenkst, und das Menschenkind, dass du dich seiner

annimmst? … Mit Herrlichkeit und Ehre hast du ihn gekrönt. Du hast ihn zum Herrscher gemacht über das Werk deiner Hände; alles hast du unter seine Füße getan.

Psalm 8,2.5–7

Er war überwältigt, wenn er die Würde der Erlösten in Gottes Augen sah, und dass Gott entschlossen war, die Erde in Partnerschaft mit ihnen zu regieren (Ps. 8). Er fragte, warum sich der Herr so um Menschen kümmerte (V. 4). Er wollte wissen, was der Mensch denn hat, was den Herrn so tief bewegt. Die Antwort findet sich nicht etwa in der dem Menschen eigenen Güte, sondern in der Größe der Liebe Gottes zu uns.

David pries den Herrn, weil er freundlich und voller Liebe ist, weil er sich an schwachen Menschen erfreut und ihnen von seiner eigenen Herrlichkeit schenkt (Ps. 149).

Sie sollen seinen Namen loben … Denn der Herr hat Wohlgefallen an seinem Volk; er hilft den Elenden herrlich.

Psalm 149,3–4

Und die Freundlichkeit des Herrn, unsres Gottes, sei über uns.

Psalm 90,17 S

David sang das Lob Gottes, weil der ihn zu einem König gemacht hatte, welcher mit Gott gemeinsam daran arbeiten würde, dem Volk Israel und den Heiden Gottes Ehre zu bringen. Er sang das Lob Gottes, weil der ihn immer segnen würde (Ps. 21). Er lobte Gott dafür, dass er ihm jetzt und in Zukunft viel Gutes tun würde, da er ihn liebte und sich nach einer gesegneten und tiefen Beziehung mit ihm sehnte (Ps. 103).

Herr, der König freut sich über deine Stärke, er ist sehr fröhlich über deine Hilfe! … Denn du überschüttest ihn mit Segen und Gutem; du setzt ihm eine goldene Krone auf seinen Kopf. … Er hat große Ehre durch deine Hilfe; du gibst ihm Hoheit und Pracht. Denn du setzt ihn für immer zum Segen; du erfreust ihn mit Freude vor deinem Angesicht.

Psalm 21,2.4.6–7

Lobe den Herrn, meine Seele, und vergiss nicht, was er dir Gutes getan hat: der dir alle deine Sünden vergibt und heilt alle deine Gebrechen, der dein Leben vom Verderben erlöst, der dich mit Gnade und Barmherzigkeit krönt.

Psalm 103,2–4

Der davidische Gottesdienst wurde Tag und Nacht kontinuierlich gehalten.

Wie in Kapitel 22 bemerkt, setzte David Sänger und Musiker ein, damit der Herr ununterbrochen angebetet würde.

> Jene aber sind die Sänger …, die in den Kammern keinen Dienst hatten; denn Tag und Nacht waren sie in ihrem Dienst.
>
> 1. Chronik 9,33

David sorgte für die Finanzierung dieser Musiker und Sänger, damit sie Gott vollzeitlich anbeten konnten. Er setzte viertausend Musiker ein (1. Chr. 23,5) und 288 Sänger (1. Chr. 25,7). Diese Gruppen zu organisieren und zu unterstützen bedeutete eine Menge Arbeit und war sehr teuer. Trotzdem bestand David darauf, diese kostspielige Investition von Zeit und Geld zu machen, weil er wusste, dass der Herr es so bestimmt hatte und dass der Gott Israels wert ist, gelobt zu werden.

> Nun denn! Lobt den Herrn, alle Knechte des Herrn, die ihr des Nachts im Haus des Herrn steht! Hebt eure Hände auf im Heiligtum und lobt den Herrn! Der Herr segne dich aus Zion, der Himmel und Erde gemacht hat!
>
> Psalm 134,1–3

Die Bibel macht deutlich, dass die Leviten Gott „Tag und Nacht" dienten und dass es einen besonderen Segen für die gab, die den Herrn in der Nacht lobten. Viele Leute glauben, dass der davidische Gottesdienst rund um die Uhr ging. Für lückenlosen, 24-stündigen Gottesdienst fehlt allerdings der biblische Beweis, wir wissen nur, dass gottesdienstliche Handlungen am Tag und in der Nacht stattfanden.

Der davidische Gottesdienst war musikalisch.

Nachdem David König geworden war, richtete er in Jerusalem ein Zelt der Anbetung auf. Aus 1. Chronik 15–16 und anderen Kapiteln verstehen wir, dass David vor der Bundeslade – welche Gottes Thron repräsentierte – Leviten als Sänger und Musiker einsetzte, um Gott mithilfe ihrer Musikinstrumente Tag und Nacht anzubeten.

> Als sie die Lade Gottes hineinbrachten, setzten sie sie in das Zelt, das David für sie aufgerichtet hatte … Und er bestellte einige Leviten zu Dienern vor der Lade des Herrn, damit sie priesen, dankten und den Herrn, den Gott Israels, lobten.
>
> 1. Chronik 16,1.4

Das Kapitel 1. Chronik 16 nennt die führenden Leviten, die vor dem Herrn in der neuen Gottesdienstordnung im Zelt Davids mit Musik dienten – u. a. den obersten Musiker Asaf – und führt ihre Instrumente auf, nämlich Saiteninstrumente, Harfen, Zimbeln und Trompeten (1. Chr. 16,5–6). Auch 2. Chronik spricht von den Musikern und Sängern, die David berief:

> … und die Leviten, alle Sänger, … mit Zimbeln, Psaltern [Saiteninstrumenten] und Harfen …
>
> 2. Chronik 5,12

David ließ Instrumente anfertigen und mobilisierte Tausende Leviten, den Herrn zu preisen und mit ihren Instrumenten prophetisch zu wirken:

> … und 4000 Lobsänger des Herrn mit Saitenspielen, die ich gemacht habe, um Lob zu singen.
>
> 1. Chronik 23,5

> David … [sonderte] aus zum Dienst die Söhne Asafs, Hemans und Jedutuns, prophetische Männer, die auf Harfen, Psaltern und Zimbeln spielen sollten. … Diese alle sangen unter der Leitung ihrer Väter Asaf, Jedutun und Heman im Hause des Herrn mit Zimbeln, Psaltern und Harfen für den Dienst im Hause Gottes.
>
> 1. Chronik 25,1.6 L

Aus einer Liste der Verantwortlichkeiten der Leviten in Jerusalem erfahren wir, dass dem Herrn Tag und Nacht Lobpreislieder dargebracht wurden (1. Chr. 9,33).

Der davidische Gottesdienst war antifonal.

Die Gottesdienstordnung, die David in Israel etablierte, umfasste auch antifonales, interaktives Singen (Neh. 12,24), ebenso wie die Anbetungsordnung um Gottes himmlischen Thron (Offb. 5,8–14). Warum bestimmte David das? Vielleicht, weil er verstand, dass Gott die Chöre des Himmels antifonal singen ließ.

David organisierte antifonale Chöre (Neh. 12,8–9.24.31.38.40). Die Chöre standen sich gegenüber und sangen im Wechsel miteinander:

> … und Mattanja, der samt seinen Brüdern den Lobgesang leitete. Bakbukja und Unni, ihre Brüder, standen gemäß ihren Dienstabteilungen jenen gegenüber. … Und folgende waren die Obersten unter den Leviten: Hasabja, Serebja und Jeschua, der Sohn Kadmiels, und ihre Brüder, [die] ihnen gegenüber [standen], um zu loben und zu danken,

wie es David, der Mann Gottes, befohlen hatte, eine Abteilung *mit der anderen abwechselnd.*

Nehemia 12,8–9.24 S

Und sie stimmten *einen Wechselgesang* an mit Lob und Preis dem Herrn: Denn er ist gut, denn seine Gnade währt ewig über Israel.

Esra 3,11 REÜ

Die davidische Gottesdienstordnung beibehalten

Nachdem David die himmlische Gottesdienstordnung, die er als Offenbarung empfangen hatte, etabliert hatte, gebot er dem Volk Gottes, sie zu achten, weil sie ihm als direktes Gebot vom Herrn zugekommen war (2. Chr. 29,25, 35,4.15, Esr. 3,10, Neh. 12,45). Immer, wenn Israel abfiel, ließ Gott geistliche Reformer mit einer Vision aufstehen, den Gottesdienst so wiederherzustellen, wie David es befohlen hatte. Zu allen sieben „Erweckungen" im Alten Testament gehörte auch die Wiederherstellung der davidischen Anbetung. Beachten Sie, wie oft die Bibel darauf hinweist, dass die Führer Israels die Sänger und Musiker an ihren Platz bestellten, weil das dem „Befehl Davids" entsprach.

Und er [Hiskia] stellte die Leviten im Haus des Herrn auf mit Zimbeln, Psaltern und Harfen, wie es David … befohlen [hatte]; denn es war das Gebot des Herrn.

2. Chronik 29,25

Gemäß dem Gebot, das Gott seinem Vater David gegeben hatte, bestellte Salomo etwa im Jahr 970 v. Chr. Sänger.

Und er [Salomo] bestellte die Priester in ihren Abteilungen zu ihrem Amt, wie es sein Vater David bestimmt hatte, und die Leviten zu ihrem Dienst, dass sie vor den Priestern lobten und dienten, jeweils an ihrem Tag …, denn so hatte es David, der Mann Gottes, befohlen.

2. Chronik 8,14

Etwa im Jahr 870 v. Chr. schloss Joschafats Reform auch die Einsetzung von Sängern und Musikern zum Lob des Herrn ein.

Und die Leviten … machten sich auf, den Herrn, den Gott Israels, zu loben. … Und er [Joschafat] … bestellte die Sänger für den Herrn … Und sie zogen in Jerusalem ein mit Psaltern, Harfen und Trompeten zum Haus des Herrn.

2. Chronik 20,19.21.28

Etwa im Jahr 835 v. Chr. stellte der Hohepriester Jojada den Tempeldienst mit Sängern und Musikern nach der Ordnung Davids wieder her. Der Hohepriester funktionierte zu der Zeit als oberster Führer Israels, weil der junge zukünftige König, Joasch, erst sieben Jahre alt war.

> Und Jojada bestellte die Ämter im Haus des Herrn unter den Priestern und den Leviten, die David zum Haus des Herrn verordnet hatte, ... mit Freuden und mit Liedern, die David gedichtet hatte.
>
> 2. Chronik 23,18

Etwa im Jahr 625 v. Chr. ließ die Erweckung unter Josia wieder vollzeitliche Sänger und Musiker an ihren Stellen stehen, genau wie es David für die Könige Israels befohlen hatte.

> Und sagte zu den Leviten ...: Bereitet euch nach euren Vaterhäusern in euren Abteilungen, wie sie von David ... vorgeschrieben sind. ... Und die Sänger ... standen an ihrem Platz nach dem Gebot Davids.
>
> 2. Chronik 35,3–4.15

Etwa im Jahr 536 v. Chr. richtete Serubbabel den Dienst vollzeitlicher Sänger und Musiker wieder ein, die nichts anderes tun sollten als Gott anbeten, weil König David das für Israel angeordnet hatte.

> Die Leviten [standen] mit Zimbeln, um den Herrn mit dem Gedicht Davids, des Königs über Israel, zu loben.
>
> Esra 3,10

Auch im Jahr 445 v. Chr. setzten Esra und Nehemia nach der Anordnung Davids vollzeitliche Sänger und Musiker ein.

> Dies waren die ... Leviten: ... verordnet, zu loben und zu danken, wie es David, der Mann Gottes, geboten hatte. ... Und die Sänger und Torhüter standen nach dem Gebot Davids und seines Sohnes Salomo.
>
> Nehemia 12,24.45

Von Nehemia erfahren wir, dass in den Tagen Serubbabels, des Gouverneurs von Juda, die Praxis wieder aufgenommen wurde, den Sängern ihren Lebensunterhalt zuzuteilen (Neh. 11,23, 12,44–47, 13,5–12), so wie David die Sänger finanziell unterstützt hatte, deren einzige Beschäftigung es war, vollzeitlich Gott anzubeten (2. Chr. 8,14, 31,5–16).

> Aber zu den Zeiten Serubbabels und Nehemias gab ganz Israel den Sängern ... Anteile, jeden Tag sein Teil.
>
> Nehemia 12,47

Ich glaube, dass die Gottesdienstordnung, die Gott David gegeben hat – die vollzeitliche Beschäftigung von Sängern und Musikern sowie gottzentrierte, beziehungsorientierte, beständige, musikalische und antifonale Anbetung in Gottes Haus – nicht nur für Davids Zeit galt, sondern auch für unsere. Sie ist zeitlos, denn Gottes Wunsch, auf Erden so angebetet zu werden wie im Himmel, ist immer derselbe. Er wurde nicht immer beachtet. Derzeit jedoch beruft der Heilige Geist viele Gruppen, den davidischen Gottesdienst wiederzubeleben. In jeder Stadt wird das anders aussehen, aber ich glaube, dass der Herr mit der Zeit in jeder Stadt oder Region auf Erden immerwährende Anbetung etablieren wird, wenn Ortsgemeinden sich dazu zusammentun. Ich glaube nicht, dass in jedem einzelnen Kirchengebäude rund um die Uhr gebetet werden sollte, sondern vielmehr, dass immer etwa hundert Gemeinden zusammenfinden, um Gott in ihrem geografischen Gebiet ohne Unterlass anzubeten.

Der Prophet Amos prophezeite etwa im Jahr 750 v. Chr. die Wiederherstellung von Davids Zelt oder Hütte. „An jenem Tag will ich die zerfallene Hütte Davids wieder aufrichten und ihre Lücken verzäunen, und was abgebrochen ist, wieder aufrichten, und will sie bauen, wie sie früher gewesen ist“ (Am. 9,11). Zu dieser Wiederherstellung gehört auch der davidische Gottesdienst im Geist der Hütte Davids. Die Fülle der Hütte Davids – das bezieht sich auf Jesu Herrschaft im Tausendjährigen Reich auf der Grundlage des ununterbrochenen davidischen Gottesdienstes, wie wir in Kapitel 25 sehen werden.

Teil VI

Die globale endzeitliche Gebetsbewegung

Wenn Gott sich aufmacht, um etwas Neues mit seinem Volk zu machen, dann bringt er sie immer dazu zu beten.[1]

J. Edwin Orr

Kapitel 25

Sieben Eigenschaften der endzeitlichen Gebetsbewegung

Gebet ist sowohl Ausgangspunkt als auch Ziel jeder Bewegung, die Elemente dauerhafter Weiterentwicklung aufweist. Wann immer die Kirche aufgerüttelt wird ..., hat irgendwo irgendwer gebetet.[1]

A. T. Pierson

Jesus kommt nicht zu einer gebetslosen Kirche zurück, sondern zu einer, die in enger Partnerschaft mit ihm Fürbitte für die Ernte der Endzeit leistet (Offb. 22,17). Der Heilige Geist ist unterwegs und baut eine weltweite Gebets- und Anbetungsbewegung im gesamten Leib Christi auf. Sie wird alle anderen solcher Bewegungen in der Geschichte übertreffen, was die Offenbarungstiefe, Kraft und die Anzahl der beteiligten Menschen angeht. Sie wird u. a. zur Folge haben, dass das Evangelium allen Nationen in der Kraft des Heiligen Geistes gepredigt wird (Mt. 24,14, Offb. 7,9.14).

Die endzeitliche Gebets- und Anbetungsbewegung wächst gerade rapide in den Nationen (siehe Kapitel 28), da der Heilige Geist wirkt und vor der Wiederkunft Jesu eine Gebetskultur im Leib Christi weltweit begründet. Auf der ganzen Welt erweckt er Menschen mit dem, was ich die „Hanna-Berufung" nenne. Hanna war eine Prophetin zur Zeit der Geburt Jesu, die die meiste Zeit ihres Lebens mit viel Beten und Fasten Gott im Tempel diente (Lk. 2,37). Die Endzeit-Hannas sind radikale Christen, die als das fungieren, was ich „Fürbitte-Missionare" nenne, die sich vollzeitlich der Arbeit der Fürbitte und Anbetung widmen. (In Kapitel 30 finden Sie mehr Informationen über die „Hanna-Berufung" und meine Vorstellung von einem „Fürbitte-Missionar".)

Der Prophet Jesaja und König David in den Psalmen gaben uns die meisten Informationen über die endzeitliche Gebets- und Anbetungsbewegung, was ihre irdischen Dimensionen angeht, während der Apostel Johannes sie im Buch der Offenbarung von einer himmlischen Perspektive aus beschrieb. In diesem Kapitel werden wir genau ansehen, was sie gesagt haben.

Das Buch Jesaja und die Psalmen, zusammen mit anderen Bibelstellen, beschreiben viele Kennzeichen dieser herrlichen Bewegung. Ich werde sieben davon herausgreifen, obwohl es viele weitere gibt. Die endzeitliche Gebets- und Anbetungsbewegung wird gottzentriert, beziehungsorientiert, immerwährend, musikalisch, global, missionarisch und generationenübergreifend sein. Sie werden bemerkt haben, dass ich vier der fünf Aspekte einschließe, die im letzten Kapitel als Kennzeichen der himmlischen und der davidischen Gottesdienstordnung besprochen wurden. Ich glaube, dass die endzeitliche Gebetsbewegung Anbetung „wie im Himmel, so auf Erden" zum Ausdruck bringen wird (Mt. 6,10) – mehr als es in seiner Generation das von David eingerichtete Anbetungs-Fürbitte-Modell mit den Leviten getan hat.

1. Die endzeitliche Gebetsbewegung wird gottzentriert sein.

Das herausragendste Merkmal der endzeitlichen Gebets- und Anbetungsbewegung wird das Verständnis der Vorherrschaft Jesu sein, im Besonderen das Verständnis seiner majestätischen Schönheit als Bräutigam, König und Richter. Endzeitliche Anbetungslieder werden die Majestät des Herrn betonen. Jesaja prophezeite über die endzeitliche Gebets- und Anbetungsbewegung:

> Sie … singen und jauchzen … *über die Majestät des Herrn.* … Wir hören Lobgesänge vom Ende der Erde: „Ehre dem Gerechten!"
>
> Jesaja 24,14–16

Die Lieder werden die Majestät des Herrn im Blick haben und die Ehrung des „Gerechten". Durch diese Lieder werden Anbeter die Majestät Gottes verherrlichen.

Anbetung ist eine Reaktion auf die Offenbarung Gottes. Es ist eine Antwort auf etwas, was wir sehen, und auf jemanden, den wir lieben. Rund um den Globus werfen Menschen aller Altersstufen einen kleinen Blick auf die Schönheit, Herrlichkeit und Überlegenheit Jesu und reagieren in wahrer Liebe, indem sie ihn wertschätzen und anbeten und so der Welt ein Zeugnis von seinem unbeschreiblichen Wert geben.

Die Wahrheit über Jesu Wert und Größe *muss* in Lied und prophetischer Botschaft verkündet werden, weil sie die ultimative Wahrheit ist, auf deren Grundlage das gesamte geschaffene Universum existiert. Als die Pharisäer darauf bestanden, er solle seine Jünger zurechtweisen, weil sie ihn anbeteten, sagte ihnen Jesus, wenn die Menschen in seiner Gegenwart schwiegen, würden an ihrer Stelle die Steine schreien (Lk. 19,37–40). Die endzeitliche Gebetsbewegung auf der Erde wird in die Anbetungssymphonie im Himmel einstimmen und ausrufen: „Würdig ist das Lamm!" (Offb. 5,12).

2. Die endzeitliche Gebetsbewegung wird beziehungsorientiert sein.

Die endzeitliche Gebets- und Anbetungsbewegung wird einen beziehungsorientierten Fokus haben, was sich in unserem Singen von den Wundern der Liebe Gottes zu uns und unsere Liebes-Reaktion auf ihn widerspiegeln wird. Gott ist Liebe, und er möchte die Beziehung mit uns – nicht weil er bedürftig wäre, sondern weil er seine Liebe teilen und die Erde in Partnerschaft mit den Seinen regieren möchte. Liebe empfindet Freude an der Gemeinschaft und der engen Zusammenarbeit mit anderen.

Jesus will, dass wir wissen, dass wir geliebt sind; er preist unsere Würde und unseren Wert und möchte, dass auch wir das tun. Er hat seine Freude an uns, gibt uns liebend gern Einblick in sein Herz und freut sich an der Beziehung mit uns. Er möchte, dass wir als Partner mit ihm in dem Werk stehen, das sein Vater ihm anvertraut hat. Er freut sich, wenn wir ihn lieben, ehren und verherrlichen.

Wie König David werden wir Lieder über Gottes Liebe zu uns singen. Wir werden auch neue Lieder singen über unsere Bestimmung als Könige und Priester, die die Erde in Ewigkeit mit Jesus regieren. Wir werden von unserer Liebe zu Jesus singen, ihm für Barmherzigkeit danken und ihn um Hilfe bitten in Zeiten, wenn unsere Liebe schwach ist. Wir werden von seiner Güte singen und im Lied bestaunen, dass er Freude an schwachen Menschen hat und seine eigene Herrlichkeit und Güte an uns weitergibt (Jes. 61,3, Ps. 90,17, 149,4).

… ein Gnadenjahr des Herrn auszurufen …, damit ihnen Schmuck statt Asche … gegeben werde …

Jesaja 61,2–3

Zeige deinen Knechten deine Werke und ihren Kindern deine Herrlichkeit.

Psalm 90,16

Mit der Offenbarung von Gottes Vaterherz erlangen wir Verständnis von Jesus als unserem Bräutigam-König und dem Leib Christi als seiner geliebten Braut (Eph. 5,29–32). Deshalb werden wir davon singen, dass der Vater voller Barmherzigkeit mit uns in Beziehung tritt und dass Jesus sein Verlangen nach seinem Volk als sein Bräutigam-Gott zum Ausdruck bringt (Jes. 54,5, 62,5, Offb. 22,17). Bevor der Herr wiederkommt, wird sich die Kirche als eine Braut sehen, die ihren Bräutigam-König zu sich ruft (Offb. 22,17.20). Schon jetzt betont der Heilige Geist die Identität der Kirche als geliebte Braut des Herrn.

In Offenbarung 22,20 prophezeite Johannes, dass der Geist und die Braut sagen würden: „Komm, Herr Jesus!“ Dies ist eine der informativsten und bedeutendsten Weissagungen, die die endzeitliche Gemeinde beschreiben. Zum ersten Mal in der Geschichte wird der Geist in der Endzeit die Identität der Kirche als Braut Jesu universell herausstellen.

Als *Kinder Gottes* können wir seinen *Thron* erfahren: erleben, dass seine Kraft durch uns wirkt. Als *Braut Christi* können wir das *Herz* Gottes erfahren: sein Verlangen nach uns. Die Bräutigam-Botschaft ist auf das ausgerichtet, was Jesus für uns empfindet, seine Herrlichkeit und seine Bereitschaft, sein Herz, sein Zuhause, seinen Thron, seine Geheimnisse und seine Schönheit mit uns zu teilen. Viele Verse in der Bibel beziehen sich auf Gott als den Bräutigam seines Volkes.[2]

Wir sind „Erben Gottes und Miterben mit Christus“ und haben folglich Zugang sowohl zu seiner Kraft als auch zu seinem Herzen (Röm. 8,17). Die endzeitliche Anbetungsbewegung wird von vielen Aspekten dieser herrlichen Beziehung singen, wenn wir seine Liebe zu uns mehr und mehr verstehen und erfahren.

Eine Warnung: Es ist falsch und völlig unangebracht, die Wahrheit, dass Jesus unser Bräutigam-Gott ist, mit dem Konzept eines sexuell verlangenden, eines „Boyfriend-“Gottes zu vermischen. Wir müssen jegliche sexuellen Anspielungen in der Braut-Christi-Botschaft vermeiden. Ich kenne einige Frauen, die die herrliche Wahrheit, dass Jesus unser Bräutigam-Gott ist, in falscher Weise anwenden, indem sie Jesus als ihren Geliebten oder „Boyfriend" im natürlichen Sinn ansehen. Das ist eine schlimme Verirrung.

Jesaja unterstrich den Beziehungsaspekt der endzeitlichen Gebetsbewegung, als er den Messias als unseren Bräutigam-Gott beschrieb.

> Denn der dich gemacht, ist dein Mann – Herr Zebaoth heißt sein Name.
>
> Jesaja 54,5

> Denn … wie sich ein Bräutigam über die Braut freut, so wird sich dein Gott über dich freuen.
>
> Jesaja 62,5

Jesaja erklärte den Israeliten, dass ihr Schöpfer ihr Ehemann ist.

Die Vorstellung eines Gottes mit tiefen Liebesgefühlen war für das Volk in jener Zeit nicht leicht zu begreifen, weil sie Gott nur als ihren transzendenten Schöpfer ansahen. Die jüdische Tradition betonte seine Heiligkeit und Majestät, weshalb die Leute außer sich waren, als sie hörten, dass Gott Verlangen nach ihnen habe und nicht nur Macht über sie.

Jesaja stellte eine Verbindung zwischen der Offenbarung von Jesus als Bräutigam mit der endzeitlichen Gebetsbewegung her, die nicht aufhören wird, bis der Herr wiederkommt und Jerusalem zum Lob auf Erden macht:

> Du sollst „Meine Lust an ihr" [Hefziba] … heißen; denn der Herr hat Lust an dir … Denn … wie sich ein Bräutigam über die Braut freut, so wird sich dein Gott über dich freuen. O Jerusalem, ich will Wächter [Fürbitter] auf deine Mauern bestellen, die den ganzen Tag und die ganze Nacht nicht schweigen sollen, … bis er Jerusalem zugerichtet und zum Lob auf Erden gemacht hat.
>
> Jesaja 62,4–7

Er prophezeite, dass Gottes Volk in der Endzeit „Meine Lust an ihr" genannt werden würde. Mit dem entsprechenden hebräischen Wort „Hefziba" wird die Freude des Herrn an seinem Volk ausgedrückt.

Der Gott, der sich an uns erfreut, ist genau der, der Fürbitter einsetzen wird, die bis zur Wiederkunft Jesu rund um die Uhr beten und anbeten (Verse 6–7). Sein Heiliger Geist wirkt gerade jetzt und erweckt auf der ganzen Welt Scharen von Männern und Frauen – Sänger, Prediger, Evangelisten, Autoren, Geschäftsleute und Fürbitter –, die verkünden, dass Gott sich an seinem Volk erfreut.

Ich habe gemerkt, dass Menschen am meisten motiviert sind, rund um die Uhr zu beten, wenn sie erkennen, dass Gott sich an ihnen erfreut, wie sich ein Bräutigam an seiner Braut freut (V. 4–5). Tatsächlich liegt eine Ursache für Burn-outs in der Fürbitte und dem Dienst an anderen darin, dass es den Menschen an der Intimität mit Gott mangelt, die sich aus der Begegnung mit Jesus als ihrem Bräutigam-Gott ergibt, welcher sich an der Beziehung zu ihnen erfreut. Mit anderen Worten, die Offenbarung der Gemeinde als Jesu geliebte Braut ist von essenzieller Bedeutung, um unser Herz durch all die Jahre, in denen wir uns für das Reich Gottes einsetzen, lebendig zu halten.

3. Die endzeitliche Gebetsbewegung (Anbetungselement) wird immerwährend sein (Jes. 62,6–7, Lk. 18,7–8).

Wie die Gottesdienstordnung rund um Gottes Thron im Himmel immerwährend ist, so wird Gott auch in vielen Nationen auf Erden ohne Unterlass angebetet werden, bevor Jesus wiederkommt. Jesaja prophezeite von einer Zeit kurz vor Jesu Wiederkunft, in der der Herr Fürbitter einsetzen wird, die Tag und Nacht nicht schweigen. Er nannte diese Fürbitter „Wächter, die den Herrn erinnern".

> O Jerusalem, ich will Wächter auf deine Mauern bestellen, die den ganzen Tag und die ganze Nacht nicht schweigen sollen. Die ihr den Herrn erinnern sollt, gönnt euch keine Ruhe, und schweigt nicht, bis er Jerusalem zugerichtet und zum Lob auf Erden gemacht hat.
>
> Jesaja 62,6–7

Jesaja beschrieb Menschen, die unablässig beten würden – bis zu der Zeit, in der Jerusalem zum Lob auf Erden gemacht wird, das heißt, wenn Jesus wiederkommt, um von Jerusalem aus zu herrschen. Jeremia prophezeite die Herrschaft des Herrn in Jerusalem so: „Zu der Zeit wird man Jerusalem ‚Thron des Herrn' nennen" (Jer. 3,17). Und Jesus sprach von Jerusalem als der „Stadt des großen Königs" (Mt. 5,35), in Erwartung des Tages, an dem er nach seiner Wiederkunft dort unter seinem Volk wohnen und die Nationen in Partnerschaft mit den Seinen regieren wird.

Nur eine Generation wird die Erfüllung der Verheißung Gottes erleben, dass er Wächter-Fürbitter zum „Tag-und-Nacht"-Gebet auf den Mauern Jerusalems bestellt. Verstehen Sie die Bedeutung dieser Verheißung? Gott wird souverän Fürbitter bestellen und in Gebetsdienste einsetzen, die *nicht aufhören werden, für Jerusalem zu beten, bis Jesus wiederkommt.* In Jerusalem und auf der ganzen Welt ergreifen Christen gerade diese prophetische Verheißung und stehen auf der „Mauer der Fürbitte“, um für die Errettung Jerusalems und der Nationen zu flehen. Vielleicht werden Sie einer von ihnen sein.

Jesus bezog sich auf die Weissagung des Jesaja, als er von denen sprach, die Tag und Nacht beten und deren Gebete Gerechtigkeit bewirken würden (Lk. 18,1–8). Jesus stellte die Verbindung her zwischen der Berufung zu unausgesetztem Beten und der Zeit seiner Wiederkunft (V. 7–8). Beachten Sie auch, dass Jesus sein Gleichnis in Lukas 18,1 mit dem Wort „dann“ beginnt, das heißt, er knüpft mit diesem Gleichnis an das an, was er gerade in Lukas 17,22–36 über die Endzeit gelehrt hatte.

> Er erzählte ihnen aber ein Gleichnis darüber, dass man allezeit beten und nicht müde werden solle. … „Sollte aber Gott nicht auch seinen Auserwählten Recht schaffen, die Tag und Nacht zu ihm rufen …? Ich sage euch: Er wird ihnen unverzüglich Recht schaffen. Doch wenn der Menschensohn kommt [Jesu Wiederkunft], wird er Glauben finden auf der Erde?“
>
> Lukas 18,1.7–8

Jesus stellte eine Verbindung her zwischen Gebet rund um die Uhr und Gerechtigkeit auf der Erde, besonders in der Generation, in der der Menschensohn wiederkommt.

In Vers 8 stellte Jesus eine wichtige Frage darüber, ob er Glauben finden werde auf Erden. Er fragte nicht, ob es Christen auf Erden geben werde, die an ihre Wiedergeburt glauben. Er fragte, ob es Menschen mit Glauben dafür geben werde, dass sie *in Übereinstimmung mit ihm durch Gebet rund um die Uhr Gerechtigkeit erwirken.*

Der Geist erweckt viele Führungspersönlichkeiten im Leib Christi, die Glauben haben (Übereinstimmung mit Gott), für Gerechtigkeit in einer Weise zu wirken, die aus dem ununterbrochenen Gebet dafür fließt. Meistens entsteht Rund-um-die-Uhr-Gebet aus vielen Ortsgemeinden, die in einer Stadt oder Region zusammenarbeiten. Ich glaube nicht, dass der Herr üblicherweise einzelne Ortsgemeinden zum Aufbau von immerwährenden Gebetsdiensten beruft. Vielmehr besteht sein Ruf darin, in der eigenen Gemeinde eine Gebetskultur aufzubauen und mit anderen Diensten zusammenzuarbeiten, sodass immerwährendes Gebet in der ganzen Stadt zustande kommen kann. Mit anderen Worten, wenn der Herr Sie nicht ausdrücklich dazu beruft, in Ihrer eigenen Gemeinde immerwährendes Gebet aufzubauen, ist es am besten, Sie beteiligen sich an dem gemeinsamen Bemühen vieler Ortsgemeinden mit Hunderten Menschen, die in ihren Häusern, Gemeinden, Universitäten und Unternehmen in Ihrer ganzen Stadt Gebetstreffen veranstalten.

4. Die endzeitliche Gebetsbewegung wird musikalisch sein (Jes. 42,10–13).

Ein weiterer Aspekt der endzeitlichen Gebetsbewegung ist, dass sie mit Musik zu tun haben wird. Jesaja unterstrich die Stellung von Singen und Musik in der endzeitlichen Gebetsbewegung.[3] Musik ist ein Ausdruck des Reiches Gottes „auf Erden wie im Himmel".

Musik ist ein wichtiger Bestandteil von dem, was uns Menschen ausmacht. Der menschliche Geist ist musikalisch, weil wir nach dem Bild Gottes geschaffen sind, der musikalisch ist (Zef. 3,17, Hebr. 2,12). Die Bibel sagt, dass der Herr über sein Volk singt:

> Denn der Herr, dein Gott, … jauchzt … über dich mit Jubel [engl: with singing].
>
> Zefanja 3,17

Der Autor des Hebräerbriefs schreibt, dass Jesus dem Vater Lob singt (Hebr. 2,12). Jesus ist sicherlich der großartigste Sänger, Musiker und Liederdichter in der menschlichen Geschichte.

Musik berührt den tiefsten Teil des menschlichen Geistes. Geistgewirkte Anbetungsmusik hilft Gottes Volk, sein Herz vor Gott in Anbetung und Liebe auszudrücken. Sie führt es auch in Einheit, weil sie es vielen ermöglicht, gleichzeitig dasselbe für denselben zu singen. Zusätzlich hilft sie, dass Menschen die Wahrheit des Wortes Gottes lernen und nicht vergessen. Am wichtigsten jedoch: Die Salbung des Geistes auf der Anbetungsmusik macht unser Herz weich und stärkt unsere Fähigkeit, Liebe von Gott zu empfangen und ihm zurückzugeben.

In seinem Buch *The Evidential Power of Beauty* zitiert Thomas Dubay Michael Platt: „Musik erreicht die Leidenschaften, ohne durch den Verstand zu gehen. … [Selbst] die, die nie in irgendeiner Weise Kenntnisse über Musik erworben haben, werden von ihr bewegt."[4] Dubay glaubte, dass „Musik Sehnsucht nach dem Göttlichen entfacht".[5] Der Fabrikarbeiter im Blaumann kann von der Musik, die er anhört, ebenso bewegt werden wie der Dirigent vor seinem Orchester.

Überlegen Sie, wie viele besondere Ereignisse in unserem Leben von Musik begleitet werden – Feierlichkeiten, Hochzeiten, Geburtstage, Fußballspiele, Beerdigungen, Abschlussfeiern, romantische Abende zu zweit, Gottesdienste. Viele von uns hören sowieso, unabhängig von besonderen Ereignissen, den ganzen Tag über Musik. Musik ist nicht nur etwas zum Genießen, sie ist auch von grundlegender Bedeutung in Gottes Ordnungen. Dem Heiligen Geist ist eine musikalische Dimension inne. Gott Vater und Gott Sohn singen, schaffen und genießen Musik.

Jahre bevor wir das *International House of Prayer at Kansas City* (IHOPKC) begannen, war in den täglichen Gebetstreffen der Gemeinde, in der ich Pastor war, Musik kein nennenswertes Element. Irgendwann kam in unseren Gebets- und Anbetungszeiten auch Musik hinzu, und die Treffen wurden nicht nur erträglich, sondern ein Genuss!

Jesaja rief das endzeitliche Israel auf zu singen, als das Volk noch geistlich unfruchtbar war, noch vor der Erfüllung der Verheißung Gottes von Gnade und Wiederherstellung: „Freue dich, du Unfruchtbare, die du nicht geboren hast! Brich in Jubel [engl.: singing] aus und jauchze, die du keine Wehen hattest! … Denn du wirst dich zur Rechten und zur Linken ausbreiten, und deine Nachkommen werden die Nationen beerben und in den verwüsteten Städten wohnen“ (Jes. 54,1.3).

Ähnlich beruft Jesaja die, die Teil der endzeitlichen Anbetungsbewegung sind, zu singen, sogar noch bevor sie Erweckung erleben. Gott wird eine Gebetsbewegung anstoßen, die in Fürbitte singt, bis Gottes Heil in aller Fülle sichtbar ist.

Der Heilige Geist ist entschieden, die Erde mit Liedern zu erfüllen, die Jesus erheben (Ps. 96–98).

> Singt dem Herrn ein neues Lied; singt dem Herrn, alle Welt! … Betet den Herrn an … es fürchte ihn alle Welt! … denn er kommt, die Welt zu richten.
>
> Psalm 96,1.9.13

> Singt dem Herrn ein neues Lied … Alle Enden der Welt sehen das Heil unseres Gottes. Jauchzt dem Herrn, alle Welt; freut euch, singt und lobt! … Denn er kommt, um das Erdreich zu richten. Er wird den Erdkreis mit Gerechtigkeit richten und die Völker mit Recht.
>
> Psalm 98,1.3–4.9

Zwar ist die endzeitliche Anbetungsbewegung gekennzeichnet von Musik, dennoch ist sie kein christliches Musikfestival. Sie ist ein Umfeld, in dem diejenigen Musik machen, die in der Erkenntnis des Herrn wachsen. Besonders junge Erwachsene reagieren voller Eifer. Überall auf der Erde wird ihnen ein Blick auf die Schönheit und Herrlichkeit Jesu zuteil und darauf, wie er im Himmel angebetet wird.

Wie im vorigen Kapitel gesehen, war antifonales, interaktives Singen ebenso Teil der von David eingeführten Gottesdienstordnung (Esr. 3,11, Neh. 12,8–9.24) wie der Gottesdienstordnung rund um Gottes himmlischen Thron (Offb. 5,8–14). Hier in Kansas City, im *International House of Prayer*, gehört zu dem „Harfe und Schale"-Modell der Fürbitte und Anbetung auch antifonales Singen in der Interaktion zwischen dem Anbetungsteam und den Fürbittern. Antifonales Singen gibt ihnen Gelegenheit, als Team in Anbetung und Gebet zusammenzuwirken. Es sorgt auch für Abwechslung beim immerwährenden Gebet, macht die Gebetszeit interessanter und leichter aufrechtzuerhalten.

Wir haben drei Arten herausgebildet, wie wir das Wort Gottes in unseren Gebetstreffen antifonal singen.

1. Wiederholung: Der Sänger singt exakt die gleichen Worte wie der, der vor ihm gebetet oder gesungen hat. Denselben Satz oder Ausdruck zu wiederholen, steigert die Wirkung.
2. Umschreibung: Der Sänger fasst das Thema in ähnlichen Worten zusammen.
3. Fortführung: Der Sänger führt den Gedanken mit vollkommen anderen Worten weiter.

Sie können unsere Anbetungsteams durch unseren Live-Webstream beobachten. Wir senden unseren Gebetsraum live rund um die Uhr. Um ihn anzusehen, gehen Sie auf www.ihopkc.org/prayerroom.

5. Die endzeitliche Gebetsbewegung wird global sein (Jes. 24,14–16,42,10–12, Mal. 1,11).

Die Heilige Schrift macht ganz deutlich, dass die endzeitliche Anbetungs- und Gebetsbewegung sich über die ganze Erde erstrecken wird, bis hin zu den entferntesten und am schwierigsten zu erreichenden Orten. Sie enthält zahlreiche Prophezeiungen von einer weltweiten Anbetungsbewegung, zu der auch gehört, dass die Enden der Erde zum Herrn singen werden (Ps. 96,1, Jes. 24,14–16, 42,10–12).

> Singt dem Herrn ein neues Lied, singt dem Herrn, alle Welt!
>
> Psalm 96,1

> Wir hören Lobgesänge vom Ende der Erde: „Ehre dem Gerechten!"
>
> Jesaja 24,16

> Singt dem Herrn ein neues Lied, seinen Ruhm bis ans Ende der Welt …!
>
> Jesaja 42,10

König David und andere sagten voraus, dass die weltweite Anbetungsbewegung alle Könige der Erde einschließen würde.[6]

> Alle Könige werden ihn anbeten; alle Nationen werden ihm dienen.
>
> Psalm 72,11

> Es danken dir, Herr, alle Könige auf Erden, wenn sie das Wort deines Mundes hören und von den Wegen des Herrn singen, denn groß ist die Ehre des Herrn.
>
> Psalm 138,4–5

Jesaja prophezeite, dass eine globale Fürbitte- und Anbetungsbewegung die Wiederkunft Jesu einläuten würde:

> Singt dem Herrn ein neues Lied, seinen Ruhm bis ans Ende der Welt, die auf dem Meer fahren und was darin lebt, die Inseln und ihre Bewohner! Ruft laut, ihr Wüsten und die Städte darin mit den Dörfern, die Kedar bewohnt; es sollen jauchzen, die in Felsen [in Sela] wohnen, und von den Höhen der Berge rufen! … Der Herr wird ausziehen [Jesu Wiederkunft] wie ein Held; er wird den Eifer wecken wie ein Kriegsmann; er wird einen Schlachtruf, ein Kriegsgeschrei machen; er wird seine Feinde besiegen.
>
> Jesaja 42,1–13

In dieser Prophetie sagt Jesaja, dass die Erlösten von einem Ende der Erde zum anderen anbeten werden, bis Jesus zurückkehrt. Einfach gesagt: Die endzeitliche Anbetungs- und Gebetsbewegung wird mit der Anbetung Jesu überall sein – selbst in den härtesten und finstersten Orten (Mal. 1,11). Jesaja betonte, dass Gottes Volk auf den Inseln zum Herrn singen wird, welche oft weit weg und schwer erreichbar sind (Jes. 42,10). Er sprach von Anbetung in der Wüste oder an öden Orten, selbst in heute islamischen Dörfern wie Kedar in Saudi-Arabien und Sela in Jordanien (V. 11). Diese Prophetie offenbart, mit welchem Eifer der Heilige Geist eine weltweite Anbetungsbewegung aufbaut. Jesus kommt nicht in einen luftleeren Raum zurück, sondern als Antwort auf eine globale Anbetungsbewegung.

6. Die endzeitliche Gebetsbewegung wird missionarisch sein (Offb. 7,9.14).

Die endzeitliche Anbetungs- und Gebetsbewegung wird gebraucht werden, um die größte Seelenernte der Geschichte einzubringen und die Fülle der Gerechtigkeit Gottes auf Erden herbeizuführen (Mt. 24,14, Lk. 18,7–8, Offb. 7,9.14). Jesus sagte, wir müssten den Herrn bitten, Arbeiter in die Ernte zu senden (Lk. 10,2). In den Berichten über die Frühkirche erkennen wir ein Muster, in denen Gemeinschaften wie die in Jerusalem, die in Apostelgeschichte 2 erwähnt ist, und die in Apostelgeschichte 13 genannte Gemeinde von Antiochia sich zum Beten zusammenfanden. Das Ergebnis war, dass Missionare ausgesandt wurden, Evangelisationsbewegungen aufbrachen und eine nennenswerte Seelenernte eingebracht wurde. Jesus stellte die Verbindung von immerwährendem Gebet und Gerechtigkeit auf Erden her (Lk. 18,7–8), im Kontext der Endzeit (Lk. 17,24–37), mit spezifischem Bezug auf seine Wiederkunft (Lk. 18,8).

7. Die endzeitliche Gebetsbewegung wird generationenübergreifend sein (Mal. 4,5–6).

Die endzeitliche Gebetsbewegung wird generationenübergreifend sein und natürliche und geistliche Väter und Mütter mit ihren Kindern vereinen. Maleachi sagte voraus, dass der Heilige Geist die Herzen der Väter der Jugend zuwenden wird in der Generation, in der der Herr zurückkommt:

> Sieh, ich will euch den Propheten Elia senden, bevor der große und schreckliche Tag des Herrn kommt. Und er wird das Herz der Väter den Söhnen zuwenden und wird das Herz der Söhne ihren Vätern zuwenden.
> Maleachi 3,23–24

Der Heilige Geist wünscht, dass geistliche Väter und Mütter sich auf Gottes Absichten für junge Leute ausrichten, sodass die jungen Leute mit Ehre und Liebe reagieren und in Gottes Haus große Einheit und Kraft ist.

Statistisch wenden sich die meisten Christen im Alter vor fünfundzwanzig Jahren Gott zu. Die Mehrheit der derzeitigen Erdbevölkerung ist unterhalb dieses Alters. Ich glaube, dass der Heilige Geist prophetische Anbetung und die Offenbarung der Herrlichkeit Jesu in dieser Zeit betont, um noch einmal eine enorme Zahl Jugendlicher zu Jesus zu ziehen, wie er es in vielen der großen Erweckungen der Geschichte getan hat.

Kurz vor seinem Tod betete und prophezeite Jesus in dem sogenannten hohepriesterlichen Gebet, dass er seine Herrlichkeit ausgießen würde, wodurch die Seinen in einer Einheit leben könnten, die die Effektivität des Evangeliums enorm erhöhen würde (Joh. 17,21–23). Die endzeitliche Anbetungs- und Gebetsbewegung wird in guter Zusammenarbeit funktionieren, weil Gott verschiedenen Teilen seines Leibes verschiedene Aspekte seiner Absichten und Pläne anvertraut hat. Die Gebetsbewegung wird notwendigerweise zutiefst einig sein, denn wir erfahren die Fülle der Absichten Gottes, indem wir einander in unseren Beziehungen ehren und dienen. Es wird Einheit herrschen, denn Gottes übernatürliche Gnade wird auf die Kirche ausgegossen werden, weshalb Gottes Volk in Liebe und einem Geist der Einheit leben kann. Einheit ist der Ort, wo Gott seinen Segen in größtem Maß verheißen hat:

> Sieh, wie fein und lieblich ist es, wenn Brüder einträchtig beieinander wohnen! ... Denn dorthin verheißt der Herr Segen: Leben bis in Ewigkeit.
> Psalm 133,1–3

Wie wir sehen, ruft der Heilige Geist die Gemeinde, in Einheit aufzustehen und Teil einer endzeitlichen, globalen Gebetsbewegung zu werden und inbrünstige, immerwährende Fürbitte und Anbetung vor ihn zu bringen, die aus prophetischer Musik und Intimität mit Gott fließt. Aus unserer Position der Stärke als Fürbitter werden wir gemeinsam an der Ausführung des Missionsbefehls wirken und die größte Seelenernte der Geschichte einbringen.[7] Jesus wird auf die Stimme seiner Braut antworten und seine Feinde vernichten und die Erde mit der Erkenntnis des Herrn erfüllen.

Wie gesagt, wird der große Konflikt am Ende der Zeit der zwischen zwei „Bethäusern“ sein – zwei globalen Anbetungsbewegungen. Der Heilige Geist lässt die mächtigste Gebets- und Anbetungsbewegung der Geschichte entstehen. Um diese Anbetungsbewegung des Geistes zu bekämpfen, wird der Antichrist eine staatlich geförderte, weltweite, falsche Anbetungsbewegung aufbauen (Offb. 13,4.8.12.15). Aber Jesus hat einen Plan im Herzen, und sein Plan wird nicht fehlschlagen. Jesu Anbetungsbewegung wird stärker, kreativer und gesalbter sein als alles, was Satan hervorbringen kann. Die endzeitliche Gebetsbewegung wird gottzentriert, beziehungsorientiert, immerwährend, musikalisch, weltweit, missionarisch und generationenübergreifend sein und wird einer Anbetung „auf Erden wie im Himmel“ (Mt. 6,10) näher kommen als jede andere Bewegung in der Geschichte.

An diesem Punkt fragen Sie sich vielleicht: Was hat die endzeitliche Gebetsbewegung mit mir zu tun? Ich wohne nicht auf der IHOPKC-Missionsstation, und ich bin nicht wie Hanna berufen, alle meine Tage in unausgesetztem Gebet vor Gottes Thron zu leben. Selbstverständlich soll nicht jeder ein Fürbitte-Missionar sein. Jeder von uns ist jedoch berufen, eine Rolle in der Gebetsbewegung und der begleitenden Ernte in unserer Generation zu spielen. Wir sind nicht von einem Beitrag zur Erfüllung der Absichten Gottes ausgeschlossen, nur weil wir nicht hauptberuflich beten.

Sie mögen nicht zur Hanna berufen sein, aber vielleicht bittet Gott Sie, einmal die Woche ein Gebetstreffen Ihrer Ortsgemeinde zu besuchen, um Fürbitte zu tun. Vielleicht möchte er, dass Sie die Anbetung für eine Gebetsgruppe leiten, die sich bei irgendwem zu Hause trifft. Vielleicht wünscht er sich, dass Sie in einem Lobpreisteam singen, das sich aus Mitgliedern des Leibes Christi in Ihrer Gegend zusammensetzt, oder sich in Straßenevangelisation engagieren. Wie Maria, Jesu Mutter, den Dienern bei der Hochzeit zu Kana sagte: „Was er euch sagt, das tut." Zögern Sie nicht.

Kapitel 26

Beten im Sinn der Stiftshütte Davids

Der leistet den größten Beitrag,
der die christliche Kirche zum Beten mobilisiert.[1]
Andrew Murray

Durch den Propheten Amos gab Gott einen Hinweis, dass die endzeitliche, weltweite Gebetsbewegung „im Sinn der Stiftshütte Davids“ operieren wird. Er verkündete: „An jenem Tag will ich die zerfallene Hütte Davids wieder aufrichten und ihre Lücken verzäunen, und was abgebrochen ist, wieder aufrichten, und will sie bauen, wie sie früher gewesen ist“ (Amos 9,11). An früherer Stelle haben wir über die Anbetungsdimension der Stiftshütte Davids nachgedacht, wie sie in 1. Chronik 16 beschrieben ist, und erfahren, dass David ein Zelt bzw. eine Hütte baute als Behausung für die Bundeslade, und viertausend Musiker und 288 Sänger organisierte, die davor standen und ohne Unterbrechung in Tag- und Nachtschichten dem Herrn dienten.[2]

Mit dem Ausdruck „im Sinn der Stiftshütte Davids beten“ meine ich Gebet in Kombination mit Anbetung, das der Gottesdienstordnung ähnlich ist, die David in der Stiftshütte einführte. Dazu gehört auch das Flehen um die Fülle all dessen, was Gott in Bezug auf den Thron Davids verheißen hat. Wie wir bereits gesehen haben, war diese spezifische „Gottesdienstordnung“, die von David eingeführt wurde[3], eine Grundlage für die Stiftshütte Davids. David empfing die Gottesdienstordnung durch eine Offenbarung vom Herrn (1. Chr. 28,19).

> Und sie dienten mit Singen vor der Wohnung der Stiftshütte, ... und sie standen *nach ihrer Ordnung* ihrem Dienst vor.
>
> 1. Chronik 6,17

> Und er bestellte die Priester in ihren Abteilungen zu ihrem Amt, *wie es sein Vater David bestimmt hatte*, und die Leviten zu ihrem Dienst, dass sie vor den Priestern lobten und dienten.
>
> 2. Chronik 8,14

Wie gesagt, der Herr hatte David angewiesen zu bestimmen, dass die Könige Israels nach ihm diese Gottesdienstordnung aufrechterhalten sollten:

> Und er stellte die Leviten im Haus des Herrn auf mit Zimbeln, Psaltern und Harfen, wie es David ... befohlen [hatte]; denn es war das Gebot des Herrn durch seine Propheten.
>
> 2. Chronik 29,25

Auch die Regierung des Königs David in Jerusalem war Bestandteil der Stiftshütte, eine gerechte Regierung, gegründet auf immerwährender Anbetung Gottes. Mit anderen Worten, sie bestand aus Gottesdienstordnung *und* Regierungsautorität sowie weiteren Elementen. David war der erste König der Geschichte, der sein Königsein und seine nationale Regierung auf Tag und Nacht ununterbrochene Anbetung und Gebet gründete (1. Chr. 9,33).

In den Generationen nach Davids Tod verfiel die Stiftshütte, aber durch die Propheten versprach Gott später, sie wiederherzustellen:

> Es wird ein Thron aus Gnade aufgerichtet, damit einer darauf sitze in der Wahrheit, im Zelt Davids, und richte und *trachte nach Recht* und *fördere Gerechtigkeit.*
>
> Jesaja 16,5

> An jenem Tag will ich die zerfallene Hütte Davids wieder aufrichten und ihre Lücken verzäunen, und was abgebrochen ist, wieder aufrichten, und will sie bauen, wie sie früher gewesen ist, *damit sie die übrig Gebliebenen von Edom* [in einem heute islamisch geprägten Gebiet] und *alle Nationen*, über die mein Name genannt ist, in Besitz nehmen, sagt der Herr, der das tut. ... Denn ich will das Geschick meines Volkes Israel wenden [1948], sodass sie die verwüsteten Städte aufbauen und bewohnen werden, Weinberge pflanzen und Wein davon trinken ... werden. Denn ich will sie in ihr Land pflanzen, damit sie nicht mehr aus ihrem Land ausgerottet werden, das ich ihnen gegeben habe, sagt der Herr, dein Gott.
>
> Amos 9,11–15

Die Fülle der Verheißung Gottes in Bezug auf die Stiftshütte Davids bezieht sich auf Jesu gerechte Herrschaft über alle Nationen im Kontext immerwährender Anbetung mit Gebet.

Die Wiederherstellung der Hütte Davids erfüllt sich teilweise in diesem Zeitalter und wird nach Jesu Wiederkunft vollständig erfüllt sein. Mit anderen Worten, diese Verheißung wird erst ganz im Tausendjährigen Reich erfüllt sein, wenn Jesus im Kontext von Anbetung und Fürbitte vom Thron Davids in Jerusalem aus alle Nationen regiert, Juden und Heiden. Der Heilige Geist stellt die Stiftshütte Davids jedoch in gewissem Maß schon heute wieder her, und die Wiederherstellung umfasst viel mehr als Gebetstreffen, die von prophetischer Anbetung geleitet sind. Sie spricht von Gottes Herrschaft auf der Erde, die aus Gebet mit Anbetung fließt (Offb. 4,8). Wir müssen all die herrlichen Aspekte der Stiftshütte Davids, die in der Heiligen Schrift dargelegt sind, erfassen und um sie ringen.

Die Stiftshütte Davids: sieben Ausdrucksformen

Die Wiederherstellung der Stiftshütte Davids geschieht in mindestens sieben Ausdrucksformen, die eng miteinander verflochten sind:

1. geistlich – Betonung von prophetischer Anbetung und Gebet, gegründet auf intimer Nähe zu Gott (1. Chr. 16,25)
2. politisch – Ringen um Gerechtigkeit und Rechtschaffenheit in der Regierung (Jes. 16,5)
3. messianisch – Etablieren eines gläubigen Rests im Staat Israel (Am. 9,14–15)
4. missionarisch – Erreichen aller Nationen mit dem Evangelium vom Reich Gottes (Am. 9,12)
5. übernatürlich – Erleben von Gottes Macht, Herrlichkeit und Wundern (Ps. 145,11–12)
6. transformierend – Wiederherstellung von Städten, Landwirtschaft, Wirtschaft usw. (Am. 9,13–14)
7. eschatologisch – Empfangen von Jesus als König über alle Nationen, der von Jerusalem aus regiert (Mt. 25,31–32, Jer. 3,17).

Die geistliche Ausdrucksform der Stiftshütte: Anbetung und Gebet, gegründet auf intime Nähe zu Gott

> Als sie die Lade Gottes hineinbrachten, setzten sie sie in das Zelt, das David für sie aufgerichtet hatte ... Und er [David] bestellte einige Leviten zu Dienern vor der Lade des Herrn, damit sie priesen, dankten und den Herrn, den Gott Israels, lobten.
>
> 1. Chronik 16,1.4

Die Stiftshütte Davids hat eine geistliche Ausdrucksform – das Werk des Gottesreichs tun auf der Basis von Gebet, geleitet von prophetischer Anbetung, die aus der intimen Nähe mit Gott fließt (1. Chr. 25). Die erste Erwähnung der Stiftshütte Davids in der Heiligen Schrift steht im Zusammenhang mit der Berufung von Sängern und Musikern zum Lob Gottes vor der Bundeslade durch David (1. Chr. 16,1–4).

David stellte Sänger vor die Bundeslade, weil der Herr es ihm so befohlen hatte (2. Chr. 29,25). Dann ordnete er an, dass die Könige Israels nach ihm die Gottesdienstordnung, die Gott ihm offenbart hatte, beibehalten sollten, einschließlich der materiellen Versorgung der vollzeitlichen Musiker und Sänger.[4]

Das Buch 1. Chronik gewährt uns wertvolle Einblicke in den Dienst der Sänger und Musiker in der Stiftshütte Davids (1. Chr. 13–16, 23–25). In seiner Stiftshütte schätzte David solche Sänger und Musiker als besonders wertvoll, die im prophetischen Geist operierten, dem Geist der Inspiration:

> David ... sonderte zu Ämtern ab: die Kinder Asafs ..., die Propheten mit Harfen, Psaltern und Zimbeln.
>
> 1. Chronik 25,1

Wie wir schon gesehen haben, umfasste Davids Gottesdienstordnung Wechselgesang und antifonale Chöre, die im Lied aufeinander antworteten (Esr. 3,11, Neh. 11,23–24). In unserer Zeit lernen viele Gebetsdienste, wie Musiker und Sänger freier in einem „prophetischen Geist“ fließen und wie ihre Lieder mit den Gebeten der Fürbitter interagieren können.

An zentraler Stelle der Gottesdienstordnung, die David eingeführt hat, stand Gebet, welches seine Kraft aus der intimen Nähe zu Gott bezog, ein Ergebnis der Betrachtung der Herrlichkeit Gottes und der Suche nach seiner Leitung.

> … um die Lieblichkeit des Herrn zu schauen und [ihn] zu suchen in seinem Tempel.
>
> Psalm 27,4 S

Wir haben herausgefunden, dass einer der Schlüssel für Beten mit Freude in der Kombination von Gebet mit prophetischer Anbetung liegt, die die Schönheit, Güte und Herrlichkeit Gottes im Blick hat. In Psalm 27 gibt David uns einen weiteren Schlüssel aus seiner Stiftshütte – Gott zu suchen. David betete strategisch, fragte nach Gottes Willen und seinen spezifischen Plänen und Vorgehensweisen, um seinen Willen erfüllen zu können. Auf der ganzen Erde initiiert der Herr Gebetsdienste, die sowohl Gottes Herrlichkeit betrachten und seine Liebe aufnehmen als auch nach seinen Strategien für die Nationen fragen – all dies im Rahmen prophetischer Anbetung.

Die politische Ausdrucksform der Stiftshütte: Gerechtigkeit und rechtschaffene Regierung

> Es wird ein Thron aus Gnade aufgerichtet, damit einer [Jesus] darauf sitze in der Wahrheit, im Zelt Davids, und richte und trachte nach Recht und fördere Gerechtigkeit.
>
> Jesaja 16,5

Die Stiftshütte Davids hat eine politische Dimension. Wir sollen im Gebet um Gerechtigkeit und Rechtschaffenheit in einem Geist der Gnade ringen, und wir sollen für die Politiker an der Macht beten, dass sie sich in ihrem Einflussbereich für das einsetzen, was Gottes Willen entspricht (Jes. 16,5, 1. Tim. 2,1). Der Herr hat versprochen, Davids Thron aufzurichten, und die Erfüllung dieser Verheißung umfasst auch das Wirken des Heiligen Geistes, dass er gottesfürchtige Politiker an die Macht bringt, die sich für Gerechtigkeit einsetzen. So beinhaltet das Gebet im Sinn der Stiftshütte Davids auch das Gebet um Gottes Gerechtigkeit mit Gnade gemäß dem, was Jesus in Lukas 18,7–8 lehrte.

Die messianische Ausdrucksform der Stiftshütte: ein gläubiger Rest im Land Israel

> Denn ich will das Geschick meines Volkes Israel wenden … Ich will sie in ihr Land pflanzen, damit sie nicht mehr aus ihrem Land ausgerottet werden.
>
> Amos 9,14–15

Die Stiftshütte Davids hat eine messianische Dimension. Die Propheten sprachen von einem gläubigen Rest des jüdischen Volkes im Land Israel, die den Glauben an Jesus als ihren verheißenen Messias bekennen. Amos prophezeite, dass Gott das Volk Israel in ihr eigenes Land pflanzen würde, und zwar so, dass sie niemals ausgerottet werden würden. Dies spricht von der Wiederherstellung des Staates Israel. Das Land war ihnen von Gott für immer zum Besitz gegeben worden (zunächst Abraham).[5] Aber nach der römischen Belagerung und Eroberung Jerusalems wurden die Juden im Jahr 70 n. Chr. über die Nationen verstreut. Fast zweitausend Jahre lang hatte das jüdische Volk nicht sein eigenes Land. Doch Gott hält treu an allen seinen Verheißungen fest, und am 14. Mai 1948 wurde Israel wieder eine Nation. Dies ist eines der eindrucksvollsten Ereignisse in der biblischen Prophetie.

Der Herr hat das Volk Israel dreimal in sein Land gepflanzt – in Josuas Generation (um 1400 v. Chr.), in Serubbabels Generation (536 v. Chr.) und im Mai 1948. Der Staat Israel, gegründet im Jahr 1948, *wird nicht aus dem Land geworfen werden*. Woher wissen wir das? Die Bibel weissagt, dass Israel in der Endzeit – „in jenen Tagen“ – im Land bleiben, obwohl sie von feindlichen Nationen umgeben sind, und dass ein Rest übernatürlich erhalten werden wird im Land (Joel 2,32, Sach. 12,1–10, 14,1–5).

Amos’ Weissagung stellte eine zeitliche Verbindung zwischen der Wiederherstellung der Stiftshütte Davids und einer bestimmten Generation her – die Generation, in der Israel sein Land so wiederbekommen würde, dass sie *nie mehr aus ihrem Land ausgerottet werden* (Am. 9,15). Diese Prophetie konnte sich erst nach 1948 erfüllen, weil Israel in den vorangegangenen beiden Rückführungen (unter Josua und unter Serubbabel) wieder aus dem Land ausgerottet wurde. Israels Wiedererlangung des Landes im Jahr 1948 signalisiert den Anfang der Zeit, in der es den „Geist der Stiftshütte Davids“ wieder geben wird. Dies steht im Zusammenhang mit der Ernte des Restes von Edom.

Das antike Land Edom ist das moderne Jordanien. Die Prophetie bezieht sich sowohl auf die Geografie als auch das Volk, das mit dem antiken Edom identifiziert wird. So umfasst „Edom“ die arabischen Nationen und die islamischen Völker – was zwar nicht exakt übereinstimmt, da manche Araber keine Moslems sind und manche Moslems keine Araber, doch es gibt eine große Schnittmenge.

Messianische Gemeinden in Israel – Versammlungen von Juden, die glauben, dass Jesus der Messias ist – wachsen rapide und sehen mehr Juden zu Jesus kommen als je zuvor seit dem ersten Jahrhundert. Mehr als fünfzehntausend Gläubige versammeln sich in über hundertfünfzig messianischen Gemeinden im heutigen Israel. Die Zahl der an Jesus gläubigen Juden mag klein wirken, verglichen mit der Gesamtbevölkerung von etwa acht Millionen (75 Prozent jüdisch, 20 Prozent arabisch, 5 Prozent international), aber sie steht für eine Steigerung von über 500 Prozent in den letzten zehn Jahren.

Das Gebet für Gottes Absichten in Israel umfasst auch Gebet für den messianischen „Rest" der jüdischen Gläubigen im wiederhergestellten Land und Staat Israel. Dies ist ein wichtiger Aspekt der Stiftshütte Davids.

Der Herr hat verheißen, alle zu segnen, die für den Frieden Jerusalems beten. „Es möge denen gut gehen, die dich lieben!" (Ps. 122,6). Friede in Jerusalem kommt, wie überall, von Jesus und zu seinen Bedingungen. In Hesekiels Zeit segnete Gott die, die für Jerusalem beteten, indem er sie in einer Zeit übernatürlich schützte, als Gottes Gericht auf die Stadt fiel (Hes. 9,4–6).

Wir werden gemahnt, für Jerusalem zu beten und Gottes Absichten für Jerusalem vor den Nationen zu verkünden:

> Denn so sagt der Herr: Jubelt über Jakob mit Freuden und jauchzt über das Haupt der Nationen; ruft laut, rühmt und sagt: „Herr, hilf deinem Volk, dem Überrest in Israel!" Sieh, ich will sie aus dem Land des Nordens bringen und will sie von den Enden der Erde sammeln, … sodass sie in großen Scharen wieder hierher kommen sollen. … Hört, ihr Nationen, das Wort des Herrn und verkündet es fern auf den Inseln und sagt: „Der Israel zerstreut hat, der wird es auch wieder sammeln und wird sie hüten wie ein Hirte seine Herde."
>
> Jeremia 31,7–10

Die missionarische Ausdrucksform der Stiftshütte: alle Nationen mit dem Evangelium vom Reich Gottes beeinflussen

> An jenem Tag will ich die zerfallene Hütte Davids wieder aufrichten …, damit sie [Israel] die übrig Gebliebenen von Edom [Islam] und alle Nationen [Heiden], über die mein Name genannt ist, in Besitz nehmen.
>
> Amos 9,12

Die Stiftshütte Davids hat eine missionarische Dimension: Unser Beten wird alle Nationen mit dem Evangelium vom Reich Gottes beeinflussen (Am. 9,12, Mt. 24,14). Amos meinte das Gewinnen der Nationen für Jesus, als er davon prophezeite, dass Israel den Rest Edoms (arabische Nationen und islamische Völker) in Besitz nehmen würde.

Gott hat eine Verabredung mit der moslemischen Welt, aber die Schlacht um ihr Heil muss erst im geistlichen Bereich gewonnen werden. Wir können dem Islam nicht im politischen Sinn widerstehen. Mit anderen Worten, der Leib Christi wird Moslems nie allein durch politische Agenden und Appelle für Jesus gewinnen. Die Macht Gottes mit Zeichen und Wundern wird nötig sein, welche in ihrer Fülle nur als Ergebnis von immerwährenden Gebet im Sinn der Stiftshütte Davids geschenkt wird.

Die erste biblische Anwendung der Wiederherstellung von Davids Stiftshütte bezieht sich auf die Erlösung von Heiden (Apg. 15,17). Etwa um 50 n. Chr. zitierte Jakobus Amos' Weissagung über die Wiederherstellung der Stiftshütte Davids, um den Punkt zu betonen, dass Gott wirklich die Heiden zu Jesus bringen will.

> Danach werde ich … die Hütte Davids wieder bauen, … damit die übrigen Menschen nach dem Herrn fragen, dazu alle Nationen [Heiden], über die mein Name genannt ist …
>
> Apostelgeschichte 15,16–17

Das Wort „Nationen" lässt sich auch durch „Heiden" ersetzen und bezeichnet alle anderen Nationen neben Israel. Die Anwendung der Verheißung, dass Gott die Hütte Davids wiederherstellen wird, bezieht sich hier im Neuen Testament auf die heidnischen Nationen, die Erlösung durch Jesus empfangen. Die größte Seelenernte aller Zeiten wird in der Generation stattfinden, in der der Herr zurückkehrt (Mt. 24,14, Offb. 7,9.14). Deshalb gehört zum Beten im Sinn der Stiftshütte Davids auch das Gebet für die Ernte.

Die übernatürliche Ausdrucksform der Stiftshütte: Gottes Macht und Herrlichkeit

Gebet im Sinn der Stiftshütte Davids hat eine übernatürliche Dimension: Es ist Gebet, das Gottes Macht, Leitung und Schutz sichtbar macht. David sprach oft von Gottes Macht, seiner Herrlichkeit und seinen Wundern, und er betete viel darum.

> [Sie] sollen die Ehre deines Königreichs rühmen und von deiner Macht reden, damit den Menschen deine gewaltigen Taten und die herrliche Pracht deines Königreichs bekannt wird.
>
> Psalm 145,11–12

David wollte die prophetische Leitung und Strategie vom Herrn wissen (Ps. 27,4) und bat ihn um göttlichen Schutz (Verse 1–14).

> Eins bitte ich vom Herrn, das hätte ich gern: dass ich mein Leben lang im Haus des Herrn bleiben möge, um die Freundlichkeit des Herrn zu schauen und seinen Tempel zu betrachten. Denn er schützt mich in Notzeiten in seinem Zelt.
>
> Psalm 27,4–5

Als Salomos Tempel geweiht wurde, fiel Gottes Herrlichkeit auf die Sänger und Musiker, zu denen auch hundertzwanzig Trompeter gehörten (2. Chr. 5,13–14, 7,1–3). Dieses Ereignis war eine Vorschattung des übernatürlichen Ereignisses, das sich am Pfingsttag ereignete, als hundertzwanzig Fürbitter im Gebet versammelt waren und Gottes Gegenwart auf sie und durch sie freigesetzt wurde.

> Da hörte man plötzlich ein Brausen vom Himmel wie von einem gewaltigen Wind … Und es erschienen ihnen Zungen, zerteilt, wie von Feuer, und setzten sich auf jeden Einzelnen von ihnen; und sie wurden alle mit dem Heiligen Geist erfüllt …
>
> Apostelgeschichte 2,2–4

Gebet im Sinn der Stiftshütte Davids ist Gebet, das mit großem Eifer um die Fülle der Macht und Gegenwart Gottes ringt, wie es in dem berühmten Schwur Davids in Psalm 132,1–5 sichtbar wird (siehe Kapitel 22). Mit anderen Worten, um die Stiftshütte Davids zu verstehen, muss man zunächst erkennen, dass David eifernd um die „Fülle" der Absichten Gottes rang. Die Heilige Schrift macht deutlich, dass die Gemeinde erfüllt werden wird mit der Herrlichkeit Gottes und dass Gottes Herrlichkeit die Erde erfüllen wird (Eph. 5,27, Hab. 2,14).

Wir müssen um eine „historische Erweckung" in unserer Zeit ringen. Die Verpflichtung, die Fülle all dessen zu suchen, was Gott in unserer Generation geben will, steht in scharfem Kontrast zu dem populären Trend, sich mit dem Status quo in der Kirche zufriedenzugeben.

Die transformierende Ausdrucksform der Stiftshütte: Wiederherstellung von Städten

> Sieh, es kommt die Zeit, sagt der Herr, da wird man gleichzeitig ackern und ernten … sie [werden] die verwüsteten Städte aufbauen und bewohnen.
>
> Amos 9,13–14

Die Stiftshütte Davids hat eine transformierende Ausdrucksform, und zwar in Zusammenhang mit der Wiederherstellung von Städten, was auch Gottes Segen auf Landwirtschaft, Wirtschaft usw. beinhaltet. Als Amos über die Gleichzeitigkeit von Ackern und Ernten prophezeite, sprach er von einem ungewöhnlich reichen Segen auf der Landwirtschaft, der sich daraus ergeben würde, dass Gottes Herrlichkeit sichtbar wird. George Otis jr., Autor der preisgekrönten Dokumentationen *Transformations* und *Transformations II*, zeigte, dass Gott an solchen Orten die Landwirtschaft übernatürlich segnete, wo Menschen Buße getan und sich im Gebet an Gott gewandt hatten. Er dokumentierte die Heilung des Landes, wozu auch Fälle von extrem großen Früchten und Gemüse an solchen Orten gehörten. Zum Beispiel berichtete er, dass das Land in Almolongi in Guatemala in einem solchen Maß geheilt wurde, dass es Riesengemüse hervorbrachte und eine tausendprozentige Steigerung in der landwirtschaftlichen Produktivität erlebte. Einmal begannen bislang unproduktive Felder, in verkürzten Wachstumszyklen Ernten von „biblischem Ausmaß“ hervorzubringen.[6] Ein weiteres Beispiel ist Fidschi, wo die Korallenriffe, die einst im Sterben begriffen waren, jetzt zum Erstaunen der Wissenschaft wieder zum Leben zurückkommen.[7]

Transformation der Gesellschaft kann zum Teil in dieser Zeit geschehen, aber vollkommen erst im Tausendjährigen Reich, nach der Wiederkunft Jesu zur Erde. Dennoch: Selbst teilweise ist Transformation in dieser Zeit wichtig, denn sie verändert das Leben von Menschen und verherrlicht Jesus.

Die eschatologische Ausdrucksform der Stiftshütte: Jesus als König über alle Nationen empfangen

> Zu der Zeit wird man Jerusalem „Thron des Herrn“ nennen, und alle Nationen werden sich um des Namens des Herrn willen in Jerusalem versammeln.
>
> Jeremia 3,17

Die Stiftshütte Davids hat eine eschatologische, eine endzeitliche Dimension, welche Jesu Rolle als Sohn Davids, der von Jerusalem aus alle Nationen regiert, hervorhebt. So beten wir also um die vollkommene Erfüllung der Absichten Gottes für Israel, wozu auch die Herrschaft Jesu in Jerusalem auf dem Thron Davids gehört.[8]

> Wenn aber der Menschensohn in seiner Herrlichkeit kommen wird und alle heiligen Engel mit ihm, dann wird er sich auf den Thron seiner Herrlichkeit setzen, und vor ihm werden alle Völker versammelt werden.
>
> Matthäus 25,31–32

> Der wird groß sein und Sohn des Höchsten genannt werden, und Gott der Herr wird ihm den Thron seines Vaters David geben; er wird über das Haus Jakobs herrschen in Ewigkeit, und sein Königreich wird kein Ende haben.
>
> Lukas 1,32–33

Der Herr schenkt der Gemeinde auf der ganzen Erde ein Verständnis von der Stiftshütte Davids, und deshalb beten wir nicht nur für die jeweils eigenen Dienste, Nationen und Städte, sondern auch dafür, dass der Thron Davids in Jerusalem aufgerichtet und die Erde mit Gottes Herrlichkeit erfüllt wird (Hab. 2,14).

Freisetzung des Geistes der Stiftshütte Davids

In der Vergangenheit hat Gott einen einzelnen Mann namens David gesalbt, aber heute bevollmächtigt er eine Generation, wie David zu sein. Der Herr stellt sein Bethaus wieder her, nicht zufällig, sondern als ein Mittel, um alle Nationen zu sich zu holen.

Gebetstreffen, die von prophetischer Anbetung geleitet werden, sind im Sinn der Stiftshütte Davids, aber längst nicht nur diese. Amos betonte, dass die wiederhergestellte Stiftshütte Davids sein würde „wie früher". Das bedeutet, sie wird sowohl die physischen als auch die politischen Aspekte der Stiftshütte Davids, wie sie in Davids Generation aussah, einschließen (Am. 9,11).

Weil David als Erster immerwährendes Gebet mit prophetischer Anbetung in Jerusalem einführte, weil er der König war (mit Regierungsautorität über die israelitische Gesellschaft) , und weil er Gottes Reich sowohl Juden als auch Heiden verkündete (Ps. 67–68), verbindet die Stiftshütte Davids die Wiederherstellung von Gebet, Anbetung und den Geist der Prophetie in der Gemeinde mit der Missionsbewegung und dem messianischen Rest im wiederhergestellten Land Israel. Sie verbindet drei Dimensionen – die betende Gemeinde, die messianische Bewegung und den Staat Israel – mit einer gerechten Regierung unter Jesu Autorität als Sohn Davids.

Die Stiftshütte Davids wird durch die Gemeinde in jeder Heidennation auf Erden und durch den messianischen „Rest" im wiederhergestellten Israel zum Ausdruck kommen. Sie wird in diesem Zeitalter teilweise sichtbar werden (es nimmt bereits ständig zu), und vollständig dann im Tausendjährigen Reich. Erst nach der Wiederkunft Jesu, wenn alle Nationen vom Thron Davids in Jerusalem aus im Kontext von Anbetung mit Fürbitte regiert werden, wird der Geist der Stiftshütte vollständig wiederhergestellt sein. Wir wollen all das, wofür in der Heiligen Schrift die Stiftshütte Davids steht, willkommen heißen, dafür beten und es verkünden.

Kapitel 27

Tag-und-Nacht-Gebet in der Geschichte

Jede bedeutende Bewegung Gottes lässt sich auf einen Menschen auf Knien zurückführen.[1]

D. L. Moody

Im Blick auf die endzeitliche globale Gebetsbewegung sollten wir nicht vergessen, dass die Idee der immerwährenden Anbetung nicht neu ist. Schon seit vor Erschaffung der Welt umgeben Serafim Gottes himmlischen Thron und rufen bis heute unausgesetzt: „Heilig, heilig, heilig ist der Herr Zebaoth" (Jes. 6,3, siehe auch Offb. 4,8). Im Lauf der Jahrhunderte hat der Herr immer wieder unterschiedliche Dienste berufen, die immerwährendes Gebet initiierten, um auf der Erde ein schwaches Echo der Anbetung erklingen zu lassen, die im Himmel geschieht (Mt. 6,10).

Die Könige von Juda

Wie wir in Kapitel 24 sahen, setzte König David um etwa 1000 v. Chr. 288 Sänger und viertausend Musiker ein, Tag und Nacht vor dem Herrn zu dienen (1. Chr. 9,33, 16, 23, 27). In den nachfolgenden Generationen behielten mindestens sieben Könige oder Herrscher in Juda Davids Gottesdienstordnung bei: Salomo (2. Chr. 8), Joschafat (2. Chr. 20), Joasch mit dem Priester Jojada (2. Chr. 23–24), Hiskia (2. Chr. 29–30), Josia (2. Chr. 35) und Esra und Nehemia (Esr. 3,10, Neh. 12,28–47).

Martin von Tours

Etwa um das Jahr 371 wurde Martin Bischof von Tours (Frankreich), obwohl er diese Position gar nicht anstrebte. Er wollte sich dem Gebet widmen. Sieben Kilometer außerhalb von Tours baute er eine kleine Hütte, in die er sich zurückziehen konnte, doch bald hatten sich ihm achtzig Männer angeschlossen, die ihm im Gebet nachfolgten. Zweihundert Jahre vor Entstehung des Wortes *Kloster* machte Martin den Anfang für das später so genannte Kloster von Marmoutier. Martin bestimmte, dass die Mehrheit der Mönche sich vollzeitlich dem Gebet und der Anbetung widmeten.[2]

Alexander Akoimetes

Um das Jahr 400 gründete Alexander ein Kloster in Konstantinopel, in dem rund um die Uhr gebetet wurde. Er organisierte seine drei- bis vierhundert Mönche in sechs Chören, die Gott vierundzwanzig Stunden pro Tag unausgesetzt „im Schichtdienst" in der sogenannten *laus perennis* anbeteten, dem ununterbrochenen Gotteslob. Nach zwanzig Jahren in der Nähe des Euphrats übersiedelten er und siebzig Mönche nach Konstantinopel, wo sich ihnen weitere dreihundert Mönche anschlossen. Weil sie nie aufhörten zu beten, nannte man die Gruppe „Orden der *Akoimetoi*" (wörtlich: der Schlaflosen). Schließlich wurden sie aus Konstantinopel vertrieben, und Alexander gründete ein ähnliches Kloster an anderem Ort.[3]

Nach dem Tod Alexanders im Jahr 430 wuchs dieses Kloster zahlenmäßig, bis es Ende des fünften Jahrhunderts mehr als eintausend Mönche beherbergte, die sich dem ununterbrochenen Gebet widmeten. Sie sangen ohne Unterlass Hymnen und Doxologien. Ähnliche Dienste mit immerwährendem Gotteslob und Psalmgesängen im Chor entstanden zu der Zeit in anderen Klöstern in der Gegend des Euphrats und in Persien.[4]

König Sigismund

König Sigismund von Burgund gründete im Jahr 515 das Kloster St. Moritz in der Schweiz. Nach Alexanders *Laus-perennis*-Praxis setzte er das Stundengebet ein – bestehend aus den Psalmen, Hymnen und anderen Gebeten – rund um die Uhr in sieben Schichten oder Chören, genannt *turmae*. Die Mönche im *turmae* wurden auch *akoimetoi* genannt (Schlaflose), weil sie „einen klösterlichen Durchgang von vierundzwanzig Stundengebeten sprachen, sodass keine Stunde ausgelassen wurde".[5]

Comgall

Im Jahr 433 kehrte der im römischen Britannien geborene Patrick nach Irland zurück, wo er zuvor mehrere Jahre lang als Sklave gehalten worden war, um das Evangelium zu predigen. Im zwölften Jahrhundert berichtete der Mönch Jocelin, als Patrick in ein Tal am Ufer des Belfast Lough in der Nähe des irischen Ortes Bangor gekommen sei, hätten er und seine Begleiter eine Vision des Himmels gesehen. Jocelin schrieb: „Sie sahen das Tal erfüllt von himmlischem Licht und Scharen des himmlischen Heeres, sie hörten, wie von Engeln gesungen, die Psalmodie des Himmelschors."[6] Seitdem wird dieses Tal „Tal der Engel" genannt.

Patrick führte das immerwährende Gebet zwar nicht ein, aber etwas über hundert Jahre nach ihm baute in eben jenem Tal, wo er die Engelsvision erlebt hatte, der Mönch Comgall ein Kloster. Mehr als dreitausend Mönche schlossen sich ihm an, und gemeinsam unterhielten sie ein 24/7-Bethaus, dessen Anbetungsdienst über dreihundert Jahre währte. Die Mönche praktizierten immerwährende Anbetung im antifonalen Stil auf der Grundlage der Vision Patricks.[7]

Das Kloster in Bangor wurde berühmt für seinen chorischen Psalmengesang. Im zwölften Jahrhundert sagte Bernard von Clairvaux über Comgall und Bangor: „Der feierliche Vollzug der geistlichen Ämter wurde von Abteilungen aufrechterhalten, die sich gegenseitig abwechselten, sodass nicht einen Moment, Tag und Nacht, ihr Gotteslob unterbrochen wurde."[8]

Die Mönche erfuhren in ihrer unausgesetzten Anbetung eine innige Beziehung mit Jesus, und so wurden sie bewegt, die Verlorenen zu evangelisieren. Bangor sandte viele als Missionare nach Europa aus und ihr Einfluss verbreitete sich weithin. Wo immer sie sich niederließen, bauten sie zuerst immerwährenden Lobpreis und Anbetung auf, und so taten sie ihre Missionsarbeit auf der Grundlage des Gebets.

Diese Missionare predigten das Evangelium in ganz Europa und führten viele Menschen zu Jesus. Ein Beispiel ist Columbanus. Im Jahre 590 machte er sich mit zwölf Brüdern von Bangor aus auf den Weg, um überall in der Schweiz Klöster zu gründen, die Gebet und Missionsarbeit kombinierten.

Deicola, der auch in Bangor unter Comgall ausgebildet worden war, reiste mit Columbanus durch Gallien. Als sie die Kirche des heiligen Martin in Tournans in Frankreich erreichten, verließ er Columbanus' Gruppe, um dort ein ähnliches Kloster wie in Bangor zu gründen.[9]

Auch in Wales gründeten Mönche aus Bangor drei Klöster: Bangor Iltyd, Bangor Elwy und Bangor Wydrin. In Bangor Iltyd sangen über hundert Männer jede Stunde geistliche Gesänge, sodass Tag und Nacht ununterbrochen Psalmen gesungen wurden. In Elwy in Wales sangen fast vierhundert Männer Tag und Nacht Psalmen, sodass das Lob Gottes dort nie aufhörte.[10] In jedem dieser Bangor-Klöster wurde in Stundenschichten unausgesetzt gebetet und Gott gelobt.[11]

Abtei von Cluny

Um das Jahr 1000 gründete Wilhelm von Aquitanien, Graf von Toulouse, ein Kloster in Cluny in Mittelfrankreich, das von der benediktinischen Regel abwich, in dem es die Mönche von praktischer Arbeit befreite, damit sie stattdessen mehr beten konnten. „Dem Beten der Liturgie kam große Bedeutung zu, weil die Mönche von Cluny überzeugt waren, dass sie damit an der Liturgie des Himmels teilhatten, wie sie in Offenbarung 4 dargestellt wird."[12] Hunderte monastischer Gemeinschaften in ganz Europa folgten dem Beispiel von Cluny, indem sie sich dem ununterbrochenen Gotteslob widmeten.

Bernard von Clairvaux

Kurz nach 1100 organisierte Bernard gemeinsam mit siebenhundert anderen Mönchen im französischen Clairvaux Rund-um-die-Uhr-Gebet, das sich viele Jahre fortsetzte und zu dynamischer Evangelisation mit Zeichen und Wundern in ganz Europa führte. Wir wissen, dass Bernard das immerwährende Gebet förderte, weil in Berichten von Besuchern des Klosters in Clairvaux die Mönche beschrieben wurden, wie sie die Nacht hindurch ihre Gebete sangen und am Tag still, in der Gemeinschaft mit Gott, arbeiteten.[13]

Graf Zinzendorf und die böhmischen Brüder

1727 weihte der junge, wohlhabende deutsche Graf Zinzendorf sein Gut in der Niederlausitz einem Vierundzwanzig-Stunden-Gebetsdienst. Er gab seinem Besitztum einen neuen Namen, nämlich „Herrnhut", „vom Herrn bewacht".

Die Ursprünge der Herrnhuter Gebets- und Missionsgemeinschaft gehen zurück ins Jahr 1722, als Zinzendorf dem böhmischen Prediger Christian David begegnete, der ihm von den verfolgten Protestanten in Böhmen und Mähren berichtete. Die böhmischen Gläubigen stammten von den Nachfolgern von Jan Hus ab, die unter den katholischen Monarchen zu leiden hatten.

Zinzendorf bot den böhmischen Brüdern auf seinem Land Asyl an. Daraufhin zogen etwa dreihundert verfolgte Gläubige aus Böhmen auf sein Gut und bildeten nun die Herrnhuter Brüdergemeine. Damals gab Zinzendorf seine Position bei Hofe auf, um diese Gruppe zu leiten.[14]

Die radikalen Christen in Herrnhut schworen feierlich, in stündlichen Schichten rund um die Uhr zu beten, Tag und Nacht, jeden Tag, inspiriert von 3. Mose 6,6: „Beständig soll das Feuer auf dem Altar brennen und nie verlöschen." Ihre „Gebetsversammlung" dauerte ohne Unterbrechung hundert Jahre.[15]

Im Betsaal in Herrnhut entwickelte sich ein unübertroffener Missionseifer. Bis zum Jahr 1776 hatte die kleine Gemeinschaft über zweihundert Missionare ausgesandt.[16]

Zinzendorf wurde Leiter der ersten protestantischen Missionsbewegung der Geschichte. Seine Vorgehensweise war, Missionare zu zweit zu den unerreichten Volksgruppen der Erde auszusenden. Sie gingen hinaus, und das Gebetsfeuer zu Hause in Herrnhut gab ihnen Rückendeckung. Mit anderen Worten, die erste protestantische Missionsbewegung verband später den Gebetsaspekt des Missionsbefehls mit dem von Verkündigung und Evangelisation. Graf Zinzendorf sah Gebet und Mission als untrennbar an.[17]

Ich habe nicht genug Platz, um die vielen anderen gewaltigen Gebetsbewegungen zu beschreiben, die immer wieder im Verlauf der Kirchengeschichte entstanden sind. Aber es ist wichtig, die starke Beziehung zwischen immerwährendem Gebet und Erweckung zu erwähnen. Die *First Great Awakening* (1720–1760), das *Haystack Prayer Meeting*, von dem 1806 die ersten Missionare aus den USA ausgesandt wurden, die *Second Great Awakening* im frühen neunzehnten Jahrhundert (1790–1840), die walisische Erweckung (1904–1905), die Erweckung in der Azusa Street (1906–1915), die Pjöngjang-Erweckung in Korea (1907–1910) und die Erweckungen in China (1927–1937) und Indonesien (1964) – sie alle bestätigen diese Wahrheit. Alle diese Erweckungen folgten einem ähnlichen Muster: Eine Gruppe radikaler Christen beschloss, kontinuierlich Fürbitte zu leisten, woraufhin Erweckung ausbrach, welche wiederum zu bedeutender Missionsaktivität führte.

Dies ist ein unumstößliches Gesetz im Reich Gottes: Wann immer rund um die Uhr gebetet wird, erlebt die Kirche auf jeden Fall Erweckung – zu Gottes Zeit –, und die bringt evangelistischen Eifer und Effektivität mit sich. Jetzt sehen Sie, warum es so wichtig ist!

Kapitel 28

Die weltweite Gebetsbewegung heute

Es gab in keinem Land, an keinem Ort jemals eine geistliche Erweckung, die nicht im einmütigen Gebet begonnen hätte.[1]

A. T. Pierson

Obwohl uns die verschiedenen Anbetungs- und Gebetsbewegungen der Geschichte inspirieren, glaube ich, dass die größte Gebetsbewegung noch vor uns liegt. J. Edwin Orr, ein bekannter Historiker zum Thema Erweckung und Mission, sagte oft: „Wenn Gott vorhat, unter den Seinen etwas Neues zu wirken, bringt er sie immer zum Beten."[2] Der Heilige Geist wird im gesamten Leib Christi eine Gebetskultur aufbauen, bevor Jesus wiederkommt. Im Moment lässt er eine weltweite, auf Anbetung basierende Gebetsbewegung entstehen, die viele unterschiedliche Stile und Betonungen hat. Es ist ein souveränes Werk Gottes, das in vielen Städten während der letzten zehn Jahre rapide gewachsen ist. Diese Bewegung ist nur die Erstlingsfrucht dessen, was der Geist tun wird, bevor der Herr wiederkommt.

Eines der bedeutendsten Ereignisse in der Gebetsbewegung unserer Generation war die erste Internationale Gebetsversammlung in Seoul im Jahr 1984, die vom Lausanner Komitee für Weltevangelisation und der koreanischen Kirche gemeinsam ausgerichtet wurde. Über dreihunderttausend koreanische Christen nahmen teil, und mit ihnen dreitausend internationale Verantwortliche. Vieles von dem, was in der weltweiten Gebetsbewegung seitdem geschehen ist, lässt sich auf diese katalytische

Versammlung vor dreißig Jahren zurückführen. Viele Gebetsstrategien und Initiativen sind daraus entstanden, auch der Internationale Gebetsrat, welcher auf die Einrichtung zahlreicher Bethäuser Einfluss hatte.

1984 gab es weniger als fünfundzwanzig 24/7-Bethäuser in der Welt. Heute sind es über zehntausend, und ein Großteil des Wachstums ist in den letzten zehn Jahren geschehen. Überall auf dem Globus entstehen in atemberaubender Geschwindigkeit Gebetsinitiativen. Solch eine Dynamik kann nicht menschlichem Genius zugeschrieben werden, sie muss einfach das souveräne Wirken des Heiligen Geistes sein.

Gebetsdienste auf der ganzen Welt

Die bedeutende Zunahme von 24/7-Gebetsdiensten und großen Gebetsveranstaltungen, z. B. auch in Stadien, ist ein prophetisches Zeichen, dass der Herr gerade jetzt etwas Wichtiges tut. In Großstädten auf der ganzen Welt entstehen neue 24/7-Gebetsdienste. Von Kiew, Bogota und Jerusalem bis Neuseeland, Kairo, Kapstadt und Hongkong – überall reagieren Männer und Frauen auf die Leitung des Geistes. Trotz Unterdrückung und Gefahr entstehen 24/7-Gebetszentren sogar in überwiegend moslemischen Ländern wie Ägypten, der Türkei, Syrien, Indonesien und dem Libanon.

Aus Platzmangel werde ich nur einige Beispiele nennen, aber schon diese können Ihnen ein Bild davon vermitteln, was Gott derzeit auf der ganzen Welt tut.

Asien

Die Gebetsbewegung in Korea, China und Indonesien prescht dynamisch voran. Über hundert Millionen Chinesen und Koreaner beten, und ihre Fürbitte führt wiederum zu einer nie da gewesenen Zunahme neuer Gebetsdienste.

Südkorea: Korea hat in der globalen Gebetsbewegung der letzten fünfzig Jahre eindeutig die Führungsposition inne. 1973 gründete David Yonggi Cho, Gründer der Yoido Full Gospel Church, den Osanri-Gebetsberg außerhalb Seouls. Auf diesem Gebetsberg wird seit vierzig Jahren nonstop Tag und Nacht gebetet. Einen solchen Gebetsdienst hat es in der gesamten Geschichte noch nicht gegeben.

Der Osanri-Gebetsberg zieht über eine Million Besucher pro Jahr an und ist Vorbild für Hunderte andere Gebetsberge in ganz Korea und der

Welt. Das Kirchengebäude mit zehntausend Sitzplätzen war in den letzten zwanzig Jahren quasi jeden Tag gefüllt. Über zweihundert Gebetsberge existieren allein in Korea.

Die Auswirkungen des Osanri-Gebetsdienstes während der letzten vierzig Jahre sind bemerkenswert: In großer Zahl kamen Menschen zum Herrn, und in Korea und anderen Ländern fand ein geistlicher Durchbruch statt. Nun, da die Jugend von Südkorea den Mantel der Führung von ihren Vätern und Müttern übernimmt und dem Chor der Fürbitte die Elemente Anbetung und Intimität mit Gott hinzufügt, erwarten wir in den nächsten fünfzig Jahren von dieser Nation noch größeren geistlichen Einfluss. Meiner Überzeugung nach nimmt der Gebetsdienst in Korea die geistliche Führungsrolle in der Inspiration der Gebetsbewegung in den Nationen ein, deren Zeuge wir zur Stunde sind.

Indonesien: In Indonesien wurden etwa fünfhundert stadtweite Gebetsnetzwerke aufgebaut, ebenso wie zahlreiche 24/7-Gebets-Türme. Über fünf Millionen Fürbitter aus dem ganzen Land sind im nationalen Gebetsnetzwerk involviert. Im Mai 2012 war Indonesien Gastgeber für die *World Prayer Assembly* im Nationalstadion. Über 350 Städte in Indonesien veranstalteten gleichzeitig stadtweite Gebetsrallyes in Sporthallen und ähnlichen Gebäuden. Im Rahmen der Rallyes beteten über fünf Millionen Christen gemeinsam mit den hunderttausend Fürbittern im Nationalstadion für das Land.

China: Es gibt buchstäblich Tausende von „24/7-Gebetsketten" in der ganzen Volksrepublik China. Das Werk *Every Home for Christ* unter der Leitung von Dick Eastman in Colorado hat die von ihnen so genannten „Gebetswände" (*walls of prayer*) von 24/7-Gebetsketten initiiert. Sie berichten, dass in China heute über fünftausend davon aktiv sind. Ich glaube, dass China die stärkste geistliche Gebetsmacht in der gesamten Geschichte haben wird, bevor Jesus wiederkommt, und zwar aufgrund seiner Größe und der Jahrzehnte von Schwierigkeiten und Verfolgung, die die Gläubigen seit der kommunistischen Revolution im Jahr 1949 erleiden mussten.

Taiwan, Hongkong und Singapur: Zahlreiche Bethäuser entstehen in diesen chinesischsprachigen Nationen. Das Bethaus „Stiftshütte Davids" in Taipeh wurde im April 2000 von Miriam Chang begonnen. Mehr als zwölf Stunden täglich finden dort Gebetsveranstaltungen mit Anbetung und Fürbitte statt.

Indien: Auch in ganz Indien entstehen Bethäuser. Patrick Joshua hat mit seinem *Nationalen Gebetsnetzwerk für Indien* z. B. fast fünfhunderttausend Fürbitter und sechs Millionen Kinder mobilisiert. Die *Royal Kids Prayer Ministries* verknüpfen Gebet und Fürsorge für notleidende Waisen – mit bemerkenswerten Auswirkungen.

Thailand: Das *Thailand House of Prayer*-Netzwerk mobilisiert und bildet Fürbitter im ganzen Land aus; unterschiedliche Gemeinden decken jeweils einen vollen Tag in Gebet und Anbetung ab. Das *Southeast Asia House of Prayer* steuert vierzehn Stunden Gebet täglich bei. *OneThing Thailand* ist ein Netzwerk von Bethäusern und Gemeinden, die jeden zweiten Monat einen Tag mit vierundzwanzig Stunden Anbetung und Fürbitte veranstalten.

Neue Gebetsdienste beginnen und wachsen in ganz Asien – in Ländern wie Japan, Malaysia, Singapur, den Philippinen, Vietnam, Myanmar, Bangladesh, Pakistan und anderen.

Naher Osten

Israel: 1987 gründete Tom Hess das *Jerusalem House of Prayer for All Nations*, es ist der bemerkenswerteste Gebetsdienst in Jerusalem. Heute gibt es dort acht Gebetsräume, die sich bemühen, 24/7-Gebet zu organisieren, u. a. *Succat Hallel*, der *Prayer Pavilion* und das *Korean House of Prayer*. In Tel Aviv wird im *VIP Prayer Tower* jede Woche fünfundzwanzig Stunden gebetet. Nazareth hat einen fest etablierten Gebetsraum. Weitere Gebetsräume entstehen gerade in Yad HaShmona, Be'er Scheva und Eilat. In ganz Israel trifft man sich in Klöstern an vielen Stunden pro Woche zum Beten, in manchen rund um die Uhr.

Ägypten: *Kasr El Dobara* in Kairo – die größte evangelikale Gemeinde im Nahen Osten – hat viel geleistet, um in dieser Region Gebet zu organisieren und zu inspirieren. Pastor Sameh Maurice leitet ein bekanntes Montagabend-Gebetstreffen, zu dem zweitausend Leute zusammenkommen und dem sich viele weitere Beter im gesamten Nahen Osten per Live-Fernsehsendung und Internet anschließen. Das *House of Prayer* in Kairo begann seine Arbeit im Jahr 2002, es wird von Lillian Sobhy geleitet. Die Treffen finden rund um die Uhr statt, wenn nicht staatlich verhängte Ausgangssperren das unmöglich machen, und die Mitarbeiter veranstalten jedes Jahr dreitägige Gebetskonferenzen, die von fast zehntausend jungen

Brooklyn, der Bronx, aber auch in Geislingen und Göppingen. Nach zwei Jahren bei Metro World Child (Pastor Bill Wilson) kehrte er Anfang des Jahres nach Deutschland zurück und dient nun Hamburger Kindern mit dem Verein "Die Stadtinsel".

Tim ist davon überzeugt, dass jeder Mensch einen Unterschied machen und Leben verändern kann.

Lasst euch hineinnehmen in einen Abend mit Berichten aus den New Yorker Ghettos und Hamburger Brennpunkten, die sich oftmals gar nicht so sehr unterscheiden. Denn auch in Deutschlands Brennpunkten herrschen oftmals unvorstellbare Zustände.

Besonderer Abend

mit Tim Schindler

Dienstag - 19.04.16 - 19.30 Uhr

Volksmission Geislingen

Von der Bronx nach Hamburg –

Ein Leben für Kinder in Brennpunkten

Tim Schindler, aufgewachsen in Geislingen, kennt Kinderarmut –

Erwachsenen besucht werden. Das *Alexandria House of Prayer* ist fest etabliert und arbeitet auf 24/7-Anbetung und -Gebet hin.

An verschiedenen Orten in Kuwait, Algerien, dem Sudan und der Türkei werden Tag-und-Nacht-Gebetswachen abgehalten, viele von ihnen neuerdings rund um die Uhr, u. a. im *Istanbul House of Prayer* in der Türkei und anderen Bethäusern im Irak, in Dubai und Syrien.

Europa

Großbritannien: Unter Pete Greigs Leitung verbreitete sich die 24/7-Bewegung über achtundzwanzig Nationen in ganz Europa. Mehr als einhundert Gebetsgemeinschaften gründeten sich, manche unter der Bezeichnung „Boiler Room", in städtischen Zentren in ganz England und in achtundzwanzig Ländern quer durch Europa. Ken Gott in Sunderland inspiriert viele junge Leute in Großbritannien, dem Ruf zu immerwährendem Gebet und Anbetung zu folgen.

Deutschland: Das Augsburger *House of Prayer* unter der Leitung von Johannes Hartl begann seine Arbeit im Jahr 2007. Seit 2011 ist es rund um die Uhr in Betrieb, Anbetungsteams leiten jedes Gebetstreffen. Der Dienst hat hundert Mitarbeiter und mehrere Tausend Besucher pro Jahr. Zu ihren jährlichen Gebetskonferenzen kommen regelmäßig viertausend Leute zusammen. Es gibt über zehn Bethäuser in Deutschland, u. a. in Berlin und Freiburg, mit jeweils mindestens einigen vollzeitlichen Fürbitte-Missionaren. Die Initiative *Wächterruf* organisiert in mehr als dreihundert deutschen Städten Vierundzwanzig-Stunden-Gebetsketten.

Polen: Überall in diesem Land gibt es Gebetsgemeinschaften. Zwölf Städte veranstalten jeden Monat stadtweite 12-Stunden-Gebetsversammlungen. Unter der Leitung von Maciej Wolski und Marcin Widera wurden in Warschau und Breslau Bethäuser eingerichtet, in denen täglich vier bis sechs Stunden gebetet und angebetet wird.

Italien: In ganz Italien gibt es zahlreiche Gebetsversammlungen, täglich finden Gebetsveranstaltungen auf dem Gebetsberg Sardiniens statt, bei „One Day" in Rom, „The Tabernacle" in Turin, in Gebetswachen in Neapel, dem Mailänder *House of Prayer*, bei *24/7 Italia* in Montecalvo, den „Italy in Prayer"-Konferenzen und vielen mehr. *House of Prayer* (HOP) *Italia* in Caserta hat eine vollzeitliche Musikschule und eine Gebetsschule. Kim Kollins leitet die nationale Gebetsinitiative *Burning Bush*.

Auf Sizilien organisiert Corrado Salmè Gebetsveranstaltungen, zu denen sich Tausende junger Menschen zusammenfinden.

Niederlande: Der Amsterdamer *Tabernacle of the Nations*, geleitet von Robin van Ommen, der zuvor zum IHOPKC-Leitungsteam gehört hatte, betet Tag und Nacht im Rotlichtviertel der Stadt.

Wenn ich bedenke, was im letzten Jahrzehnt in Europa geschehen ist, empfinde ich Ehrfurcht und Dankbarkeit gegenüber dem Herrn. Manche Leute haben es aufgegeben, eine große Erweckung in Europa zu erwarten, aber die Tatsache, dass es so viele neue Bethäuser mit Anbetungsteams und vollzeitlichen Fürbitte-Missionaren gibt, zeigt uns, wie sehr sich der Heilige Geist um diesen Kontinent bemüht. Unter anderem in Großbritannien, Irland, Deutschland, Österreich, der Schweiz, Polen, Frankreich, Italien, den Niederlanden, Spanien, Schweden, Norwegen, Finnland, Rumänien, Griechenland, Island, der Tschechischen Republik, Kroatien, Belgien, Zypern, Malta, Mazedonien und der Türkei gibt es Bethäuser, in denen Anbetungsteams die Versammlungen leiten. Zum europäischen Gipfeltreffen der *House of Prayer*-Verantwortlichen unter der Leitung von Johannes Hartl kommen Leiter aus fünfzig verschiedenen Bethäusern in Europa.

Russland und Ukraine

Der Dienst, der die Gebetsbewegung in russischsprechenden Ländern am sichtbarsten anführt, ist die *God-Seekers*-Bewegung unter der Leitung von Sergej Schidlowski aus Kiew in der Ukraine. Diese Organisation veranstaltet täglich Gebetstreffen und darüber hinaus internationale Gebetsevents, die live im Fernsehen übertragen werden und zu denen sich in den letzten drei Jahren fünfzigtausend Menschen versammelt haben. Das *House of Prayer* in Kiew hat vollzeitliche, bezahlte Fürbitte-Missionare. Regelmäßige Gebetsveranstaltungen ebenso wie Gebetsveranstaltungen im örtlichen Stadion werden von Boris Grisenko geleitet, der der jüdisch-messianischen Gemeinde in Kiew vorsteht. In vielen Städten in Russland entstehen Bethäuser, u. a. in Moskau, Murmansk, Jekaterinburg, Chabarowsk und Nischni Nowgorod, ebenso wie in anderen russischsprechenden Ländern wie Moldawien, Armenien, Kasachstan, Lettland und Weißrussland.

Afrika

Nigeria: Die bekanntesten Gebetsdienste in Afrika sind die monatlichen Gebetstreffen im Süden Nigerias, die die ganze Nacht hindurch andauern und manchmal von einer Million Betern besucht werden, sowie der *Global Day of Prayer*, der von Südafrika aus veranstaltet wird. Zum *Global Day of Prayer* versammeln sich jedes Jahr am Pfingstsonntag über einhundert Millionen Gläubige in mehr als zweihundert Ländern, um zu beten, dass der Heilige Geist auf der ganzen Erde ausgegossen wird.

Südafrika: In Zusammenarbeit vieler verschiedener Gebetsdienste wurden in Townships und Städten Tausende von 24/7-Gebetsräumen eingerichtet.

Ruanda: Viele 24/7-Gebetswachen sind entstanden. In der Stadt Kigali leitet Paul Gitwaza, der Pastor des Zion Temple, sowohl eine Gemeinde mit zwanzigtausend Mitgliedern als auch das bekannteste *House of Prayer* in Ruanda. Begonnen im Jahr 2000, arbeitet es seit über vierzehn Jahren rund um die Uhr mit Musikern und Sängern.

Uganda: Seit 1995 half das *World Trumpet Mission and Watchman Intercessors Network* mit Sitz in Kampala bei der Einrichtung von 24-Stunden-Gebetswachen in dreiundvierzig Distrikten Ugandas. Auch in Zimbabwe, im Kongo, Tansania, Kenia und Äthiopien gibt es viele starke Gebetsdienste.

Nordamerika

USA: In den Vereinigten Staaten von Amerika gibt es über vierhundert Bethäuser, zusätzlich zu Gebetsräumen auf eintausend Universitätsgeländen sowie einer großen Anzahl von nationalen Gebetsdiensten, die zu zahlreich sind, um in diesem Buch erwähnt werden zu können.

Mexiko: Im Jahr 2003 begann Benjamin Nuñez ein *House of Prayer* auf seinem Universitätscampus, in dem jeden Tag sechs Stunden gebetet wurde. Innerhalb von zehn Jahren half sein Team, weitere zweiundsiebzig Bethäuser in Mexiko einzurichten. Zusätzlich haben andere Dienste mehr als hundert Bethäuser aufgebaut. Lalo Garcia mobilisiert stadtweite Gebetsdienste in Juarez, einer der gefährlichsten Städte der Erde. Wir bewundern Garcia und die anderen Fürbitter für ihren Mut und ihr Opfer – treu stehen sie vor Jesus und lassen nicht nach, in Juarez zu beten.

Kanada: In Ottawa führt das *National House of Prayer* (NHOP) seit 2004 regelmäßige Gebetstreffen für die kanadische Regierung durch. Es gibt fast fünfzig Bethäuser in kanadischen Städten, von denen manche 24/7 operieren. Zusätzlich wird in fünfundzwanzig *Prayer Furnaces*

(„Feuerofen des Gebets", vgl. 3. Mo. 6,6) oder *Houses of Prayer* auf Universitätsgeländen gebetet. Stacey Campbell spielt eine unschätzbare Rolle in der Gebetsbewegung in ganz Kanada. Andere Gebetsdienste in Kanada umfassen *The Cry*, welcher Menschen zu Gebetsversammlungen mit zwölf Stunden Gebet und Fasten zusammenruft. *Prayer Canada* ist dabei, in jedem Rathaus in ganz Kanada wöchentlich eine Gebetsversammlung einzurichten.

Südamerika

Brasilien: In den letzten zehn Jahren sind in Brasilien über fünfunddreißig *Houses of Prayer* entstanden. Zu den bemerkenswerten Gebetsdiensten gehören die *Gideões de Oração* in Lagoinha, welche seit 2003 einen 24/7-Gebets-Turm in Betrieb haben und an anderen Orten in Brasilien zwölf weitere Gebets-Türme aufbauen. *Brasil de Joelhos* ist ein nationales Netzwerk von Gebetsleitern.

Der Herr hat Brasilien mit einer besonderen Leidenschaft für Anbetung gesegnet. In manchen Anbetungsveranstaltungen kommen eine Million Leute zusammen. Dwayne und Jennifer Roberts, die zu dem Team gehörten, mit dem IHOPKC im Mai 1999 gegründet wurde, zogen im Sommer 2013 nach Florianopolis in Brasilien, um dort ein 24/7-*House of Prayer* zu eröffnen und in Partnerschaft mit anderen Gruppierungen die Bethäuser im ganzen Land zu stärken.

Kolumbien: Cesar Fajardo leitet das *House of Prayer* in Bogotá. Andere errichten gerade Bethäuser in Kolumbien, Bolivien und Venezuela.

Australien, Neuseeland und die Pazifikinseln

Australien: In Australien gibt es etliche Bethäuser, z. B. das *Canberra House of Prayer*, das nicht weit vom australischen Parlament gelegen ist, das *Australian House of Prayer* in Adelaide sowie in Fremantle den Gebetsraum der *New Life Church*.

Neuseeland: Aaron Walsh startete im Februar 2006 das *House of Prayer* in Tauranga. Inzwischen hat er einhundert Mitarbeiter, Studenten und Praktikanten, die an fünfzig Stunden pro Woche Gebetstreffen leiten. Sie haben ein Ausbildungszentrum für die weitere Südpazifikregion aufgebaut.

Salomoninseln: Im Juli 2013 half Premierminister Gordon Darcy Lilo, ein *House of Prayer* in der Hauptstadt Honiara zu errichten. Im

Jahr 2009 startete ein *House of Prayer* im Dschungeldorf Fa'arau auf der Insel Malaita, wo es weder Strom noch fließendes Wasser gibt. Die Fürbitter dort verwenden einen Dieselgenerator für ihre Verstärkeranlage und Musikinstrumente.

Papua-Neuguinea: Premierminister Peter O'Neill unterstützte die Gründung des *House of Prayer* in Goroka im August 2013.

Andere Gebetsdienste heute

„Campus Crusade for Christ", gegründet von Bill Bright (1921–2003), ist eine der größten Missionsorganisationen der Geschichte. In den fünfzehn Jahren vor seinem Tod rief Bill den Leib Christi und die Missionsbewegung auf der ganzen Erde zu Gebet und Fasten auf und inspirierte viele, Gebet und Weltevangelisation zu kombinieren. Er bestand darauf, dass der Missionsbefehl nur im Kontext von Beten und Fasten erfüllt werden könne.

Lou Engle gründete die **„TheCall"**-Gebetsveranstaltungen, welche im September 2000 begannen, als sich über vierhunderttausend Menschen, meist junge Erwachsene, in der National Mall in Washington, D.C. versammelten, um für Erweckung in Amerika zu beten und zu fasten. Seitdem hat Lou über ein Dutzend *TheCall*-Veranstaltungen durchgeführt, z. B. im Jahr 2001 in New York mit über einhunderttausend und im Jahr 2007 in Nashville mit mehr als siebzigtausend Teilnehmern. Es ist seine große Leidenschaft, Bethäusern zum Start zu verhelfen. Von 1996 bis 1999 leitete Lou ein 24/7-Bethaus im Mott Auditorium in Pasadena, Kalifornien. Im Jahr 2004 startete er dann das *Justice House of Prayer* (JHOP) in Washington, D.C., in dem für das Ende von Abtreibungen und für Erweckung in Amerika gebetet wird. Ähnliche JHOPs wurden in New York, Boston, San Francisco, San Diego und Montgomery in Alabama gegründet. Fünf Jahre lang, von 2007 bis 2012, diente Lou im Gesamtleitungsteam des IHOPKC, bevor er in seine Heimatstadt Pasadena zurückkehrte, um das **„Ekballo House of Prayer"** zu gründen, in dem in Partnerschaft mit dem *US Center for World Mission* für unerreichte Volksgruppen gebetet wird.

Dick Eastmans Organisation **„Every Home for Christ"** hat mehr als zehntausend 24/7-Gebetsketten in Asien begonnen. Die drei Bücher von Dick Eastman zum Thema Fürbitte-Anbetung sind Standardwerke für viele

Gebetsdienste. Ich kenne niemanden, der unverzagter und beständiger als Dick Eastman zu Gebetswachen im Sinn der Stiftshütte Davids und in Verbindung mit dem Missionsbefehl Jesu aufruft. An seinem Stammsitz im *Jericho Center* in Colorado Springs, Colorado, finden acht Stunden täglich Gebetstreffen statt, die von Anbetungsteams geleitet werden.

Brian Kim, der viele Jahre im Leitungsteam des *International House of Prayer* diente, half das **„Luke18 Project"** aufzubauen, das in über tausend College-Campussen sogenannte „prayer furnaces" einrichtete. Mit dem *Antioch Center for Training and Sending* (ACTS) dient er ferner der Organisation *Every Home for Christ* beim Aufbau von „prayer furnaces", die sich dem Gebet für einen Durchbruch in schwierigen und herausfordernden Orten weltweit widmen.

Loren und Darlene Cunningham gründeten vor über fünfzig Jahren **„Youth With A Mission"** (YWAM). YWAM gehört zu den größten Missionsorganisationen weltweit. Viele Jahre lang bildeten die Cunninghams sowie Joy Dawson junge Christen auf der ganzen Welt aus, die Stimme Gottes zu hören und das Gehörte dann strategisch zu ihm zurückzubeten. Das Ergebnis ist effektivere Missionsarbeit. Heute hat YWAM über vierzehnhundert Dienstorte in beinahe zweihundert Ländern. Auf der YWAM-Base in Kona gibt es ein von Anbetungsteams geleitetes *House of Prayer*, das jeden Tag viele Stunden im Einsatz ist. Loren war in dieser Generation eine starke Stimme, die junge Leute aufforderte, Mission mit dem Hören von Gottes Stimme und dem Reagieren im Gebet zu kombinieren.

Andy Byrd, ein junger YWAM-Leiter, wurde durch seine **„Fire and Fragrance"**-Jüngerschaftsschulen und die **„Circuit Rider"**-Initiative zu einem wichtigen Instrument mit seinem Aufruf an junge Menschen, auf der ganzen Welt Bethäuser aufzubauen. Er half maßgeblich beim Einrichten eines Gebetszentrums auf der YWAM-Base in Hawaii, das in von Anbetung inspirierter Fürbitte wurzelt.

Larry Leas Buch ***Könnt ihr nicht eine Stunde mit mir wachen?*** verkaufte sich seit 1987 weltweit über zwanzig Millionen Mal. Auf zahlreichen Versammlungen in verschiedensten Nationen sprach Larry Lea vor zehntausend Teilnehmern und rief sie auf zu beten, in über sechzig Ländern predigte er über Gebet. Manche behaupten, er habe vor mehr Menschen zum Thema Gebet gesprochen als irgendein anderer Zeitgenosse.

Bücher über Gebet von Leonard Ravenhill (1907–1994) haben in den vergangenen fünfzig Jahren viele Menschen inspiriert. Eins seiner wichtigsten Bücher, *Why Revival Tarries*, wurde weltweit weit über eine Million Mal verkauft. Seine Lehre inspiriert noch heute die nächste Generation, unablässig für Erweckung und eine große Ernte zu beten.

John Robb leitet den ***International Prayer Council***, das größte globale Netzwerk von Gebetsdiensten. Er mobilisiert über einhunderttausend Fürbitter aus aller Welt und arbeitet eng mit Patrick Joshua zusammen, der zusätzlich vierhunderttausend Fürbitter und sechs Millionen Kinder zu seinem Gebetsnetzwerk zählt.

Jane Hansen leitet **„Aglow International"**, eine Bewegung betender Frauen mit etwa viertausend Ortsgruppen in hundertsiebzig Ländern. Jeden Monat treffen sich über zweihunderttausend Frauen zu Gebet und Bibelstudium, um effektiver zu werden in der Ernte.

C. Peter Wagner war in den neunziger Jahren an vorderster Front der internationalen Gebetsbewegung, er leitete das **„Spiritual Warfare Network"**. Gemeinsam mit Cindy Jacobs, Dutch Sheets, Chuck Pierce und anderen hat er Hunderttausende mobilisiert, für einen größeren Durchbruch des Reiches Gottes zu fasten und zu beten.

„Transformations", die preisgekrönte Dokumentationsserie von George Otis jr., wurde von zig Millionen Menschen weltweit gesehen. Der Herr hat sie vielfach zur Inspiration von anhaltendem, gemeinsamem Gebet und Buße gebraucht.

Graham Power, ein südafrikanischer Geschäftsmann, initiierte im Jahr 2000 den **Global Day of Prayer**: Gemeinsam mit seinen Mitstreitern schafft er es, dass sich jedes Jahr am Pfingstsonntag über einhundert Millionen Gläubige in zweihundertzwanzig Nationen versammeln.

Seit Jahrzehnten schon hilft Terry Tykel vielen **Gebetsdiensten** in Methodisten- und anderen Gemeinden mit Inspiration und Ausrüstung.

Der 1952 von Präsident Harry S. Truman eingeführte **National Day of Prayer** hat schon Millionen Menschen mobilisiert, sich in ihren Städten zu Buß- und Betveranstaltungen zu versammeln.

Das 1979 gegründete **National Prayer Committee** brachte viele Gebetsinitiativen in den Vereinigten Staaten und anderen Nationen hervor. Es wurde von Betern wie David Butts, Vonette Bright, Dick Eastman und David Bryant geleitet.

„Intercessors for America" begann im Jahr 1973 mit einer Selbstverpflichtung zu Gebet und Fasten für Amerika. Gary Bergel leitet *Intercessors for America* seit über zwanzig Jahren.

Sean Feucht, der Leiter des **„Burn 24/7"**-Dienstes, ruft immer wieder junge Menschen zu einem Lebensstil von Anbetung und Gebet nach Davids Vorbild auf; in vielen unterschiedlichen Nationen hilft er, auf College-Campussen weitere *Prayer Furnaces* für junge Erwachsene einzurichten.

Es gibt viele andere, die zu Wachstum und Verbreitung von Gebet weltweit beitragen – bei Weitem zu viele, als dass sie alle erwähnt werden könnten. Aber schon diese Liste zeigt uns, dass Gott für die weltweite, anbetungszentrierte Gebetsbewegung, die er derzeit auf dem gesamten Globus entstehen lässt, zahlreiche Menschen und Dienste gebraucht. Wir leben in einer herrlichen Stunde der Geschichte!

Kapitel 29

Das Zusammenwachsen der Missions- und Gebetsbewegung

Alle großen Erweckungen wurden eingeleitet und durchgeführt durch ausdauernde Arbeit auf den Knien im Kämmerlein.[1]

Samuel Brengle

Es ist begeisternd zu beobachten, dass die Missionsbewegung zusammen mit vielen Gemeindegründungsbewegungen ebenso wächst wie die Gebetsbewegung. Und weil diese Bewegungen voneinander abhängig sind, können wir erwarten, dass sie mehr und mehr zusammenkommen, um Gottes Absichten auf der Erde zu erfüllen, bevor Jesus wiederkommt.

Ich möchte zwei bedeutende biblische Zeichen für das Herannahen der Wiederkunft des Herrn herausstellen. Das erste ist, dass das Evangelium allen Völkern gepredigt wird:

> Und dieses Evangelium vom Reich wird in der ganzen Welt gepredigt werden als Zeugnis für alle Völker, und dann wird das Ende kommen.
>
> Matthäus 24,14

Jesus stellte eine Verbindung zwischen der Evangelisierung aller Völker und seiner Wiederkunft her. Die Verantwortlichen der größten Missionsorganisationen sagen heute, dass bis zum Jahr 2025 allen zwölftausend ethnischen Gruppen der Erde das Evangelium gepredigt worden sein wird. Der Grad, in dem die Aufgabe, „alle Völker" zu erreichen, erfüllt wird, lässt sich vielleicht mit dem Verhältnis von Nichtchristen zu Christen in der Welt bestimmen:

Heute gibt es schätzungsweise eine Milliarde Christen. Gemäß dem *US Center for World Missions* lag die Rate im Jahr 100 bei 360:1 *(ein Bruchteil von 1 Prozent* der Weltbevölkerung glaubte an Jesus), neunhundert Jahre später, im Jahr 1000, bei 220:1 (immer noch *ein Bruchteil von 1 Prozent*). Im Jahr 1500 lag sie bei 69:1 (*etwas mehr als 1 Prozent*), bis 1900 bei 27:1 (*etwa 4 Prozent*), und im Jahr 2000 bei immerhin 6:1 (*etwa 20 Prozent der Erdbevölkerung glaubt derzeit an Jesus*).

Das zweite Zeichen ist Einheit der Christen, welche in engem inneren Zusammenhang mit der Evangelisierung der Welt steht. Jesus führt seinen Leib zu einer neuen Qualität von Einheit: Zur Erfüllung des Missionsbefehls kombinieren drei Generationen ihre Gaben in der Zusammenarbeit von Gebets-, Gerechtigkeits-, Missions- und Gemeindegründungsbewegungen. Die Welt wird glauben, dass Jesus vom Vater ist, wenn die Gemeinde in Einheit zusammenwirkt.

> … damit sie alle eins werden, … damit die Welt glaubt, dass du mich gesandt hast.
>
> Johannes 17,21

Bevor Jesus wiederkommt, wird die Kirche die größte Seelenernte der Geschichte erleben. Dieser Erfolg der Missionsbewegung und vieler Gemeindegründungsbewegungen wird durch die größte Gebetsbewegung der Geschichte ausgelöst – diejenige, über die Sie in diesem Buch gelesen haben, die der Heilige Geist heute heranwachsen lässt.

Jesu Anweisung, zu beten, dass der Herr Arbeiter sendet, die die Seelenernte einbringen, trägt die Verheißung in sich, dass eventuelle Hindernisse auch überwindbar sind. In der Bibel besteht also eine starke Beziehung zwischen Mission und Fürbitte. Mit seinem Hinweis: „Die Ernte ist groß, aber es gibt nur wenige Arbeiter“, machte Jesus auch die Lösung deutlich: „Darum bittet den Herrn der Ernte, dass er Arbeiter in seine Ernte sendet“ (Mt. 9,37–38).

Jesus,[2] Paulus,[3] Johannes,[4] David,[5] Salomo,[6] Jesaja,[7] Joel,[8] Zefanja[9] und Sacharja[10] – sie alle verbanden die Gebetsbewegung mit der Missions- und der Gerechtigkeitsbewegung in Gottes Weltmissionsplan. Das Werk von Mission und Gerechtigkeit ist am effektivsten, wenn es mit Gebet, Evangelisation und guten Werken kombiniert wird. Es ist von grundlegender Bedeutung, dass wir diese Aktivitäten, die Gott zusammenfasst, nicht trennen. Gebet spricht im Geistlichen die eigentlichen Ursachen für

Ungerechtigkeit an. Das ist ein Grund, weshalb Jesus uns mahnt, Tag und Nacht für Gerechtigkeit zu beten (Lk. 18,7). Gebet verändert die geistliche Atmosphäre der betreffenden Region, sodass sich das Werk des Evangeliums effektiver durchsetzt. (Siehe Daniel 10,13.20.)

Missions- und Gebetsdienste in der Zusammenarbeit

Wenn viele Organisationen zusammenarbeiten, werden wir erleben, dass das Evangelium jedem Stamm und jeder Sprache auf Erden gepredigt und Gott rund um die Uhr angebetet wird. Ja, sowohl die Gebets- als auch die Missionsbewegung nimmt an Fahrt auf. Der Heilige Geist bewirkt ein Zusammenwachsen dieser beiden Bewegungen. Das bedeutet, dass wir gemeinsam etwas tun können, was uns getrennt nicht möglich ist.

Im letzten Jahrhundert hat der Heilige Geist mehrfach weltweit zu Mission und Gebet aufgerufen. Im Jahr 1910 fand in Edinburgh die Weltmissionskonferenz statt, geleitet von Verantwortlichen der *Student Volunteer Movement* (SVM). Im Jahr 1974 leitete Billy Graham eine weltweite Missionskonferenz im Schweizer Lausanne. Diese führte zur Bildung des Lausanner Komitees für Weltevangelisation, welches nun seit fast vierzig Jahren regionale und globale Strategiekonferenzen und Gebetsversammlungen veranstaltet. Eine solche bemerkenswerte Zusammenarbeit von christlichen Führungspersönlichkeiten ist wirklich ein Werk des Heiligen Geistes.

Die Bewegung *AD2000 & Beyond* war eine gemeinsame Anstrengung in den 1990ern, die sich darauf ausrichtete, die Aufgabe der Weltevangelisation bis zum Jahr 2000 abzuschließen. Diese Organisation richtete vom 17. bis 25. Mai 1995 die *Global Consultation on World Evangelization* aus (GCOWE '95). Fast viertausend christliche Leiter, die 186 Länder vertraten, kamen zusammen, um mit Blick auf das Jahr 2000 Evangelisationspläne zu formulieren. Keine christliche Versammlung der Geschichte hatte je Teilnehmer aus mehr Ländern als GCOWE '95.

Im Jahr 1990 prägte Luis Bush den Begriff „10/40-Fenster", womit er die Region zwischen dem 10. und dem 40. nördlichen Breitengrad mit den meisten und am dichtesten konzentrierten Unerreichten meint. Seitdem hat die Gemeinde diese Fenster im Blick und setzt sich dafür ein, dass ganze Gemeinwesen verändert werden.

Im Bestreben, die Gebetsarbeit mit dem Auftrag der Weltevangelisation zu kombinieren, rief Bill Bright Leiter der Missionsbewegung dazu auf, viel zu fasten und zu beten. Er war überzeugt, dass der Missionsbefehl nur in diesem Kontext erfüllt werden könne. Er schrieb: „Ich glaube, die Kraft des Fastens in Verbindung mit Gebet ist die geistliche Atombombe, die unser Herr uns gegeben hat, um die Festungen des Bösen zu zerstören und eine große Erweckung und geistliche Ernte auf der ganzen Welt hereinzubringen."[11]

Im Januar 2008 leitete Mark Anderson in Orlando, Florida, eine historische Versammlung mit der Bezeichnung „Call2All Orlando". Es war der erste von vielen *Call2All*-Kongressen; über sechshundert Leiter, zumeist aus der ersten Liga der internationalen Missionsorganisationen und Gebetsdienste, kamen zusammen, um Strategien zu finden, wie die Aufgabe, jeder Bevölkerungsgruppe der Erde das Evangelium zu bezeugen, erfüllt werden könne. Absicht der *Call2All*-Kongresse ist es, „alle" zu erreichen – die Geringsten, die Letzten, die Verlorenen.

Auf dem *Call2All*-Kongress in Orlando begann der Heilige Geist, die Missionsbewegung zu ihren Wurzeln im Gebet zurückzurufen. Auf diesem Kongress erkannten sowohl die Missions- als auch die Gebetsleiter, dass die Hand des Herrn sie in neuen strategischen Allianzen zusammenführte, damit die Aufgabe, bis zum Jahr 2025 allen Völkern das Evangelium zu bringen, zu Ende geführt werden kann. In allen Ländern bewirkt Gott ein herrliches Zusammenwachsen von Gebets- und Missionsbewegung unter Einbeziehung der Leiter von Ortsgemeinden.

Manche sprechen von der Gebetsbewegung und der Missionsbewegung, als wären die zwei deutlich zu unterscheiden oder sogar im Konflikt miteinander. Jede dieser Bewegungen ist kritisiert worden – Missionsgruppen dafür, dass sie nicht genug beten, und Gebetsgruppen, dass sie nicht genug evangelisieren. In Gottes Herzen sind die beiden Bewegungen eins. Nur menschliche Augen sehen sie als zwei separate Bewegungen. Sie sind eine Realität in seinem Herzen, weil nicht *Evangelisation* das ultimative Ziel ist, sondern *Anbetung*. Wie John Piper schreibt: „Mission gibt es, weil die Anbetung fehlt."[12] Anbetung hat erste Priorität, weil Jesus erste Priorität hat. Anbetung ist sowohl Triebkraft als auch Ziel der Mission. Anbetung ist die Antwort auf Jesus, der Lohn für sein Leiden.

Am 25. Dezember 2006 hatte Mark Anderson, der Leiter von *Call2All*, einen prophetischen Traum, in dem ihm der Herr zeigte, dass die Missions- und die Gebetsbewegung in Gottes Herzen *dieselbe* Bewegung sind. Auf dem *Call2All* -Kongress in Orlando kamen die Leiter internationaler Gebetsbewegungen überein, mit internationalen Missionsorganisationen zusammenzuarbeiten und gemeinsam alle Nationen erreichen zu wollen. Sie beschlossen dafür zu sorgen, dass jede Missionsorganisation und jeder Missionar von Gebet gedeckt wird. Sie bitten jeden Gebetsdienst und jeden Fürbitter auf der Erde, eine spezifische Missionsorganisation, drei individuelle Missionare und eine Stadt oder Nation zu „adoptieren" und regelmäßig im Gebet abzudecken. Im Januar 2000 übernahm IHOPKC YWAM als die Missionsorganisation und im Dezember 2007 Ägypten als das Gebiet, für die wir vorrangig beten.

Zum ersten Mal in der Geschichte arbeiten Leiter der Missionsbewegung und die Gebetsbewegung weltweit intensiv zusammen, damit das Reich Gottes jeden Gesellschaftsbereich beeinflusst. Auf zweiundzwanzig *Call2All*-Kongressen (2008–2012) beschlossen 35000 Leiter, bis zum Jahr 2020 *sieben Millionen neue Gemeindegründungen* und *siebenhunderttausend neue Gebetswachen oder Bethäuser* zu eröffnen.

Die Gebetsleiter auf dem Call2All-Kongress in Orlando sagten den Missionsleitern fest zu: „Missionsleiter, wenn ihr in die viertausend Zonen geht, gehen wir mit euch, bewusst und strategisch. Wir werden beten, bevor ihr geht, wir werden euch abdecken, während ihr dort seid, und wir werden weiter beten, wenn ihr euren Dienst in jenen Teilen der Welt ausbaut." Überzeugt und mit ganzem Herzen antworteten die Missionsleiter: „Wir brauchen euch, weil wir unsere Aufgabe ohne diese Partnerschaft nicht tun können."

Jesus bewirkt eine neue Ebene an Einheit unter seinem Volk, sodass alle Gaben in seinem Leib – in allen Nationen, von drei Generationen – zusammenwirken. Wir können so viel mehr tun, wenn wir die Berufungen anderer Christen freudig begrüßen.

Er bewirkt auch eine gegenseitige Befruchtung der Missions- und der Gebetsbewegungen. Zum Beispiel sind die *University of the Nations* von YWAM in Hawaii und das Hauptbüro von *Every Home for Christ* in Colorado – beides in erster Linie Missionsorganisationen – Pioniere für Rund-um-die-Uhr-Gebetsräume. Fürbitter investieren sich in die Missionsarbeit, und Missionare investieren sich in zielgerichtetes Gebet und Anbetung. Etwas Großes geschieht!

Die Rolle junger Menschen

Einer der begeisterndsten Aspekte am Wachstum der Missions- und Gebetsbewegungen ist die enorme Zahl junger Menschen, die sich voller Eifer darauf einlassen. In der Jugend Amerikas und anderer Nationen wächst der Hunger nach echten Gottesbegegnungen. Wir erleben einen neuen geistlichen Aufbruch unter jungen Leuten sowohl in der Missions- als auch der Gebetsbewegung. Junge Männer und Frauen mögen unzufrieden sein mit religiösen Programmen, aber sie wollen wirklich einen lebendigen Glauben leben, der in Intimität mit Gott durch Gebet und sein Wort wurzelt.

In den letzten Jahren trafen sich wiederholt Zehntausende junge Erwachsene in Stadien und Arenen zu riesigen Gottesdiensten, organisiert von Lou Engle und *TheCall*. Sie kamen nicht, um einen bekannten Prediger oder eine berühmte christliche Anbetungsband zu hören. Tatsächlich wurden die Namen der Sprecher und Bands im Vorfeld dieser großen Gottesdienste gar nicht angekündigt. Junge Leute reagierten einfach auf den Aufruf zu Anbetung, Fasten und Gebet für Erweckung in Amerika.

In anderen Nationen, z. B. in Korea, Ägypten, Taiwan, den Philippinen, Thailand und Brasilien, fanden ähnliche große Gebetskonferenzen oder Gottesdienste junger Erwachsener statt.

Vor über einhundert Jahren ließ Gott in Nordamerika die *Student Volunteer Movement* entstehen. In dieser Bewegung wandten sich über zwanzigtausend Collegestudenten und junge Berufstätige vom American Dream ab und gingen, neu entfacht vom Heiligen Geist, in fremde Länder, um das Evangelium zu verkünden. Sie tauschten ihre Chance auf eine lukrative Karriere, Einfluss und ein Leben in aller Bequemlichkeit gegen ein Leben für Gebet und Evangelisation ein: Diese jungen Männer und Frauen waren nicht von irdischen Vergnügen und menschlichem Lob motiviert, sondern von dem Wunsch, sich ganz und gar dem Ruhm Jesu zu weihen.

John L. Cumming beschrieb die Einstellung zum Beten in der SVM so:

> Die frühe *Student Volunteer Movement* glaubte fest an die Macht des Gebets. Die Leute beteten nicht nur, weil es sich so gehörte. Sie beteten, weil sie glaubten, dass Gott erhören würde. Sie machten Gebet zu einer obersten Priorität sowohl in ihrem individuellen Leben als auch in den Volunteer-Gruppen (auch Gebetsgruppen genannt).[13]

Einer der Leiter der Bewegung, John R. Mott, bestätigte Cummings Beobachtung: „Die wirklich wichtigen Dinge der Bewegung ... hängen vom Gebet ab.“[14]

Heute beruft der Herr wieder „Fürbitte-Missionare“ (wie ich sie nenne) – Missionare, die das Evangelium predigen und deren Lebensstil in Gebet wurzelt (siehe Kapitel 30). Brian Kim, einer der Hauptverantwortlichen im IHOPKC, startete das *Luke18 Project*, das sich mit vielen Diensten zusammen für die sogenannte „2020 Vision“ einsetzt. Dieses Projekt zielt darauf ab, bis zum Jahr 2020 auf allen 2600 College-Campussen in den USA sogenannte *Prayer Furnaces* einzurichten. Ferner will es die Universitäten zum Rekrutierungsgebiet für eine neue Missions- und Gebetsbewegung unter Studenten machen, eine neue *„Student Volunteer Movement“*. Die Vision schließt auch das Rekrutieren und Ausbilden von zehntausend der besten und klügsten jungen Leute unserer Nation als Fürbitte-Missionare ein sowie ihre Entsendung an die härtesten und finstersten Orte der Erde. Durch die Gnade Gottes und gemeinsam mit anderen Diensten haben wir derzeit auf mehr als tausend College-Campussen ausgebildete und mit Mitteln ausgerüstete Campus-Dienste und Studenten, die *Prayer Furnaces* aufbauen. Auf unseren College-Campussen wird weiter Geschichte geschrieben werden, wenn sich Studenten von ganzem Herzen auf den Ruf Gottes einlassen.

Das rapide Wachstum der weltweiten Gebetsbewegung ist nur der Anfang von dem, was Jesus selbst in seiner geliebten Kirche in dieser Generation bewirkt und koordiniert. Wie gesagt, ich glaube, dass das, wessen wir gerade Zeuge werden, nichts weniger ist als eine vom Heiligen Geist inspirierte Anbetungs- und Gebetsbewegung, die vor dem zweiten Kommen Jesu in einer großen weltweiten Ernte resultieren wird.

Wie die Gebetsbewegung Mission unterstützen kann

Um die Annäherung der Missions- und Gebetsbewegungen zu erleichtern und den Einsatz von *Call2All* zu unterstützen, bitten wir jeden *House-of-Prayer*-Dienst und jeden individuellen Fürbitter um drei Dinge:

1. „Adoption“ und Unterstützung einer Missionsorganisation mit regelmäßigem Gebet und Finanzen.
2. Regelmäßiges Gebet für drei spezifische individuelle Missionare, die im Ausland dienen.

3. Regelmäßiges Gebet für eine Stadt oder Nation (zusätzlich zu der eigenen).

Außerdem rufen wir wiedergeborene Christen auf, dafür zu beten, dass in Israel Gottes Wille geschieht. Für diese Nation zu beten muss ein weltweites Bemühen sein. Wir glauben, dass Gott einhundert Millionen Fürbitter bewegt, von Gott einen Durchbruch seiner Macht in Jerusalem zu erflehen, „der Stadt des großen Königs" (Ps. 48,3, Mt. 5,35). Wenn wir alle zusammenarbeiten – manche im Gebet und manche in der Evangelisation –, werden wir gewiss die Erfüllung der Pläne Gottes für die Ernte und für die Wiederherstellung von Gerechtigkeit auf der ganzen Erde erleben.

Kapitel 30

Die Berufung zum vollzeitlichen Fürbitte-Missionar

Was die Kirche heute nötig hat, sind nicht mehr oder bessere Apparate, nicht neue oder zahlreichere Organisationen und moderne Methoden, sondern Männer, die der Heilige Geist gebrauchen kann – Männer des Gebets, mächtige Männer im Gebet.[1]

E. M. Bounds

Ein essenziell wichtiger Aspekt der globalen Gebetsbewegung ist die große Zahl von Christen, die der Herr beruft, sich vollzeitlich im Gebetsdienst zu engagieren. Ich bezeichne die, die zu dieser Ebene von Einsatz berufen sind, als „Fürbitte-Missionare". Ein Fürbitte-Missionar ist einer, der aus Gebet und Anbetung heraus vollzeitlich, hauptberuflich das Werk des Gottesreichs tut und gleichzeitig missionarisch lebt und ausgerichtet ist.

Menschen fragen mich manchmal, was ein Fürbitte-Missionar ist und wo dieser Diensttitel in der Bibel steht. Im Prinzip erscheint die Berufung und Beschäftigung des Fürbitte-Missionars überall in der Bibel, wenn auch nicht mit dem Begriff bezeichnet, den ich dafür geprägt habe. Doch in diesem Kapitel werde ich zeigen, dass seine Funktion sowohl im Alten als auch im Neuen Testament zu finden ist, besonders in Textstellen über die Endzeit-Prophetie, und ebenso in der ganzen Kirchengeschichte und in heutigen Werken.

Das Neue Testament nennt nur ein paar spezifische Diensttitel und Arbeitsbeschreibungen, ermutigt uns aber zur Beteiligung an Reichgottes-Aktivitäten, z. B. die Verlorenen gewinnen, für andere Menschen sorgen, Armen helfen, beten. „Apostel“ ist der Titel mit der deutlichsten Arbeitsbeschreibung. Aber „Hauptpastor“, „Eheberater“, „Jugendpastor“, „Kindermitarbeiter“, „Einsatzleiter“ finden wir nicht, ebenso wenig viele andere Titel, die aktuell im kirchlichen Leben vorkommen. Tatsächlich sind die meisten heutigen Titel im Neuen Testament nicht spezifisch erwähnt.

Es ist verständlich, dass die Bibel nicht eine umfassende Liste von Diensten aufführt, die der Heilige Geist gebraucht, um in jeder Kultur jeder Generation durch die gesamte Kirchengeschichte hindurch Nöten zu begegnen. Solange biblische Werte aufrechterhalten bleiben, hat die Gemeinde die Freiheit, Dienst-Ausrichtungen so zu benennen, wie es zu einer bestimmten Generation und Kultur passt, auf dass Gottes Absichten erfüllt werden.

Fürbitte-Missionare im Alten Testament

Wie wir gesehen haben, enthält das Alte Testament wichtige Informationen über die Vollzeitbeschäftigung von Sängern, die Gott Tag und Nacht dienten. Nachdem David eine neue Gottesdienstordnung eingeführt hatte, die ihm von Gott gegeben war, befahl er, dass alle Könige nach ihm diese aufrechterhalten sollten, weil Gott es so geboten hatte (2. Chr. 29,25, 35,4.15, Esr. 3,10, Neh. 12,45).

David war der Erste in der Bibel, der Anbetung und Fürbitte als vollzeitliche Beschäftigung einführte.[2] Er bestellte achttausend Fürbitte-Missionare – viertausend Sänger und Musiker und viertausend Torhüter, alles Leviten (1. Chr. 23,3–5). (Heute würde ich dieser Liste Soundtechniker hinzufügen, denn meiner Meinung nach ist das Mischpult das wichtigste „Instrument“ eines Worship-Teams.) Die Torhüter kümmerten sich um die Gebäude und Finanzen und führten viele weitere Aktivitäten aus, mit denen sie den Gottesdienst im Tempel unterstützten. In unserem Kontext sind die „Torhüter“ die, die im Finanz- oder Veranstaltungsmanagement helfen, als Hausmeister oder Organisatoren dienen, Seminare veranstalten usw.

Die Sänger hatten ihre Arbeit Tag und Nacht zu leisten, deshalb waren sie von anderen Pflichten freigestellt (1. Chr. 9,33). Mit anderen Worten, sie hatten keine anderen Aufgaben außer dem, wofür sie im Tempel verantwortlich waren. Was sie taten – singen und ihre Instrumente spielen –, war harte Arbeit. Ich stelle mir vor, dass es viele „Worship-Team-Übungsstunden“ gab und sie an ihren musikalischen Fertigkeiten ebenso arbeiten mussten wie an ihrer Kenntnis der Heiligen Schrift und anderem, was damit in Zusammenhang stand.

Der Aufbau eines Gebets- und Anbetungsdienstes rund um die Uhr war sehr aufwendig und teuer. Aber David bestand auf dieser zeitlich und finanziell kostspieligen Investition, weil der Herr es so befohlen hatte und weil er wusste, dass der Gott Israels wert ist, überbordend gelobt und gepriesen zu werden.

Immer wenn Israel in den Generationen nach David vom Kurs abkam, berief Gott geistliche Reformer mit der Vision, den Gottesdienst wieder so herzustellen, wie David es geboten hatte. Sieben Generationen im Alten Testament erlebten „Erweckung“. Sie alle achteten die Anweisung, die Gott David gegeben hatte, und stellten die davidische Gottesdienstordnung inklusive vollzeitlicher Fürbitte-Missionare wieder her. (In Kapitel 24 findet sich eine Liste dieser geistlichen Reformer und der Aktionen, die jeder von ihnen unternahm, um den davidischen Tag-und-Nacht-Gottesdienst in Israel wieder einzuführen.)

Fürbitte-Missionare in der Endzeitprophetie

Die Heilige Schrift gibt viele Hinweise auf die Bedeutung von Gebet in der Endzeit.[3] Tatsächlich ist Gebet eines der Hauptthemen der Endzeitprophetie. Wie ich schon erwähnte, *wird der Konflikt am Ende der Zeiten zwischen zwei weltweiten Anbetungsbewegungen ausgetragen werden.* Der Antichrist wird eine weltweite, staatlich finanzierte, falsche Anbetungsbewegung stark machen (Offb. 13,4.8.12.15), aber die globale Gebetsbewegung, die von Jesus angeführt ist, wird viel mächtiger sein.

Jesaja prophezeite über Gebetsdienste, die rund um die Uhr tätig sind, bis Jesus wiederkommt und Jerusalem wieder zum Lob auf Erden macht. Er sprach von Wächter-Fürbittern, vom Herrn selbst bestellt und eingesetzt, die Tag und Nacht nicht schweigen.

> O Jerusalem, ich will Wächter auf deine Mauern bestellen, die den ganzen Tag und die ganze Nacht nicht schweigen sollen. Die ihr den Herrn erinnern sollt, gönnt euch keine Ruhe, und schweigt nicht, bis er Jerusalem zugerichtet und zum Lob auf Erden gemacht hat.
>
> Jesaja 62,6–7

Jesajas Weissagung macht deutlich, dass Gott am Ende der Zeiten 24/7-Gebetsdienste aufbauen wird, die nie schweigen werden, bis Jesus wiederkommt. Der 24/7-Aspekt dieser Verheißung impliziert, dass manche Fürbitter und manche Dienste berufen sein werden, sich vollzeitlich dem Gebet zu widmen. Er impliziert auch, dass Gott ihnen diesen Beruf ermöglicht, indem er sie u. a. finanziell versorgt.

In seiner Prophetie bezieht sich Jesaja auf neutestamentliche Christen, die zur Zeit der Wiederkunft Jesu auf der Erde leben werden. Manche werden vollzeitliche, berufsmäßige Fürbitter sein. Ihre harte Arbeit im Gebet soll den Gebetsdiensten der Ortsgemeinden ihrer Region dienen und sie stärken und andere wie ein Katalysator zum Beten inspirieren.

Nur eine Generation wird die vollständige Erfüllung der Verheißung Gottes erleben, dass er Wächter (Fürbitter) bestimmt bzw. einsetzt, die den ganzen Tag und die ganze Nacht zu ihm rufen, bis Jerusalem zum Lob auf Erden wird. Die Prophetie spricht spezifisch über vom Herrn aufgebaute Gebetsdienste, die nicht aufhören werden zu bestehen, bis er wiederkommt. Zu der Zeit werden alle Nationen Jerusalem als Jesu eigene Stadt sehen, die Stadt des großen Königs (Ps. 48,3, Mt. 5,35).

Jesajas Prophetie spricht von einer „geistlichen Mauer“ der Fürbitte, von der die endzeitlichen Wächter-Fürbitter immerwährend, rund um die Uhr, zu Gott rufen, dass er seine Verheißungen erfüllt. Auch Hesekiel sprach von einer „geistlichen Mauer“ des Gebets (Hes. 13,3–5, 22,30). Gott wird endzeitliche Wächter-Fürbitter als eine lebendige „Mauer des Gebets“ berufen. Diese Wächter sollen im Gebet in den Riss treten, damit das Land gesegnet wird statt zerstört.

Durch Jesaja hat Gott verheißen, Fürbitter zu bestellen und sie für das Werk der Fürbitte aufzubauen, welches nie aufhören wird, bis Jesus wiederkommt. Die Berufenen werden zum Teil vollzeitliche, hauptberufliche Fürbitter sein – Fürbitte-Missionare, die auf der Mauer der Fürbitte stehen und zu Gott rufen, dass er seine Absichten für Jerusalem erfüllt.

Fürbitte-Missionare im Neuen Testament

Manche Leute fragen mich, wo die Fürbitte-Missionare im Neuen Testament zu finden sind. Meine Antwort: Wo im Neuen Testament finden wir Leiter, die Gebet *nicht* zu einer Priorität machen? Beginnend mit Jesus und den Aposteln, beschreibt das Neue Testament viele, die sich dem Gebet in ganz außergewöhnlicher Weise hingaben.

Jesus selbst verbrachte lange Stunden im Gebet[4] und er äußerte große Wertschätzung für die Entscheidung Marias aus Bethanien, vor ihm zu sitzen statt sich mit anderen Dingen zu beschäftigen. Tatsächlich sagte er, dies sei das eine, was nötig ist (Lk. 10,38–42). In Bezug auf die Generation, in der er zurückkommen wird, hob er Gebet oder „Wachen" mehr als alles andere Tun hervor.[5]

Der Apostel Paulus widmete sich zu unterschiedlichen Zeiten dem Tag-und-Nacht-Gebet und rief Witwen zu diesem Dienst auf (1. Thes. 3,10, 1. Tim. 1,3). Johannes der Täufer verbrachte viel Zeit in der Gemeinschaft mit dem Herrn in der judäischen Wüste (Mt. 3), und die Apostel waren treu in ihrem Gebetsleben (Apg. 6,4). Ein Engel erklärte Kornelius, einem Mann, der „immer zu Gott betete", das seine beständigen Gebete ein Gedächtnis vor Gott seien (Apg. 10,2–4).

Gebet war eine hohe Priorität für alle im Neuen Testament erwähnten Vorbilder.[6] Denken Sie nur an einige der vielen Verse, die widerspiegeln, wie wichtig ihnen das Gebet war:

> Sie blieben aber treu in der Lehre der Apostel, in der Gemeinschaft … und im Gebet.
>
> Apostelgeschichte 2,42

> Wir aber werden uns weiterhin dem Gebet und der Verkündigung des Wortes widmen.
>
> Apostelgeschichte 6,4

Leicht finden wir Vorbilder im Neuen Testament, die ständig mit Gebet und mit dem Wort beschäftigt waren. Die Arbeit im Reich Gottes wird sowohl im als auch außerhalb des Gebets getan. Die drei Dimensionen der Missionsarbeit – beständiges Beten, Werke der Barmherzigkeit und Verkündigung des Evangeliums – müssen Hand in Hand gehen. Gebet macht die Arbeit des Einsatzes unter den Verlorenen und Bedürftigen deutlich effektiver. Oswald Chambers hat gesagt: „Gebet ist nicht unsere *Zurüstung* für das größere Werk, Gebet *ist* das größere Werk."[7]

Manche Leute sind besorgt, dass Fürbitte-Missionare faul werden und ein Leben entwickeln könnten, in dem sie isoliert beten, abgeschottet von den wirklichen Bedürfnissen der Menschen. Aber jeder, der an einem

Tag vier Stunden gebetet und gefastet und sich dann aufgemacht hat, das Evangelium zu verkünden, wird wissen, dass die Berufung zum Fürbitte-Missionar nichts für Faulpelze ist.

Andere fragen, ob allzu viel Gebet nicht dazu führen könnte, dass die Fürbitter andere Menschen nicht mehr liebten. Ich habe genau das Gegenteil beobachtet. Tag-und-Nacht-Gebet ist eine praktische Ausdrucksform des Gebotes, einander zu lieben, denn es sorgt für eine Umgebung, in der viele, viele gesegnet und befreit werden. Wenn einer von einem Dämon gequält wird, braucht er jemanden, der den Dämon austreibt. Jesus stellte zwischen der größeren Effektivität beim Dämonenaustreiben und Gebet und Fasten eine Verbindung her (Mt. 17,21). Der rigorose Lebensstil eines Fürbitte-Missionars rüstet ihn für diese Art Dienst aus. Indem er für Menschen betet und ihnen dient, sucht der Missionar das erste und zweite Gebot zu erfüllen: Gott und andere von ganzem Herzen zu lieben.

Die Hanna-Berufung

Eines der stärksten Beispiele für einen Fürbitte-Missionar im Neuen Testament ist Hanna, eine alte jüdische Witwe, die vor Jesu Geburt Tag und Nacht im Tempel betete. Die Gnade Gottes gab ihr Kraft, über viele Jahre hinweg lange Stunden in seiner Gegenwart zu sein.

> Und es gab eine Prophetin, Hanna ..., die war hochbetagt und hatte nach ihrer Jungfrauschaft sieben Jahre mit ihrem Mann gelebt und war nun eine Witwe von 84 Jahren; die wich nicht vom Tempel und diente Gott mit Fasten und Beten Nacht und Tag. Die ... pries den Herrn und redete von ihm [Jesus] zu allen, die auf die Erlösung Jerusalems warteten.
>
> Lukas 2,36–38

Hanna war ein „Wächter" auf der Mauer in Jerusalem. Wir sehen in ihr einen Ausdruck von Jesajas Weissagung: „Den ganzen Tag und die ganze Nacht" konnte sie „nicht schweigen" (Jes. 62,6). Durch Jesaja versprach der Herr, Fürbitter einzusetzen für seine Endzeitabsichten, und Hanna war ein Zeichen für das, was in der Generation, in der der Herr zurückkommt, in allen Nationen geschehen wird.

Beachten Sie, dass der Abschnitt im Lukasevangelium Hanna als eine Prophetin (Lk. 2,36), als Fürbitterin (V. 37) *und* als Evangelistin (V. 38) beschreibt. In dieser einen Frau vereinte sich die Gnade für alle drei Dienste – Prophetie, Fürbitte und Evangelisation.

Hanna wurde nach siebenjähriger Ehe Witwe (V. 36), vermutlich mit Mitte zwanzig, und damals begann sie sich dem Tag- und Nacht-Gebet zu widmen. Mit vierundachtzig Jahren – etwa sechzig Jahre später – diente sie dem Herrn immer noch mit viel Gebet und Fasten. Hanna blieb ihrer Berufung zu langen Stunden im Gebet treu. Welch eine bemerkenswerte Frau!

Hanna steht repräsentativ für Fürbitter, denen die Gnade zuteil wird, viele Jahre lang Stunden und Stunden im Gebet zu verbringen. Ihre Berufung, die ich die „Hanna-Berufung" nenne, hat mit Geschlecht und Alter nichts zu tun. *Sie gilt für Mann und Frau, Jung und Alt.* Wenn ich sage, ein Fürbitte-Missionar habe eine spezifische „Hanna-Berufung", meine ich, dass er oder sie begnadet ist, viel zu beten und zu fasten.

Zur Stunde ruft der Herr die mit einem Herzen und einer Berufung wie Hanna, ununterbrochen zu beten. Er bestellt sie persönlich und setzt sie an ihrer Stelle ein. Der Herr beruft moderne „Hannas" in Gemeinden und Gebetsräumen auf der ganzen Welt, und wir müssen sie als eine großartige Gabe an den Leib Christi und die Gebetsbewegung willkommen heißen, ihre Berufung erkennen und sie freisetzen, damit sie ihren gottgegebenen Auftrag erfüllen.

Fürbitte-Missionare in der Geschichte

Im Verlauf der zweitausendjährigen Kirchengeschichte hat der Herr viele zum Aufbau von Diensten mit immerwährendem Gebet geführt. Im Rückblick sehe ich einen goldenen Faden des Geistes, der Zeugnis ablegt, dass 24/7-Gebet auf Gottes Herzen ist. Obwohl es klar ist, dass der Heilige Geist in keiner Generation den gesamten Leib Christi zu diesem Dienst beruft, so hat er doch eindeutig manche berufen. Und so sehen wir durch die Jahrhunderte Zeugen für Tag-und-Nacht-Gebet, ein Zeugnis, dass Gott diese Art von überschwänglichem Dienst von den Seinen wünscht.

Die Gottesdienstordnung, die Gott David aufstellen ließ – hauptberufliche Sänger und Musiker in Gottes Haus – ist zeitlos und auch heute gültig, doch die praktische Umsetzung dieses Gebotes unterscheidet sich in jeder Generation und Kultur. Im Lauf der Jahre sind Fürbitte-Missionare unterschiedlich bezeichnet worden, aber die biblischen Werte hinter ihrer Beschäftigung waren offensichtlich: Sie verrichteten die Missionsarbeit mit einem Lebensstil der tiefen Verpflichtung zu Gebet, Anbetung und dem Wort Gottes.

Eine der eindrücklichsten Ausprägungen von 24/7-Gebet begann mit Comgall, einem Mönch im irischen Bangor, der im Jahr 558 ein Kloster gründete. Nach seinem Tod im Jahre 602 berichten die Annalen, dass dreitausend Mönche sich seinem Kloster angeschlossen hatten, welches über dreihundert Jahre lang einen 24/7-Gebetsdienst aufrechterhielt. Es wurde zu einer einflussreichen, Missionare aussendenden Gemeinschaft, berühmt für seine Psalmgesänge und für immerwährendes Gebet.[8]

In jenen Tagen machten die meisten, die sich im 24/7-Gebetdienst engagierten, dies vollzeitlich, deshalb spreche ich von ihnen als von Fürbitte-Missionaren, obwohl sie selbst diesen Begriff nicht verwendeten. Die meisten, die im Mittelalter dieser Berufung folgten, waren Mönche, Priester oder Nonnen, die in klösterlichen Gemeinschaften lebten. Die meisten solcher Gemeinschaften, die 24/7-Gebet unterhielten, engagierten sich auch in unterschiedlicher Weise in den nahe gelegenen Städten.

Dienste aus allen Strömungen des Leibes Christi – einschließlich der keltischen, orthodoxen, katholischen und protestantischen Traditionen – haben im Lauf der Jahre 24/7-Gebetsdienste mobilisiert. Mehr Informationen über einige von ihnen, einschließlich Comgalls Kloster in Bangor, finden sich in Kapitel 27.

Fürbitte-Missionare heute

Wie wir in Kapitel 28 gelesen haben, hat der Heilige Geist in den letzten zehn bis zwanzig Jahren Tausende neuer Gebetsdienste aufgebaut. Die Zahl der 24/7-Bethäuser in der Welt ist von unter fünfundzwanzig im Jahr 1984 auf über zehntausend angestiegen, und die meisten wurden in den letzten zehn Jahren gegründet.

Gottes Wunsch, auf Erden wie im Himmel angebetet zu werden, besteht eindeutig unverändert. Ich glaube, dass viele der Prinzipien in der Gottesdienstordnung, die Gott David gab, zeitlos sind, so auch die Beschäftigung von hauptberuflichen Sängern und Musikern in Gottes Haus. Im *International House of Prayer in Kansas City* (IHOPKC) sind wir bestrebt, diese Prinzipien anzuwenden. Von hauptberuflichen Fürbitte-Missionare erwarten wir grundsätzlich, dass sie fünfzig Stunden pro Woche im Gebetsraum arbeiten, das heißt, mindestens vier Stunden pro Tag, sechs Tage die Woche. Wenn Ihnen das viel vorkommt, denken Sie an Hanna: Sie verbrachte vermutlich jeden Tag mehr Zeit betend im Tempel, als wir von den Fürbitte-Missionaren bei IHOPKC erwarten! (Mehr Informationen über IHOPKC im Anhang A.)

Vielleicht fragen Sie sich: Was genau *tun* Fürbitte-Missionare im Gebetsraum? – Wir befassen uns mit mehreren wichtigen Aktivitäten:

- **Anbetung**. Wir dienen Gott, indem wir unablässig seine Vortrefflichkeit verkünden und damit widerspiegeln, wie er unausgesetzt im Himmel Anbetung empfängt (Mt. 6,10). Wir preisen die Überlegenheit Jesu, verkünden sein Würdigsein, seine Herrlichkeit und Pracht. Millionen von Menschen in allen Völkern schließen sich den himmlischen Chören an, indem sie Gott in dieser Weise dienen.
- **Fürbitte für Erweckung**. Wir arbeiten in der Fürbitte, dass der Ruhm Jesu sich in der Kraft Gottes verbreiten und die Verlorenen gewinnen, die Kirche aufwecken und die Gesellschaft beeinflussen möge. Wir engagieren uns auch in Werken der Gerechtigkeit und Barmherzigkeit außerhalb des Gebetsraums.
- **Intimität mit Gott**. Wir suchen in Intimität mit Gott zu wachsen, indem wir ihm durch seinen innewohnenden Geist persönlich begegnen und mehr Gnade empfangen (Jak. 4,6) zu Liebe, Gehorsam und Zusammenarbeit mit ihm, weil wir von ihm fasziniert sind.
- **Nahrung aus dem Wort Gottes**. Wir streben danach, Gottes Wort besser zu verstehen, seinen Willen, seine Wege und das Heil zu erkennen und etwas über die einzigartigen Dynamiken seines Endzeit-Plans zu erfahren. Wir dienen in bedeutender Weise, indem wir die Zeit und Mühe aufwenden, im Verständnis des Wortes zu wachsen, sodass wir anderen vielleicht helfen können, Gottes Herz und Willen für diese Stunde der Geschichte zu verstehen.

Damit nach dem Lesen dieses Kapitels kein Christ fälschlicherweise annimmt, er sei „zweitklassig" oder in irgendeiner Weise minderwertig, wenn er nicht die Berufung zu immerwährendem Gebet hat, möchte ich mich absolut klar ausdrücken. Wie gesagt: *Nicht jeder ist zum Fürbitte-Missionar berufen.* Ganz sicher ist nicht jeder berufen, eine Hanna zu sein. Wir sind *alle* berufen zu beten, aber nicht unbedingt hauptberuflich.

Der größte Dienst ist, den Willen Gottes zu tun, was auch immer das für jeden Einzelnen von uns sein mag. Mit anderen Worten, der größte Dienst, den Sie haben können, ist der, zu dem Gott *Sie* beruft. Der Druck, in der

Berufung eines anderen funktionieren zu wollen, führt zu allen möglichen Problemen, u. a. Burn-out, Enttäuschung und Entmutigung. Ich bitte Sie also dringend: Verachten Sie Ihre Berufung nicht und versuchen Sie nicht, den Dienst eines anderen zu imitieren. Nehmen Sie Ihre eigene individuelle Berufung an, sei sie, Gott vollzeitlich in Ihrem Beruf zu dienen, in Ihrem Zuhause, in Schule oder Nachbarschaft oder in der Gebetsbewegung, weil diese für Sie die höchste Berufung darstellt.

Gott beruft sowohl Hannas (hauptberufliche Fürbitter) als auch treue Christen im Berufsleben und zu Hause, an der endzeitlichen Gebetsbewegung teilzuhaben. Wenn Gott Sie bittet, an einem gemeinschaftlichen Gebetstreffen pro Woche teilzunehmen, dann seien Sie treu und gehen Sie hin und tun Sie Ihren Teil. Das ist sein Wille für Sie. Überlegen Sie einmal: Wenn Sie jede Woche ein zweistündiges Gebetstreffen besuchen, beten Sie in einem Jahr mehr als hundert Stunden lang für Ihre Stadt, Ihre Nation oder die Verlorenen. Das ist nicht wenig! Nun denken Sie an die Möglichkeit, dass *Tausende* hundert Stunden pro Jahr gemeinsam beten – diese Fürbitte wird nicht ohne Auswirkungen bleiben!

Der Heilige Geist hat die Berufung zu 24/7-Anbetung und Gebet *weltweit* nicht in allen zweitausend Jahren der Kirchengeschichte betont, aber wie wir gesehen haben, beruft er heute viele Gruppen rund um den Globus zur Zusammenarbeit und zum Aufbau dieses Dienstes in jeder Stadt und jeder Region der Erde. Die jeweilige Ausprägung des 24/7-Gebets wird sich von Stadt zu Stadt und von Land zu Land unterscheiden, entsprechend der Kultur vor Ort, den beteiligten Persönlichkeiten und den verfügbaren Ressourcen.

Schließen Sie sich uns und vielen anderen an und bitten Sie Gott mit uns, 24/7-Gebet und -Anbetung in jedem Stamm und jeder Sprache zu etablieren, bevor der Herr zurückkehrt, durch die Vereinigung vielfältiger so betender Dienste in jeder Region. Stellen Sie sich nur eine Missionsbewegung vor, die jede Nation erreicht, und das Evangelium in jeder Sprache verkündet und die mit 24/7-Gebet und -Anbetung in jedem Stamm und jeder Sprache tief verbunden ist!

Würden Sie sich mir auch in der Bitte an den Herrn anschließen, eine Million hauptberufliche Fürbitte-Missionare zu berufen – Sänger, Musiker, Tontechniker, Fürbitter und unterstützende „Torhüter“ – bevor der Herr wiederkommt? Manche von Ihnen sind nicht zu hauptberuflicher Fürbitte berufen, aber der Herr könnte Sie vielleicht führen, jemanden, der zu dieser Tätigkeit berufen ist, emotional und/oder finanziell zu unterstützen. Andere von Ihnen *haben* diese Berufung – Ihre persönliche Geschichte ist zutiefst verbunden mit Gottes Plan in Bezug auf die endzeitliche Gebetsbewegung. Wenn Sie spüren, dass es so ist, was sollten Sie tun?

Sicherlich wird der Heilige Geist die Schritte jedes Christen lenken, der von Gott zum Fürbitte-Missionar berufen ist, und er wird zweifellos unterschiedliche Schritte für unterschiedliche Menschen haben. Er mag den einen inspirieren, sich einem Dienst anzuschließen und auf eine gebetszentrierte Missionsstation wie IHOPKC oder einen der vielen anderen ähnlichen Orte zu ziehen. Er mag einen anderen anweisen, in seiner Ortsgemeinde und Region eine Kultur des Gebets entwickeln zu helfen. (Anhang E richtet sich an Pastoren mit einer solchen Berufung.) Er mag noch jemand anderen führen, ein Gebetstreffen oder eine Reihe von Gebetstreffen zu beginnen, usw. (Für Information über Initiierung und Teilnahme an einem Gebetstreffen siehe Anhang F.) Das Wichtige ist, den ersten Schritt, den Gott Ihnen zeigt, zu gehen, wenn Sie beginnen, diese herrliche Berufung zu erfüllen, und zu erleben, wie er seinen Endzeitplan durch Sie fördert.

Anhang A

Was ist das *International House of Prayer of Kansas City?*

Das *International House of Prayer of Kansas City* ist eine evangelikale Missionsorganisation, die sich in Einsätzen auf einer Basis von 24/7-Anbetung und -Gebet engagiert. Wir beten seit dem 19. September 1999 ununterbrochen in dieser Weise.

Unsere etwa eintausend Mitarbeiter finanzieren sich selbst als „Fürbitte-Missionare" – Christen, die aus dem Gebet heraus wirken. Die meisten von ihnen dienen vollzeitlich und investieren mindestens fünfzig Stunden pro Woche in Gebetsraum, Dienst, Einsatz, Aufbau von Beziehungen usw. (Manche unserer Mitarbeiter dienen teilzeitlich mit fünfundzwanzig Stunden pro Woche.) Die meisten unserer vollzeitlichen Mitarbeiter investieren etwa vierundzwanzig Stunden pro Woche in unserem anbetungsbasierten Gebetsraum und weitere vierundzwanzig Stunden pro Woche für Dienst, Einsätze, Beziehungspflege und Bibelstudium.

Zwei Stunden pro Woche sind dem Aufbringen von finanzieller Unterstützung gewidmet. Wir sind inspiriert von dem Modell, mit dem sich Missionare von *Campus Crusade for Christ* und *Youth With A Mission* seit über fünfzig Jahren erfolgreich finanzieren. Heute hat jede dieser Missionsorganisationen über zwanzigtausend vollzeitliche Missionare, die ihre eigene finanzielle Unterstützung aufbringen. Diese beiden Dienste beweisen, dass die Finanzierung als vollzeitlicher Missionar funktioniert, wenn sie in biblischer Weise angegangen wird und einige praktische Schritte beachtet werden.

Wir haben vier verschiedene anbetungsorientierte Gebetsräume in unserer Missionsstation – den *Global Prayer Room*, den *All Nations Prayer Room*, den *Hope City Prayer Room* (in der Innenstadt von Kansas City) und den *Justice Prayer Room*. Unser größter Gebetsraum, der Global Prayer Room, ist rund um die Uhr besetzt, sein Name spiegelt wider, dass sich uns viele Beter aus der ganzen Welt anschließen und dass wir für viele verschiedene Nationen, Probleme und Dienste auf der ganzen Welt beten. Er hat siebenhundert Plätze.

Der 24/7-Zeitplan im *Global Prayer Room* setzt sich aus achtundvierzig Gebetstreffen pro Woche zusammen, die jeweils zwei Stunden dauern und von Anbetungsteams mit etwa zehn bis zwölf Mitarbeitern geleitet werden. Die meisten unserer Anbetungsteams leiten sechs zweistündige Gebetstreffen pro Woche, das gehört zu ihren Aufgaben als hauptamtliche Mitarbeiter.

Unsere Anbetungsteams und Fürbitter stehen in interaktiver Beziehung zueinander in dem, was wir das „Harfe- und Schalen-Gebetsmodell" nennen. Offenbarung 5,8 beschreibt die vierundzwanzig Ältesten und die vier lebendigen Wesen in der Umgebung von Gottes Thron so: „Jeder hatte Harfen und goldene Schalen voll Räucherwerk, das sind die Gebete der Heiligen." Die *Harfe steht für Musik und Anbetung*, und die *Schale spricht von Fürbitte*. So kombinieren wir also immer, wenn wir zum Beten in einem unserer vier Gebetsräume zusammenkommen, Anbetung mit Fürbitte.

Wir bilden unsere Sänger, Musiker und Fürbitter anhand des Harfe- und Schalen-Modells aus, einer interaktiven Beziehung von Anbetung und Gebet. Zum Beispiel betet ein Fürbitter einige Momente und macht dann eine Pause, sodass die Sänger mit einem kurzen Lied antworten, das normalerweise keine zehn Sekunden dauert. Der Fürbitter betet weiter und macht wieder eine Pause, in der die Sänger das Gebet als Wechselgesang oder Echo aufnehmen können. Dieses Muster setzt sich vierundzwanzig Stunden täglich durch, an sieben Tagen in der Woche. Sie können unsere Anbetungsteams durch unsere Live-Webstream beobachten. Unter www.ihopkc.org/prayerroom senden wir ununterbrochen live aus unserem Gebetsraum.

Wir verwenden dieses Modell mit unseren Anbetungsteams, bestehend aus zehn bis zwölf Sängern und Musikern. Die neutestamentlichen Gebete von Jesus und den Aposteln, die Hymnen, die im Buch der Offenbarung stehen, und die Psalmen sind die Grundlage für unser Gebetsmodell. In unseren Fürbitte-Anbetungs-Veranstaltungen beten wir für die Ernte, für Erweckung in der Gemeinde, Gerechtigkeit in der Gesellschaft und Rechtschaffenheit in der Regierung – für verschiedene Städte und Nationen auf der ganzen Erde.

Wir heben die Bedeutung von Fürbitte für Erweckung, Gerechtigkeit, Transformation und Evangelisierung hervor und legen in dem Zusammenhang großen Wert auf Intimität mit Gott, weil wir wissen: Gott möchte, dass sein Volk tiefe und persönliche Erfahrungen mit seinem Herzen und seiner Liebe macht. Wir beten den Vater an in der Zuversicht, dass er sich uns voll Gnade und Barmherzigkeit zuwendet. Wir kommen vor Jesus in Anbetung und Fürbitte und wissen, dass er unser Bräutigam-König ist und dass er sich an seinem Volk als seiner Braut herzlich freut.

Mit unserer Anbetung, die in Intimität mit Gott gründet, bringen wir unsere Bitten in der Fürbitte vor ihn. Unser 24/7-Ort der Anbetung ist sowohl ein Ort der persönlichen Begegnung als auch der Sammlung gemeinschaftlicher Fürbitte, wo wir uns dem Thron Gottes mit Zuversicht nähern und unsere Stimmen wie eine erheben. Wir bitten den Herrn, seinen Geist auf ganz Kansas City auszugießen, auf unsere Nation und verschiedene Städte auf der ganzen Erde. Jesus liebt die ganze Kirche in allen verschiedenen Denominationen und Dienstströmungen. Deshalb haben wir Freude daran, für viele unterschiedliche Teile des Leibes zu beten. Wir bitten ihn um mehr Kraft bei unserem Einsatz und den Dienst der Kirche, sodass die Seinen effektiver wirken und dienen können. Wir beten treu für die Ernte, mit Musik, aus der Intimität mit Gott heraus.

In unserer vollzeitlichen Bibelschule, der *International House of Prayer University* (IHOPU), welche die Heilige Schrift zum Zentrum hat, bilden wir junge Menschen aus. Jedes Jahr kommen etwa tausend Studenten und Praktikanten zu uns, um sich im Wort ausrüsten zu lassen, sodass sie treue Jünger Jesu sein können, mit einem gottgefälligem Charakter, und in ihrer Ortsgemeinde, im Berufsleben, in einem Bethaus oder einer Missionsorganisation einen fruchtbaren Dienst ausüben können.

Statt ein organisatorisches Netzwerk von miteinander verbundenen Bethäusern aufzubauen, ermutigen wir viele unserer Mitarbeiter, Studenten und Praktikanten, nach Hause zurückzukehren, um dem Herrn im Beruf ebenso wie in ihren Ortsgemeinden zu dienen oder beim Aufbau eines Gebetsdienstes in der Stadt mitzuhelfen, in die der Herr sie sendet.

Unsere Vision ist es, Menschen zum Dienst an der Seite anderer auszubilden und eine Gebetskultur in der Gemeindefamilie zu entwickeln, und zwar an der Stelle, an die Gott jeden Einzelnen stellt. Wir ermutigen Gemeinden zur Zusammenarbeit bei der Einrichtung von 24/7-Gebet in ihrer Region. Tatsächlich raten wir Pastoren davon ab, 24/7-Gebet allein in ihrer eigenen Ortsgemeinde aufzubauen, ohne mit anderen zusammenzuarbeiten.

Eine kurze Geschichte unserer Anfänge

Die *Hauptberufung* jedes christlichen Dienstes ist die Zusammenarbeit mit anderen Gemeinden und Diensten, um die Gemeinde zu bauen und den Missionsbefehl zu erfüllen. Dieses Mandat beinhaltet die Verbreitung von Jesu Ruhm durch Verkündigung seiner Herrlichkeit vor allen und dem Aufruf, ihn von ganzem Herzen zu lieben und ihm zu gehorchen. Unsere Hauptberufung umfasst auch Liebe zu Menschen: die Verlorenen gewinnen, Menschen zu Jünger machen, gesunde Strukturen in der Familie fördern, die Kranken heilen, Werke der Gerechtigkeit tun und die Gesellschaft beeinflussen. Neben dieser Hauptberufung gibt der Herr Diensten oft *spezifische Aufgaben*. Die spezifische Aufgabe des *International House of Prayer* umfasst die Durchführung eines immerwährenden Gottesdienstes als Fundament für unser Engagement.

Im Mai 1983 führte unsere Gemeinde einundzwanzig Tage Beten und Fasten für Erweckung durch. Wir beteten zu Gott um mehr Kraft, die Kirche zu erwecken und die Verlorenen zu gewinnen. Während dieser Zeit sprach der Herr deutlich zu uns, eines Tages würde *er „24/7-Gebet im Sinn der Stiftshütte Davids"* in unserer Mitte etablieren. Damals, 1983, hatten wir keine Ahnung, wie das aussehen sollte oder wie oder wann es dazu kommen würde.

Wir versuchten in den kleinen Anfängen treu zu sein und bereiteten uns auf die Erfüllung dieser Verheißung vor. Der Herr half uns, ab 1983 sechzehn Jahre lang täglich Fürbittetreffen zu halten. Dabei warteten wir auf Gottes Ideen, wann wir mit 24/7-Gebet starten sollten und wie dies strukturiert sein könnte. Im Januar 1999 bestätigte Gott dann, dass die Zeit gekommen war, und das *International House of Prayer* begann seine Arbeit am 7. Mai 1999 in einem kleinen Gebäude mit dreihundert Plätzen. Die ersten vier Monate leisteten wir dreizehn Stunden Fürbitte am Tag, geleitet von Anbetungsteams. Dann begannen wir am 19. September durch die Gnade Gottes unser 24/7-Programm.

Auf dem Weg, der an dem Tag seinen Anfang nah, erlebten wir viele Wunder der Versorgung und Unterstützung. Welch ein Abenteuer waren diese letzten fünfzehn Jahre! Gott hat uns hauptberufliche Fürbitter und Musiker aus vielen Ländern geschickt, Gläubige, die sich dem Dienst an Gott voll hingeben, wie Hanna es tat – mit Gebet und Fasten Tag und Nacht (Lk. 2,36–38).

In unserem ersten Jahr trafen sich in den meisten Versammlungen etwa zehn bis fünfzehn Leute zusätzlich zum Anbetungsteam. Aber nicht selten, besonders während der Nacht, bestand das Anbetungsteam nur aus zwei oder drei Musikern und Sängern. Der Herr ermutigte uns oft, „den Tag des geringsten Anfangs" nicht zu verachten (Sach. 4,10 L). Heute versuchen wir immer noch zu verstehen, was es bedeutet, *„im Sinn der Stiftshütte Davids"* zu funktionieren.

Unseren Segen mit anderen teilen

Im Jahr 2003 stellten wir unseren 24/7-Gebetsraum per Webstream online. 2007 begann GOD TV mit der Live-Übertragung von dort rund um den Globus. Das ganze Jahr über beten Scharen von Menschen aus etwa zweihundert Nationen über den Webstream mit uns. Im Jahr 2012 allein hatten wir mehr als eine Million verschiedene Menschen aus hundertsechsundneunzig Nationen, die den Live-Webstream ansahen.

Heute kommen jedes Jahr über fünfzigtausend Besucher aus verschiedenen Ländern, um uns in Kansas City zu besuchen, hauptsächlich, um Zeit im Gebetsraum zu verbringen und in Konferenzen oder Seminaren Ausbildung zu erhalten usw. Viele Besucher, internationale und lokale, gehen ermutigt nach Hause, um tägliche Anbetung und Gebetstreffen in ihren eigenen Ortsgemeinden einzurichten.

Der *All Nations Prayer Room* (ANPR), gelegen auf unserem IHOPU-Campus, ist ein weiterer Ort gemeinschaftlicher Anbetung und Fürbitte, dessen internationalen Mitarbeiterstab der Herr unserem Team hinzugefügt hat. Vierzehn Stunden täglich laufen Gebetstreffen, geleitet von kompletten Anbetungsteams, die in einer von neun Sprachen singen – Chinesisch, Koreanisch, Spanisch, Portugiesisch, Russisch, Arabisch, Farsi, Deutsch und Französisch. Diese von Anbetung geleiteten Gebetstreffen werden jeden Tag live im Internet gesendet. Wir bieten regelmäßig Kurzzeit-Ausbildungsprogramme in den meisten dieser Sprachen auf unserer Missionsstation an – Chinesisch, Koreanisch, Spanisch, Portugiesisch, Russisch, Arabisch und Farsi – und im Jahr 2013 starteten wir in der IHOPU einjährige Programme in Chinesisch und Koreanisch.

Ich erzähle von unserer Geschichte, um anderen Zuversicht zu vermitteln, dass auch sie einen Gebetsdienst in ihrer Region aufbauen können, wenn viele Gemeinden zusammenarbeiten. Wenn schwache und kaputte Menschen wie wir in Kansas City es durch die Gnade Gottes tun können, dann können es sicher auch schwache und kaputte Menschen in anderen Städten tun, wenn Gemeinden zusammenarbeiten. Es wird in unterschiedlichen Städten, Diensten und Gemeinden unterschiedlich aussehen, aber die Prinzipien sind dieselben.

Anhang B

Gebete für die Freisetzung des Geistes

Grundlegende Voraussetzung unserer Gebet ist die Bitte um mehr Kraft und Gegenwart des Heiligen Geistes – mit anderen Worten, eine größere Manifestation der Gaben, der Frucht und der Weisheit des Heiligen Geistes (Lk. 11,13.18).

> Wie viel mehr wird der Vater im Himmel den Heiligen Geist denen geben, die ihn bitten!
>
> Lukas 11,13

Die Frucht des Geistes: gottgefälliger Charakter

1. Beten Sie für die Überführung des Heiligen Geistes, die zu einem gottgefälligen Charakter in denen führt, denen das Wort gepredigt wird (Joh. 16,8). Mit anderen Worten: Beten Sie um die Kraft Gottes auf seinem Wort für die, die es hören. Beten Sie, dass Gottes Kraft sein Wort Folgendes sein lässt:
   - ein Schwert, das die Herzen der Hörer durchdringt (Hebr. 4,12).
   - ein Feuer, das die Herzen der Hörer verzehrt (Jes. 33,12–14, Jer. 23,29).
   - ein Hammer, der die Herzen der Hörer zerschmettert (Jer. 23,29).
   - ein Pfeil, der die Herzen der Hörer durchbohrt (Ps. 45,5, Apg. 2,37–41).
2. Beten Sie, dass den Gläubigen Jesu Herrlichkeit offenbart und ihr Herz von Liebe zu Gott erfüllt werde (Eph. 1,17).
3. Beten Sie für Furcht Gottes in der Kirche (Ps. 86,11).

4. Beten Sie für Gerechtigkeit, Friede und Freude in der Gemeinde (Röm. 14,17, 15,13).

Die Weisheit Gottes: Gottes Wege und Pläne in unserem Leben

1. Beten Sie um Weisheit des Geistes in der Kirche und auf ihren Mitgliedern, sodass sie im Willen Gottes wandeln (Kol. 1,9–11).
2. Bitten Sie den Herrn, die Gemeinde und ihre Diener zu leiten (Kol. 1,9–10, 4,12).
3. Beten Sie um persönliche Leitung für Einzelne (Jak. 1,5, Ps. 25,5, 43,3–4).

Die Gaben des Geistes: Gottes Kraft in unserem Leben

1. Bitten Sie den Heiligen Geist, seine Kraft und seine Gaben zu schenken, damit Menschen zur vollkommenen Liebe für Gott befreit werden (1. Kor. 12,31, 14,1).
2. Bitten Sie um Erfüllung der Gebete Jesu durch den Geist, der in uns wirkt (Hebr. 7,25).
3. Beten Sie, dass Gottes Kraft durch die Gaben des Heiligen Geistes sichtbar wird (1. Kor. 12,7–9).

Andere Gebetsthemen aus dem Neuen Testament

1. Für Einzelne und Reisedienste
    - Schutz (Röm. 15,31, 2. Thes. 3,2, Phil. 22, Apg. 12,5.12).
    - Offene Türen, Gelegenheiten zu dienen, Gunst (Kol. 4,3).
    - Befreiung von Versuchungen und Übel (Mt. 6,13, Lk. 22,31–32, 2. Kor. 13,7).
    - Erfüllung persönlicher Bedürfnisse (Phil. 4,7.19).
    - Freimut (Eph. 6,19).
    - Barmherzigkeit für ihre Familien (2. Tim. 1,16–18).
2. Für die in säkularer Verantwortung (1. Tim. 2,1–3).
3. Dass in einer bestimmten Stadt oder Region Jesu Namen verherrlicht werde durch die Kraft Gottes (Phil. 2,9–11, Jes. 45,22–25, 52,13–15, Hes. 36,22–32.37).

Anhang C

Eine Liste apostolischer Gebete

Gebetskategorien im Neuen Testament

1. Gebet um Weisheit für Gläubige (Eph. 1,17, Kol. 1,9, 4,12, Jak. 1,5).
2. Gebete um mehr innere Stärke (Eph. 3,16–19, Kol. 1,11, Hebr. 13,20–21).
3. Gebete für mehr Kraft und Trost von Gott (2. Thes. 2,17, 3,5, Hebr. 13,21).
4. Gebete um Wachstum im Empfangen und Ausdrücken von Liebe (Eph. 3,18–19, Phil. 1,9, 1. Thes. 3,12, 2. Thes. 3,5).
5. Gebete um Wachstum der Gemeinde in Reinheit (Joh. 17,11–17, 2. Kor. 13,7–9, 1. Thes. 3,12–13).
6. Gebete um Einheit in der Kirche (Joh. 17,21–23, Röm. 15,5–6).
7. Gebete um Frieden, Freude und Hoffnung (Röm. 15,13, 2. Thes. 2,16–17).
8. Gebete um die Überwindung des Bösen und Errettung von bösen Menschen (Joh. 17,11–15, 2. Thes. 3,3, Röm. 16,20).
9. Bitte um Freimut für Christen (Apg. 4,29–31, Eph. 6,19).
10. Gebet um Arbeiter (Mt. 9,37–38, Lk. 10,2).
11. Gebete um Verbreitung des Einflusses von Gottes Wort durch seine Kraft und Beispiele seiner Macht (Apg. 12,24, 13,48, 19,20, 2. Thes. 3,1–2).

12. Gebet um Öffnung einer Tür für das Evangelium mit Wundern (Apg. 14,27, Kol. 4,3–4).
13. Gebete um die Gnade, würdig geachtet zu werden, seine Berufung zu erfüllen (2. Thes. 1,11–12).
14. Gebete um mehr Geduld, Langmut und Beständigkeit (Kol. 1,11, 2. Thes. 3,5).
15. Gebete und Verheißungen für Israel, für Wiederherstellung und Segen (Esr. 9,5–15, Neh. 1,4–11, Ps. 44, 45,3–5, 65, 67, 80, 83, 85, 86, 90,13–17, 102,13–23, 110,1–5, 132,1–17, Jes. 63,15, 64,12, Dan. 9, Hab. 3,2).

Die Gebete Jesu, des obersten Apostels (Hebr. 3,1)

1. Das Vaterunser (Mt. 6,9–13).
2. Gebete um Arbeiter in der Ernte (Mt. 9,37–38, Lk. 10,2).
3. Jesus hält uns an, für Folgendes zu beten: den Dienst des Geistes (Lk. 11,13), Gerechtigkeit (Lk. 18,1–8) und Stärke für die Gläubigen (Lk. 22,31–32).
4. Jesus betete im Garten Gethsemane um Stärkung (Mt. 26,40–41, Lk. 22,39–46), bevor er die Apostel auswählte (Lk. 6,12–13), während der Verklärung (Lk. 9,28–29), und er betete für Petrus' Glauben (Lk. 22,31–32). Jesus betete stundenlang allein (Mt. 14,23, Mk. 1,35, 6,46–47, Lk. 5,16, 6,12).
5. In Johannes 17 betete Jesus für die Seinen: dass sie im Namen des Vaters erhalten blieben (V. 11), dass sie vor dem Bösen bewahrt blieben (V. 15), dass sie in der Wahrheit geheiligt würden (V. 17) und dass sie Gottes Herrlichkeit und Liebe erführen (Verse 21–26).

Jesu Antworten auf Gebet und seine Aufforderungen zu beten

1. Jesus erhörte das Gebet des Aussätzigen (Mt. 8,1–4), des Hauptmanns (Mt. 8,5–13), der Jünger im Sturm (Mt. 8,23–27), des Jairus (Mt. 9,18–19).23–25), der kranken Frau (Mt. 9,20–22), der zwei Blinden (Mt. 9,27–31), des Petrus (Mt. 14,28–31) und der kanaanäischen Frau (Mt. 15,21–28).

2. Jesus sprach über Beten und Fasten (Mt. 17,21, Mk. 2,18–20, 9,29), Gebet in Einheit (Mt. 18,19–20), das Gebet des Glaubens (Mt. 21,18–22) und Gebet zur Überwindung von Versuchungen (Mt. 26,40–41).
3. Jesu Lehre zum Thema Gebet im Johannesevangelium (Joh. 14,13–15, 15,7.16, 16,23–26).

Paulus' Gebete im Römerbrief

1. Gebet, die römischen Christen besuchen zu können, um ihnen geistliche Gaben weiterzugeben und sie dadurch zu stärken (Röm. 1,8–11).
2. Gebet für Bekehrung Israels und der Verlorenen (Röm. 10,1).
3. Gebet für Einheit in der Kirche im gesamten Stadtgebiet (Röm. 15,5–7).
4. Gebet um Erfüllung der Gläubigen mit aller Freude, Frieden und Hoffnung (Röm. 15,13).
5. Gebet um Einheit, um Befreiung von Verfolgung, um Effektivität im Dienst und um die Möglichkeit, voll Freude zu Besuch kommen und erfrischt werden zu können (Röm. 15,30–33).
6. Eine fürbittende prophetische Proklamation des Sieges über Satan (Röm. 16,20).
7. Ein Fürbitte-Segen zum Empfang von Offenbarung des Geheimnisses (Röm. 16,25–27).

Paulus' Gebete im 1. und 2. Korintherbrief

1. Gebet, dass die Gemeinde keinen Mangel an geistlichen Gaben habe (1. Kor. 1,4–8).
2. Gebete um Gnade für die Gemeinde (1. Kor. 16,23–24).
3. Gebet um Gottes Trost in Schwierigkeiten und Verfolgung (2. Kor. 1,2–5).
4. Gebet um Gnade, Böses zu meiden und gottgefällig und ehrbar zu leben (2. Kor. 13,7–9).
5. Gebet um die Erfahrung großer Gnade, die zu Intimität mit Gott führt (2. Kor. 13,13).

Paulus' Gebete im Epheser-, Philipper- und Kolosserbrief

1. Gebet um einen Geist der Offenbarung auf der Gemeinde (Eph. 1,15–23).
2. Gebet um Stärkung am inneren Menschen durch die Erfahrung der Liebe Gottes (Eph. 3,14–21).
3. Gebet um Freimut im Dienst (Eph. 6,18–20). Paulus war ein Zeugnis für die Stärkung durch Gott (2. Tim. 4,17). Die Frühkirche wurde gestärkt mit Freimut (Apg. 4,29–31).
4. Gebet um übernatürlichen Frieden und Liebe, Glauben und Gnade (Eph. 6,23–24).
5. Gebet um Liebe und ein lauteres und unanstößiges Leben, voll Früchten der Gerechtigkeit (Phil. 1,9–11).
6. Gebet um sichtbare Gnade auf der Gemeinde und ihren Gliedern (Phil. 4,23).
7. Gebet um Weisheit, Nähe zu Gott und geistliche Stärke (Kol. 1,9–12).
8. Gebet, dass Gott der Evangelisation eine Tür öffnen möge (Kol. 4,2–4). → Es öffnete sich eine Tür für das Evangelium vor Paulus (Apg. 14,27, 1. Kor. 16,9, 2. Kor. 2,12).
9. Gebet um Reife und Weisheit für die Gemeinde (Kol. 4,12).

Paulus' Gebete im 1. und 2. Thessalonicherbrief

1. Gebet um vollmächtigen Dienst an der Gemeinde, der ihnen zu Liebe und Heiligkeit verhilft (1. Thes. 3,9–13).
2. Gebet um Leidenschaft für Jesus mit Reinheit durch den Geist (1. Thes. 5,23–25).
3. Gebet um Gnade für die Gemeinde (1. Thes. 5,28).
4. Gebet um Ausrüstung mit dem, was nötig ist, damit sich die höchsten Absichten Gottes für unser Leben erfüllen (2. Thes. 1,11–12).
5. Gebet für die Gemeinde: um Trost und Stärkung, um effektiv und fruchtbar dienen zu können (2. Thes. 2,16–17).

6. Gebet um Errettung aus Verfolgung und um vermehrten Einfluss des Wortes Gottes, was zur Erlösung von mehr Menschen und dem Wachstum der Christen in Liebe und Geduld führt (2. Thes. 3,1–5). → Vermehrter Einfluss des Wortes Gottes resultiert in der Wiedergeburt vieler Menschen (Apg. 6,7, 12,24, 13,12.48, 19,20).
7. Gebet um Frieden in allen Lebensumständen und um Intimität mit Gott (2. Thes. 3,16).

Paulus' Gebete im 1. und 2. Timotheusbrief

1. Segensworte voller Anbetung zur Verherrlichung Gottes (1. Tim. 1,17, 6,15–16).
2. Gebet für Regierende und lokalpolitisch Verantwortliche (2. Tim. 2,1–4).
3. Gebet um mehr geistliches Verständnis (2. Tim. 2,7).
4. Gebet, dass Gott Herzen mit Verständnis öffnen und denen, die verblendet sind, Buße gewähren möge (2. Tim. 2,24–26). → Der Herr öffnet Herzen (Lk. 24,45, Apg. 16,14).
5. Gebet für einen Verfolger, den Schmied Alexander, der Paulus Schaden zufügte (2. Tim. 4,14–15).
6. Gebet um Barmherzigkeit für untreue Christen und dass ihnen nicht angerechnet werde, dass sie Paulus verlassen haben (2. Tim. 4,16).
7. Gebet um Befreiung von jeglichem bösen Werk und um Schutz (2. Tim. 4,18).

Apostolische Gebete vom Philemon- bis zum Judasbrief

1. Gebet um Wirksamkeit im Glauben (Phil. 1,4–6).
2. Segen voller Anbetung und Lob für Gottes Kraft in der Schöpfung (Hebr. 1,10–12).
3. Gebet um Vollendung in der Reife als Gläubige (Hebr. 13,20–21).
4. Jakobus' Mahnung, um Weisheit zu beten (Jak. 1,5–6).
5. Petrus' Doxologie der Dankbarkeit für die Erlösung (1. Pt. 1,3–5).
6. Gebet um Reife angesichts von Verfolgung (1. Pt. 5,10–11).

7. Gebet um Wachstum in Gnade und Erkenntnis Gottes (2. Pt. 1,2–3).
8. Gebet um Wohlergehen (3. Joh. 1,2) in allem, einschließlich körperlicher Gesundheit und der Seele.
9. Judas' Doxologie und Gebet um Heiligkeit (Jud. 24–25).

Apostolische Gebete und Aufforderungen zu beten in der Apostelgeschichte

1. Gebet der Apostel um Freimut und um Zeichen und Wunder (Apg. 4,24–31).
2. Stefanus' Märtyrer-Gebet (Apg. 7,55–60).
3. Das Thema Gebet ist ein Schwerpunkt in der Apostelgeschichte, hier findet sich viel Lehre dazu (Apg. 1,13–14, 2,42–47, 3,1–4, 4,23–31, 6,4–7, 7,55–60, 8,9–25, 9,5–6.11, 9,36–43, 10,2–4.9.31, 12,5.12–17, 16,13.16.18.25, 20,36, 27,29.35, 28.8.15).
4. Singen sowohl des Wortes als auch der Gebete nimmt einen bedeutenden Platz in einem geisterfüllten Leben ein (1. Kor. 14,14–18, Eph. 5,18–19, Kol. 3,16, Jak. 5,13).

Gebete und Hymnen in der Offenbarung

1. Johannes' Doxologie der Danksagung für die Erlösung (Offb. 1,5–6).
2. Das Lied der lebendigen Wesen vor dem Thron des Vaters (Offb. 4,8–9).
3. Das Lied der vierundzwanzig Ältesten vor dem Thron des Vaters (Offb. 4,10–11).
4. Die lebendigen Wesen und die Ältesten verkünden, dass Jesus würdig ist (Offb. 5,8–10).
5. Lied der Engelsheere, die verkünden, dass Jesus würdig ist (Offb. 5,11–12).
6. Lied der ganzen Schöpfung, die den Vater und den Sohn verherrlicht (Offb. 5,13–14).
7. Das Gebet der Märtyrer für gerechte Vergeltung und Rache (Offb. 6,10).

8. Gott verherrlichende Anbetung von Gläubigen aller Nationen (Offb. 7,9–10).
9. Die Reaktion der Engelsschar auf die Anbetung aller Nationen (Offb. 7,11–12).
10. Anbetung vor dem Thron in Erwartung der Wiederkunft Jesu (Offb. 11,15–19).
11. Anbetung inspiriert von Gottes Heil und Satans Hinabgeworfenwerden (Offb. 12,10–12).
12. Die Christen in der Trübsal beten Gott wegen seiner gerechten Urteile an (Offb. 15,2–4).
13. Anbetung im Licht der gerechten Endzeit-Urteile Gottes (Offb. 16,4–7).
14. Anbetung, da Gottes Heil vollkommen sichtbar ist auf der Erde (Offb. 19,1–4).
15. Anbetung beim Hochzeitsmahl des Lamms (Offb. 19,5–9).
16. Gebet, dass Jesus zu seinem Volk kommen möge (Offb. 22,17.20).

Weitere neutestamentliche Gebete

1. Das Gebet des Zacharias (Lk. 1,8.13.67–80).
2. Das Gebet der Maria (Lk. 1,46–55).

Alttestamentliche Gebete der Hingabe an Gott

1. Gebete persönlicher Hingabe (Ps. 25–27, 40–43, 45, 63, 65, 69, 84, 86, 88, 119,12–21.57–68.145–160.169–176, 130).

Anhang D

Gebete um die Überwindung kultureller Fesseln

Ich ermutige Christen, dafür zu beten, dass der Herr der Gemeinde in stärkerem Maße den Geist mit seinen Gaben, seiner Frucht und Weisheit schenkt; darüber hinaus ermutige ich auch, für einen Reich-Gottes-Sieg über kulturellen Fesseln der Gesellschaft, die durch hartnäckiges Sündigen und dämonische Geister verursacht werden, apostolische Gebete zu beten und/oder Gott an biblische Verheißungen zu erinnern.

1. *Gerechtigkeit.* Beten Sie, dass Gottes Kraft, Liebe und Fürsorge im Blick auf Abtreibung, Menschenhandel, Völkermord, Wirtschaftssklaverei, Ungerechtigkeit usw. stärker erfahren wird.
2. *Krisen.* Beten Sie um vermehrtes Erleben der Kraft, Liebe und Fürsorge Gottes in Bezug auf Naturkatastrophen (Wetter, Erdbeben, Hungersnöte, Kriege, Plagen usw.)
3. *Politik.* Beten Sie für die Regierung, besonders für politische und bürgerliche Themen (1. Tim. 2,1). Bitten Sie den Herrn, den ins Amt zu erheben, den er wählt. Bitten Sie ihn, Verantwortliche zu gerechten Entscheidungen zu inspirieren und ungerechte Politik, Ernennungen, Gesetze usw. zu stoppen.
4. *Wirtschaft.* Beten Sie um vermehrtes Erleben von Kraft, Segen, kreativer Weisheit und Fürsorge Gottes in Bezug auf berufliche Stellungen und für ein Ende der Wirtschaftskrise.

5. *Familie.* Beten Sie um vermehrtes Erleben der Liebe, Weisheit und Kraft Gottes in Bezug auf die Vaterlosen, die Probleme der Jugend, Ehen, Scheidung, häusliche Gewalt, Witwen, Alte, Menschen mit Behinderungen usw.
6. *Medien.* Beten Sie, dass der Herr Botschafter in die Medien beruft, die prophetische Ideen und kreative Weisheit haben, wie man Reich-Gottes-Arbeit durch die Medien tun kann. Bitten Sie ihn, die gewalttätige, sexuelle Perversion und okkulten Themen zum Verstummen zu bringen, die die Kanäle der Medien heute überfluten.
7. *Bildung und Erziehung.* Beten Sie um Gottes Gnade und Segen in unseren Bildungsinstitutionen, auf Lehrern und in Klassenzimmern, ebenso um Gerechtigkeit und Kompetenz.

Anhang E

Wie entwickeln wir eine Gebetskultur?

Wir fangen mit dem Hauptleiter an.

Wenn der Hauptleiter einer Ortsgemeinde oder eines Dienstes einen Lebensstil des Gebets annimmt, dann wird diese Ortsgemeinde oder dieser Dienst eine Gebetskultur entwickeln. Oft heißt es: „Wie der König, so sein Reich.“ Dies gilt ganz besonders für Gebet. Gebet kann nicht delegiert werden. Wir mögen denken, wir seien zu beschäftigt für noch mehr Dienste; doch für Gebet *können* wir gar nicht zu beschäftigt sein. Wenn wir erst einmal erkennen, dass die Entwicklung eines Lebens als Beter bedeutet, innige Nähe mit Gott zu kultivieren – nicht einfach nur das Durchführen von Gebetsveranstaltungen –, wissen wir, dass wir es uns nicht leisten können, in irgendeiner anderen Weise zu dienen.

Wir machen Gebet zur obersten Priorität für die Mitarbeiter.

Als Pastoren müssen wir vielleicht neu überdenken, wie wir unsere Bürozeiten gestalten. Wie wäre es, wenn wir die ersten ein oder zwei Stunden dort der Anbetung und dem Gebet mit einigen Mitarbeitern widmen würden? Warum nicht an manchen Vormittagen der Woche für eine Stunde zusammenkommen, um gemeinsam den Herrn zu suchen?

Wir lehren über Gebet und über Themen, die zum Beten ermutigen.

Die Kultur unserer Gemeinden wird im Wesentlichen von dem bestimmt, was wir in den Predigten betonen. Innige Nähe zu Gott, die Majestät Gottes, die Bergpredigt, Erweckung, Heiligkeit und Schlüsselthemen zur Endzeit – all dies sind Themen, die die Menschen zum Beten motivieren.

Anhang F

Gebetstreffen: initiieren und teilnehmen

Wenn Sie glauben, von Gott zum Initiieren eines Gebetstreffens oder einer Reihe von Treffen in Ihrer Gegend berufen zu sein, lassen Sie sich nicht von einem Mangel an Erfahrung abhalten. Hier einige Schritte für den Anfang:

1. **Laden Sie andere Gläubige ein, regelmäßig mit ihnen zu beten.** Lassen Sie sich nicht entmutigen, wenn es schwer ist, jemanden mit der Bereitschaft dazu zu finden. Bitten Sie den Herrn, Sie zu den Menschen zu führen, die beten möchten. Der Heilige Geist weiß, wie er Sie zusammenbringen kann.
2. **Fangen Sie klein an.** Um ein wöchentliches Gebetstreffen zu initiieren, braucht man nicht viele Leute.
3. **Bleiben Sie konsequent.** Wenn Sie beschließen, jeden Donnerstag zu beten, dann bleiben Sie konsequent dabei, auch wenn nicht jeder teilnehmen kann. Sagen Sie das Gebetstreffen nicht leichthin ab, selbst wenn nur sehr wenige kommen. Konsequenz ist wichtig – und es zeigt den anderen, dass Sie sich dem Gebetstreffen verpflichtet haben.
4. **Verpflichten Sie sich.** Es geschieht häufig, dass Menschen voller Begeisterung mit Gebetstreffen beginnen, dann aber schnell im Eifer nachlassen. Ermutigen Sie das Team, sich für eine bestimmte, begrenzte Zeit zu verpflichten, vielleicht drei oder sechs Monate. Am Ende dieser Zeit können sie sich dann wieder für eine weitere Periode von einigen Monaten verpflichten.
5. **Binden Sie junge Menschen ein.** Binden Sie so viele junge Menschen ein wie möglich, indem Sie sie ermutigen, sich Ihrem Leitungsteam an-

zuschließen und in den Gebetstreffen laut zu beten. Denken Sie darüber nach, Jugendliche um eine dreiminütige Andacht oder die Präsentation eines Gebetsschwerpunkts zu Beginn des Treffens zu bitten.

6. **Integrieren Sie Musik.** Versuchen Sie Anbetungsmusik zu integrieren, und sei es, dass Sie eine Instrumental-Anbetungs-CD als Hintergrundmusik verwenden. Viele Gruppen nutzen den Live-Webstream des IHOPKC-Gebetsraums als ihr Anbetungsteam, bis sie ein eigenes zusammenstellen können.
7. **Legen Sie ein Ziel fest.** Bestimmen Sie, was der Zweck des Gebetstreffens ist. Entscheiden Sie z. B., dass Sie sich auf Gebet für Erweckung, für Gerechtigkeit oder für ein anderes Reich-Gottes-Thema ausrichten, das Gott Ihnen aufs Herz legt.
8. **Beten Sie füreinander.** Überlegen Sie, jeden Fürbitter zu bitten, dass er in der kommenden Woche für wenigstens ein persönliches Gebetsanliegen für jemanden aus der Gruppe betet. Vielleicht möchten Sie die Gruppenmitglieder bitten, über Gebetserhörungen in ihrem Leben zu berichten.
9. **Halten Sie die Treffen kurz.** Die meisten Christen sind nicht an Gebetstreffen gewohnt, die länger als zwei Stunden dauern. Ich empfehle, die Gebetstreffen auf jeweils zwei Stunden oder weniger zu beschränken.
10. **Beschränken Sie zunächst die Anzahl der Treffen.** Fangen Sie nicht mit zu vielen Gebetstreffen pro Woche an. Manche Leute möchten schnell viele Stunden abdecken. Fangen Sie mit einem oder zwei Gebetstreffen an und weiten Sie es erst dann aus, wenn etwa zehn bis zwanzig Fürbitter zu den Treffen kommen.
11. **Werben Sie.** Nutzen Sie soziale Netzwerke und ähnliche Hilfsmittel, um Ihre Gebetszeiten bekannt zu machen. Normalerweise wollen andere Menschen genau wie Sie mit einer Gruppe beten, wissen aber nicht, wie sie anfangen sollen. Es könnte andere ermutigen, an Ihren Gebetstreffen teilzunehmen, wenn Sie am Schwarzen Brett in der Schule oder Gemeinde Zettel aufhängen, eine E-Mail schreiben oder die Zeiten und Themen Ihres Gebetstreffens in sozialen Netzwerken posten.

12. **Schreiben Sie die Grundregeln nieder.** Schreiben Sie die Hauptprinzipien auf: Was wird in Ihren Gebetstreffen geschehen, und was wollen Sie nicht haben? Dann wissen die Menschen, was in Ihrem Gebetstreffen erwartet und akzeptiert wird. Wir z. B. bitten Leute, die am Mikrofon beten, dabei Gebete aus der Bibel zu verwenden, nicht länger als fünf bis zehn Minuten zu beten und nicht Träume zu erzählen, zu predigen oder Zeugnis zu geben.

Tipps für Gebet in einem öffentlichen Gebetstreffen

Manche Christen initiieren voller Eifer Gebetstreffen, aber wenn die anderen Fürbitter auftauchen, sind sie nicht sicher, was sie tun sollen. Nachfolgend einige Tipps.

1. **Verwenden Sie biblische Gebete.** Es gibt viele unterschiedliche Vorstellungen über Gebetsart und -stil, deshalb ermutigen wir alle Fürbitter, einfach die Gebete in der Heiligen Schrift zu verwenden (Eph. 1,17–19, 3,16–19, Phil. 1,9–11 usw.), wie in diesem Buch besprochen (siehe Kapitel 9 und 10 sowie Anhang C).
2. **Beten Sie über biblische Verheißungen.** Erinnern Sie Gott an seine Verheißungen (Jes. 62,6–7, 43,26).
3. **Sprechen Sie zu Gott.** Ermutigen Sie die Leute, *zu Gott zu beten*, statt *zu Menschen zu predigen*, wenn sie in öffentlichen Gebetstreffen beten. Konzentrieren Sie sich darauf, Gott um sein Eingreifen mit Macht zu *bitten*, statt den Menschen den Wert und Einzelheiten des Gehorsams zu erklären oder zu predigen. Seien Sie sich mehr bewusst, dass Gott Sie hört, als dass andere Sie hören. Bitten Sie darum, „Predigt-Gebete“ zu unterlassen.
4. **Beten Sie um Heiligkeit in der Gemeinde.** Statt spezifische Sünden von Menschen zu erwähnen, beten Sie, dass der Heilige Geist von Sünde, Gerechtigkeit und Gericht überführt (Joh. 16,8). Durch Überführung der Gemeinde werden viele Bereiche der Sünde bearbeitet werden und Gnade zur Buße im Leben derer bewirkt, für die wir beten. Beten Sie um Furcht Gottes und um Gerechtigkeit (Röm. 14,17, 15.13, Apg. 8,6–8, 9,31).
5. **Gehen Sie nicht allzu sehr ins Einzelne.** Vermeiden Sie es, Gott oder Menschen über die Details spezifischer Umstände zu informieren. Vermeiden Sie es, für Dinge zu beten, die allzu viele Details,

persönliche Belange und Probleme beinhalten, die den meisten in der Gruppe eigentlich egal sind.

6. **Dominieren Sie das Treffen nicht.** Beschränken Sie Ihr Gebet grundsätzlich auf höchstens fünf Minuten, außer in besonderen Ausnahmefällen. Beten Sie nicht laut, *während* jemand anderer gerade laut betet.
7. **Vermeiden Sie Ablenkung.** Tun Sie nichts, was die Mehrheit der Gruppe ablenkt, unangebracht viel Aufmerksamkeit auf Sie zieht oder andere Fürbitter stört.
8. **Schätzen Sie kurze Gebete wert.** Ermutigen Sie Leute, kurz zu beten. Lassen Sie sie wissen, dass ein Gebet ohne Weiteres aus nur einem Satz bestehen darf. Seien Sie auch nicht beunruhigt, wenn im Gebetstreffen Schweigen herrscht.

Was im Gebetstreffen zu tun ist, wenn jemand anderer betet

In einem gemeinschaftlichen Gebetstreffen ist es gut, bei der Sache zu bleiben, indem man sich aktiv mit dem eins macht, der gerade laut betet. Wie tun wir dies? Indem wir *leise für uns einige der Ausdrücke wiederholen*, die andere öffentlich laut beten. Ich sage nicht: *jeden* Ausdruck, aber ich versuche jeden dritten oder vierten Satz fast Wort für Wort vor dem Herrn zu wiederholen. Sagen wir, der Fürbitter spricht ein Gebet mit mehreren Sätzen, z. B.: „Herr, gieße deinen Geist aus auf die kommende Hochschulkonferenz; schenke in starkem Maß Überführung und deine Kraft“, dann wiederhole ich vielleicht nur eine dieser Bitten Wort für Wort vor dem Herrn, und dann wiederhole ich einen anderen Ausdruck, wenn der Fürbitter den nächsten Satz betet.

Dies ist ein ganz einfaches Prinzip, aber es hält mich während des Gebetstreffens bei der Sache. Ich habe bemerkt, wie überraschend leicht es geschieht, dass man in einem Gebetsraum sitzt, ohne jedoch zu beten. Es ist auch normal, dass unsere Gedanken abwandern, aber wenn wir leise auch nur einen Teil des Gebets verbalisieren, das ein anderer spricht, dann werden unsere Gedanken am Ball bleiben. Oft flüstere ich nur leise, was jemand gerade laut betet.

Es reicht nicht, nur im Gebetsraum anwesend zu sein; wir wollen tatsächlich zu Gott sprechen. Ich vergleiche das Nicht-mit-ihm-Sprechen mit einem Restaurantbesuch, bei dem man die Karte liest, aber nicht isst. Man kann ein Speisekarten-Gourmet sein und dennoch verhungern!

Zusätzlich zum Beten ermutige ich Leute, einem einfachen Bibelleseplan zu folgen, während Sie in einem Gebetstreffen sitzen. Wenn Sie fünf Kapitel des Neuen Testaments an sechs Tagen pro Woche lesen, lesen Sie alle zwei Monate das gesamte Neue Testament. (Wenn Sie das Neue Testament jeden Monat durchlesen wollen, müssen Sie etwa zehn Kapitel pro Tag lesen.)

Endnoten

Teil I

1 Übersetzt nach Zitat aus Elizabeth George, *A Woman Who Reflects the Heart of Jesus* (Eugene,OR: Harvest House Publishers, 2010), S. 176.

Kapitel 1

1 Übersetzt nach dem Zitat in Gary L. Thomas, *Simply Sacred* (Grand Rapids: Zondervan, 2011).

2 Siehe auch Röm. 9,23, Eph. 3,16, Phil. 4,19, Kol. 1,27.

Kapitel 2

1 Tentmaker.org, „Prayer and Intercession Quotes", http://www.tentmaker.org/Quotes/prayerquotes2.htm (Zugriff am 20.6.2014).

2 Bernard von Clairvaux, *The Four Loves*, from public domain material at Christian Classics Ethereal Library at Calvin College (www.ccel.org), überarbeitet und gekürzt von Stephen Tompkins, herausgegeben und für das Internet bearbeitet von Dan Graves. In dieser Abhandlung schreibt Bernard, der vierte Grad der Liebe sei die Selbstliebe um Gottes willen.

3 Thomas Dubay, *The Evidential Power of Beauty: Science and Theology* (San Francisco: Ignatius Press, 1999).

4 Zitiert in Thomas Dubay, *Faith and Certitude* (San Francisco: Igantius Press, 1985). Dubay zitiert die Aussage einer Figur in Fjodor Dostojewskis Roman *Die Brüder Karamasow*.

5 Übersetzt nach dem Zitat in Dubay, *The Evidential Power of Beauty*, S. 14. Dubay zitiert aus Band 1 der *Bekenntnisse* des Augustinus.

Kapitel 3

1 Arthur T. Pierson, *George Müller of Bristol* (London: James Nisbet & Co., Limited,1899), S. 456.

Kapitel 4

1 Wie zitiert in Mary Ann Bridgwater, *Prayers for the Faithful* (Nashville, TN: B&H Publishing Group, 2008).

2 Siehe Röm. 6,22, 7,4–5, Gal. 5,22, Eph. 5,9, Hebr. 12,11, Jak. 3,18.

3 Siehe Joh. 4,36, Röm. 1,13, 15,28, Phil. 1,22, Kol. 1,5–6.

Kapitel 5

1 Wie zitiert in Alice Smith, *Spiritual Advocates* (Lake Mary, FL: Charisma House, 2008), S. 21.

2 Siehe Sach. 1,14–17, 2,10–12, 8,2–3, 12,1–10.

3 Mike Bickle, *Leidenschaft für Jesus* (Lüdenscheid: Asaph, 1995/2006).

4 Folgende Schriftstellen führen diese Themen näher aus: Jes. 54,4–12, 62,2–5, Jer. 3,14, 31,32, Hos. 2,14–23, Mt. 9,15, 22,2, 25,1–13, Joh. 3,29, 2. Kor. 11,2, Eph. 5,25–32, Offb. 19,7–9, 22,17.

5 Siehe Mk. 1,35, 6,46, Lk. 5,15–16, 6,12, 9,18.28, 21,37.

6 Siehe Mk. 1,35, 6,46, Lk. 5,15–16, 6,12, 9,18.28, 21,37.

7 Henry David Thoreau, *Walden* (Radford, VA: Wilder Books, 2008), S. 9.

8 Dubai, *The Evidential Power of Beauty*.

Kapitel 6

1 Zitiert in James Ford jr., *When a Man Loves a Woman* (Chicago: Moody Publishers, 2011).

Kapitel 7

1 R. A. Torrey, *How to Pray and Study the Bible* (Peabody, MA: Hendrickson Publishers, 2004).

2 Basil Miller, *George Muller: Man of Faith and Miracles* (Minneapolis, MN: Bethany House Publishers, 1941), S. 146.

Teil II

1 Tracey M. Sumner, Hg., *The Essential Works of Andrew Murray* (Uhrichsville, OH: Barbour Publishing Inc., 2008).

Kapitel 8

1 Goodreads.com, „Andrew Murray Quotes", https://www.goodreads.com/author/quotes/13326.Andrew_Murray (Zugriff 20.6.2014).

2 Das Tausendjährige Reich ist eine buchstäblich tausend Jahre währende Periode, in der Jesus die ganze Welt von Jerusalem aus in Gerechtigkeit, Frieden und Wohlstand regieren wird (Offb. 20,1–6). Diese Zeitspanne weltweiten Segens wird von Jesu zweitem Kommen ausgelöst werden. Siehe Ps. 2, 110, Jes. 2,1–4, 9,6–7, 11,1–16, 35,1–8, 51,3, 65,17–25, Hes. 34,29, 36,35, 47,6–12, Mt. 6,10, 17,11, 19,28, 28,19–20, Apg. 1,6, 3,21, Offb. 20,4–6.

Kapitel 9

1 Goodreads.com, „John Calvin Quotes", https://www.goodreads.com/author/quotes/30510.John_Calvin (Zugriff 20.6.2014).

2 Mike Bickle, *Nach dem Herzen Gottes* (Lüdenscheid: Asaph, 2004), S. 147f.

Kapitel 10

1 S. D. Gordon, Quiet Talks on Prayer (New York: Fleming H. Revell Company, 1904).

2 A. W. Tozer, The Knowledge of the Holy (San Francisco: HarperOne, 2009).

3 **Das Reich Gottes ist jetzt teilweise hier:** Mt. 3,12, 4,17.23, 6,10.33, 10,7, 12,28, 13,11, 16,18–19, 19,12, Mk. 4,11.26, 9,1, Lk. 16,16, 17,20–21, 18,16.29–30, Apg. 14,22, 19,8, 20,25, 28,23, 30–31, Röm. 14,17, 1. Kor. 4,20.

Das Reich Gottes ist auch zukünftig: Mt. 8,11–12, 25,34, Lk. 13,28–29, 14,15, 19,11–19, 22,16–18.29–30, Apg. 1,3–6, 1. Kor. 15,24–28.50, 2. Tim. 4,1.18, Hebr. 6,5,12,28, Offb. 11,15–18, 12,10, 20,1–6.

Kapitel 11

1 Greg Laurie, *New Believer's Guide to Prayer* (Wheaton, IL: Tyndale House Publishers, Inc., 2003), [hier offensichtlich falsch Martin Luther zugeschrieben].

2 **Das Reich Gottes ist jetzt teilweise hier:** Mt. 3,12, 4,17.23, 6,10.33, 10,7, 12,28, 13,11, 16,18–19, 19,12, Mk. 4,11.26, 9,1, Lk. 16,16, 17,20–21, 18,16.29–30, Apg. 14,22, 19,8, 20,25, 28,23, 30–31, Röm. 14,17, 1. Kor. 4,20.

Das Reich Gottes ist auch zukünftig: Mt. 8,11–12, 25,34, Lk. 13,28–29, 14,15, 19,11–19, 22,16–18.29–30, Apg. 1,3–6, 1. Kor. 15,24–28.50, 2. Tim. 4,1.18, Hebr. 6,5,12,28, Offb. 11,15–18, 12,10, 20,1–6.

Kapitel 12

1 „What Various Hindrances We Meet" von William Cowper. Public domain.

2 Siehe 2. Chr. 5,13, 7,3.6, Esr. 3,11, Ps. 52,3, 100,5, 106,1, 107,1, 117,2, 118,1–4, 136, Jeremia 33,11.

Kapitel 13

1 William Law, *A Practical Treatise Upon Christian Perfection* (London: William and John Innys, 1726).

Endnoten

Teil III

1 Goodreads.com, „Brother Lawrence Quotes", https://www.goodreads.com/quotes/141767-there-is-not-in-the-world-a-kind-of-life (Zugriff 20. Juni 2014).

Kapitel 14

1 Gordon, *Quiet Talks on Prayer.*

Kapitel 15

1 D. L. Moody, *Notes From My Bible* (New York: Fleming H. Revell Company, 1895).

Kapitel 16

1 Edward M. Bounds und Harold J. Chadwick, *The Classic Collection on Prayer* (Gainesville, FL: Bridge-Logos, 2001), S. 79.

Kapitel 17

1 Andrew Murray und Al Bryant, *Daily Secrets of Christian Living* (Grand Rapids, MI: Kregel Publications, 1978).

2 Larry Lea, *Could You Not Tarry One Hour?* (Lake Mary, FL: Charisma House, 1987), S. 55–65 (deutsch: *Könnt ihr nicht eine Stunde mit mir wachen?* – vergriffen).

Teil IV

1 Wie zitiert in Dick Eastman, *No Easy Road* (Grand Rapids, MI: Chosen Books, 2003).

Kapitel 18

1 Wie zitiert in Charles Stanley, *Charles Stanley's Handbook for Christian Living*, (Nashville, TN: Thomas Nelson Inc., 2001), S. 517.

2 Richard J. Foster, *The Celebration of Discipline* (San Francisco: Harper and Row, 1978), S. 44–45.

3 Andrew Murray, *With Christ in the School of Prayer* (Old Tappan, NJ: Spire Books, 1979), S. 74.

4 A. M. Hills, *The Life of Charles G. Finney* (Cincinnati, Ohio: Office of God's Revivalist, 1902). Die Informationen über Finney in meinem Buch sind einer Online-Version entnommen: http://www.libraryoftheology.com/writings/biographies/Life_of_Charles_Finney.pdf (Zugriff am 18. Juni 2014).

5 Gordon Lindsay, *John G. Lake: Apostle to Africa* (Dallas, TX: Christ for the Nations, 1987), S. 53.

6 *Evangelical Magazine*, „National Prayer: Spurgeon's Sermon to the Nation", 4.2.2011, http://magazine.emw.org.uk/2011/02/national-prayer/ (Zugriff am 18. Juni 2014).

7 Mehr Informationen über Kongress-Resolutionen, die nationale Gebets- und Fastentage fordern, siehe die *Journals of the American Congress from 1774–1788 in Four Volumes* (Washington DC: Way and Gideon, 1823). Mehr Informationen über Lincolns Proklamation eines nationalen Buß- und Bettages unter www.presidency.ucsb.edu/ws/index.php?pid=69891 (Zugriff am 20.6.2014).

8 Jonathan Edwards, Hr., *The Life of David Brainerd* (Grand Rapids, MI: Baker Book House, 1988), S. 40.

Kapitel 19

1 Andrew Murray, *The Ministry of Intercession* (London: James Nisbet & Co., Limited, 1899), Seite 202.

2 Dave Roberson, *The Walk of the Spirit – The Walk of Power: The Vital Role of Praying in Tongues* (Tulsa, OK: Dave Roberson Ministries, 1999).

3 Smith Wigglesworth, *Ever Increasing Faith* (N.p.: Zao Ministries International, n.d.), S. 81. Dieses Buch ist Public Domain und ist in verschiedenen Versionen von unterschiedlichen Verlagen veröffentlicht worden. Deutsch: *Stets wachsender Glaube* (Lüdenscheid: Asaph 1995).

Kapitel 20

1 John Gillies und George Whitefield, *Memoirs of Rev. George Whitefield* (Middletown, CT: Hunt & Noyes, 1838), S. 17.

2 Dr. Gardiner Spring, Pastor der *Brick Presbyterian Church* in New York, sagte im Jahr 1856, dass die Periode zwischen 1792 und 1842 eine „bemerkenswerte Periode in der Geschichte der amerikanischen Kirche" gewesen sei. Er erklärte, „kaum ein Teil von ihr … wurde nicht wunderbar heimgesucht von reichen Strömen des Heiligen Geistes. Von Nord bis Süd und Ost bis West wurden unsere … Akademien, unsere Colleges und unsere Gemeinden getränkt von diesem Brunnen lebendigen Wassers." Gardiner Spring, *The Brick Church: The Old and the New* (New York: M. W. Dodd, 1858), Seite 16. Online eingesehen unter Google Books.

3 Jonathan Edwards, Hg., *The Life and Diary of David Brainerd.*

4 Viele haben über das Leben Jonathan Edwards geschrieben. Ich empfehle folgende Biografien: George Marsden, *A Short Life of Jonathan Edwards* (Grand Rapids, MI: Wm. B. Eerdmans Publishing Co., 2008), Iain H. Murray, *Jonathan Edwards: A New Biography* (o. O.: Banner of Truth, 1987).

5 George M. Marsden, *Jonathan Edwards: A Life* (Harrisonburg, VA: Donnelly & Sons, 2003), S. 220.

6 Charles Finney, *The Original Memoirs of Charles Finney* (Grand Rapids: Zondervan, 2002).

7 Die Gebetserweckung von 1857 bis 1858 wird unterschiedlich benannt: *The Businessman's Revival* (Erweckung des Geschäftsmanns); *The Layman's Prayer Revival* (Gebetserweckung des Laien), *The Noon Prayer Revival* (Mittagsgebetserweckung), *The Great Revival of 1857–58* (Große Erweckung von 1857–58) oder schlicht *The Revival of 1857–58* (Erweckung von 1857–58). Sie entstand, als Menschen unterschiedlicher Denominationen sich sammelten und zu Gott riefen, er möge seinen Geist auf das Land ausgießen. Ein bedeutender Auslöser der Erweckung waren die Mittagsgebetstreffen, die in der North Dutch Church in der Fulton Street in der New Yorker Innenstadt von Jeremiah Lanphier gehalten wurden. Als 48-jähriger Geschäftsmann, der die Rolle des Laien-Stadtmissionars übernommen hatte, glaubte Lanphier sich von Gott geleitet, einen wöchentlichen Gebetsgottesdienst zur Mittagszeit zu halten, in dem Männer im Geschäftsviertel für eine geistliche Erweckung beten könnten. Nur sechs Männer kamen in der ersten Woche, zwanzig in der zweiten Woche und dreißig bis vierzig in der dritten Woche. Es dauerte jedoch nicht lange, da trafen sich täglich zehntausend Männer (in einer Stadt von achthunderttausend Einwohnern), um mittags an zwanzig Stellen quer über die Stadt zu beten. Die Mittagsgebetstreffen hatten starke Auswirkungen auf die Christen in New York City ebenso wie überall im Land, sie inspirierten zahlreiche Gebetstreffen und Gottesdienste in ganz Amerika.

8 Finney, *The Original Memoirs of Charles Finney,* S. 112.

9 Charles Finney, *The Memoirs of Charles G. Finney* (New York: Fleming H. Revell Company, 1903); S. 444.

10 Ibid., S. 141.

Kapitel 21

1 E. M. Bounds, *Purpose in Prayer* (New York: Fleming H. Revell Company, 1920), S. 20.

Teil V

1 C. S. Lewis, *Reflections on the Psalms* (New York: Houghton Mifflin Harcourt, 1964).

Kapitel 22

1 Goodreads.com, „S. D. Gordon Quotes", https://www.goodreads.com/quotes/124496-the-greatest-thing-anyone-can-do-for-god-and-man (Zugriff am 20. Juni 2014).

2 Siehe Jes. 62,6–7, 24,14–16, 25,9, 26,8–9, 30,18–19, 42,10–13, Lk. 18,7–8, Offb. 22,17, 5,8, 8,4.

3 Siehe Ps. 132,5.8.14, Jes. 11,10, 18,4–7, 63,14, Sach. 6,8.

4 Siehe Mt. 24,9–13, 2. Thes. 2,3, 1. Tim. 4,1–2, 2. Tim. 3,1–7, 4,3–5, 2. Pt. 2,1–3.

5 Verse, die Gottes Volk zur Buße rufen: Mt. 3,2.8.11, 4,17, 9,13, 11,20–21, 12,41, Mk. 1,4.15, 2,17, 6,12, Lk. 3,3.5.8, 5,32, 10,13, 11,32, 15,7.10, 16,30, 17,3–4, 24,47, Apg. 5,31, 8,22, 11,18, 13,24, 17,30, 19,4, 20,21, 26,20, Röm. 2,4, 2. Kor. 7,9–10, 12,21, 2. Tim. 2,25, Hebr. 6,1.6, 2. Pt. 3,9, Offb. 2,5.16.20–21, 3,3.19, 9,20–21,16,9.11.

Kapitel 23

1 Zitiert in Lindsay Terry, *I Could Sing of Your Love Forever* (Nashville, TN: Thomas Nelson Inc., 2008), Seite 105.

2 Siehe Offb. 2,26–27, 3,21, 5,10, 20,4–6, 22,5.

Kapitel 24

1 Zitiert in Terry, *I Could Sing of Your Love Forever*, S. 205.

Teil VI

1 C. Peter Wagner, *The Rising Revival* (Ventura, CA: Renew Books/Gospel Light, 1998), S. 7.

Kapitel 25

1 Arthur T. Pierson, Hg., *The Missionary Review of the World* (New York: Funk and Wagnalls Company, 1898), S. 1.

2 Siehe Jes. 54,4–12, 62,2–5, Jer. 3,14, 31,32, Hos. 2,14–23, Mt. 9,15, 22,2, 25,1–13, Joh. 3,29, 2. Kor. 11,2, Eph. 5,25–32, Offb. 19,7–9, 22,17.

3 Siehe Jes. 24,14–16, 26,1, 27,2, 30,29.32, 35,2.10, 42,10–13, 54,1.

4 Dubay, *The Evidential Power of Beauty*, S. 58.

5 Ibid., S. 56. Siehe Ps. 102,15, 148,11, Jes. 62,2, Offb. 21,24.

6 Siehe Jes. 24,14–16, 25,9, 26,8–9, 27,2–5.13, 30,18–19, 42,10–13, 33,26, 51,11, 52,8, 62,6–7, Jer. 31,7, Lk. 18,7–8, Offb. 5,8, 8,4, 22,17.

Kapitel 26

1 Zitiert in Scott Dawson, Hg., *The Complete Evangelism Guidebook* (Grand Rapids, MI: Baker Books, 2008), S. 55.

2 Siehe 1. Chr. 6,31–33, 9,33, 15,16–22, 23,4–6.

3 Siehe 1. Chr. 6,32, 25,2, 29,35, 2. Chr. 8,14.

4 Siehe 1. Chr. 9,33, 16,37, 23,5, 25,7, 2. Chr. 8,1214, 31,4–6.16, 29,25, 34,9.12, 35,4, Esr. 3,10–11, Neh. 10,37–39, 11,22–23, 12,24, 44–47, 13,11–12.

5 Siehe 1. Mo. 12,7, 15,17–18, 17,8, 48,4, 2. Mo. 32,13, 5. Mo. 31,7, Jos. 1,6, 2. Chr. 20,7, Jer. 7,7, 11,5 u. a.

6 *Transformations: A Documentary* (Monument, CO : Exploration Films, 1999), DVD.

7 *Let the Sea Resound*, Regie: George Otis jr. (o. O.: TransformNations Media, 2004), DVD.

8 Siehe Jes. 2,4, 4,4–6, 24,23, 62,1.7, 65,18, 66,20, Jer. 3,17, Joel 3,17, Mi. 4,2, Sach. 6,12–13, 8,2–3, Lk. 1,32–33.

Kapitel 27

1 Goodreads.com, „D. L. Moody Quotes", https://www.goodreads.com/quotes/288517-every-great-movement-of-god-can-be-traced-to-a (Zugriff am 20.6.2014).

2 Régine Pernoud, *Martin of Tours: Soldier, Bishop, Saint*, übersetzt von Michael J. Miller (San Francisco: Ignatius Press, 2006), S. 92–93.

3 Daniel Caner, *Wandering, Begging Monks* (Berkeley, CA: University of California Press, 2002), S. 131–132. Siehe auch Alban Butler, *Butler's Lives of the Saints, vol. 1*, Hg. Paul Burns (Collegeville, MN: Liturgical Press, 1995), S. 105.

4 Caner, *Wandering, Begging Monks.s*

5 Barbara H. Rosenwein, „Perennial Prayer at Agaune", in Sharon Farmer und Barbara Rosenwein, Hg., *Monks & Nuns, Saints & Outcasts: Religion in Medieval Society* (Ithaka, NY: Cornell University Press, 2000), S. 37–42.

6 Jocelin, *The Life and Acts of Saint Patrick: the Archbishop, Primate and Apostle of Ireland* (Dublin: Hibernia Press Company, 1809), S. 116.

7 Ian Adamson, *Bangor Light of the World* (Minneapolis, MN: Fairview Press, 1979). Siehe auch Parish of Bangor Abbey, „A Short History of Bangor Abbey", http://www.bangorabbey.org/history.htm (Zugriff am 19.6.2014).

8 F. E. Warren, Hg., *Antiphonary of Bangor* (London: Harrison and Sons, 1892), xi. Siehe auch Parish of Bangor Abbey, „A Short History of Bangor Abbey".

9 Margaret Stokes, *Three Months in the Forests of France* (London: George Bell and Sons, 1895).

10 Rowland E. Prothero, *The Psalms in Human Life* (London: Forgotten Books, 2013), S. 54–55.

11 Margaret Evans und Isabel Southall, *Songs of Siluria* (London: Elliott Stock, 1980), S. 15.

12 Libreria Editrice Vaticana „Benedict XVI General Audience“, 11. November 2009, http://www.vatican.va/holy_father/benedict_xvi/audiences/2009/documentshf_ben-xvi_aud_20091111_en.html (Zugriff 19.6.2014).

13 James Cotter Morison, *The Life and Times of St. Bernard, Abbot of Clairvaux* (London: MacMillan & Co, 1894).

14. August Gottlieb Spangenberg, *The Life of Nicholas Lewis Count Zinzendorf*, übersetzt von Samuel Jackson (London: Samuel Holdsworth, Amen-Corner, 1838), S. 39, 85, 88.

15 D. A. Carson, Hg., *Teach us to Pray* (WEF Theological Commission, 1999).

16 J. E. Hutton, *A History of Moravian Missions* (London: Moravian Publication Office, 1922), S. 521.

17 Ruth A. Tucker, *From Jerusalem to Irian Jaya* (Grand Rapids, MI: Zondervan, 1983), S. 69–72.

Kapitel 28

1 Barbara Wentroble, *Praying With Authority* (Ventura, CA: Gospel Light, 2003), S. 146.

2 Wagner, *The Rising Revival*, S. 7.

Kapitel 29

1 Samuel Logan Brengle, *Take Time to Be Holy* (Carol Stream, IL: Tyndale House Publishers Inc., 2013), S. 186.

2 Siehe Mt. 6,10, 9,38, Lk. 10,2, 18,7–8, Joh. 17,20–26.

3 Siehe Röm. 10,1, Phil. 1,9–11, Kol. 4,2–4, 2. Thes. 3,1–2.

4 Siehe Apg. 4,29–31, Offb. 6,9–11, 8,3–5, 22,17.

5 Siehe Ps. 2,8, 102,12–22.

6 Siehe 2. Chr. 7,14.

7 Siehe Jes. 30,18–19, 42,10–13, 54,1–3, 62,6–7, 64,1–6.

8 Siehe Joel 2,12–17.

9 Siehe Zef. 2,1–3.

10 Siehe Sach. 8,20–23, 12,10.

11 Bill Bright, *7 Basic Steps to Successful Fasting and Prayer* (Orlando, FL: Campus Crusade for Christ, 1995).

12 John Piper, *Let the Nations Be Glad* (Grand Rapids: Baker Academic, 2010), S. 35.

13 Joseph L. Cumming „The SVMFM: Its Seeds and Precedents, Its Origins and Early history, Its Growth and Decline“, Bachelor-Arbeit, Princeton University, 1982.

14 John R. Mott „The Place of Prayer in the Volunteer Movement“, *The Student Volunteer 3*, Nr. 1 (o. O.: Student Volunteer Movement for Foreign Missions, 1894), S. 2.

Kapitel 30

1 Edward M. Bounds, *Power Through Prayer* (Chicago: Moody Publishers, 2009), S. 18.

2 Siehe Jes. 24,14–16, 25,9, 26,8–9, 27,2–5.13, 30,18–19, 42,10–13, 43,26, 51,11, 52,8, 62,6–7, Jer. 31,7, Lk. 18,7–8, Offb. 5,8, 8,4, 22,17.

3 Siehe 1. Chr. 9,33, 16,37, 23,5, 25,7, 2. Chr. 8,12–14, 31,4–6.16, 34,9.12, Neh. 10,37–39, 11,22–23, 12,44–47, 13,5–12.

4 Siehe Mk. 1,35, 6,46, Lk. 5,16, 6,12, 9,18.28.

5 Siehe Mt. 24,42–43, 25,13, Mk. 13,9.33–38, Lk. 21,36, Offb. 3,3, 16,15.

6 Siehe Apg. 1,14.24, 2,42, 3,1, 4,31, 6,4, 9,11, 10,2.9.30–31, 11,5, 12,5.12, 13,3, 14,23, 16,16.25, Röm. 8,26, 10,1, 12,12, 1. Kor. 7,5, 2. Kor. 1,11, 9,14, 13,7–9, Eph. 1,17–19, 3,14–20, 6,18, Phil. 1,4.9–11, 4,6, Kol. 1,3.9–11, 4,2–3, 1. Thes. 3,10, 5,17.25, 2. Thes. 1,11, 3,1, 1. Tim. 2,8, 4,5, Hebr. 13,18, Jak. 5,13–18, Jud. 20.

7 Oswald Chambers, *My Utmost for His Highest* (Grand Rapids, MI: Discovery House, 1935), Eintrag vom 17. Oktober, Hervorhebung vom Autor.

8 Parish of Bangor Abbey „A Short History of Bangor Abbey“.